股份有限公司

pany Limited

7 纽约：PTR

快速发展的油气管网

具备规模优势的乙烯裂解装置

电子商务

http://www.energyahead.com

PetroChina 中国石油

地址：中国北京东城区安德路16号 邮政编码：100011

电话：(8610)84886034 传真：(8610)84886039

网址：http://www.petrochina.com.cn

PetroChina

大庆石油化工总厂

大庆石油化工总厂厂长 赵伯超

大庆石油化工总厂隶属于中国石油天然气集团公司，始建于1962年4月。主要从事化工延伸加工、大型石油化工及民用建筑公路工程的设计施工、石油化工建筑安装、工程监理、设备维修、机械仪表制造与加工、计算机软件开发利用、网络管理、客货运输、物资供销、物业管理、文教卫生和多种经营等业务。现有二级单位18个，机关职能部门13个，职工总数2.1万人。2002年底，资产总额84亿元。其中：固定资产原值60亿元，净值42亿元。拥有13套生产装置，主要包括6万吨/年苯乙烯、2.5万吨/年聚苯乙烯、2.7万吨/年SAN、5万吨/年ABS、5万吨/年顺丁橡胶、75万吨/年蜡油催化及合成氨、硝酸氨、再蒸馏、丙烯腈、聚丙烯、聚丙烯酰胺、聚异丁烯等装置。

具备从石油化工工程项目可行性研究、论证到设计、施工、设备安装直至投料试车、正式投产全过程工程总承包能力。持有工程设计、工程总承包、工程咨询、工程造价咨询等多项国家甲级资格证书，三类九种《压力容器设计单位批准书》和《压力容器设计许可证》，通过国家ISO 9001质量体系认证，并获英国皇家认可委员会颁发的《UKAS国际标准论证书》，年设计能力15亿元。在大型石油化工机械、自动化仪表、电器制造和安装方面具有较强实力，持有国家颁发的一、二、三类及高压容器制造、安装许可证，美国机械工程师学会压力容器“V”钢印制造许可证，通过国家ISO 9002质量体系认证，年设备制造能力6500吨。在计算机软件开发方面，能够承担石油化工装置控制系统组态设计安装、软件开发、化工流程模拟、仿真培训等任务。先后完成了大庆化肥厂30万吨/年合成氨和48万吨/年尿素，大连西太平洋500万吨/年炼油厂等工程的总体设计。相继建成了850万吨/年大庆炼油厂及福建泉州500万吨/年炼油厂工程总承包施工等任务。创各类优质工程1327项，其中大庆30万吨/年乙烯工程获国家优质工程金牌奖，乙烯、丁辛醇和顺丁橡胶装置分获国家优质工程鲁班奖。

大庆石油化工总厂永远是您值得依赖的朋友，我们的大门随时为您敞开。

中国石油天然气勘探开发公司

CNPC International Ltd.

KPC

بلاستيك ... صناعة سودانية

Plastic....Made in Sudan

中国石油天然气

CNC

中国石油天然气勘探开发公司（CNODC）是中国石油天然气集团公司（CNPC）的全资子公司，按中油集团公司授权，负责中油集团公司海外投资项目的管理与运作。公司在国外注册为CNPC International Ltd.（中国石油国际公司）。

公司自组建以来，坚持按照中国政府提出的“利用国内外两种资源，两个市场”的战略方针和中油集团公司确立的“立足国内、发展海外，实施国际化经营”的战略部署，积极走出国门，开展跨国经营，海外石油开发事业得到快速健康发展，获得了很好的经济效益和社会效益。初步形成了海外发展的三大战略发展区，即中东及北非地区、中亚及俄罗斯地区、南美地区。截至2002年底，已签订合同的海外投资项目26个，分布于四大洲11个国家。

当前，公司的勘探与生产业务主要分布在苏丹、哈萨克斯坦、委内瑞拉、阿曼、阿塞拜疆、秘鲁、加拿大、泰国、缅甸、土库曼斯坦和伊拉克等国家，业务涵盖了石油勘探开发、管道运营、炼油化工和成品油销售等领域。

委内瑞拉英特甘博油田

苏丹喀土穆炼油厂

勘探开发公司

DC

十年来，公司海外项目石油探明可采储量5.45亿吨，累计生产原油5903万吨，累计获得权益原油3072万吨；累计生产天然气50亿立方米，累计获权益天然气27亿立方米。2000年，海外项目全面进入投资回收期，国际化经营步入崭新的发展阶段。

2002年是公司海外发展取得丰硕成果、管理水平有较大幅度提升的一年。公司海外原油作业产量达到1901万吨，比上年增加278万吨，增幅17.1%，完成权益原油产量936万吨，比上年增加105万吨，增幅12.6%。完成天然气作业产量13亿立方米，权益天然气8亿立方米，分别比上年增加40.4%和38.6%。实现销售收入13.5亿美元。海外石油开发事业正在成为中油集团公司新的经济增长点。

新项目开发也取得了重要成果。2002年，公司新签订项目合同4个，包括阿塞拜疆K&K油田勘探开发项目、土库曼斯坦油田技术服务项目。此外，相当一批新项目取得了实质性进展，为下一步成功获得项目打下了基础。

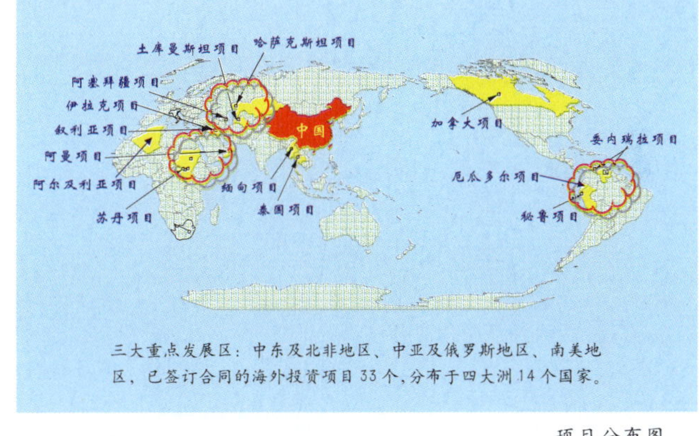

三大重点发展区：中东及北非地区、中亚及俄罗斯地区、南美地区，已签订合同的海外投资项目33个，分布于四大洲14个国家。

项目分布图

苏丹124区油田中心处理站

苏丹加油站

中国石油吐哈油田分公司

总经理兼党委书记
全国“五一”劳动奖章获得者 蔡志刚
新疆维吾尔自治区劳动模范

中国石油天然气股份有限公司吐哈油田分公司是集油气勘探、开发、油气销售和科研为一体的现代化石油企业，目前主要勘探领域为吐鲁番—哈密、三塘湖和民和盆地，总面积8.4万平方千米，石油总资源量23亿吨，天然气总资源量3650亿立方米。公司现有员工3578人，拥有油水井1485口，各类设备3996台套，固定资产净值53.15亿元。机关设处室9个，基层设3个事业部、8个厂、1个科研院所、2个中心和3个直属单位。

吐哈油田勘探开发建设始于1991年，经过十多年的艰苦奋斗，取得了令人瞩目的辉煌业绩。截至2002年底已累计探明油气当量合计2.9162亿吨，配套建成原油生产能力350万吨，天然气生产能力12亿立方米，共动用石油地质储量1.86亿吨，开发和管理着鄯善、温米、丘陵、红连、葡北等20个油气田，累计生产原油2533.05万吨，为陆上石油工业“稳定东部，发展西部”做出了重大贡献。吐哈油田先后荣获全国“五一”劳动奖状和新疆维吾尔自治区思想政治工作优秀企业、自治区级文明单位等荣誉称号。

展望未来，吐哈油田公司以党的十六大精神为指针，认真贯彻落实股份公司业务发展计划，进一步明确了加快发展的宏伟目标：到2007年原油产量上升到300万吨，天然气产量上升到20亿立方米，油气当量达到500万吨，实现“稳油、增气、提效，保持经济总量稳步增长”的目标，把油田公司建成“素质一流、管理一流、技术一流、效益一流”的现代企业，实现吐哈油田的跨越式发展。

吐哈油田荣获全国“五一”劳动奖状

销售事业部生产指挥中心

地址：新疆鄯善火车站镇
邮编：838202
电话：(0995)8372821
传真：(0995)8371354

吐哈油田公司轻烃转运站

大港油田勘探开发建设始于1964年1月，时称“六四一”厂，当时包括大港、任丘、渤海、冀东四部分。1976年3月，大港、任丘、渤海分开，1988年4月，冀东从大港划出。1999年6月，根据中油集团公司重组改制方案，油田核心业务分开、分立，成立大港油田分公司，隶属于中国石油天然气股份有限公司。

大港油田东临渤海，西接冀中平原，东南与山东毗邻，北至津唐交界处。勘探开发范围包括黄骅坳陷中部与南部的陆地、滩海、极浅海和沧县隆起东半部、埕宁隆起西部，地跨津、冀、鲁25个区、市、县，总面积18499平方千米。根据我国第三次油气资源评价，大港探区石油资源蕴藏量20.6亿吨，天然气资源蕴藏量3800亿立方米。目前，分公司原油年生产能力400万吨、天然气年生产能力3.2亿立方米。截至2003年底，累计探明石油地质储量9.1亿吨，探明天然气储量720.2亿立方米；累计生产原油1.2亿吨，生产天然气157.8亿立方米。目前，分公司拥有资产总额133亿元，在职员工12000人。

大港油田分公司是环渤海经济圈的重要组成部分。分公司总部位于天津市东南60千米，距首都北京190千米，距天津新港40千米，距天津国际机场70千米，地理位置优越，海陆空交通发达，往来便捷。

年届不惑的大港油田，今年将攀上第三个原油产量高峰，达到484万吨，并创造历史最好水平。2005年，突破500万吨。今后的一个时期内，大港油田分公司将大力实施可持续发展战略、低成本战略、管理创新战略、科技领先战略、人才超前战略，立足陆上、推进滩海、加快合作、开拓新区，保持油气储量和产量的稳定增长。按照规划，大港油田原油产量规模将从今年开始，在450万吨水平以上稳产10年，天然气产量保持3亿立方米以上。

近年，大港油田分公司先后与美国阿帕契公司成功开展了赵东合作区块风险勘探开发，与加拿大泛华公司合作开发了孔南未动用储量。

在新的世纪，大港油田分公司愿与国内外朋友友好往来，精诚合作，共谋发展。

中国石油大港油田分公司机关办公大楼

大港油田赵东合作区海上平台

港油田分公司

中油集团公司总经理、中油股份公司董事长
马富才同志亲临生产一线检查指导工作

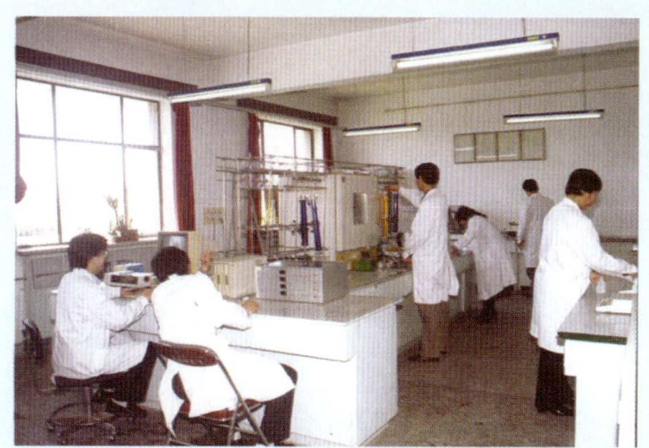

油气勘探开发技术研究中心科技人员正在进行技术攻关

大港油田分公司人才开发中心

油区文化活动

采油生产现场

晨曦中的抽油井

长庆钻井工程总公司

Changqing Well Construction Company

长庆石油勘探局局长助理兼钻井总公司总经理、党委书记　杨再生

公司理念： 创新、开放、简捷、明确、责任、自信

公司精神： 敬业、求实、创新、一流

公司价值观： 为客户创造价值就是发展自己

企业简介

长庆钻井工程总公司隶属于长庆石油勘探局，是集钻井设计、钻井施工、固井作业、技术研发、地质录井、管材服务、物流配送、油田化学、新型管材生产、物业服务于一体的综合性、专业化钻井工程技术服务企业。

公司现有70D、50D、40DB、15DB电驱动钻机及ZJ70LC、ZJ50L、ZJ32、ZJ20等钻探7000米以内井深的各种型号的钻机64台，年钻井能力250万米，钻井速度和质量指标连续多年在CNPC排名前列。2002年通过了ISO 9001国际质量标准认证。

公司在30多年的石油勘探开发历程中形成了配套完善并具有长庆特色的钻井工艺技术，在定向井、丛式井、水平井、天然气井、天然气欠平衡井和油气层保护等方面达到了国内外先进水平。公司承钻的塞1井为长庆油田找到了亿吨级的安塞油田；陕参1井揭开了鄂尔多斯气田勘探开发序幕；苏6井揭开了世界级整装大气田苏里格庙的神秘面纱，从而确定了长庆油田成为中国石油未来发展战略接替区的位置；运用特色技术完成的乌兹别克第一口水平井1-G井，开创了该国水平井钻井的先河。

公司技术配套、装备先进、管理一流，能承担不同地区、不同条件下的浅层井、中深井、深井、超深井的钻井工程技术服务，优质高效地满足国内外客户的不同要求。

公司总部地处中国西安，东接市场，西临资源。现有民用化工、钢骨架塑料复合管生产、钻头制造、石油工具加工、机械制造与维修、野营房制造等新兴产业，其中被国家科委列入“火炬”计划的钢骨架塑料复合管，以抗蠕变、防腐、耐压、耐磨等特点，广泛运用于油田、市政、化工等建设中的油、气、水等介质的输送。30种化工产品，已通过中国石油天然气集团公司产品质量认证，销往长庆、新疆、尼日利亚、厄瓜多尔、乌兹别克斯坦等国内外市场。

公司先后为长庆油田、新疆克拉玛依油田、青海油田以及壳牌公司、乌兹别克斯坦国家石油天然气总公司、厄瓜多尔国家石油公司、尼日利亚环球石油有限公司、印度尼西亚国家石油天然气矿业公司等国内外市场提供优质的工程技术服务。在长期的合作中，积累了丰富的经验，赢得了良好的市场信誉。

长庆钻井工程总公司愿与国内外客户增进友谊、加强合作、实现双赢、共同进步。

CHINA

质量管理体系认证证书

长庆石油勘探局钻井工程总公司

陕西省西安市未央路140号

邮政编码：710021

GB/T19001-2000 idt ISO9001:2000标准

油井、天然气井（含煤层气井）、水井、地热井的设计和施工；钻井技术服务

注册号：1902Q13127R0L

颁证日期：2002年12月04日

有效期：2002年12月04日 至2005年12月03日

中心代表（签名）：

中国方圆标志认证委员会

方圆标志认证中心

国家认可注册号：SC 19

CHINA

CERTIFICATE OF CONFORMITY OF

QUALITY MANAGEMENT SYSTEM

CERTIFICATION

This is to certify that the quality management system of

Changqing Well Construction Company

No.140, Weiyang Road, Xi'an, Shaanxi

P.C.: 710021

is in conformity with

GB/T 19001-2000 idt ISO9001:2000 Standard

This certificate is valid to the following product(s)/service:

Design and construction of water well, geothermal well, oil well, gas well (including CBM well); service of drilling technology

Registration No.: 1902Q13127R0L

Issue Date: 2002-12-04 Term of Validity: From 2002-12-04 To 2005-12-03

Representative of the Centre:

Zhang Wei

Zhangwei

China Certification Committee for Quality Mark-Certification Centre

ACCREDITED BY MEMBER OF THE IAF MLA FOR QMS

Registration Number: SC 19

地址：陕西省西安市未央路140号　邮编：710021　电话：029-86598278　传真：029-86598237　http://www.zjs.cq.cnpc.com.cn

长庆钻井工程总公司
Changqing Well Construction Company

钻井队现场执行严格的HSE管理，为客户提供安全高效的服务

以天然气为介质的欠平衡井施工现场

人性化的钻井设备

公司特色技术：

5大技术系列：

1. 井眼控制技术系列
2. 快速钻井技术系列
3. 特殊工艺技术系列
4. 油气层保护技术及优质钻井液技术系列
5. 完井固井技术系列

20项优势技术：

1. 欠平衡钻井技术
2. 水平井钻井技术
3. 定向井、丛式井钻井技术
4. 小井眼丛式井钻井技术
5. 套管开窗侧钻工艺技术
6. 导向钻具复合钻井技术
7. 优选参数钻井技术
8. 井下事故预防及处理技术
9. 强抑制无固相聚合物钻井液技术
10. 保护油气层完井液技术
11. 大型井漏堵漏工艺技术
12. 超低密度水包油钻井液技术
13. 低密度系列水泥浆固井技术
14. 天然气井固井技术
15. 水平井固井技术
16. 小井眼固井技术
17. 防气（水）窜水泥浆固井技术
18. 定向井取心技术
19. 地热井钻井完井技术
20. 煤层气井钻井技术

年产量500km，生产口径50～600mm的钢骨架塑料复合管自动化生产线

世界石油年鉴

2003

中国石油集团经济技术研究中心　编

石　油　工　业　出　版　社

内 容 提 要

《世界石油年鉴》2003卷分为国家地区篇、专题综述篇、统计数据篇和企业概览篇四部分。本书对2002年的世界石油工业进行了系统总结，介绍了84个国家和地区的油气资源状况、石油勘探开发现状和石化工业现状，以及能源工业发展战略和国际合作态势。该书对我国三大石油公司进一步发展海外油气业务，在更大范围和更高层次上参与国际合作与竞争具有较高的参考价值。

图书在版编目（CIP）数据

世界石油年鉴．2003/中国石油集团经济技术研究中心编．
北京：石油工业出版社，2004.1
ISBN 7-5021-4621-0

Ⅰ.世…
Ⅱ.中…
Ⅲ.石油工业－世界－2003－年鉴
Ⅳ.F416.22-54

中国版本图书馆CIP数据核字（2004）第030658号

许可证号：京工商广临字朝2004-011号

出版发行：石油工业出版社
（北京安定门外安华里2区1号　100011）
网　址：www.petropub.cn
总　机：（010）64262233　发行部：（010）64210392
经　销：全国新华书店
排　版：中国石油集团经济技术研究中心排版
印　刷：河北省欣航测绘院印刷厂印刷

2004年1月第1版　2004年1月第1次印刷
889×1194毫米　开本：1/16　印张：17.5
字数：541千字　印数：1—3000册

ISBN 7-5021-4621-0/TE·3242
定价：383.00元
（如出现印装质量问题，我社发行部负责调换）

《世界石油年鉴》（2003）

序

石油与天然气是支撑世界经济发展的基本资源，石油石化行业是国民经济的重要基础产业。当今世界对油气资源与市场的争夺日趋激烈。少数西方大国，凭借强大的经济实力，采取政治、经济、外交和军事等各种手段，在全球范围内争夺石油资源。2002年，美国和日本石油消费水平分别达到8.9亿吨和2.4亿吨，占世界石油消费总量的1/3，需要大量进口“廉价”石油保持经济稳定发展；俄罗斯石油产量大幅上升9.1%，俄希望通过推行能源外交，恢复国内经济发展和重返国际大国地位。石油资源国为保护本国资源和保持市场份额，积极扩大对外开放，寻求合作伙伴。

近年来我国石油进口数量逐年增加，2003年石油进口已经超过8000万吨，较上年增长约27%,成为世界第二大石油消费国。能源问题使中国与世界主要油气生产和消费国家及地区的政治、经济和外交利益关系日益密切。持续、稳定的能源供应对中国的现代化建设至关重要。

我国加入世贸组织后，在国内石油市场开放的同时，国外市场也向我们开放。这有利于我们在全球市场上平等参与竞争、发展海外业务、分享油气资源。继续实施“走出去”战略，逐步建立国外能源基地，保证国内稳定的能源供应，既是党和国家对能源工业发展的要求，也是我们义不容辞的责任。在保障中国的能源安全问题上，中国石油集团扮演着重要的角色。可以预见，今后20年是我们建设具有国际竞争力跨国企业集团难得的战略机遇期。面对机遇与挑战，中国石油集团需要全面了解复杂多变的国际石油市场形势，掌握时机，赢取胜利。

《世界石油年鉴》2003卷是长期从事世界油气监测与分析的十多位学者、专家编撰出版的一部记事性工具书，全方位、多角度地反映2002年世界石油石化工业的发展动态，记录和剖析世界石油石化工业发展的重大事件。该书对中国石油集团公司进一步发展海外油气业务，在更大范围和更高层次上参与国际合作与竞争具有较高的参考价值。

郭院

2003年12月

前　言

《世界石油年鉴》是由中国石油集团石油经济技术研究中心组织国内三大石油公司的专家和学者编写的专业性年鉴。该书介绍了世界石油石化工业的发展态势，剖析业内发生的重大事件，把世界石油石化工业的发展动向和一些国家开拓海外市场的经验介绍给国内同仁和智者，希望能为中国石油和石化企业的发展带来新的启示。

《世界石油年鉴》2003卷分为国家地区篇、专题综述篇、统计数据篇和企业概览篇四部分，涉及84个国家和地区，介绍了这些国家和地区的油气资源状况、石油勘探开发现状和石化工业现状，以及能源工业发展战略和国际合作态势。

除文中特别说明外，《世界石油年鉴》2003卷的能源消费数据来自BP能源统计，油气产、储量和炼油石化数据来自美国《油气杂志》，勘探开发工作量数据来自美国《世界石油》，各国汇率为2002年平均数据。由于各家统计世界石油工业数据时采用的方法和分类标准不尽相同，个别数据差别较大，我们在编写过程中力求采用权威的资料和数据。

参加《世界石油年鉴》2003卷编写工作的主要人员包括：徐建山、陈明霜、冯风、钟文新、史凌涛、窦红波、杨金华、张晶、王雪梅、单卫国、周向彤、王轶君、娄承、田春荣、朱云祖、王霖、李维英和项焕章。全书由徐建山、陈明霜和冯风三位同志审定。

在《世界石油年鉴》2003卷的策划和编写过程中，有幸得到石油工业出版社张镇总编辑和李丰、赵冬梅编辑的鼎力相助，使本书得以及时与广大读者见面，在此深表谢意。

由于编者水平有限，本书内容有失实和不妥之处在所难免，恳请专家和广大读者批评指正。

编　者

2003年12月

目录

国家地区篇

非洲地区

阿尔及利亚……5
埃　及……7
安哥拉……10
赤道几内亚……12
刚果民主共和国……14
加　蓬……15
喀麦隆……16
利比亚……17
尼日利亚……18
突尼斯……21

独联体地区

阿塞拜疆……27
俄罗斯……31
格鲁吉亚……39
哈萨克斯坦……41
吉尔吉斯斯坦……43
土库曼斯坦……45
乌克兰……48
乌兹别克斯坦……52
亚美尼亚……53

中东地区

阿拉伯联合酋长国……60
阿　曼……63
巴　林……66
卡塔尔……67
科威特……71
沙特阿拉伯……73
叙利亚……77
也　门……80
伊拉克……82
伊　朗……85
以色列……89
约　旦……91

南美地区

阿根廷……97
巴　西……99
玻利维亚……104
厄瓜多尔……106
哥伦比亚……108
古　巴……111
秘　鲁……112
特立尼达和多巴哥……114
危地马拉……116
委内瑞拉……117
智　利……121

亚太地区

阿富汗……126
澳大利亚……127
巴基斯坦……131
朝　鲜……133
菲律宾……134
韩　国……135
柬埔寨……136
马来西亚……138
孟加拉国……139
日　本……140
泰　国……142
文　莱……145
新加坡……147
新西兰……148
印　度……150
印度尼西亚……154
越　南……157
中国台湾……162

北美地区

加拿大……166
美　国……172
墨西哥……179

欧洲地区

阿尔巴尼亚……188
爱尔兰……190
奥地利……192
保加利亚……193
波　兰……195
丹　麦……197
德　国……200
法　国……201
芬　兰……202
荷　兰……203
捷　克……204
克罗地亚……205
罗马尼亚……206
挪　威……208
葡萄牙……211
斯洛伐克……213
土耳其……214
西班牙……217
希　腊……219
意大利……221
英　国……222

专题综述篇

世界油气消费与贸易分析……………………226
世界油气勘探开发形势分析…………………230
世界炼油和乙烯工业形势分析………………235
国际管道工程建设和油轮运输………………238
国际石油市场分析……………………………242

统计数据篇

2001～2002年世界各国一次能源消费……………246
2002年世界各国油气储量及产量………………248
2002年世界各国钻井工作量……………………251
2003年1月1日世界各地区炼油能力……………253

企业概览篇（排名不分先后）

中国石油天然气股份有限公司……………封二、Ⅰ
大庆石油化工总厂……………………………Ⅱ
中国石油天然气勘探开发公司………………Ⅲ
中国石油吐哈油田分公司……………………Ⅵ
中国石油大港油田分公司……………………Ⅶ
长庆钻井工程总公司…………………………Ⅹ
中海油气开发利用公司……………………封三
长城钻井公司………………………………封底

非洲地区

据 International Petroleum Encyclopedia (2003) 改编

据 International Petroleum Encyclopedia (2003) 改编

非洲北部
图例
油田
油砂
气田
原油管线
天然气管线
油品管线
计划或在建管线
炼厂(炼油能力，1000桶/日)
油码头
城市
首都
国界
水深
0至200米
大于200米
希腊
意大利
西班牙
摩洛哥
阿尔及利亚
突尼斯
利比亚
地中海
SARDINIA
SICILY
Ionian Sea
Cape Bon
Gulf of Hammamet
Gulf of Gabes
Tobruk
Benghazi
Zweitina
Marsa-el-Hariga
El-Aghele
Ras Lanuf
Sider
Sidra
Misratah
Tripoli
Remada
Zarzis
Gabes
Gafsa
La Skhirra
Sfax
Sousse
Qairouan
Kasserine
Tunis
Bizerte
Tabarka
Constantine
Batna
Biskra
Annaba
Skikda
Bejaia
Setif
Carree
Algiers
Blida
Tiaret
Arzew
Oran
Sidi Bel Abbes
Saida
Oujda
Fes
Cartagena
Murcia
Almeria
Puertollano
Cordoba
Malaga
Algeciras
Palermo
Gagliano
Augusta
Siracusa
Reggio
Laghouat
Hassi R' mel
Ghardaia
Touggourt
Ouargla
Hassi Messaoud
El Golea
Ghadames
In Amenas
In Salah
Timimoun
Reggane
Murzuk

阿尔及利亚

汇　　率：1 美元 =82.024 第纳尔
石油消费：990 万吨
天然气消费：263.3 亿米^3
石油储量：12.60 亿吨
天然气储量：45195 亿米^3
石油产量：4250 万吨
天然气产量：750.8 亿米^3
炼油能力：2250 万吨

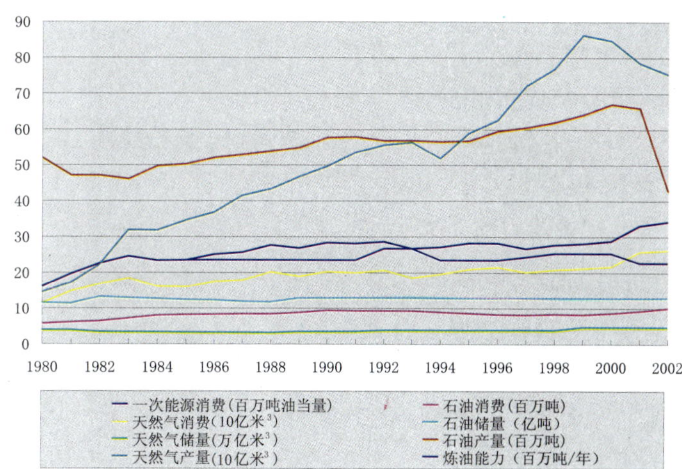

努力扩大对欧洲的天然气出口

2002 年阿尔及利亚出口油气 1.116 亿吨油当量，其中天然气占 47%。2002 年阿尔及利亚油气出口收入 180 亿美元，较上年下降 2.7%。

阿尔及利亚每年通过两条地中海管线向南欧（主要是意大利和西班牙）销售约 600 亿米^3 天然气。阿尔及利亚国家石油公司（Sonatrach）争取到 2010 年将欧洲的天然气出口增加到 850 亿米^3/ 年。为实现这一目标，Sonatrach 将与外国公司合作，提高现有气田产量和开发南部新气田。今后 3 年将签订新的出口协议。

勘探投资大幅上升

2000 年阿尔及利亚油气投资总额 23.4 亿美元，2001 年大幅上升为 34 亿美元。

目前，阿在国际石油市场的份额仅占 1.2%。为扩大市场份额，阿计划到 2010 年将石油产能提高到 27.4 万吨 / 日。阿尔及利亚靠近欧洲和大西洋市场，以及国际资本参与地中海海上勘探将有助于实现这一目标。

2002 年阿尔及利亚钻探井 23 口，完钻 15 口。

重要油气发现

2002 年阿尔及利亚取得 6 个油气发现，其可采储量(探明加控制)在 5100 万吨油当量以上。

油气产能稳定增加

2002 年阿尔及利亚石油产量为 4250 万吨，比上年增长 1.7%。天然气产量为 750.8 亿米^3，比上年下降 8.49%。随着新油田的不断投产，阿尔及利亚原油生产能力已增加到 15.1 万吨 / 日。但欧佩克给阿尔及利亚的原油生产配额为 73.5 万桶 / 日，影响了本国和外国公司在阿的投资。

2002 年初，阿尔及利亚有 1312 口在产油井。2001 年天然气回注量比 2000 年增加 29%；注水量增加 1.4%，为 1160 万米^3。2001 年，阿尔及利亚放空燃烧天然气占总产出气的比例降低到 4.08%，2000 年为 9.46%。

天然气开发项目

因阿迈纳斯湿气联合开发项目是阿尔及利亚最大的油气开发项目，位于该国东南部哈西迈斯欧德以南约 880 千米处。项目涉及开发 4 个气田以以及建设与之配套的集气和处理设施，将生产 90 亿米^3/ 年天然气和 9500 米^3/ 天凝析液，计划于 2005 年投产。因阿迈纳斯所产天然气将通过管道输送到哈西鲁迈勒，然后再输送到阿尔泽港、伊塞尔港和斯基克达港，或通过两条出口管道直接从哈西

2002 年阿尔及利亚油气新发现

发现井	发现者	发现类型	发现的地区和层位
BRDN-1	Sonatrach	天然气	Emsian 组
SF-2	Sonatrach	石油	TAGI 组
BKP-1	Sonatrach	石油	奥陶系
WHC-1	Sonatrach	天然气和凝析油	奥陶系
REC-1	阿吉普公司	石油	拜尔肯盆地区块 242，Gedinnian 组
MLE-1	加拿大 First Calgary 石油公司	天然气和凝析油	

鲁迈勒分别输送到西班牙和意大利。

阿尔及利亚另一个大型开发项目是开发撒哈拉沙漠中部的因萨拉赫气田。该气田将于2004年投产，预计年产干气90亿米^3。为此，正在建设耗资5.3亿美元的600千米管道。

两个油气田投产

2002年1月，Anadarko石油公司位于撒哈拉沙漠区块403和区块404的Hassi Berkine（HBN）油田投产，产量1万吨/日。预计全部处理设施建成投产后原油产能将提高到3.9万吨/日。

2002年12月，Anadarko石油公司位于拜尔肯盆地404区的Ourhoud大油田投产。油田储量估计为2.7亿吨，仅次于Hassi Messaoud油田，是阿尔及利亚第二大油田。按设计方案，新油田于2003年中达到高峰产量。

管线计划

尼日利亚和阿尔及利亚计划联合投资70亿美元建设一条横贯撒哈拉的天然气管道，由尼日利亚南部经尼日尔抵达阿尔及利亚地中海贝尼萨夫出口终端，将尼日利亚的天然气输到欧洲。2001年1月，两国开始可行性研究。

2002年11月，Sonatrach与意大利和德国公司签订协议，成立一家合资公司负责对第二条连接阿尔及利亚和意大利的海底天然气管线建设项目进行可行性研究。该管线南起阿东北部沿海城市安纳巴与加莱之间，北到意大利撒丁岛，海底部分长约300千米，初期输气能力为80亿米^3/年，最终输气能力将达180亿米^3/年。

油港工程

2002年12月，Sonatrach与美国的FMC Sofec公司签订价值2.39亿美元的海上石油中转站建设项目合同。2004年底前，FMC Sofec公司在阿Skikda，Arzew和Bejaia油港建设5个海上石油装载码头，可接受30万~32万吨油轮。工程完成后，阿油港原油出口能力将增加一倍，以适应阿增长的原油生产能力。

改革开放计划

阿尔及利亚正在对石油部门实行改革，允许更多私人资本的参与，但不打算将国家石油公司私有化或部分私有化。

2001年3月，阿尔及利亚能矿部制定新的石油法草案，草案正等待送交议会审批。阿国内一些有实力的油气工业组织反对油气工业对外开放，认为这将危及国家对自然资源的主权。

公开招标

2002年，阿尔及利亚举行了一轮勘探开发招标和一次大型综合天然气项目招标。

1. 第三轮勘探开发国际许可证招标

2002年2月27日，阿举行第三轮勘探开发国际许可证招标。包括：东南部拜尔肯盆地3组，伊利兹盆地2组，Oued Mya盆地1组区块；西南部斯巴盆地（Sbaa）、拉甘盆地（Regane）和提米蒙盆地（Timimoun）各1组区块；君士坦丁东南部1组区块。本轮招标的主要意图是吸引外国风险资本投资到广大未勘探的撒哈拉沙漠地区

这次招标共收到15家国际石油公司的标书，最后签发了7组区块的许可证，油公司今后3年内至少投资1.07亿美元进行地震勘探和钻井。其中，塞浦路斯的Medex石油公司获得伊利兹盆地226-229b和242两区块许可证。越南的石油投资和开发公司（PIDC）获得西南部433A-416B区块的勘探合同。法国道达尔公司（持股85%）获得提米蒙盆地325a-329区块（面积13250千米^2）勘探许可证。阿纳达科公司（持股67%）获得拜尔肯盆地区块403c/e的勘探许可证，3年期内完成200千米二维地震和钻1口探井。雷普索尔-YPF（持股45%）为首的财团获得拉甘盆地351c-352c天然气区块（12217千米^2）勘探和生产合同，估计储量为800亿米^{3}天然气，预计5年勘探期投资2300万美元。法国天然气公司（持股100%）获得斯巴盆地352a-353天然气区块（15392千米^2）勘探开发许可证，目前估计天然气储量600亿~1200亿米^3，3年勘探期开展储量重新评价。

但是，具有良好前景的拜尔肯盆地的3个区块没有签订合同。

2. Gassi Touil综合天然气项目招标

2002年8月，阿举行Gassi Touil大型综合天然气项目国际招标。这是该国第一次举行此种类型的国际招标。项目包括开发阿东南拜尔肯盆地西部的6个气田，估计天然气地质储量超过2250亿米^3；建设天然气液化设施、到Skikda和Arzew的天然气管网、地中海出口中转站，以及天然气的市场营销。

招标获得圆满成功。美国的阿纳达科公司和西方石油公司、壳牌、挪威国家石油公司、阿吉普、

（下转第13页）

埃及

汇　　率：1 美元 =4.658 镑
石油消费：2610 万吨
天然气消费：226.6 亿米^3
石油储量：5.07 亿吨
天然气储量：16556 亿米^3
石油产量：3750 万吨
天然气产量：149.0 亿米^3
炼油能力：3631 万吨

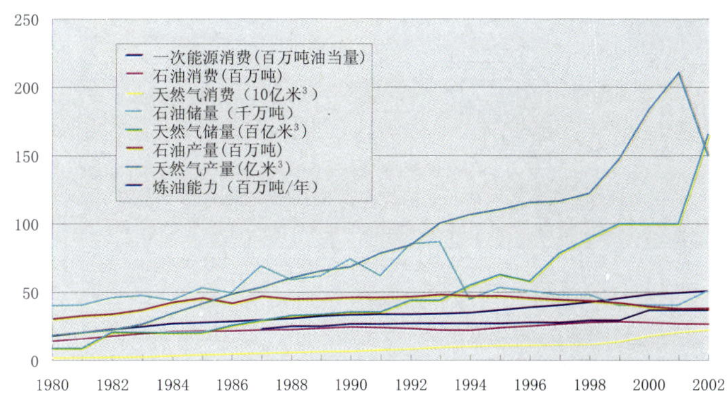

油气出口收入下降

由于油价下滑，2001/2002 年财政年度（2002 年 6 月 30 日结束）埃及原油出口额从上个财政年度的 11.7 亿美元下降到 6.9 亿美元，成品油出口额从 14.7 亿美元下降到 12.2 亿美元；石油进口额从 8.9 亿美元下降到 4.5 亿美元；石油贸易顺差从 17.4 亿美元下降到 14.5 亿美元。

2002 年，埃及出口天然气 600 万吨油当量。

储量获得大幅增长

2002 年埃及石油和天然气剩余探明储量分别为 5.07 亿吨和 1.66 万亿米^3，较 2001 年分别增长 25.6% 和 66.7%。油气储量增长的直接原因是 2002 年的一系列发现。由于采用先进的勘探技术，过去 3 年埃及石油储量增长了一倍。

根据埃及油气投资计划，2002～2007 年埃及将投资 30 亿美元加强石油勘探和生产。

重大油气发现

1. 2002 年 Apache 公司在地中海深水区取得重要天然气发现

5 月，在西地中海区块 Blue 构造的 Abu Sir-1X 井获得天然气发现，该井水深 992 米，井深 2295 米，38/64 英寸测试上新世 Kafr El Sheikh 组，获得天然气 49 万米^3/ 日。

6 月，在西地中海区块获得第二个深海天然气发现。发现井 Al Bahig-1X 距海岸约 55 千米，水深 1070 米，气藏高度 75 米。储集层质量很好。

11 月 17 日，在西地中海区块获得第三个天然气发现。发现井 El Max-1X 水深 945 米，位于 Abu Sir-1X 以南 8.8 千米。气藏高度 152 米，测试获得天然气 49 万米^3/ 日。

11 月 27 日，在西地中海区块获得第 4 个深水发现。发现井 El King-1X 距海岸 45.8 千米，水深 720 米，不仅在主要目的层中新统和次要目的层上新统发现了丰富的天然气，还首次在地中海深水区的中新统发现石油。El King-1X 井在中新统 Abu Madi 组测试获得天然气 88 万米^3/ 日和凝析油 104 吨 / 日；对中新统 Abu Madi 组的另一层位测试，获得日产 360.3 吨 32°API 石油、103.7 吨凝析油和 90.5 万米^3 天然气。这是尼罗河三角洲地区深水中新统首次石油发现，为该地区加强石油勘探提供了重要依据，具有重要意义。

西地中海区块面积 93 万公顷，Apache 公司是作业者，持股 55%，RWE-DEA 公司持股 28.333%，BP 持股 16.667%。已确认了 7 个远景构造和远景区。

2. 2002 年 Apache 公司在西部沙漠获得 4 个发现

1 月，在西部沙漠 Khalda 区块的 Ozoris-1X 野猫井（井深 3501 米）在白垩系 Alam el Bueib 组发现 3 套砂岩油气层，厚度 457 米，具有良好孔隙度和渗透率，1 英寸油嘴测试其中一套油气层获得 343 吨 / 日 38.5°API 石油和 2.1 万米^3/ 日天然气；在西部沙漠南 Umbarka 开发区块的发现井 Khepri 9 在 4066～4075 米层段 1 英寸油嘴测试获得 83.5 万米^3/ 日天然气和 30 吨 / 日凝析油。

3 月 28 日，在西部沙漠 Abu Gharadig 盆地东 Bahariya 区块的发现井 Karama 东南 -1X 测试获得 156 吨 / 日 43°API 原油。

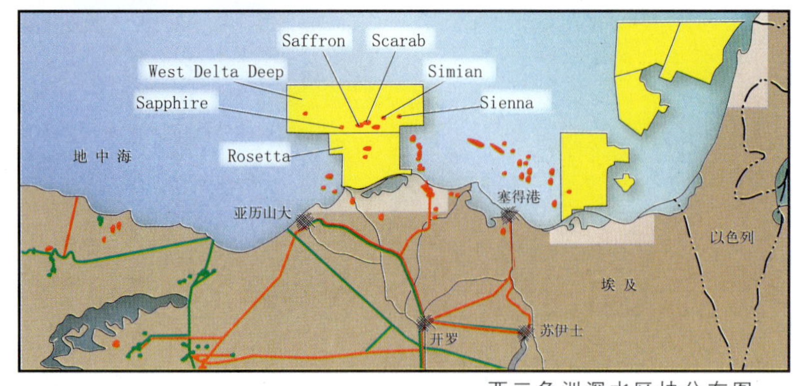

西三角洲深水区块分布图

5 月 13 日，在西部沙漠 Khalda 区块获得重要发现。发现井 Selkit-1X（井深 3161 米）对下 Kharita 组上部测试获得 699 吨 / 日 40.3°API 原油。

3．2002 年 Apache 公司在 Khalda 地区的发现

7 月，Khalda 区块的发现井 Tut 52 从 Khatatba 油藏测得天然气 83 万米^3/ 日和凝析油 107 吨 / 日。此外，该井还在 Alam El Bueib(AEB)砂岩钻遇 27 米新的含油气层。

12 月 24 日，在陆上 Ras El Hekma 区块获得天然气和凝析油发现。区块位于油气富集的 Khalda 区块东北 29 千米。发现井 Emerald-1X（井深 3792 米）在 Alem El Bueib 层发现总计 66 米净产层。测试获得凝析油 587 吨 / 日和天然气 48 万米^3/ 日。新的三维地震资料解释表明该发现具有很好的开发潜力。这是该区块的最大发现，计划进一步钻井测试，并于 2002 年底投产。

4．2002 年埃尼集团在地中海海上的发现

靠近尼罗河河口的东三角洲深水区块获得重要天然气发现。发现井 Tennin-1 井深 2040 米，水深 299.9 米，距 Damietta 城约 80 千米，钻遇 60 米含气砂岩，测试获得天然气 69.9 万米^3/ 日。估计天然气储量 150 亿～300 亿米^3。由于发现靠近 Damietta 液化厂，进一步加强埃尼集团在埃及油气作业和 LNG 市场的地位。

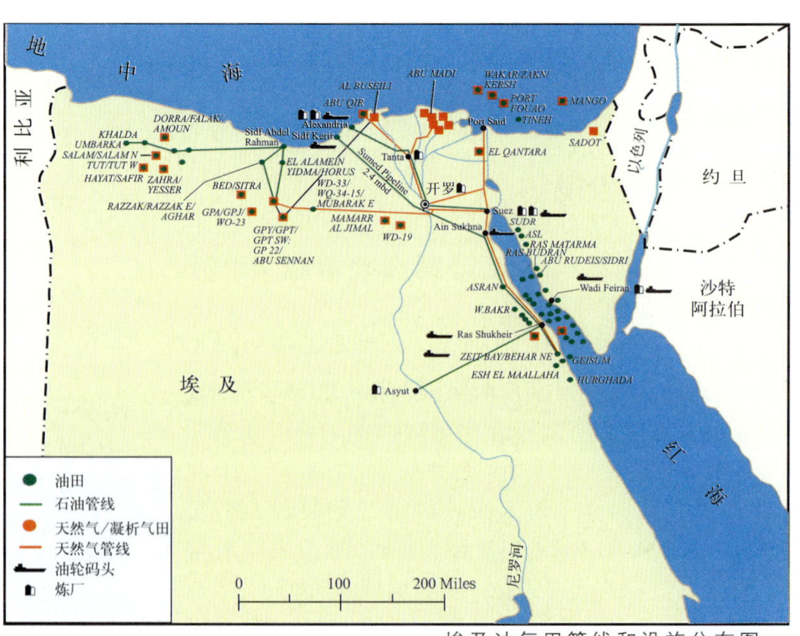

埃及油气田管线和设施分布图

新投产油气田

1．Nubian 砂岩油田

该油田储量估计为 822 万吨。生产井位于苏伊士湾 Hurghada 以东 70 千米海上，日产原油 1096 吨。产层是 Nubian 砂岩。该砂岩在苏伊士湾广泛分布，这可能预示埃及石油工业进入一个新的领域。

2．Rashid 海上气田

该气田位于 Edku 城东北 60 千米深水 Rashid 和 Borollos 合同区，探明储量 651 亿米^3。它使 Rashid 地区成为埃及最重要的经济区之一，生产的天然气经处理和液化后出口欧洲。预计 Rashid 气田的最高产能可达 905 万米^3/ 日。

3．Edfu 油田

作业者 Gupco 公司。该气田位于苏伊士湾，初期产量为 1370 吨 / 日，预计 2003 年初产量将达 3424 吨 / 日。Edfu 油田发现于 2001 年，探明储量 342 万～411 万吨。

4．南 Bilkas 气田

初期天然气产量为 28.3 万米^3/ 日。气田位于埃及 El Mansoura 陆上区块，估计天然气储量 14 亿米^3。

另外，埃及批准苏伊士湾 Hurghada 北部 Sharq Al Zeit 油田开发计划。该发现是埃及 11 年来最重要的石油发现。它重新唤起对苏伊士湾石油的注意，表明该地区仍存在丰富的石油潜力。油田投产后最初产量可达 1096 吨 / 日，两年后增加到 5479 吨 / 日。

加速Orient天然气管线建设计划

2002年6月，埃及、黎巴嫩、约旦和叙利亚四国能源部长表示要加速埃及到三国天然气出口管线Orient管线建设。

项目第一阶段包括400千米海底管线从埃及西奈半岛的阿里什，经地中海到黎巴嫩北部港口的黎波里，耗资8亿美元，以及经亚喀巴湾到约旦的天然气管线。工程于2001年动工，预定2003年3月完工。第二阶段将建设400千米陆上管道，从的黎波里到叙利亚北部，耗资2亿美元。今后该输气管线可能延伸到土耳其和欧洲。管线最大年输气能力为100亿米^3。

埃及同约旦2001年签订的协议，埃及计划2003年开始出口天然气，为期30年，每年向约旦输送10亿米^{3}天然气。

石化工业发展计划

埃及石油工业将努力使产品多样化，以满足国内和出口市场的需要。埃及政府已批准一项100亿美元的投资计划，计划在未来10年内在苏伊士湾、杜米亚特和亚历山大发展24个石化项目，总产量达1500万吨。埃及的石化和LNG项目，以及埃及加大向欧洲出口天然气，将促进埃及的天然气生产，使埃及成为世界天然气生产大国。

埃及政府还批准在埃及地中海港口杜米亚特投资140万美元兴建乙烯和聚乙烯项目。在苏伊士湾北部建设年产70万吨的丙烷厂，预算2亿美元，一半产品用于出口。

LNG出口项目

2002年1月，BG与法国天然气公司签订80亿美元的LNG销售协议，由BG、意大利Edison国际公司、埃及天然气控股公司和埃及国家石油公司(EGPC)联合组成的埃及LNG公司（ELNG）投资9亿美元在亚历山大以东的Idku建设和经营LNG厂，并在20年合同期内每年向法国天然气公司供应360万吨LNG。

整个项目还包括西三角洲深海区块天然气开发和管道建设。第一套LNG生产装置计划于2005年投产，生产能力为360万吨/年。

国际招标

2002年5月15日EGPC和埃及天然气公司举行勘探开发国际招标，共提供30个区块，其中8个位于地中海，3个位于尼罗河三角洲，7个位于西部沙漠，9个位于苏伊士湾，3个位于红海。

这次招标共收到22个国家的石油公司对22个区块提交的36份标书。

新签合同

2002年底，埃及人民议会批准了7份产量分成合同。其中6份是2001年招标的区块，区块总面积2130千米^2，总投资1.12亿美元。

2002年签订的产量分成合同

合同方	区块名称	面积（平方千米）	投资/义务工作量
BP	LL 87/201区块（苏伊士湾）	15	1000万美元/最初3年钻2口井
BP	南Abu Zeneima区块（苏伊士湾）	151	1700万美元/9年钻3口井
Kriti Oil	西北Gemsa区块（东部沙漠）	110	2400万美元/7.5年钻8口井
IEOC/INA Naftaplin	Ras el-Esh区块（苏伊士湾）	224	1060万美元/6.5年钻3口井
Ocean Energy	北Zeit Bay区块（苏伊士湾）	182	1460万美元/8年钻6口井
Ocean Energy	Ras Abu Darag区块（苏伊士湾）	928	3580万美元/9年钻6口井
EGPC	Asl和Sudr区块（西奈半岛）		

BP和BG公司在埃及的投资计划

由于BP和BG公司在埃及的投资，英国已成为埃及最大的投资国。由于在苏伊士湾发现大量新的石油储量，2002年BP向埃及投资5亿美元。长期以来，BP公司在埃及的能源市场占据重要地位。目前，BP与EGPC合作在苏伊士湾、尼罗河三角洲和西部沙漠地区开展油气项目；BP及其合作伙伴占埃及天然气产量的1/5；BP与EGPC的合资公司Gupco占埃及石油产量的1/3。

埃及是BG公司的核心作业地区之一。BG计划2002～2006年间在埃及投资7.7亿美元，其中2002年在尼罗河三角洲地区投资2.5亿美元。2006年BG可望成为埃及最大的天然气作业者，天然气产量可望超过5660万米^3/日。

安哥拉

汇　　　率：1美元=32.431宽扎
石油消费：155万吨
石油储量：7.41亿吨
天然气储量：458 亿米³
石油产量：4500万吨
天然气产量：6.2亿米³
炼油能力：195万吨

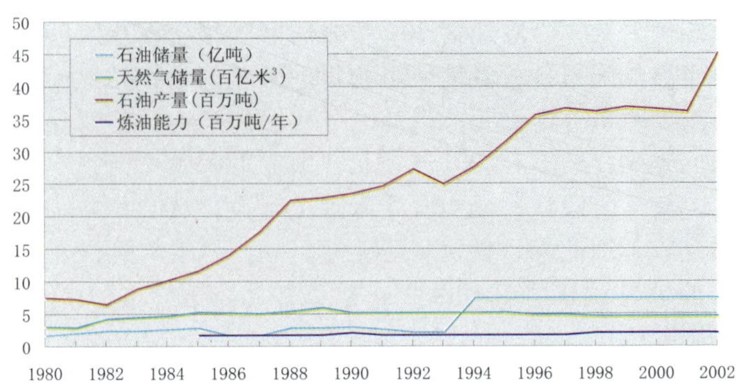

油气产储量大幅上升

1996年以来，安哥拉石油勘探取得巨大成功，获得20多个石油发现。石油储量比1991年增长近两倍。其中大部分储量来自海上深水14、15、17和18区。

1995～2001年安哥拉的石油产量一直徘徊在3500万吨左右。2002年安哥拉的石油产量首次突破4000万吨，超过埃及和阿尔及利亚，列非洲第三位。2002年安哥拉生产石油4500万吨，比2001年增加1120万吨，增幅达29.3%。增产的石油主要来自2001年底投产的深海Girassol油田。该油田2002年产量约为1000万吨。2002年安哥拉生产天然气6.23亿米³，比上年增长16.87%。

根据安哥拉的油田开发计划，该国的石油产量将在2006年超过利比亚，仅次于尼日利亚成为非洲第二大产油国。

深水勘探

2002年安哥拉共完钻14口探井，其中6口发现油气（分别是Jasmin-2，Gabela-1，Reco Reco-1，Plutao-1，Zinia-1和Negage井），8口干井。

当前，安哥拉的油气勘探主要集中在深水区域。安哥拉深水区被认为是世界上最有潜力的油气区。目前发现的石油重度为32～39.5°API轻质油，含硫0.12%～0.14%。已获得的深水发现包括：14区的Kuito油田及另外4个油田；17区的Girassol，Rosa，Dalia，Lirio油田和另外6个油田；15区的Kissanje，Marimba，Hungo油田和另外9个油田。估计Dalia油田和Girassol油田储量分别为1.37亿吨和0.99亿吨。

安哥拉大部分超深水区域还未进行勘探，目前的勘探活动仅限于31，32，33和34这4个区块。截至2002年底，超深水区块共完钻4口探井，包括31区的Jupiter 1井和Plutao-1井，33区的Funge 1井和34区的N'emba 1井。除Plutao-1井外，其他3口均为干井。另外，还有32区的Gindungo 1探井。

2002年安哥拉超深水区域勘探取得突破性进展。2002年10月，BP公司在31区的第2口探井Plutao-1获得安哥拉的第一个超深水发现。该井距海岸175千米，井深4452米，48/64英寸油嘴测试获原油5357桶/日。这一重大石油发现将安哥拉超深水区块勘探开发带入一个崭新阶段。

开发投资

预计今后5年外国石油公司在安哥拉深海地区石油开发投资将达到200亿美元，主要集中在4个区块：道达尔公司的17区；埃克森美孚公司的15区；BP公司的18区和雪佛龙德士古公司的14区。其中，道达尔公司计划投资50亿美元；雪佛龙德

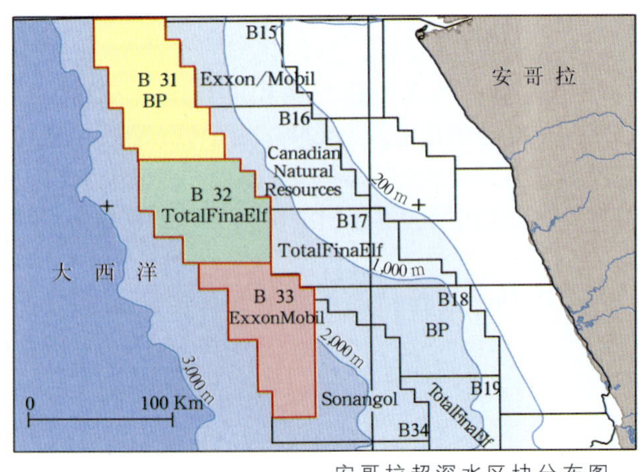

安哥拉超深水区块分布图

士古公司计划在2002～2004年间向深水14区投资20亿美元，该地区2006年原油产量将从目前的7万吨/日增加到8.4万吨/日。

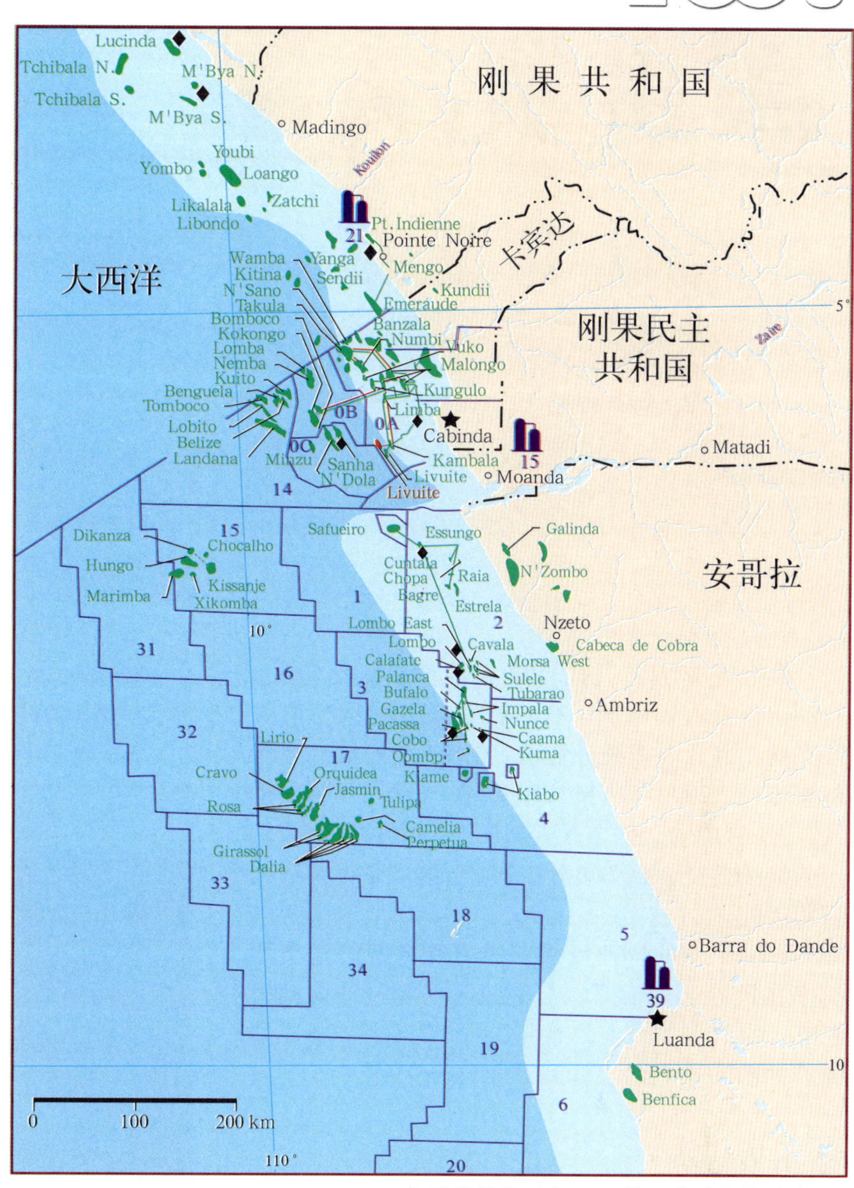

安哥拉地区油气田区块及基础设施分布图

LNG项目启动

为有效地利用天然气，解决天然气放空燃烧问题，安哥拉政府加快了LNG项目进程。2002年3月，Sonangol与雪佛龙德士古等公司签订了价值20亿美元的安哥拉LNG项目合同。雪佛龙德士古公司在该项目中持股32%，Sonangol持股20%，BP、埃克森美孚公司、Norsk Hydro和道达尔公司各占12%。此次参与LNG项目的公司都在安哥拉拥有勘探区块。项目将于2006年投产。LNG厂的天然气主要来自2、15、17和18区的伴生气，以及Atum/Polvo气田、Qiluma油田、北Enguia远景区以及1、2和3区的非伴生气。

超深水区块招标轮次

2002年，Sonangol划分出三个新的超深水区块。第一个区块为北超深水区块，面积65700千米^2；第二个区块为Kwanza超深水区块，面积47000千米^2，该区块进行过13000千米^{2}的空中测量和磁测量；第三个区块为Namibe超深水区块，面积19000千米^2。北超深水区块招标涉及与刚果的边界划分问题。

外国公司的活动情况

安哥拉的石油生产依赖外国石油公司。

2001年来自美国的石油公司在安哥拉日产石油8.4万吨，约占安哥拉石油总产量的2/3，其中50%出口到美国。雪佛龙德士古公司是安哥拉最大的外国作业公司，2001年的原油产量为8万吨/日。

埃克森美孚公司在安哥拉也有22个油气发现，拥有9个深水区块和1个浅水区块的权益。

法国的道达尔公司已在安哥拉作业50年，安哥拉是道达尔公司的第六大原油生产地。道达尔公司在安哥拉的产量约占安石油总产量的1/3。道达尔公司是3，17，19和32区的作业者；并拥有卡宾达地区A，B，C，1，2，14，31和33区的股份。道达尔公司在海上17和3区、陆上Soyo区块生产石油。道达尔公司已在17区获得12个商业发现。

赤道几内亚

汇　　率：1美元=667.8非洲法郎
石油储量：164万吨
天然气储量：368 亿米³
石油产量：675万吨
天然气产量：0.2亿米³

最近几年赤道几内亚的石油产量成倍增长，石油出口量大幅增加，石油储量已超过4亿吨。

据赤道几内亚统计资料，2001年石油产量为1100万吨，2002年达到1250万吨，远高于美国《油气杂志》的数据。随着两大新油田Zafiro和Ceiba油田的继续提产，到2005年全国石油产量可望达到1750万吨。

石油工业的快速发展使赤道几内亚的经济增长率在世界名列前茅。石油收入已超过该国国民总收入的70%。目前，赤道几内亚的石油产量在非洲产油国的排名已上升到第六位。

开发活动

2002年的油气勘探活动主要集中在H、I和J区，位于Bioko岛附近的I和J区进行了地震勘探，H区进行了三维地震数据的解释工作。

2002年，美国的Amerada Hess公司继续G区的钻井工作，有多口井钻获油气。

2月，G-7井（水深443.8米）在Akom油田钻遇油藏，有效油层厚49.4米。

3月，木尼河盆地的G-8井（水深64米）在Elon油田钻遇油层，油层有效厚度为47.9米。该油田位于Ceiba油田东北24千米和Akom油田东南10千米。Elon油层因此向木尼河盆地的浅水区延伸。

6月，位于Elon油田西北4千米的G-10井（水深98.5米）获得重大发现。该井钻遇有效油层厚度51.8米和有效气层厚度4.0米。

9月，Elon评价井（水深50.3米）钻遇有效厚度96.3米的独立连续油层，扩大了Elon油田的范围和规模。

11月，位于G区块Ceiba油田以南16千米的G-13预探井（水深1001米）钻遇有效厚度为77米的油层，储层特性良好。原油密度34～37°API。

赤道几内亚海上气田图

油气开采

在赤道几内亚进行石油作业的三大公司分别是埃克森美孚、马拉松石油和Amerada Hess公司。

2002年5月，埃克森美孚的子公司在Bioko岛海上Zafiro油田南部B区块实施增产开发项目，预计2003年下半年投产，计划增加原油采出量0.2亿吨。油田位于Malabo西北65千米，水深300～850米，实施前的原油日产量为15万桶。

开发项目的水下系统包括19座采油树和5个生产管汇，采用FMC技术安装，水深430～800米。计划钻19口水下井，2004年完成。还将铺设48千米水下管线，将生产井与FPSO相连，该系统的原油处理能力为11万桶/日，储油能力为200万桶。

Amerada Hess公司正抓紧近期发现的开发前准备工作，编制Elon，Okume，Oveng，Ebano，Akom和Abang等油田的开发方案，希望这些油田能尽快投入生产。保守估计G区的石油总储量也有0.68亿吨。

2002年初，同属G区的Ceiba油田已恢复生产，产量超过5万桶/日。油田FPSO系统的处理能力为16万桶/日，注水能力为13.5万桶/日。

赤尼两国边界纠纷

赤道几内亚和尼日利亚两国的海上边界纠纷已基本解决，双方签订了协议草案。这为道达尔、埃克森、美孚等国际石油巨头在这个世界上最有勘探前景的地区进行正常作业铺平了道路。

国家石油公司和国内石油公司

2002年10月，赤道几内亚总统颁布法令，调整GEPETROL机构，按业务范围组建不同的作业公司。公司将代表赤道几内亚政府签订合同，并在合同中拥有权益。

GEPETROL成立于2001年2月，GEPETROL的工作重点是下游和服务行业。政府希望通过GEPETROL积极参与国内迅速发展的油气工业。但外国公司担心，政府将借此变更已经签订的合同，将政府的参与份额由5%提高到占多数股权。

（上接第7页）

道达尔、西班牙Cepsa、BP等10家公司递交了标书。Gassi Touil项目对阿尔及利亚大幅提高天然气出口至关重要。

3. 重要合同

2002年，中石化股份公司获得Zarzaitine油田的开发合同，油田位于撒哈拉沙漠东部Hassi Messaoud大型产油区。合同期20年，计划采用注水和注气把原油采收率从10%提高到50%。项目总投资5.25亿美元，中方投资占75%，Sonatrach投资占25%。这是中国公司首次在阿获得石油开发项目合同。

Sonatrach与意大利油田设备制造商Saipem和法国Bouygues公司组成的财团签订一份价值2.57亿美元开发拜尔肯盆地Rhourde Ouled Dejmaa油田和阿东南部其他5个相邻油田的合同，包括建设1.1万吨/日的石油加工装置和集输网。6个油田的估计可采储量为4110万吨。项目将在24个月内完成，计划2004年投产，投产时的产量达到1.1万吨/日。Sonatrach，BHP Billiton和阿吉普公司共同经营这些油田，将投资1.9亿美元钻20口生产井。

2002年11月，BP与Sonatrach签订阿东南利比亚边界附近In Amenas地区4个气田的开发合同。项目总面积2750千米^2，天然气储量1981亿米^3。合同是BP和阿莫科合并前Sonatrach与阿莫科协议的延展。BP计划将其产量提高一倍，达到千气2547万米^3/日和凝析油36.3吨/日。In Amenas天然气项目总价值11亿美元，其中开发项目1300万美元。计划2005年4季度投产。项目一期工程包括Tiguentourine气田开发建设，通往Ohanet的110千米天然气和凝析油管线。

刚果民主共和国

汇　　　率：1美元=420刚果法郎(2003年3月)
石油储量：2562万吨
天然气储量：10 亿米^3
石油产量：115万吨
炼油能力：75万吨

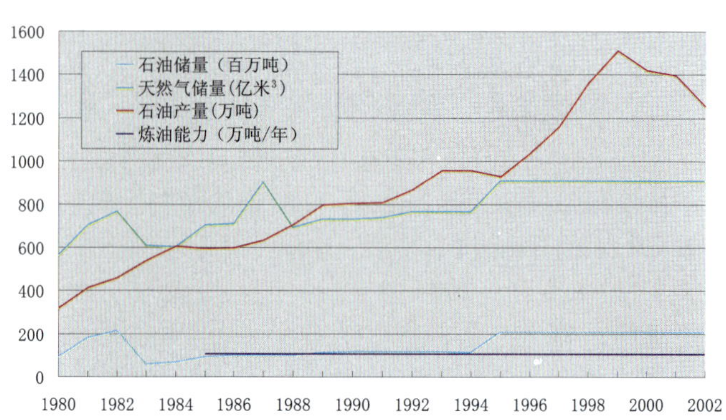

石油是刚果的支柱产业，石油出口收入约占刚果出口收入的95%，财政收入的60%。目前约有10家外国公司在刚果从事石油开采和加工作业。最主要的三家石油公司是道达尔、阿吉普和雪佛龙德士古公司。

14区联合开采

2002年，刚果（布）政府和安哥拉政府签署两国边境海域油田开发协定，双方拥有海上14区同等的石油开采权。双方协商，已决定由美国雪佛龙德士古石油公司作为主要开发商，负责该区域的石油开采。预计该区块的石油储量约为1.3亿吨，可连续开采25年。此区块生产的石油将由两国平均分配。

Kouilou许可区

Maurel & Prom（M&P）公司在Kouilou许可区陆上M’Boundi区块获得石油发现。发现井很快投入生产，产量为4000桶/日。该发现可使刚果民主共和国的石油储量增加约10%。Kouilou许可区面积85万英亩，作业者M&P公司持股35%，Heritage石油和Tacoma资源公司各持股32.5%。

国家石油公司解体

2002年8月，刚果（布）国营的刚果石油公司HYDRO-CONGO正式宣布解体，标志这一老牌国有公司向私有化进程迈出关键一步。

合资运输公司成立

2002年7月，刚果政府与道达尔、雪佛龙德士古和PUMA能源公司签订协议，由这三家公司和SNPC组建刚果（布）联合石油运输公司（SCLOG），四家公司各占25%股份。政府希望借此缓解长期的燃油短缺问题。

汇　　率：1 美元 =712 非洲法郎(2000 年)
石油储量：3.42 亿吨
天然气储量：340 亿米^3
石油产量：1470 万吨
天然气产量：1.0 亿米^3
炼油能力：87 万吨

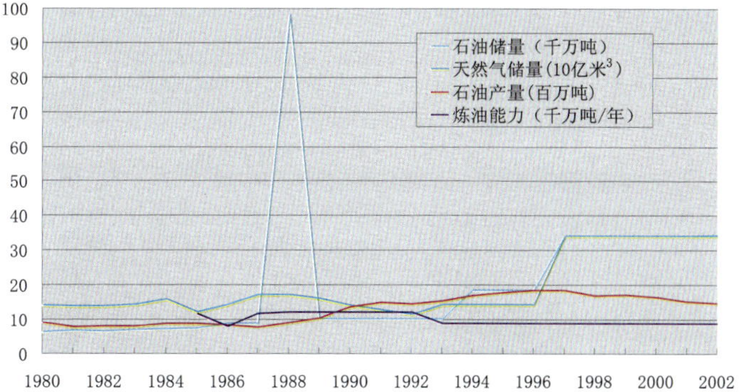

加蓬油气田的规模都不大，80% 的油田储量低于 500 万吨。加蓬不太重视高风险区的油气勘探，目前主要靠小油田增加石油产量。

重要油气发现

2002 年加蓬取得 3 个油气发现。

壳牌加蓬石油公司在 Ozigo 许可区陆上的野猫井 Ozigo Toucan 1 井获得发现，该井井深 1575 米，距 Rabi-Kounga 油田 9 千米，估计原油可采储量 280 万～700 万吨，日产能 2100～2800 吨油。

Perenco 公司在加蓬海上 Gombe Marin Sud 许可区的野猫井 Ompoyi － 1 在始新世 Ozouri 组获得油气发现。发现井水深 21 米，井深 1084 米，测试层段厚 110 米，日产原油 882 吨，不含水，估计储量 1190 万吨。

先锋资源公司（持股 100%）在 Olowi 海上区块（面积 1271 千米^2）的 Gnadi Marin － 1 井（井深 1056 米）试井测得最大日产 280 吨油流。

新投产油气田

2002年加蓬有3个新油田投产，分别是VAALCO 公司的 Etame 油田，能源非洲公司的 Niungo 陆上油田和 Perenco 公司的 Ompoyi 油田。

2002 年 8 月份,VAALCO 公司的 Etame 油田投产，第一阶段 2 口水平井和 1 口直井连接到 FPSO，日产原油 2030 吨。公司计划在油田北部开展三维地震勘探。

2002 年 10 月，能源非洲公司陆上 Niungo 油田投产，Perenco 公司为作业者。三口油井日产 630 吨原油，预计最高可达 980 吨，原油通过新管线输送到 Echira 油田。

同月，Ompoyi-1 井投产，新油田利用附近 Gombe Sud 海上油田设施进行生产。

新签合同

2002 年，加蓬与外国石油公司签订四个产量分成合同。

4 月，能源非洲加蓬公司（EAGSA，南非能源非洲公司持股 50%）与加蓬政府签订 Akoum 区块产量分成合同。EAGSA 公司为作业者，拥有 100% 权益，投产后加蓬政府有权获得 10% 的权益。第一勘探期为 2 年，计划 2003 年和 2004 年各钻 1 口探井。这是 EAGSA 公司在加蓬海上获得的第一个作业区块。

Akoum 区块位于加蓬海上浅水区，Gentil 港东南 100 千米，面积 2947 千米^2。1995～1998 年马拉松公司在该区块（也称为 Kowe 区块）钻了 7 口野猫井，获得 4 个油气发现。三个发现已经投产，总产量 6000 吨 / 日。1999 年 12 月马拉松公司放弃该区块。

7 月，道达尔加蓬公司与加蓬政府签订一份海上 Baudroie-Merou 油田开发和生产合同，双方各占 50% 权益。合同包括海上 Baudroie，Baudroie Nord，Baliste 和 Merou Sardin 油田，合同有效期至 2013 年。

7 月，Perenco 公司获得陆上 Gentil 港和北加蓬次盆地 Omboue 之间的 Ogueyi 许可区，面积 2647 千米^2。

10 月，道达尔公司获得 Mbinda 许可区。Mbinda 区块位于北加蓬次盆地 Gentil 港南部陆上，以及大部分 Padouk 海上区块（面积 348 千米^2）。合同要求 18 个月内完成地质和地球物理研究，之后 2～3 年钻 1 口井。

喀麦隆

汇　　率：1美元=733非洲法郎（2001年）
石油消费：130万吨
石油储量：5479万吨
天然气储量：1104 亿米^3
石油产量：345万吨
炼油能力：210万吨

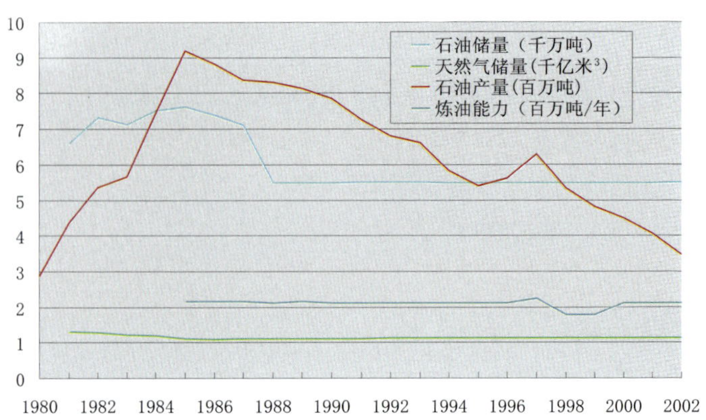

研究表明，在喀麦隆海上，尤其是Bakassi半岛深海地区与尼日利亚相邻的杜阿拉（Douala）和Rio del Rey地区有丰富的油气储量。

油气勘探开发

在喀麦隆，主要的石油生产公司为大陆菲利普斯、壳牌的Pecten和道达尔公司。2002年喀麦隆石油勘探和生产费用已由2001年的数百万美元增加到数千万美元。

喀麦隆已开始采用地震技术勘探海上深部大型构造。2002年12月，大陆菲利普斯公司位于海上杜阿拉盆地PH77区的Coco Marine-1探井（水深23米）在下第三系测试获得3000桶/日34°API石油和48000米^3/日天然气。这是首次在杜阿拉盆地第三系储层产出液烃。区块PH77面积4554千米^2。大陆菲利普斯公司将进一步评价Coco Marine发现和区块的其他构造，并与喀麦隆国家石油公司（SNH）共同制定开发方案。

天然气利用

随着石油产量不断下降，喀麦隆拉闸限电现象时有发生。SNH呼吁加强天然气工业投资，政府也已决定将油气工业重点转向天然气。目前，喀麦隆没有天然气消费，许多气田没有得到评价，天然气储量尚不明确。为吸引投资，喀麦隆议会通过新的天然气法，包括税收和关税等方面的优惠政策。

喀尼之争

长期以来，喀麦隆与尼日利亚在几内亚湾油气富集的Bakassi半岛存在主权争端。2002年8月，联合国最高司法机构的裁决判定喀麦隆拥有Bakassi半岛的所有权。10月，尼日利亚政府宣布拒绝接受联合国的这一裁决。尼希望与喀麦隆和平解决边界纠纷。11月，喀尼两国同意建立由联合国牵头的联合委员会，解决Bakassi半岛争端。

利比亚

汇　　率：1美元=1.229利比亚第纳尔
石油储量：40.41亿吨
天然气储量：13131 亿米^3
石油产量：6500万吨
天然气产量：69.8亿米^3
炼油能力：1717万吨

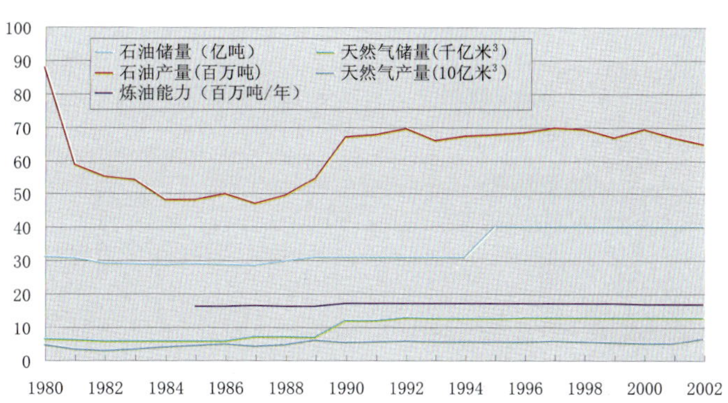

油气发现

2002年，利比亚获得2个重要油气发现。雷普索尔-YPF公司（作业者）在木祖克盆地区块NC-186获得大型石油发现，估计石油储量可能超过3571万吨。该公司还在同一盆地的NC-190区(12400千米^2)获得该区块内的第一个石油发现，对发现井测试获得82.8吨/日40°API原油。

西部天然气项目进展

1996年，阿吉普公司与利比亚国家石油公司签订合同，将Al Waha和Bouri油气田项目合并成西部天然气项目。该项目是目前世界油气生产、加工和运输的重要项目之一，投资总额约56亿美元，阿吉普公司提供30亿美元。项目包括在Waha和Mellitah建天然气处理厂,修建陆上和海上基础设施,铺设海底管线。

目前，油气田开发工作已全面展开，水下生产系统和管道工程项目的合同也已签订。

对外合作形势

长期以来，在利比亚作业的外国公司包括意大利埃尼集团、奥地利OMV公司、德国BASF公司、道达尔和西班牙雷普索尔-YPF集团。

尽管合同谈判进展缓慢和美国继续对利比亚实行制裁，但利比亚仍是吸引国外石油公司的勘探热点地区，连续3年成为世界上石油勘探最具吸引力的国家。自1999年联合国停止对利比亚制裁以来，利比亚提供了130多个勘探区块。

利比亚政府试图要求外国公司在得到锡尔特盆地和海上区块的同时，接受前景相对较差的库弗腊和Cyrenaica盆地的区块。

新签合同

雷普索尔-YPF公司为首财团获得木祖克盆地3个区块的石油开发生产协议，预计投资1.55亿美元。合作伙伴包括OMV公司、道达尔和挪威Norks Hydro公司。预计2004年第一季度投产，日产5479吨石油。

由日本、法国和意大利公司组成的财团获得Faregh油气田开发合同，合同额12亿美元。这是利比亚授予外国公司的第一大油气投资项目。项目完成后，利比亚每年可向欧洲，尤其是意大利，出口2.26亿米^{3}天然气。

尼日利亚

汇　　率：1美元=126.401奈拉
石油消费：1285万吨
石油储量：32.88亿吨
天然气储量：35092 亿米^3
石油产量：9650万吨
天然气产量：85.5亿米^3
炼油能力：2194万吨

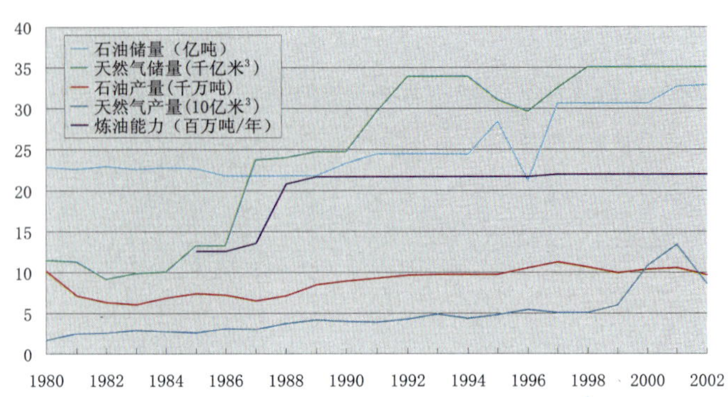

恢复新区勘探

为实现2004和2010年增储稳产目标，尼日利亚将加强北部陆上盆地的油气勘探，恢复早年放弃的Anambra和乍得盆地以及贝努埃地堑的油气勘探。

贝努埃地堑和乍得盆地属中非裂谷系，沉积厚度达6000米，已知存在大量油气田，其邻国乍得和尼日尔已获得油气发现。1994年外国石油公司曾在尼日利亚贝努埃地堑做了一些二维地震，钻3000米探井一口，未发现油气。

加强海上资源开发

由于外国石油公司在尼日利亚海上的一系列发现,尼日利亚正将石油生产重点转向海上。2002年尼日利亚有1个油田投产，5个油气田投入开发，均为海上油气田。尼日利亚海上石油生产成本超过4美元/桶，是陆上的两倍。

1. EA油田投产

壳牌公司为首的财团在尼日利亚几内亚湾OML 79区块浅水的EA油田投产，产量8219吨/日。油田开发包括3座井口平台和世界同类装置中最大的新型浮式采油储油卸油系统。EA油田开发成本14亿美元，已钻55口井。2003年再钻14口井，安装2座井口平台。预计2004年产量达到高峰1.9万吨/日。

2. Bonga油田

壳牌公司（作业者，持股55%）投资30亿美元开发区块OML 118的Bonga油田。壳牌公司制定了Bonga 1和Bonga 2油田的详细开发计划。尼日利亚海军造船厂承建世界最大的深水卸油浮筒，供Bonga油田开发。另外一家尼日利亚公司承接FPSO的建造合同，反映尼日利亚公司参与油气工业的一大进步。

3. Yoho和Awawa油田

美孚尼日利亚生产公司（MPN）开始实施海上区块OML 104的Yoho和Awawa油田开发项目，价值12亿美元。两油田位于浅水区，水深60～92米。2002年下半年利用FPSO投产，产量1.2万吨/日，预计2004年全面投产，高峰产量2万吨/日。

4. Erha深水大型油气田

埃索公司在OPL 209区块的Erha深水大型油气田总开发投资11亿美元。油气田水深1400米，储量达到8219万吨，预计产能达3.1万吨/日，2005年全面投产，包括15口生产井、4口注气井和5口注水井。开发表明埃克森美孚公司对进一步开发尼日利亚海上石油资源的决心。

5. Agbami油田

谢夫隆德士古公司完成尼日尔三角洲海上大型发现Agbami油田的开发方案评估。油田储量1.4亿吨，产能可达2.8万吨/日。预计2007年投产。

6. Abo油田

阿吉普公司（作业者）和尼日利亚国家石油公司（NNPC）完成Ondo州深海Abo油田开发方案和环境评估报告，并2003年投产。油田储量9589万吨，初期产量205吨/日，高峰产量2740吨/日。

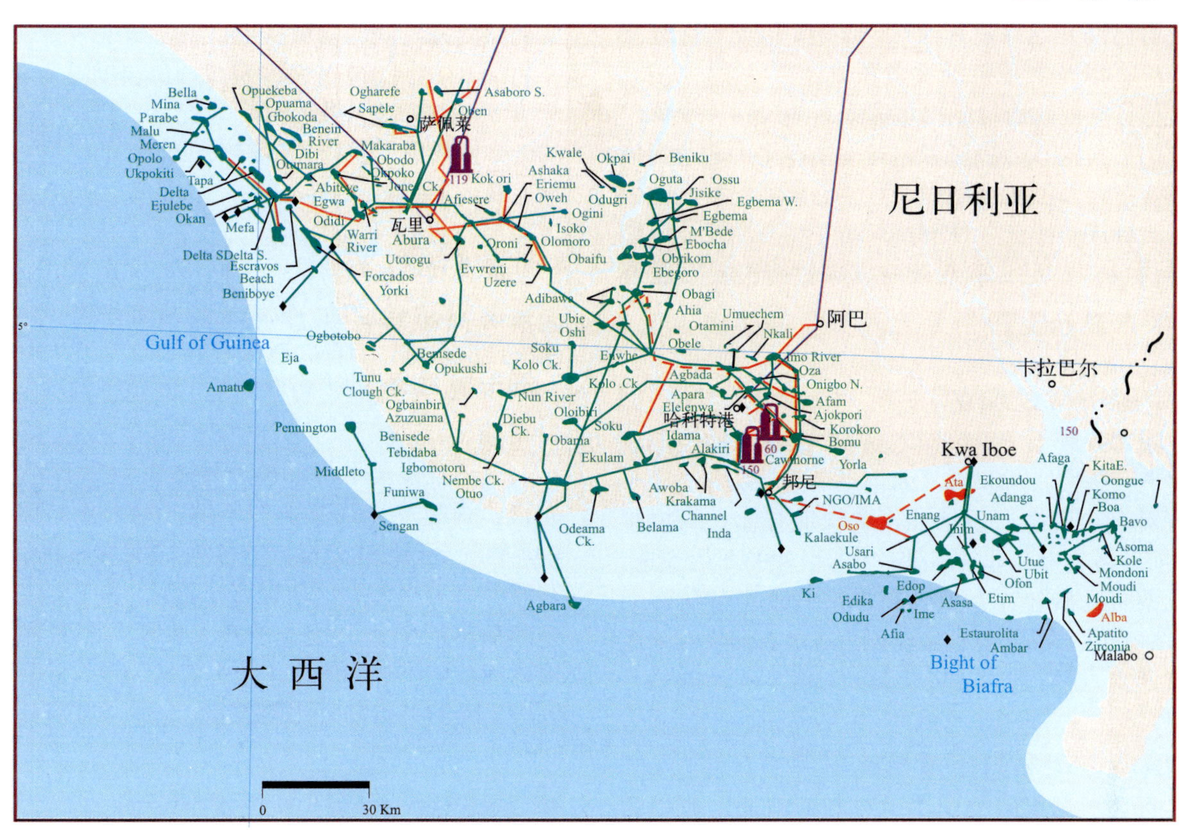

尼日利亚油气田管线分布图

天然气集输

尼日利亚现有天然气管网能够到达尼日利亚中部的Ajaokuta地区。为促进尼日利亚国内天然气消费，尼日利亚政府计划投资20.7亿美元扩建现有天然气管网。其中，NGC准备实施一系列项目，投资7.45亿美元修建由中心城市经Abuja至北部Kaduna的管网；投资12亿美元建设北部Kaduna-Kano-Maiduguri的天然气管网。

天然气利用

尼日利亚联邦政府要求油公司在2004年前停止天然气放空，否则将失去作业许可权。尼日利亚三角洲陆上油田大多数油井分布分散，需要大量资金投入，铺设必要的管线，才能将天然气送到最终用户或输气干线。尽管这个决定遭到壳牌石油开发公司等外国作业者的强烈反对，但各石油公司还是采取各种积极的应对措施。

旨在加强天然气利用的Lekki大型综合石化中心于2002年10月5日破土动工。该项目位于拉各斯以东65千米，Eurochem技术公司计划在2004年4月建成该中心。项目第一阶段将建设年产250万吨的Viva甲醇厂。然后投资20亿美元新建年产40万吨乙烯的聚烯烃装置。石化中心将用尼日利亚天然气作为原料。

壳牌、谢夫隆、阿吉普公司也将在天然气领域投入大量资金，实现尼联邦政府制定的零火炬计划。

博尼LNG厂的第三套LNG装置于2002年11月投产。该厂由尼日利亚LNG公司经营，包括NNPC（持股49%）、壳牌公司（25.6%）、道达尔（15%）和阿吉普公司（10.4%）等公司。第一套LNG装置于1999年投产。目前该厂具有900万吨/年LNG和125万吨/年液化石油气生产能力。第四和第五套装置的建设也在计划之中，第六套LNG装置的可行性研究也已完成。据估计，第四和第五套扩建项目将投资16.8亿美元，日耗天然气2009万米^3，计划分别于2005年和2006年投产。届时尼日利亚将成为世界第三大LNG生产国,占世界总产量的13%。

雪佛龙德士古尼日利亚公司、NNPC和萨索尔—雪佛龙公司签订天然气合成油合作协议，项目总投资13亿美元。

逐步开放下游工业

2001年以来，尼日利亚政府逐渐取消了对石油下游部门的补贴，开放炼油、石油产品销售及市场营销、管道系统操作等市场。

作为开放石油下游部门的第一步，2002年9月政府开始发放新的私营炼厂许可证，以确立竞争，保证石油产品在国内供给和消除腐败。Akwa Ibom

州政府已经开始修建炼油厂；Delta 州政府计划修建炼厂，以及其他炼油投资项目。

尼日利亚政府计划出售国家石油公司 4 个炼厂 40% 的股份给核心投资者。这一私有化决定遭到尼日利亚主要石油工业组织——“尼日利亚石油和天然气高级成员协会”（Pengassan）和石油工业组织的强烈反对。尼日利亚政府宣布暂缓国家石油公司部分私有化计划。

资源所有权确立

联邦政府于 2001 年就领海自然资源的控制权诉诸最高法院。2002 年 4 月，尼最高法院判决联邦政府对海上资源，包括油气资源拥有惟一的控制权。有关各省对此非常不满。考虑到 2003 年的竞选，奥巴桑贾总统建议，资源所在地方政府可从石油收入中分得 13%。尼日利亚议会通过石油收入分成法修订案。

国内公司参股比例提高

为了加强本国公司在尼日利亚石油工业中的地位，2002 年 10 月政府出台一项规定，要求与外国公司签订的合同中，本国公司的参与权益应不低于 25%。目前这一比例在上游部门最低仅 5%，下游部门约 15%。尼政府希望到 2010 年本国公司在石油部门的参与比例达到 50%。

对投标的新要求

针对合资项目招标，预资格审查和经济投标必须在尼日利亚国内进行，并且应更多地吸收尼日利亚本国人参与项目以使他们获得更多的技术。目前，尼日利亚政府通过国家石油公司在与六大跨国石油公司组成的合资公司中拥有将近 60% 的权益。这些合资公司的原油产量占尼日利亚原油总产量的 98%。

联合开发区确立

2002 年 1 月，尼日利亚与圣多美和普林西比政府签订海上边界协议，将油气富集的几内亚湾两国边界地区确定为联合开发区（JDZ），成立联合开发局共同开发油气资源。尼日利亚与圣多美以 60% 和 40% 的比例分享开发区资源。协议期限为 45 年，30 年后重新审查一次。JDZ 靠近尼日利亚水域发现的大型油气田（包括 Akpo 和 Agbami 油气田）以及赤道几内亚的 La Ceiba 油田，因此将成为全球石油工业最有投资前景的地区。

尼日利亚将每月从联合勘探的区块 246 向圣多美提供 5480 吨原油，同时帮助后者修建一座炼厂和一座深水港。目前，PGS 已在 JDZ 采集和处理了 3000 千米^2 三维地震数据，用于两国计划举行的勘探招标。

由于圣多美单方面授予外国公司在 JDZ 的优先权，引起尼日利亚强烈不满，尼中止与前者在 JDZ 共同举行勘探招标。圣多美 12 月宣布将单独于 2003 年在 JDZ 举行区块许可证招标，并开始招标法律和数据的准备工作。圣多美希望与尼日利亚恢复谈判，尽快解决争议，圣多美认为争议的焦点在区块 246 的利益划分比例。

Bakassi 半岛所有权争端

由于几内亚湾 Bakassi 半岛的油气发现，尼日利亚和喀麦隆两国发生领土纠纷。2002 年 10 月，联合国裁决 Bakassi 半岛归喀麦隆所有。10 月 24 日，尼日利亚政府宣布拒绝接受这一裁决，认为它是基于不合法的殖民条约。11 月，尼日利亚和喀麦隆同意组建由联合国牵头的联合委员会。两国总统已表示愿意放弃武力，以和平方式解决边界争端。Bakassi 半岛 95% 的居民是尼日利亚人。

边际油田招标

2001 年 9 月，尼日利亚石油资源部举行 24 个边际油田招标，有 150 家本国公司投标。2002 年 3 月，71 家公司通过资格预审。这些边际油田最初是由国际石油公司发现和开发，因不具商业规模而放弃，为鼓励本国公司参与上游开发而举行招标。

突尼斯

汇　　率：1美元=1.429突尼斯第纳尔
石油储量：4213万吨
天然气储量：778 亿米^3
石油产量：355万吨
天然气产量：22.7亿米^3
炼油能力：170万吨

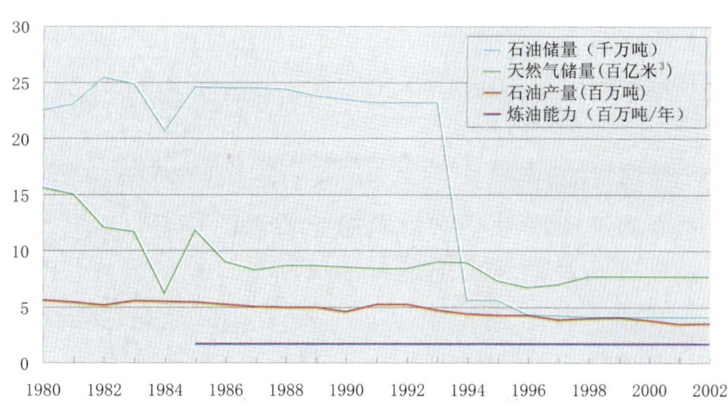

天然气消费比例增大

2002年，突尼斯石油消费约占国内能源消费的56%，天然气消费约占42%。

突尼斯政府十分重视天然气的生产。天然气在突尼斯能源生产和消费中的比重越来越大。2002年，天然气占突尼斯能源生产的50%，天然气消费量已达能源消费总量的40%。全国发电总量的96%是以天然气为燃料。

由于探明天然气储量增加，突尼斯计划向欧洲出口少量液化天然气，年出口量估计达9亿米^{3}天然气。

油气发现

2002年，突尼斯开钻11口探井和评价井。阿吉普公司在突尼斯海上获得两个石油发现。发现井Baraka SW 1位于Baraka许可区B区，Baraka 1发现以南约3千米处，水深90米。对中新统中Saouaf砂岩测试获得4600桶/日石油，这是突尼斯产量最高的直井。埃尼公司将采用FPSO开发哈马列梅特湾Baraka南油田。发现井Adam-1井位于Borj El Khadra区块，测试获得6560桶/日原油和46万米^3/日伴生气。

新油田

2002年，突尼斯在9个油田钻了14口开发井，其中7口位于海上。年初，荷兰Coparex公司（持股40%）作业的Isis油气田投产。Isis油气田水深70米，位于加贝斯湾海上145千米处，是突尼斯海上最大和离岸最远的油气田，东部接近利比亚水域。产层为白 系Fahdene组砂岩，埋深2400米。最初两口井共日产11500桶35.5°API原油。计划气举流量为8万米^3/日，压力3000磅/平方英寸。采用FPSO生产，处理能力为3万桶/日。Atlantis技术服务公司拥有40%权益，突尼斯国家石油公司拥有20%权益。

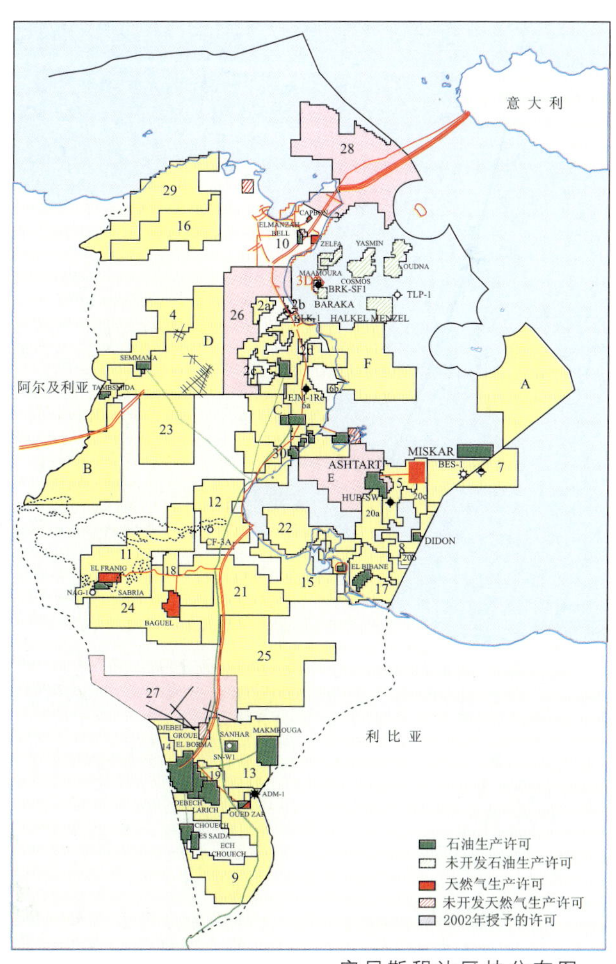

突尼斯租让区块分布图

突尼斯

国际管线协议

突尼斯和利比亚就合作建设天然气管线达成协议。管线连接利比亚西北部梅利塔气田和突尼斯南部港口加贝斯，管线长275千米，工程造价预计2.75亿美元，计划2006年建成。管线建成后，利比亚每年将向突尼斯供应20亿米^{3}天然气。

重视国际合作

为满足国内日益增长的能源需求，突尼斯政府鼓励外国公司到该国进行油气勘探，希望发现更多的油气田。

2002年，突尼斯向外国公司提供了Chaal区块，区块位于突尼斯中部，目的是侏罗系天然气。Chaal区块内已有Ali Ben Khalifa发现。

2002年，突尼斯签订了4项勘探合同：

海上Takrouna区勘探许可证，面积4496千米^2，授予CMS能源油气公司（持股50%，作业者）和ETAP（持股50%）。

陆上El Hamar区勘探许可证，面积4964千米^2，授予Pioneer自然资源公司（持股25%，作业者）、Eurogas国际公司和ETAP（各持股25%）。

海上Kerkouane区勘探许可证，面积6720千米^2，Anschutz海外公司为承包商，ETAP持股100%。

Sfax海上地震许可证，面积3700千米^2，授予Gaither石油公司和ETAP。

独联体地区

据 International Petroleum Encyclopedia (2003) 改编

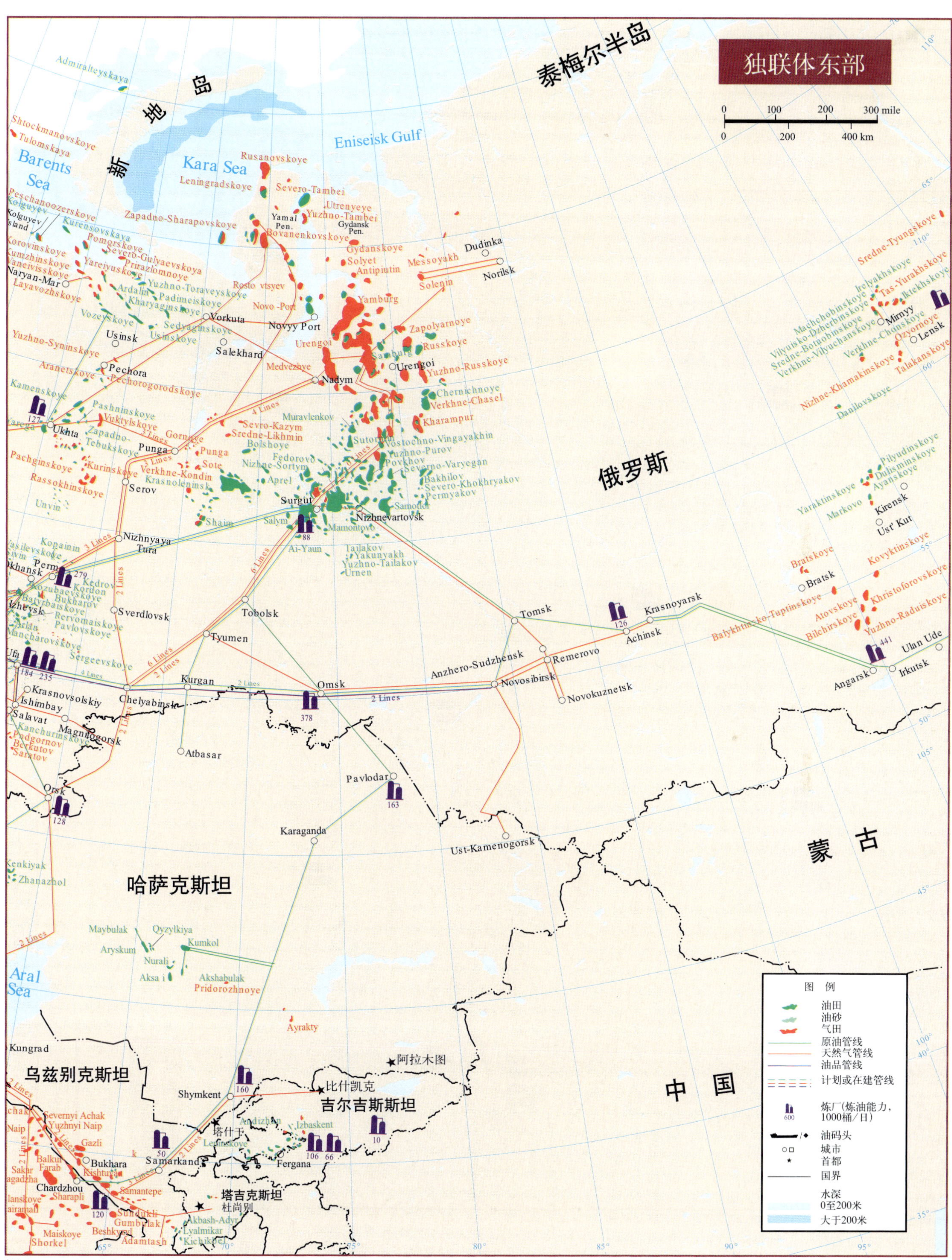

据 International Petroleum Encyclopedia (2003) 改编

据 International Petroleum Encyclopedia (2003) 改编

阿塞拜疆

汇　　　率：1 美元 =4860.8 马纳特
石 油 消 费：360 万吨
天然气消费：78.9 亿米^3
石 油 储 量：9.59 亿吨
天然气储量：8490 亿米^3
石 油 产 量：1500 万吨
天然气产量：101.9 亿米^3
炼 油 能 力：2209 万吨

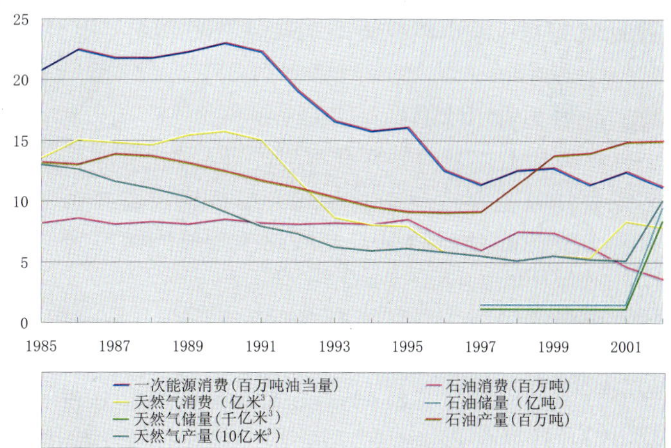

油气生产稳步发展

近年来，阿石油公司所属企业的油气产量相对稳定，将来油气生产的重点是提高老油田的油气产量。阿塞拜疆石油年产量一直稳定在 1500 万吨左右，天然气产量在 100 亿米^3 上下。通过国际合作，从 1997 年 11 月到 2002 年 1 月 1 日，阿塞拜疆累计出口里海原油 2000 多万吨，无偿获得伴生气 28 亿米^3。

AOIC 项目进展顺利

自 1994 年阿塞拜疆与 AOIC 签订该国的第一个跨国石油合同以来，石油生产取得了可喜的成绩。

AOIC 项目包括阿泽里、赤拉克、纠涅什里（Azeri-Chirag-Guneshli，简称 ACG）3 个油气田，油田开发分四个阶段进行：初产期、第一、第二和第三开发阶段。目前已进入油田开发的第一阶段。这一阶段的主要工作是建造一座设计能力年产 616 万吨原油的生产平台，铺设油田到海岸的直径 30 英寸管线，扩建巴库附近的 Sangachal 终端等。2006 年项目将进入第二开发阶段，目前正在为二期开发做紧张的工程准备，包括为西阿泽里油田制造 48 孔 120 米（水深）生产平台和为东阿泽里油田制造 48 孔 150 米（水深）生产平台。

AOIC 项目为阿塞拜疆的石油工业做出了巨大的贡献。赤拉克油田已于 1997 年投产，到 2002 年累计生产石油 2550 万吨。1997 年以来全国新增的石油产量主要来自该油田。2003 年 1～2 月，赤拉克油田生产原油 103.4 万吨，比去年同期增长 5%。阿泽里油田的钻探工作正按计划进行。

AOIC 财团力争在 2005 年初将 AOIC 项目的三个油田全部投产，将产量提高到 11 万吨 / 日，并通过巴库—第比利斯—杰伊汉管线外输。

阿塞拜疆与土库曼斯坦之间在阿泽里油田和赤拉克油田存在主权归属争议，土方已经提起国际诉讼。

里海巴哈尔大气田开发计划

阿塞拜疆国家石油公司 Socar（Г Н К А Р）计划今后两年扩大里海巴哈尔（Bakhar）大气田的开发规模。目前已发现的巴哈尔气田的主体部分（巴哈尔 1 号构造）天然气储量达 1189 亿米^3，凝析油储量 8700 万桶，原油储量 1137 万吨。已钻井 130 口，可日产天然气 226.4 万米^3。

2003 年初，Socar 开始勘探巴哈尔气田东北 20 千米的巴哈尔 2 号构造。该构造与沙赫德尼兹大气田相邻，估计天然气储量达 1132～1981 亿米^3，计划一年内完成二维地震勘探和地质技术研究，第二年开始钻探，估计钻井 12 口。构造所在地区水深 165 英尺，设计井深将超过 5000 米。按计划巴哈尔 2 号构造将于 2004 年投产。

目前巴哈尔气田有多口高产井，阿塞拜疆天然气产量的 30% 来自该气田。

炼油工业

阿塞拜疆计划在 2010 年之前投入 7～10 亿美元资金全面实现境内炼厂的更新改造和自动化，生产符合质量标准的石油产品，满足国内对汽油、柴油和航空煤油的需求，从而提高油品在国际市场的竞争力。

2003 年初，阿国家石油公司的炼油企业已经启动炼厂改造工程，ZET—1A型高质量航空煤油的生产指日可待。

阿塞拜疆的炼油产品在国外具有较好的销路。2001年共出口成品油210万吨，其中柴油110万吨，重油55万吨，航空燃料油28万吨，汽油18.5万吨。

能源工业市场化

燃料动力部是阿塞拜疆能源工业的职能部门，其主要任务是制定国家能源政策与措施，监督国家动力资源的合理利用，发展能源领域的国际合作，确保国家的能源安全和利益。

燃料动力部下设阿塞拜疆国家石油公司、阿塞拜疆天然气股份公司和阿塞拜疆电力股份公司。燃料动力部现有员工8.3万人，其中国家石油公司6.3万人，天然气公司0.88万人，电力公司1.12万人。

根据2002～2003年阿塞拜疆能源发展计划，燃料动力部的下属服务企业和阿电力公司以及天然气公司的销售部门将加快私有化进程，尽早实现油气服务与供应市场化。

油气进出口

依靠国外资金，通过与俄罗斯和格鲁吉亚的合作，阿塞拜疆成功地解决了石油出口管道问题，为生产的石油进入国际市场消除了瓶颈。

从1998年开始，阿塞拜疆通过巴库—新罗西斯克和巴库—苏普萨的两条现代化输油管道每年出口800万吨原油。另外，阿塞拜疆通过莫兹多克—卡齐穆罕默德输气管道进口俄罗斯天然气。2001年，俄向阿塞拜疆供气35亿米^3，减少阿塞拜疆热力发电的燃油消费。

2002年，年输能力5000万吨的巴库—第比利斯—杰伊汉（土耳其南部）输油管道破土动工。另外，与之平行的巴库—第比利斯—埃尔祖鲁姆（土耳其东北部）输气管线也在计划之中。该输气管线一期工程的输气能力为80亿米^3/年。到2019年，该管道每年可向土耳其提供890亿米^{3}里海沙赫—田吉兹油田生产的天然气。

巴库—第比利斯—杰伊汉石油管道开工奠基

2002年9月18日，阿塞拜疆总统阿利耶夫、格鲁吉亚总统谢瓦尔德纳泽和土耳其总统塞泽尔，在阿首府巴库市以南40千米的萨加卡里泵站出席巴库—第比利斯—杰伊汉输油管道的开工奠基仪式。三国总统联手为开工纪念碑揭幕，并埋下了象征管道正式破土动工的不锈钢“时间梭”。巴杰管线奠基标志着美国在地缘政治上又一次获得胜利。

巴杰管线总造价为29.5亿美元，设计年输油能力5000万吨。按计划该管线将于2004年底完工，2005年春开始正式运营。届时，里海石油将通过这一管线源源不断地运往土耳其港口城市杰伊汉，从而进入国际市场。

巴杰管道由英美联合的BP阿莫科公司负责组织实施，共有包括阿塞拜疆国家石油公司在内的9家大型国际石油财团参与投资。

对巴库—第比利斯—杰伊汉管线的商业价值问题存在两种观点。俄罗斯政府对该管线的建设持反对意见。俄罗斯对里海是否拥有足够的油气资源补偿管道的巨额建设成本和昂贵的运输费用表示怀疑，指责它是一条“政治管线”，其经济收益为零甚至是负数。鲁克石油公司曾与阿塞拜疆国家石油公司谈判，有意参加该管线建设，但最终在俄政府的影响下打消了这一念头。俄能源部一官员曾表示：“巴杰管线是多余的管线。”

美国和管线沿途诸国态度积极，认为应

巴库—第比利斯—杰伊汉石油管道

综合经济和政治两方面因素评价该管线的实际价值。

美国政府自始至终支持这条管线的建设。早在苏联解体前，美国政府就制定了建设类似管线的策略，倡议铺设从里海的巴库经格鲁吉亚通往土耳其地中海港口城市杰伊汉的输油管道，打破俄罗斯对里海出口输油管线的垄断。2001 年，“9·11”事件再一次引起美国对依赖阿拉伯石油的怀疑和对里海利益的担心，坚定了美国支持这条管线的决心。该管线避开俄罗斯和伊朗，有助于里海周边国家在石油和经济上独立于俄罗斯，削弱俄罗斯在该地区的影响。几年来，美国一直运用它的外交力量促使铺设这条输油管道，甚至不惜冒商业风险。这符合美国降低对海湾地区尤其是伊朗石油的依赖和削弱石油输出国组织对油价控制的战略。

阿塞拜疆、格鲁吉亚和土耳其三国从自身利益出发，一贯坚定地认为这条管道将促进地区的经济和政治稳定。阿塞拜疆只有通过石油出口多元化才能实现“石油兴国”战略。这条管线每年还可为阿带来约 1 亿美元的收入。管道运行后，格鲁吉亚可摆脱在能源上受制于俄罗斯、动不动挨卡受气的命运，同时还可坐收“过路费”。对于土耳其，该管线既可解决自身的能源问题，同时加强地区的影响和控制力。

里海沿岸五国油气资源之争

1991 年苏联解体前，里海沿岸国家只有苏联和伊朗两个国家。根据协议，里海为两国共有，水下资源共同开发。沿岸国家只对海岸线 10 海里内的水下资源享有主权，法律上并未对里海进行划分。但实际上，两国大体以陆地边境城市之间的连线作为里海分界线。苏联约占 90%，伊朗只占 10%。

苏联解体后，里海沿岸国家由两个变成 5 个。阿塞拜疆最先单方面采取行动，率先宣布自己在里海区域的主权范围，并与外国石油公司签订开发合同。这一单边行动引起邻国的强烈不满，导致阿与土库曼斯坦和伊朗关系紧张，各国纷纷提出抗议。外国石油公司进入阿塞拜疆和哈萨克斯坦开采油气资源，触动了其他国家的利益。使沿岸各国开始认真对待里海地位问题。沿岸各国提出不同的划分方案，为争取各自的利益互不相让。

关于资源划分，阿塞拜疆、哈萨克斯坦与俄罗斯主张根据各国的海岸线划分资源，建议将里海按照五国海岸线的长短分割成大小不等的五个区域。按这种方案，哈萨克斯坦的面积最大，其次是俄罗斯、伊朗、土库曼斯坦及阿塞拜疆。伊朗和土库曼斯坦坚持五国平分石油资源。在里海领域划分问题未达成任何协议之前，为维持里海周边国家友好关系，伊朗要求各方在划定新的海岸线之前停止一切勘探活动，避免单边或挑衅行动。

经过多年争论和讨价还价，俄、哈、阿三国的立场逐渐接近，同意按联合国海洋法公约均等划分海底，保留水面共有的原则，但伊朗和土库曼一直坚持自己的立场。

2002 年 2 月 26 日，里海沿岸五国在莫斯科举行会议。但会议未能达成一致。4 月，五国总统在土库曼斯坦首都阿什哈巴德举行峰会商讨里海油气资源归属问题。由于各方仍旧坚持己见，会谈未获得实质性结果。由于各国难以达成一致，俄罗斯提出通过双边协议的形式，分阶段解决问题。

俄哈签署里海资源分配协议

2002 年 5 月 13 日，俄罗斯与哈萨克斯坦在莫斯科签订平均划分里海北半部资源协议。两国平分 Khvalynskoye 和另外两个里海油田的勘探开发区域。哈萨克斯坦国家石油公司 Kazmunaigaz 拥有 Khvalynskoye 哈萨克斯坦部分的全部权益，可能会向外国投资者出售油田的部分权益。俄罗斯鲁克石油公司获得该油田俄罗斯部分的勘探开发权。

这是 10 年来在里海资源分配和有关国家消除分歧、开展合作方面取得的一个“真正的突破”。该协议将为里海地区其他国家提供范例。

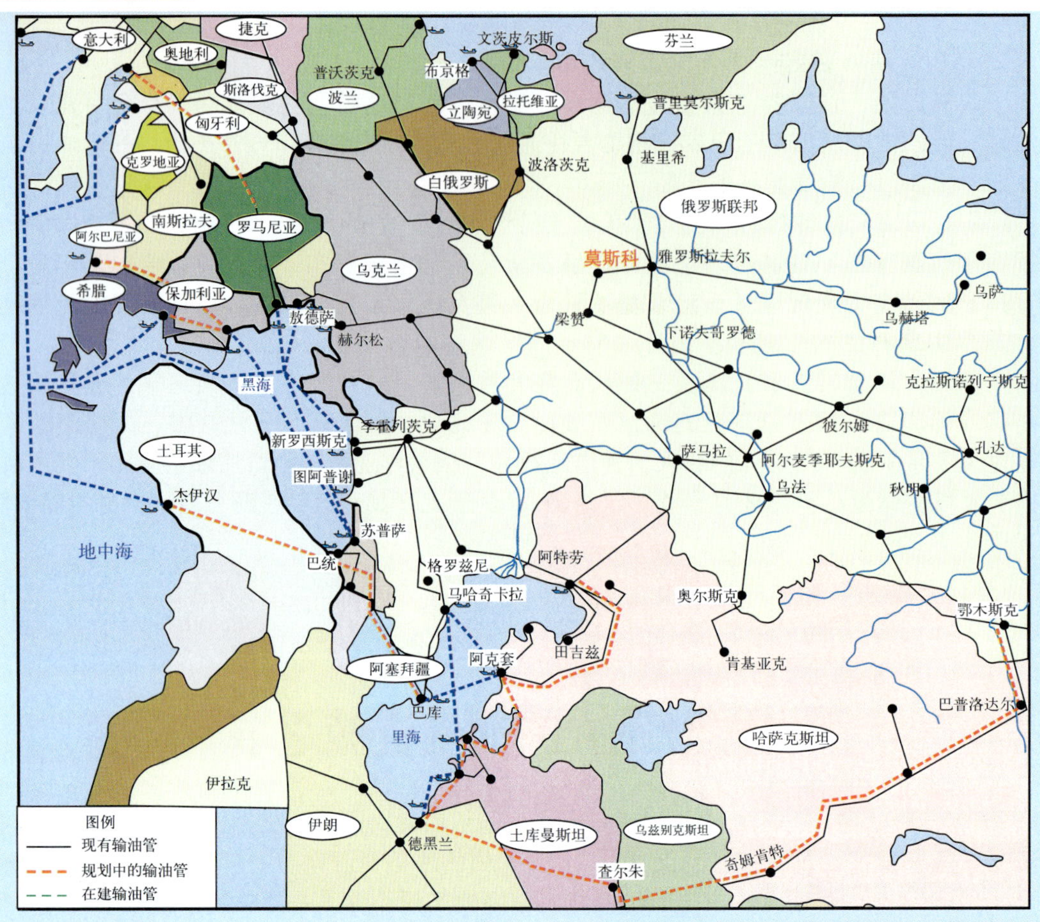

里海原油运输线路

阿俄签订里海海底划界协议

2002 年 9 月 23 日，阿塞拜疆总统阿利耶夫对俄罗斯进行工作访问，两国总统在莫斯科签署《俄罗斯联邦和阿塞拜疆共和国关于划分里海海底邻接区段的协议》。俄阿认为，该协议具有牢固的法律基础，划分原则符合国际法准则。协议为里海其他沿岸国家做出榜样，将促进沿岸各国在兼顾各自利益的前提下，共同最终解决里海划分问题。

根据协议，"海底划分，水域共享"的原则在阿俄间得到法律确认。协议规定按中心线原则划分里海海底和地下资源。协议确认了俄阿两国在里海海底交界地段分界线走向的地理坐标，以便双方维护各自对里海矿藏资源的主权以及其他与海底资源相关的合法经济活动的主权。划分线的起点位于 1979 年测绘图确定的两国陆地边界在里海海岸的分界点。终点位于北纬 42 度 33 分 6 秒和东经 49 度 53 分 3 秒。该终点将成为俄罗斯、哈萨克斯坦和阿塞拜疆三国里海海底划分线的交汇点，未来应由三方协议确认。阿俄协议的签订，意味着里海沿岸国家在解决里海地位问题上又迈出一步，为问题的全面解决奠定了基础，是值得欢迎的举动。

伊朗反对双边协议

按照各国海岸线长短划分水域，对伊朗而言，不但分得领域缩小，与他国海底拥有的资源比较，自己近海海底的资源也稀少，因此坚持要拥有至少 20% 的领域，伊朗不承认俄哈里海北部资源的双边协议。伊朗认为双边协议无益于确立里海的法律地位，而且会使问题复杂化。伊朗坚持应在五国协商一致基础上解决里海法律地位。2002 年 7 月，在伊朗与阿塞拜疆重叠的水域，两艘阿塞拜疆雇佣的勘探船遭到伊朗炮艇及战机拦截驱离，引起双方互相指责。伊朗坚称上述水域位于伊朗领域内，并警告在里海水域勘探石油的任何国家船只，与里海周边其他国家合作勘察石油时，不得侵犯伊朗水域，否则将以军事解决冲突。

以上两项协议使俄罗斯基本解决了与邻国的里海双边划分问题，在未来确定里海地位的多边谈判中掌握了主动。对阿塞拜疆而言，虽然解决了与俄罗斯和哈萨克等北部邻国的问题，未来将面临与土库曼和伊朗的艰难谈判和斗争历程。

俄罗斯

汇　　率：1美元=31.392卢布
石油消费：12290万吨
天然气消费：3884.1亿米³
石油储量：82.19亿吨
天然气储量：475440 亿米³
石油产量：3.69 亿吨
天然气产量：5957.2亿米³
炼油能力：27177万吨

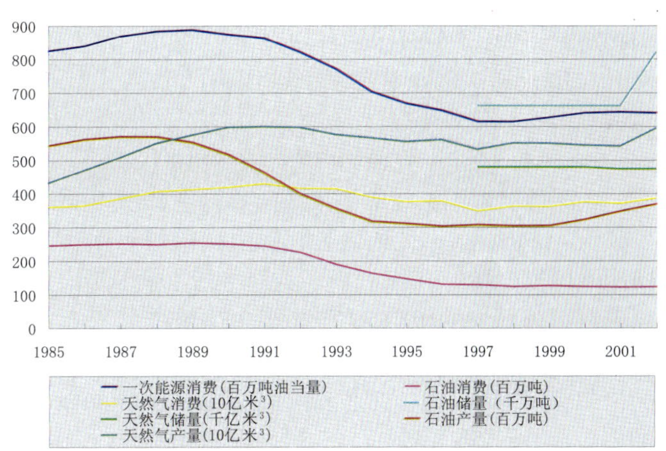

俄罗斯是世界石油大国，在国际能源市场中具有十分重要的地位。俄罗斯石油储量占世界的12%～13%，产量位居世界第一，是世界第一大天然气出口国和第二大石油出口国，能源消费居世界第三位。

近年来，俄罗斯重新依赖石油经济，石油工业成为俄罗斯经济的支柱产业，经济振兴与石油工业发展特别是与石油出口有着十分密切的依附关系。无论国家财政收入，还是公司或个人消费需求，都取决于国际石油市场行情。普京上任俄罗斯总统后，俄罗斯确立以石油经济作为经济复苏的动力。1999年俄罗斯国民经济增长率为5.4%，2000年达到9%，2002年为4%。这是俄罗斯10年经济衰退后国民经济发展的最佳时期，经济快速增长是建立在俄石油石化行业迅速崛起的基础之上。

2002年，国际石油市场每桶原油价格保持在22美元以上，12月接近30美元。俄罗斯当年石油开采量上升9%，原油出口超过1.73亿吨，比上年增长13.6%，出口创汇272.67亿美元，比上年增长15.4%。虽然同期俄罗斯全国工业总产值只增长了3.7%，但外贸出口额达1058亿美元，比上年增长了5.8%，外贸顺差达到598亿美元。其中原油、油品和天然气出口占全国出口收入的50%以上。

俄罗斯石油工业的巨大变化引起国际瞩目。随着里海石油的开采，未来10年俄罗斯将进一步成为世界石油工业的主力之一。由于俄罗斯石油出口增长极大地冲击欧佩克的油价体制，欧佩克已经加强与俄罗斯的合作，以维持脆弱的国际石油市场。另一方面，由于中东地区政局不稳定，俄罗斯将成为中东以外的可靠的石油供应国。

油气出口

1．石油出口增加

1991年以前，原苏联是世界上第一石油出口大国，最高出口量曾达到164万吨/日，俄罗斯出口占总量的近90%。1991年苏联解体后，俄罗斯石油净出口量大幅下降，1994年下降到316万桶/日。

俄罗斯石油工业经过改组形成多家纵向一体化私营石油公司后，俄罗斯的石油产量和出口量开始回升。2001年，俄罗斯原油和成品油出口达491万桶/日，俄罗斯石油净出口连续7年增长，成为仅次于沙特阿拉伯的第二大石油出口国。

2002年，俄罗斯原油出口超过1.73亿吨。其中，经邻国阿塞拜疆和哈萨克斯坦的石油总量高达1.566亿吨，相当于43万吨/日，比2001年增加2万吨/日。经由主要港口的海运原油出口量为8586万吨，比2001年的增长9%。经由友谊管道输往德国、波兰、匈牙利、斯洛伐克和捷克共和国的原油从2001年的5702万吨降至5572万吨。

2002年，俄罗斯石油出口仍居世界第二。俄罗斯的主要出口市场是：英国和爱尔兰（占俄向独联体以外地区出口的25%）；东欧地区（捷克、斯洛伐克、匈牙利和德国东部，占25%）；地中海地区(意大利、希腊、土耳其、塞浦路斯、保加利亚，占20%）；西北欧地区（瑞士、奥地利、荷兰、瑞典、丹麦、比利时、芬兰、列支敦士登，占18%～20%）；美国和加拿大（约占7%）。

俄罗斯不是欧佩克成员国。近年俄政府为配合欧佩克限产保价措施对石油限量出口，与欧佩克议定2002年上半年减少石油出口2万吨/日。由于俄原油国内市场价格仅4美元/桶，因此俄公司竭力扩大石油出口量。俄国的一些私有化石油公司无视政府规定，2002年上半年增加原油出口量。俄国政府为限制出口提高出口关税和制订出口配额措施后，俄出口商转而出口成品油。随着油价的攀升，俄政府实际上放弃对石油出口的限制。

2. 出口重点向西欧和北美转移

由于原苏联国家经常拖欠油气款，自1991年俄罗斯开始将石油出口重点逐渐从独联体和东欧转向西欧国家，2002年又开辟了美国市场。俄罗斯向原苏联以外国家的净出口份额由1992年的53%到2000年上升到87%，达52万吨/日，向独联体国家的出口仅8万吨/日。俄罗斯希望未来向欧洲的石油出口能超过68万吨/日。

此外，2000年，俄罗斯制定2000～2020年新能源发展战略中提出，必须实现能源出口市场的多元化，改变长期依赖欧洲市场的状况。俄罗斯计划加快开发东西伯利亚和萨哈林岛的油田，以便今后10年增加向亚洲的石油出口。

3. 天然气出口突破垄断，出口通道多元化

俄罗斯是世界上最大的天然气出口国，2001年天然气净出口1896亿米^3。

俄罗斯天然气工业股份公司(Gazprom)控制全俄的天然气运输系统，垄断全俄天然气出口。目前俄政府已经开始改造天然气工业，使俄所有天然气生产公司能够平等地利用国内管网和出口管线。改革将使俄罗斯天然气出口大幅增加。

俄罗斯的北极天然气公司（ArktikGaz）是一家独立公司，已获许2001～2010年通过Gazprom的管线向乌克兰北部年供气1.2亿米^3，向白俄罗斯年供气1.5亿米^3，向格鲁吉亚年供气0.6亿米^3。

历史上，俄罗斯大部分出口天然气均送往西欧。苏联解体后，俄罗斯一直寻求出口多元化，除继续向独联体国家出口大量天然气外（管网已覆盖了原苏联各国），Gazprom向欧盟和土耳其出口更多的天然气。此外，俄罗斯还看好中国、日本和韩国的天然气市场。

（1）向独联体国家的天然气出口

苏联解体后，俄罗斯向独联体国家出口天然气数量大幅下降。过去10年间，年出口量降低了283亿米^{3}以上。原因包括这些国家经济衰退，需求下降，价格不合理和拖欠气款。俄罗斯90%的出口天然气需经乌克兰出口，乌克兰欠Gazprom天然气款近20亿美元。近年俄罗斯采取停止供气的手段威胁拖欠气款的独联体国家，包括乌克兰、格鲁吉亚和亚美尼亚，起到一定效果。

（2）向欧洲的天然气出口

1992～1999年间，俄罗斯向独联体以外国家的天然气出口数量大幅增加，从1992年的889亿米^3/年增加到1999年的1268亿米^3/年。2000年俄罗斯向欧洲出口1302亿米^{3}天然气；2001年下降到1268亿米^3，约占俄罗斯天然气总出口量的65%。

俄罗斯对欧洲的供气量占欧洲天然气供气量的25%。根据2000年10月欧盟和俄罗斯签订的能源议定书，这个比例还会继续增加。为保证欧洲的天然气供应，Gazprom必须提高天然气产量，同时保证可靠的出口路线。为此，Gazprom建议铺设通向欧洲的数条新的天然气管线。

（3）向土耳其出口天然气

俄罗斯向土耳其的天然气出口占土耳其天然气供气量的65%。经黑海海底的蓝流管线于2002年底通气，年输量达160亿米^3。

（4）向亚洲出口天然气

俄罗斯拟向中国出售西伯利亚生产的天然气，正在考虑建设到中国的管线；同时还在考虑向远东国家出口萨哈林岛的天然气。

石油产储量

2002年初，俄罗斯拥有石油剩余探明储量66亿吨，主要分布于西西伯利亚、蒂曼—伯朝拉、东西伯利亚、里海北部及萨哈林岛（库页岛）等地区。

2002年俄石油总产量为3.69亿吨。俄罗斯石油生产持续上升、产量迅速增长的主要原因是国际油价上升和1998年卢布贬值造成生产成本下降，以及俄罗斯石油企业增加石油勘探开发投入和政府鼓励外国油公司来俄投资的政策。

俄罗斯政府计划今后几年内将石油年产量增加并保持在3.9亿吨的水平。有分析家认为，俄罗斯石油生产面临设备老化、油田开发效率低下、输送系统落后以及税收和环保等诸多问题，采油速度已超过储量新增速度，尤其是西西伯利亚油田枯竭加剧，将使今后几年俄石油产量锐减。要保持和提高产量，俄各大石油公司必须投入大量资金勘探开发新的油田，采取增产技术措施延长现有油田的生产寿命。

勘探开发

1. 2002～2005年能源效益经济计划

根据俄罗斯卡西亚诺夫总理签署的“2002～2005年能源效益经济”发展计划，4年间俄将投资超过2050亿卢布用于新油气田开发。另外，俄罗斯

还将投资1030亿卢布用于油田老设备更新改造；2380亿卢布用于石油钻探和油井建设；674.5亿卢布用于封存老油井；393亿卢布用于增加现有油田产量；775亿卢布用于研发生产技术；82.5亿卢布用于建造原油初加工设施。

实施该计划所需的资金将由地方预算和预算外资金分担。

2. 俄罗斯天然气领域投资方案

2002年俄罗斯天然气领域投资预算总额为1580亿卢布。这一规划将保障俄在2002年开采6010亿米^{3}天然气，其中Gazprom开采5200亿米^3，其余810亿米^{3}由其他公司承担。

3. Gazprom的气田开发计划

为完成年产5300亿米^{3}天然气的目标，Gazprom计划2006年前开发西西伯利亚亚马尔—涅涅茨地区的5个新气田。其中，包括已投产的Zapolyarniye气田，2005年气田产量将大幅提高到1000亿米^3/年。另外，计划2003年投产Tab-Yakhinskoye气田和Yen-Yakhinskoye气田，2004年投产Pystsovoye气田和2006年投产Anyr-Yakhinskoye气田。目前，Gazprom在亚马尔—涅涅茨地区的数个大型气田的产量也开始下降。

4. 俄罗斯北瓦休甘凝析气田正式投产

2002年7月29日，Gazprom的北瓦休甘凝析气田正式投产。北瓦休甘凝析气田天然气和凝析油探明储量分别为290亿米^{3}和630万吨，设计年生产能力为15亿米^{3}天然气和30万吨凝析油。设备安装工程始于1999年，工程投资27亿卢布（约合8600万美元）。

输油管道

1. 原油出口管道

俄罗斯的输油管线几乎连接原苏联所有共和国。俄罗斯国家运输公司（Transneft）垄断全国管线的输油、管理和服务业务。

苏联解体后，俄罗斯地缘政治地位发生巨大变化，丧失了位于波罗的海和黑海的重要港口温次匹尔斯港（位于拉脱维亚）、克来彼达港（位于立陶宛）和敖德萨港（位于乌克兰），仅保留了新罗西斯克、图普阿谢、纳霍德卡和符拉基沃斯托克等4个港口，后两个港口位于亚洲。俄罗斯转而通过“友谊”管线以及俄在波罗的海和黑海沿岸（主要是新罗西斯克港）的石油出口终端出口本国石油和哈萨克斯坦、土库曼斯坦和阿塞拜疆的过境石油。俄罗斯通往东欧和波罗的海国家的主要输油管线是日输能力16万吨的“友谊”管线，它穿越白俄罗斯后分成北线和南线。北线经白俄罗斯到波兰，进入德国东部；南线经乌克兰北部进入匈牙利、斯洛伐克和捷克。近年该管线已接近最

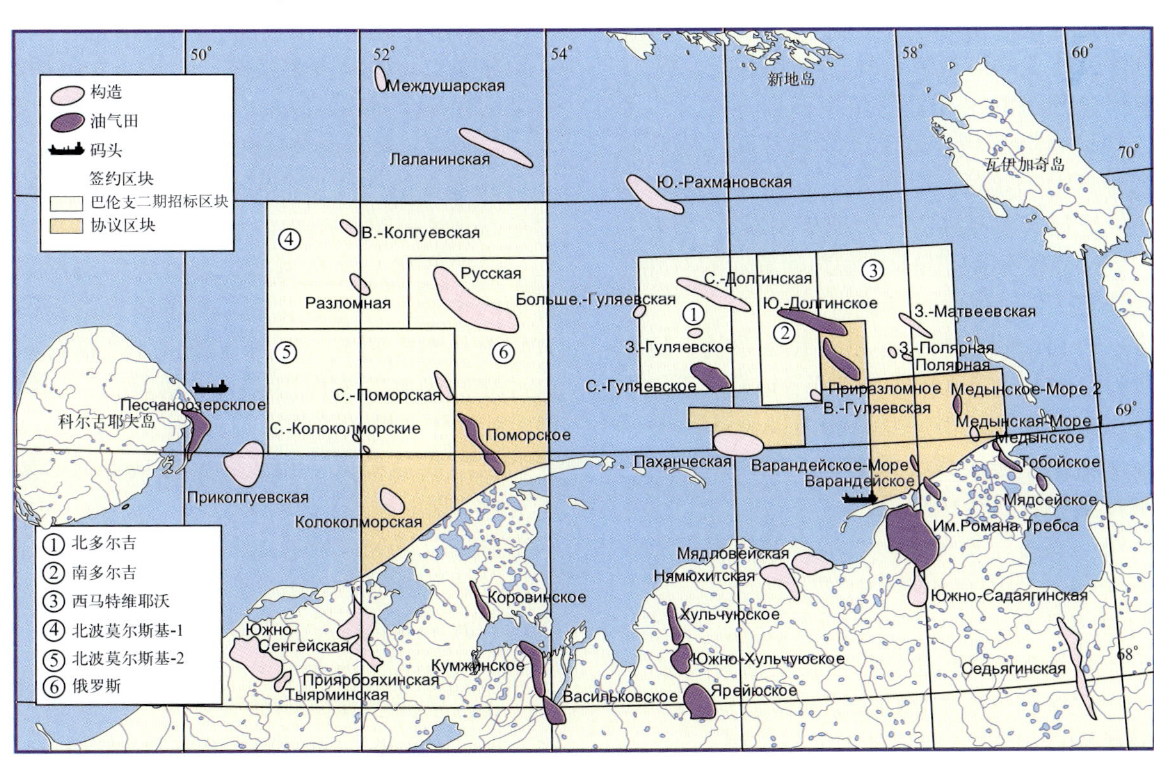

巴仑支海油气田分布图

大负荷。

1）存在问题

按石油产量，俄罗斯可以出口更多的石油，但现有出口输油管道年久失修和缺少独立出海口成为制约俄向原苏联以外地区出口石油的主要因素，大大限制了出口量。俄每年约1/3的石油出口需通过乌克兰的敖德萨港和立陶宛的文茨皮尔斯港。俄罗斯每年通过乌克兰和波罗的海国家的石油过境运输费高达6亿美元。多年来，因擅自截留俄罗斯油气，俄乌之间纠纷不断。俄罗斯每年约5%的原油损失于输油管线途中的非法泄放。

俄罗斯在欧洲最大的新罗西斯克港的输油能力已经落后，并且受土耳其达达尼尔海峡的限制。20世纪90年代后期，里海石油资源开发使这一问题愈加突出。

2）发展对策

3年来，俄罗斯通过优化管道系统，加强出口管道及油港建设，石油出口状况有了明显改善。

自1992年，俄罗斯开始讨论新建石油出海口问题，但由于种种原因而一直搁置。普京上任后，俄政府提出为保证独立的石油出口，摆脱受制于人的现状，俄罗斯必须新建干线管道，在2010年之前实现向南部和东部的能源出口。

为此，俄政府确立了石油出口的四大基本走向，即：西部的北波罗的海走向、南部的里海—黑海—地中海走向、传统的中东欧走向和东部的东西伯利亚走向。根据构想，俄提出了急需改建现有管道和新建输油管道的工作。主要措施包括：

①建设波罗的海管道系统，降低出口运费。

②扩建黑海的主要油港新罗西斯克港。里海—黑海—地中海管线能够保证阿塞拜疆、哈萨克斯坦和土库曼斯坦的石油过境，同时增加俄罗斯本国石油通过新罗西斯克（舍斯哈利斯）、新罗西斯克—2（南奥杰尔列伊卡）和图阿普谢的石油终端扩大出口。

③完善友谊管道和亚得利亚管道系统，通过奥米沙利港将友谊管道和亚得里亚管道延长至地中海市场，开通输往亚得利亚海的出口通道。

④东西伯利亚管线，最有前景的是俄罗斯与中国或日本的管线合作项目。

另外，俄还计划在前海军基地摩尔曼斯克建造日出口14万吨的石油码头。

3）主要工作

近年俄罗斯完成和建设的主要输油管线有：

(1)苏霍多利—罗季奥诺夫输油管道。

2000年11月，俄总理卡西亚诺夫签署命令，修建苏霍多利—罗季奥诺夫输油管道。该管道长250千米，比原来通过乌克兰领土的管道缩短100千米，造价约2亿美元，成本回收期为7年，最大年输油能力为3600万吨。该管道已于2001年秋天投入使用。

(2)波罗的海输油管道。

波罗的海输油管道（BPS）于2000年春动工，2001年12月竣工投产。该管道一期工程长270千米，年输油能力为1200万吨，估计投资为4.60亿美元。

波罗的海输油管道包括主要的从涅涅次自治区哈里亚达至科米共和国乌萨的新建管线，改建的乌萨—乌赫塔段、乌赫塔—雅罗斯拉夫段和雅罗斯拉夫—基里施段管线，新建的由基里施至列宁格勒州芬兰湾沿岸普里莫尔斯克的管线，以及在普里莫尔斯克的出口终端。油轮从普里莫尔斯克港口进入波罗的海，将石油运往欧洲，无须经过爱沙尼亚、拉脱维亚和立陶宛。

波罗的海输油管道归俄石油运输公司所有，每年可为俄罗斯节省15亿美元的过境费和获得1亿美元的附加关税。此外，普里莫尔斯克的卸油终端可使俄石油运输公司灵活地调用南北两条管线，为里海国家出口更多的石油。该管道使乌拉尔和西伯利亚的石油以更短和更经济的路线运到出海口。50%以上原来通过波罗的海国家出口的石油将转到该港口。

波罗的海输油管道对俄罗斯的能源安全、生态安全和运输安全具有战略性意义，为俄罗斯打开了“通往欧洲的又一扇大门”。

按计划，波罗的海输油管道二期工程将于2002年6月开工，2003年底完成。二期工程包括建设3座泵站和8个储罐，以及改造升级雅罗斯拉夫—基里施管线段。费用约为3.50亿~4.00亿美元，二期工程的目标是使波罗的海输油管线系统的输油能力提高到5万吨/日。

苏霍多利—罗季奥诺夫和波罗的海两条输油管道的建成，标志着长期困扰俄罗斯的石油出海口问题基本得到解决。不仅使俄罗斯摆脱石油出口过分依赖波罗的海国家的被动局面，同时增强俄对独联体各国政治的影响力和控制力。近年，俄罗斯以中断能源供应相威胁，使乌克兰明显改变了对俄罗斯的政策。2001年2月，乌克兰与俄签署军事协定，其密切程度超过乌与北约间的合作关系。同时，俄迫使格鲁吉亚放弃积极加入北约的策略，转而采取更加中立的政策。

(3)友谊管道—亚得里亚管道并线。

亚得里亚—友谊输油管道是由俄罗斯石油运输公司倡议修建。俄罗斯从1999年开始通过外交努力和各种官方渠道与相关国家展开政府级谈判，推进两条输油管道的一体化。主要工程是把友谊管线南段同亚得里亚管线连成一体。连接后的输油管道全长3200千米，北起俄罗斯的SAMARA，南至克罗地亚亚得里亚海边的奥米沙利（OMISALJ），途经白俄罗斯、乌克兰、斯洛伐克和匈牙利。项目分三阶段进行，2003年输油量达到500万吨，5年后达到1000万吨，10年后达到1500万吨，过境运输费为每100吨千米0.64美元。俄石油输送到奥米沙利后直接进入地中海，从而绕过黑海和拥挤的博斯普鲁斯海峡。此外，还计划修建70千米的水下管道连接奥米沙利和的里雅斯特，最终使亚得里亚—友谊输油管道与跨阿尔卑斯山脉的西南欧管网相连，向德国南部和奥地利出口石油。

2002年3月，俄罗斯、白俄罗斯、乌克兰、匈牙利、斯洛伐克和克罗地亚签署《友谊—亚得里亚管道石油过境协议》。之后，上述6国政府相继出台配套文件。12月，6国又签订了《实施友谊—亚得里亚输油管道一体化跨国协议》。协议有效期10年，可延期10年。至此，历经5年谈判的亚得里亚—友谊输油管道连接项目在6国政府的积极支持进入实施阶段。

2003年初，亚得里亚—友谊输油管道在匈牙利Szazhalombattl地区顺利对接，但原油只能运抵克罗地亚的西萨克。因到达奥米沙利的输油管道只能反方输油。克罗地亚将在一年内投资2000万美元修建到达奥米莎尔的逆向复线。

这是历史上第一次由6个国家共同管理一条输油管道。协议签署有利于中—东欧地区的稳定，发展睦邻友好关系，6国都将从中获利。各国将充分利用各自的石油管道，避免不必要的资源闲置，赚取原油过境费；改善石化部门运营环境，方便原油采购。其中获利最大的是俄罗斯和克罗地亚。对俄罗斯而言，增添了新的原油出口途径，进一步提高国际地位。美国也可通过奥米沙利港进口俄原油。奥米沙利港可接纳容量为30万～50万吨级的大型油轮，而俄其他水域港口石油终端仅能停靠15万吨的油轮。

(4)开辟通向美国的出口渠道。

2002年5月，美俄在莫斯科首脑会议上宣布建立“新能源伙伴关系”。6月，尤科斯公司首次从摩尔曼斯克直接向美国出口原油，受到世界的关注。俄罗斯希望通过向美国出口原油，获取美元，实现经济的迅速复苏。

俄罗斯向美国出口石油存在运输问题，运费高昂，经济上不合算。2002年11月27日，鲁克石油公司、尤科斯石油公司、西伯利亚石油公司和秋明石油公司签署建设从西西伯利亚油田通向俄北部摩尔曼斯克港石油管道的备忘录，计划2004年动工，2007年底建成投入使用。管道有两种方案，铺设线路尚未最后确定，长度可能为2500～3400千米，年输油能力800万吨，投资估计为34亿～45亿美元。

这条管道将是俄罗斯非国有石油公司共同铺设的第一条干线管道。鲁克石油公司准备在俄罗斯北方地区惟一的深水不冻港摩尔曼斯克兴建出口14万吨原油的港口，使其成为停泊大型油轮的石油码头。

这条管道和摩尔曼斯克深水油港的建成将彻底解决俄罗斯向美国和西欧出口石油的运输问题，原油将从巴伦支海直接进入大西洋。

(5)中俄石油管道悬而未决。

中国是石油净进口国，俄罗斯是石油净出口

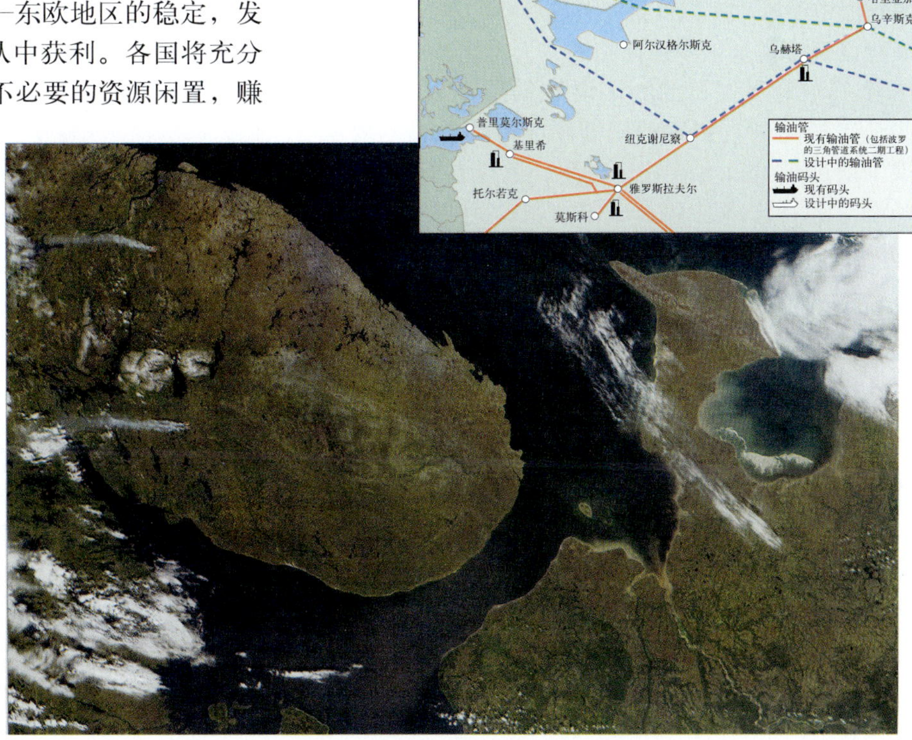

由摩尔曼斯克港向美国出口原油的路线图

国，双方均有意开展石油交易。1994年，俄率先提出铺设中俄石油管道的设想。管道从俄罗斯东西伯利亚石油产地安加尔斯克经中国满洲里到大庆油田，即安大方案。安大线管道总长2400千米，俄国境内长度为1600千米，中国境内长度为800千米，年输油量一期为2000万吨，最终达3000万吨。管道总投资约25亿美元，俄方负担10多亿美元。中国准备以法律形式承诺连续20年采购俄罗斯石油，使俄罗斯大批量石油出口贸易和管道经营得到长期保证。

1996年两国政府签署能源合作协议正式确认中俄管道项目。1999年2月双方签订预可行性研究工作协议。2001年签署《中俄关于共同开展铺设俄罗斯至中国原油管道项目可行性研究工作的总协议》，要求中俄两国有关单位2002年下半年完成各自展开的石油管道可行性论证，年底前提交各自政府批准。

2002年，俄罗斯的一些利益集团呼吁政府放弃俄中石油管道方案，改修一条从安加尔斯克到远东太平洋港口纳霍德卡的石油管道，即远东方案。2002年12月27日，普京总统主持召开俄罗斯国家安全会议，讨论远东地区的安全问题。会上俄高层提出改变安大石油管道线路，采取远东方案。同时，日本表示希望从俄罗斯远东港口进口石油，并投资远东石油管道。日本提出通过管道年进口5000万吨俄罗斯石油，相当于日本进口石油总量的1/4。

远东方案管线总长3800千米，年输油5000万吨，投资需50亿美元。目前，俄罗斯东西伯利亚的石油资源水平难以保证年外输5000万吨原油，巨额建设资金也是俄罗斯面临的一大难题。另外，虽然远东方案出口石油的主要对象是日本和韩国，甚至包括美国，但这些国家还没有明确表示要从俄罗斯远东港口大量进口石油。远东方案在技术、经济上存在许多悬而未决的问题，为与安大方案竞争，日本提出要“维护俄罗斯国家利益”，希望从政治上赢得俄罗斯的上层支持。

2. 天然气出口管道

1）蓝流管线竣工投产

1997年12月，俄罗斯与土耳其政府签订蓝流天然气管道工程，计划通过铺设黑海海底管道将俄罗斯的天然气输送到土耳其港口城市萨姆松，然后到达安卡拉。管道全长1200千米，其中黑海海底部分长376千米，是世界最深的天然气海底运输管道。这是近十年俄天然气工业公司最大的投资项目，总投资34亿美元。按设计方案，2003年俄将通过该管道向土耳其出口20亿米^{3}天然气，到2008年达到160亿米^3/年。

俄罗斯是土耳其第一大天然气供应国，管道建成后，可满足土耳其80%的天然气需求。蓝流天然气管道工程于2002年11月竣工，12月29日开始输气。

2）共青城—哈巴罗夫斯克天然气管道动工

2001年，萨哈林海洋石油科学研究设计院完成共青城—阿穆尔—哈巴罗夫斯克天然气管道项目可行性研究。该管道建设分为三个阶段：首先将铺设管道，然后在拉札列夫和茨母　尔马诺夫卡建设加压站。管道主干线全长375千米，储备管道和支线88千米，预计总投资达80亿卢布，2006年建成投产。目前建设工程已正式开工。

对外合作

随着俄罗斯经济发展和投资环境改善，欧佩克产油国原油供应不确定性增加，西方大石油公司在俄罗斯勘探投资信心倍增。

1. BP投巨资购买俄罗斯石油股份

欧洲第二大石油公司BP与阿尔法集团（Alfa）和阿克谢斯/列诺瓦公司（Access Industries-Renova）组成俄罗斯石油公司。BP投资67.5亿美元，占50%股份；阿尔法和阿克谢斯是秋明石油公司的股东，占另外50%股份。新公司首席执行官由BP提名，主席由俄罗斯合伙公司任命。新的合资公司市值高达181亿美元，占有石油储量13亿吨，石油日产量17万吨。公司还拥有5座炼厂、俄罗斯和乌克兰境内超过2100家加油站组成的零售网络。

BP将首先支付30亿美元现金，未来3年内每年再支付12.5亿美元市值的股票。作为交换，BP将拥有新公司7万吨/日石油产量，相当于BP目前石油和天然气产量的15%。BP原油产量将超越竞争对手英荷壳牌和埃克森美　。

预计新公司投入运营后年产石油6050万吨，从而　身世界10大石油公司。英俄联姻打造的石油产业“巨无霸”将成为俄罗斯的第三大石油公司。这是有史以来俄罗斯得到的最大一笔外国直接投资。BP成为俄罗斯最大的外国投资者。俄媒体称此将使俄罗斯的石油经济如虎添翼。

这一事件表明，西方石油公司收购俄罗斯的石油公司完全合乎市场经济原则，BP的决定证明投资俄国石油公司是可行的，为外资进入俄国石油市场开路。

2. BP增购俄罗斯西丹科石油公司股权

1997年BP公司曾出资5.71亿美元购买西丹科石油公司10%的股权。2002年BP再出资3.75亿美元使其在西丹科公司的股权增至25%。

西丹科公司日产石油5万吨，主要产量来自西西伯利亚。公司的主要股东是秋明石油公司(TNK)。

3. 俄美建立新能源伙伴关系

2002年5月，在莫斯科首脑会议上美俄宣布建立"新能源伙伴关系"。之后，美国能源部长亚伯拉罕出访俄罗斯，双方讨论了能源勘探、生产、加工、运输和销售等诸多方面的合作问题。美国需要俄罗斯的原油，实现原油来源多元化；俄罗斯需要美国石油市场，扩大原油出口。两国能源对话的目的是为俄罗斯石油"可靠和安全地进入美国市场"奠定基础。俄美建立新能源伙伴关系对双方有利。俄罗斯同西方是一种长期的经济互补关系，俄罗斯向西方出口资源，从西方进口技术，是俄罗斯在经济上融入西方的最好办法。

2002年10月，秋明石油公司向美国运送4万吨石油，这是俄罗斯石油公司向美国政府首次运送石油。俄将增加向美石油出口，并在摩尔曼斯克兴建大型油港。美国将投资东西伯利亚油气田的勘探，美政府认为帮助俄开发潜在的油气田将为世界能源安全创造良好条件。

由于美国是海湾国家石油的传统销售市场，俄罗斯石油的销售市场在西欧，俄美建立和实施新能源伙伴关系将引起俄与欧佩克国家的冲突。今后，俄将在国家利益和与欧佩克国家合作之间抉择，推行独立政策。

4. 俄罗斯与白俄罗斯解决天然气纠纷

白俄罗斯使用的天然气主要依靠从俄罗斯进口，价格为22美元／米^3。俄罗斯出口到欧洲和波罗的海国家的天然气需从白俄罗斯过境。2002年，白俄罗斯拖欠俄罗斯天然气款高达8200万美元；另外，俄罗斯指责白不正当抽取过境天然气。Gazprom从11月1日起对白俄罗斯的天然气供应减少50%。白俄罗斯认为这是俄向其施加政治压力。11月11日，两国总理宣布已经消除因天然气问题而产生的紧张关系，恢复供气。白俄罗斯总理保证尽快偿还欠款。

5. 俄与中亚加强能源合作

长期以来，中亚的天然气生产依赖俄罗斯的管道系统运输天然气。为摆脱俄罗斯的控制，中亚各国积极寻找新的天然气出口路线。美俄在中亚和里海地区油气出口路线问题上存在激烈争夺。

因此，俄罗斯积极联合中亚的三大产气国组建"天然气欧佩克"，在天然气产量和出口目的国等问题上全面合作，以求长期稳定地向欧洲国家出口天然气。俄罗斯和土库曼斯坦具有丰富的天然气资源，哈萨克斯坦和乌兹别克斯坦可提供运输服务，全面合作具有重大意义。

6. 俄罗斯与乌克兰签署天然气合作协议

为加强天然气合作，2002年10月，俄罗斯和乌克兰签订《天然气领域战略合作协议》，协议有效期30年，可自动延长5年。协议规定，俄乌双方将在天然气过境，修建、改造和使用天然气管道以及其他天然气设施，向第三国输送天然气和开发两国天然气田等领域合作。同时，Gazprom和乌克兰石油天然气公司签订组建国际天然气财团条约。财团总部位于基辅，按乌克兰法律组建注册。财团负责管理和开发乌克兰境内的天然气管道系统。俄乌双方还将吸引欧洲国家的天然气公司参与该财团。

政策法规

1. 低价政策遭遇西方批评

近期，俄罗斯加入世贸组织受阻。谈判的焦点是俄罗斯国内能源价格问题，双方未能达成一致。欧盟提出俄罗斯国内天然气和电力价格太低，形成对工业产品的隐性补贴，要求俄罗斯3～5年内解决这一问题，使俄国内能源价格与国际价格一致。俄罗斯担心大幅提高能源价格将导致恶性通货膨胀，对经济造成摧毁性后果，使俄罗斯出口中占有重要地位的铝、黑色金属、有色金属等高能源消耗行业遭到重创。

据估算，油价每桶20～25美元时俄罗斯经济正常发展，油价每桶18美元以下时，俄经济将遭遇困境。国际石油价格每桶下降6美元，俄罗斯的经济增长率将下降50%。俄罗斯曾要求美国承诺伊拉克战争结束后，将国际市场油价稳定在每桶21美元左右。

2. 俄罗斯调整石油出口关税

2002年1月至11月，俄罗斯乌拉尔原油平均出口价为每桶24.92美元，即每吨181.92美元。调税之前的出口关税为原油每吨29.8美元，轻质石油产品每吨35美元，重质石油产品每吨20美元。

俄罗斯外贸与关税政策委员会决定，从2003年1月1日起将原油出口关税降至每吨26美元,对部分油品征收每吨26.8美元的统一出口关税。新的统一出口关税税率是在对上一季度油品价格监测的基础上制订的。所涉及的油品包括：苯、甲苯、混合二甲苯、润滑油及其他油、丙烷、丁烷、乙烯、丙烯、丁烯和丁二烯，轻质馏出物及其产品、粗柴油（柴油机燃料）及液化天然气等。

2003年第二季度，俄罗斯原油和油品关税再次调整。原油出口税提高到每吨40.3美元，成品油和石化产品出口关税提高至每吨36.3美元。

3. 中俄石油合作出现意外变局

2002年夏，俄罗斯国有资产基金会宣布将在2002年12月18日公开招标拍卖斯拉夫石油公司74.95%的股权(其余部分已拍卖)。起拍价17亿美元，拍卖收益进入俄罗斯2003年联邦预算。斯拉夫石油公司拥有20个油田和区块开发许可证，日产4万吨原油，占俄原油总产量近4%，日炼油能力8万吨，在俄罗斯和白俄罗斯拥有工厂企业，是俄罗斯第九大石油公司。共有14家俄罗斯本国和外国石油公司参与拍卖竞标申请，包括中国石油天然气集团公司。

此后，由于俄罗斯政界、新闻界反对中国收购股权，俄罗斯国会通过一项建议案，反对将实行私有化的国有公司股权出售给外国公司。国家杜马对1993年私有化条例第五条规定做出补充，把在“私有化过程中，不允许另外一家国有股份超过25%的俄罗斯公司参与私有化”的适用对象扩大到外国的法人和自然人，从法律上阻碍中国公司参与竞标。

最后，俄罗斯西伯利亚石油公司与秋明石油公司组建的“投资石油公司”以18.6亿美元的价格“竞拍”。中石油开标前“主动”退出竞标。

格鲁吉亚

汇　　率：1 美元 =2.18 拉里
石 油 消 费：50 万吨
天然气消费：10.0 亿米^3
石 油 储 量：479 万吨
天然气储量：85 亿米^3
石 油 产 量：10 万吨
天然气产量：3.6 亿米^3
炼 油 能 力：532 万吨

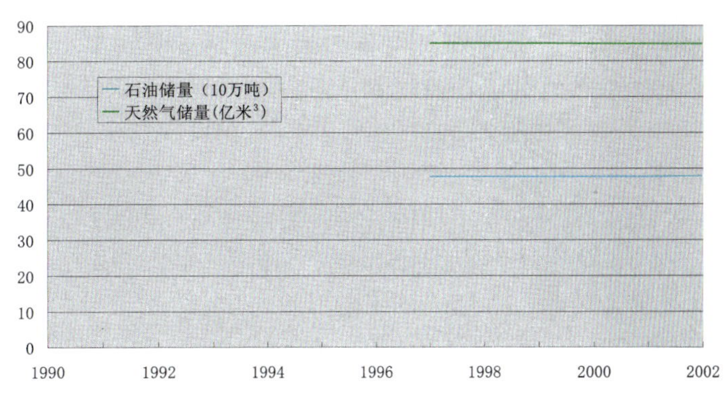

原油进口走私猖

据格鲁吉亚燃料与能源部根据产量和海关进口统计，2001 年格鲁吉亚石油消费为 49.9 万吨，天然气消费为 10 亿米^3。由于走私猖獗，实际消费量远远大于政府统计数字。

2000 年格鲁吉亚进口 LPG 4700吨，2001 年 2500 吨。

2001 年格鲁吉亚官方统计一次能源消费情况

	油当量（万吨）	比例（%）
煤	0.5	0.3
石　油	49.9	26.9
天然气	74.0	39.8
水　电	59.1	31.8
进口电力	2.2	1.2
总　计	185.7	100.0

注：据美国商务部的资料

油气生产进展缓慢

格鲁吉亚全部 17 个油气田都有外国公司参与合作。据格鲁吉亚官方资料，全国的石油储量为 5.8 亿吨，其中黑海区域 1.93 亿吨；天然气储量 980 亿米^3，主要分布在东部地区。截止到 2000 年，格鲁吉亚累计生产石油 2700 万吨。从 1995 年开放到 2001 年生产石油 72.3 万吨，生产天然气 3.58 亿米^3。2000 年格鲁吉亚生产 10.95 万吨石油，2001 年和 2002 年仅 10 万吨。3 年来石油产量逐年下降。

最早进入格鲁吉亚参与油气勘探生产的外国公司是美国的 Frontera 资源公司。该公司 1998 年 5 月与格鲁吉亚签订合同，在东部含油气区开展工作。2002 年，公司计划进一步加强勘探工作，大幅度增加石油产量。

英国的 CanArgo 格鲁吉亚公司（GBOC）是格境内最大的石油生产公司，石油产量达 165 吨 / 日。

格鲁吉亚国家石油公司（Saknavtobi）和美国的 Anadarko 公司签订格鲁吉亚黑海大陆架的首个风险合同。目前，格鲁吉亚国家石油公司日产 16 吨石油。

最近三年，大量外国公司表示有兴趣参与格鲁吉亚的石油勘探和开发。外国石油公司采取产量分成协议或租让合同方式参与格鲁吉亚的石油勘探开发。除上述公司外，其他外国公司包括英国的 JKX、瑞士的 NPL 和德国的 GGOS。

输气管网四通八达

格鲁吉亚天然气管道总长近 1 万千米。跨国管线长 247 千米，其中连接到俄罗斯的管线口径为 1200 毫米，连接到亚美尼亚和阿塞拜疆的管线口径

格鲁吉亚的天然气管网

管　线	管 径（毫米）	长度（千米）	建设年代
北高加索—外高加索	1200	135	1988～1994
Kazahk—Saguramo	1000	112	1980
Karadakh—第比利斯	800，700，500	110	1959～1968
Vladikavkaz—第比利斯	700	266	1963～1966
Saguramo—Kutaisi	700，500	370	1967～1975
Kutaisi—Sukhumi	700，500	338	1986～1989
Rustavi—Telavi—Jinvali	500，300，200	370	1969～1975
Krasny Most—Tsalka— Alastan	500，300	180	1978～1990
Gomi—Khashuri—Bakurani	500，300	59	1972～1989

为1000毫米。国内部分主干线总长1940千米，整个管线的年运输能力是200亿米^3。

格鲁吉亚没有石油设备制造厂，随着格鲁吉亚加速天然气配送企业的私有化，地方天然气配送网的更新和建设对天然气计量仪表和其他配套设备的需求量将会大幅增加。

私有化改造

格鲁吉亚油气工业的主管部门是燃料和能源部。目前它的一个重要职责是吸引外国资本，开发国内油气资源，加速石油工业发展。

格鲁吉亚已开始石油公司私有化改造。格鲁吉亚国家石油公司重组后成为国家所有的股份制公司。格鲁吉亚天然气公司（Saktransgasmretsvi）也已改制为国家所有的股份公司。其中天然气作业和维修单位将通过招标方式进行私有化改造。经营天然气主干线的格鲁吉亚国际天然气公司（GIG）不进行私有化。

格鲁吉亚油品公司（Saknavtobproducti）也在进行私有化改造。但不包括两家油气集输公司：Tbilisi石油终端公司和Khashuri-Batumi石油干线公司。

格鲁吉亚液化天然气公司（Saktkhevadgazi）暂不进行私有化改造。该公司负责LNG的储存和运输，有9座LNG配送厂，处理能力达12000吨/年。

负责格鲁吉亚Kutaisi, Bolnisi, Rustavi, Marneuli和Kaspi等五座中等城市的天然气配送公司已按国有资产管理部的指示于1998年1月被拍卖。格鲁吉亚与俄罗斯的合资公司Sakgazi收购了这家公司。2003年1月开始第比利斯天然气公司的竞争性招标，该公司是向首都第比利斯供气的天然气配送公司。

对外合作

1．2003年招标区块

2003年3月26日，格鲁吉亚油气资源管理局发布油气资源勘探开发国际招标。根据格鲁吉亚石油法，招标于招标公告发布120天后正式开始。

招标提供的区块包括格鲁吉亚中部和东部陆上区块11(g)、11(h)和10(a)。国际石油公司可在招标公告发布后60天内，向油气资源管理局提出书面申请。美国PA咨询公司为此次招标提供技术支持。

1）区块11(g)和11(h)

区块11(g)位于Mtskheta和Tetritskaro地区，面积299.88千米^2。区块11(h)位于Gardabani地区，面积206.60千米^2。两区块都位于山区，海拔高度分别为500~1500米和300~1000米。区内交通方便，铁路设施完善。据Saknavtobi估计，两区块潜在石油储量分别为1000万吨和600万吨。

2）区块10(a)

区块10(a)位于Akhalgori、Dusheti、Tianeti、Akhmeta、Telavi、Kvareli和Lagodekhi地区，面积2680千米^2，油气储量尚不确定。1930~1980年，Saknavtobi曾在区内进行地质和地球物理勘探，没有钻井。1998年，英国Ramco石油公司绘制了Alazani河谷的地震和地质图。根据邻近地区钻井和地面资料研究，Saknavtobi认为该区块有很好的油气前景。

2．2002年招标区块

2003年3月前，格鲁吉亚延长了2002年7个勘探区块的招标申请期限，以迎合投资者的要求。7个区块总面积16866千米^2，包括黑海的两个区块（总面积为5740千米^2）和陆上5个区块。陆上区块分布于格阿边界至格鲁吉亚中部，其中部分区块包含有希望恢复商业性生产的油田。

1）区块11(C)和11(D)

区块11(C)距Pot港70千米，面积2260千米^2，水深110~160米，西端水深达1829米，坡度5°~8°。

区块11(D)位于格鲁吉亚黑海专属经济区，面积3480千米^2，水深823~1930米。区块东南角离岸较近，只有数千米。

2）区块VIII

区块VIII位于东部山区，面积4760千米^2，海拔300~1800米。

3）区块Xa

区块Xa位于外高加索皱　皱带北部，面积2680千米^2。区块X总面积3200千米^2，区内交通发达。远景石油储量达1.8亿吨。

哈萨克斯坦

汇　　率：1美元=150.771坚戈
石油消费：650万吨
天然气消费：96.7亿米³
石油储量：12.33亿吨
天然气储量：18395 亿米³
石油产量：4757万吨
天然气产量：136.7亿米³
炼油能力：2135万吨

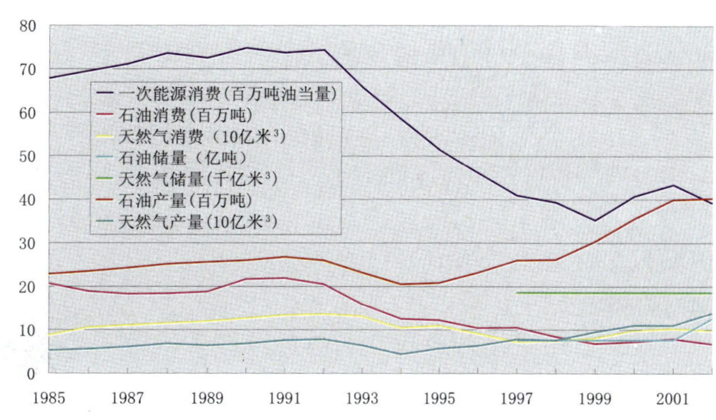

油气消费

哈萨克斯坦是中亚最大的产油国和石油消费国。2002年，哈石油消费量约为650万吨。天然气消费量为97亿米³。

油气进出口

2002年，哈出口石油3700万吨，出口量比2001年增长21%。2001年哈萨克斯坦进口汽油45.9万吨，柴油33.4万吨。为杜绝非法进口柴油，2002年8月至11月，哈萨克斯坦暂停柴油进口。

2002年哈萨克斯坦共生产重油279.41万吨，比上年同期增长2.1%。为了保证本国市场对重油的需求，扩大重油储备，哈萨克斯坦于2002年10月至次年3月禁止重油出口。

哈萨克斯坦近期将继续保持石油出口零关税政策，提高其石油在国际市场的竞争力，刺激哈国内石油生产。

油气产储量

2002年，哈萨克斯坦石油剩余探明储量为12.3亿吨，同比增长66%；天然气剩余探明储量为1.84万亿米³。

2002年，哈生产4237万吨原油，520万吨凝析油，分别比2001年增加16.6%和29.1%；天然气产量达到136.7亿米³，同比增长13.2%。

油气发展规划

根据政府的石油天然气工业发展规划，2003—2005年哈萨克斯坦将向石油天然气工业领域投资135亿美元，2006—2010年投资222亿美元。计划指出，到2005年哈石油产量将达到6000万吨，天然气产量将达200亿米³；到2010年石油产量将达1亿吨，天然气为350亿米³。

油气发现

哈萨克斯坦陆上石油勘探主要集中在原苏联时期的勘探区域。

2002年9月，由哈萨克斯坦国家石油公司和科威特海外勘探公司共同组成的Zaisan公司在靠近中国斋桑泊附近的图尔盖村东南获得重大油气发现，石油储量达数千万吨，天然气储量为500亿米³。1984—1989年该盆地曾开展勘探工作。

油气开采

1. 卡拉恰干纳克油气田开发计划

为减轻对俄罗斯奥伦堡天然气加工厂的依赖，2002年11月，哈萨克斯坦制定西部卡拉恰干纳克油气田的开发计划。目前，哈大部分天然气是由该厂处理加工。

卡拉恰干纳克油气田是目前哈国内最大的油气田，预计石油储量超过12亿吨，天然气储量达1.35万亿米³。2001年，该油气田生产37.5亿米³天然气。该计划总投资达20亿美元，包括扩大油气田的开采规模，兴建天然气加工厂和石化公司等。英国燃气公司、雪佛龙公司和俄罗斯鲁克石油公司组建卡拉恰干纳克国际集团负责40%投资，其余部分由哈萨克斯坦政府筹集。

2. 里海油气开发计划

里海大陆架油气资源在哈萨克斯坦未来油气工业发展中占有重要地位。哈已制定里海大陆架石油天然气资源开发规划。第一阶段2003—2005年，建设里海油气综合开发的基础设施，并对里海油气储量进行准确评估；第二阶段2006—2010年，进入里海油气资源的加速开发期。

各大国际石油公司在哈萨克斯坦里海大陆架油气资源开发中扮演重要角色。以阿吉普公司为首，包括埃克森美孚、壳牌、BG、道达尔（各持股16.67%）等7家国际大公司参股的国际财团公司，阿吉普哈萨克斯坦里海北部实业公司，于1999年8月开始在里海卡萨冈地区进行油气勘探，勘探范围面积600千米²。预计该区石油蕴藏量可达70亿吨，产能可达1亿吨/年。

目前已经完钻两口探井和两口评价井，公司计划2003年底前再钻三口评价井。该公司已向卡萨冈项目投入12亿美元，预计最近两年内还将投入8亿美元，用于建设油气综合基础设施。

随着田吉兹油田、卡拉恰干纳克油气田和卡萨冈油气田的开发，哈每年需加工280~360亿米³天然气。为此，哈计划在田吉兹油田扩大天然气综合加工能力，建立聚乙烯管道生产企业；在卡拉恰干纳克油气田修建天然气加工厂，铺设阿克萨伊—阿特劳管道。

炼油改造工程

2002年，哈石油炼制产品产量继续增长，汽油（包括航空煤油）产量增加6.9%，达169万吨；柴油增加2.5%，达230万吨；煤油增加1.3倍，达25万吨；液化石油气减少7.2%，为17.7万吨。

哈萨克斯坦石油加工业明显落后于采油业，深加工能力较差，高标汽油和航空煤油产量较小。为满足国内成品油消费需求，2002年哈萨克斯坦开始对巴甫洛达尔炼油厂和阿特劳炼油厂进行扩建和技术改造。阿特劳炼油厂的改造费用约为4.8亿美元，计划将年加工能力提高到450万吨，石油深加工能力由59%提高到82%，年产100万吨90号以上汽油和160万吨柴油，以及航空煤油。除国家提供部分资金外，日本将提供2亿美元优惠贷款。

原油出口管线

哈萨克斯坦地处欧亚大陆中央，远离世界市场，油气出口运输对哈萨克斯坦具有重要意义。目前，哈萨克斯坦的原油外输路线主要有三条：

1.阿特劳—萨马拉管线

哈萨克斯坦独立初期，俄罗斯只允许哈萨克斯坦经由阿特劳—萨马拉管道出口350万吨原油。2002年6月，俄哈签订新的输油协议，哈通过阿特劳—萨马拉管道的年输油量可超过1750万吨，协议有效期15年。

2.里海财团管线

2002年，里海财团管道每月为哈萨克斯坦运输100万吨原油，2003年全年可达2000万吨。

3.里海阿克淘港路线

2001年经里海阿克淘港输送原油480万吨。预计经过改造，通过阿克淘港输出的原油将达700万吨。

原油出口走向计划

考虑到扩大现有出口基础设施的必要性，哈萨克斯坦正在研究以下几条原油管线走向：

1.巴库—第比利斯—杰伊汉管线走向

哈萨克斯坦同意参加巴库—第比利斯—杰伊汉管道建设，并为该管道提供油源。

阿塞拜疆计划在巴库—第比利斯—杰伊汉管线项目初期，哈萨克斯坦原油先由油轮运至巴库，再通过该管线出口，年转运量为700~800万吨。条件成熟后铺设阿克塔乌（哈）—巴库（阿）海底石油管道，年输量800~1000万吨。届时经阿转运的石油将大幅增加。由于哈生产的石油质量不如阿塞拜疆，为防止巴库—杰伊汉管道中掺杂里海流域液态烃而影响石油质量，阿哈双方已就建立石油质量基金达成协议。

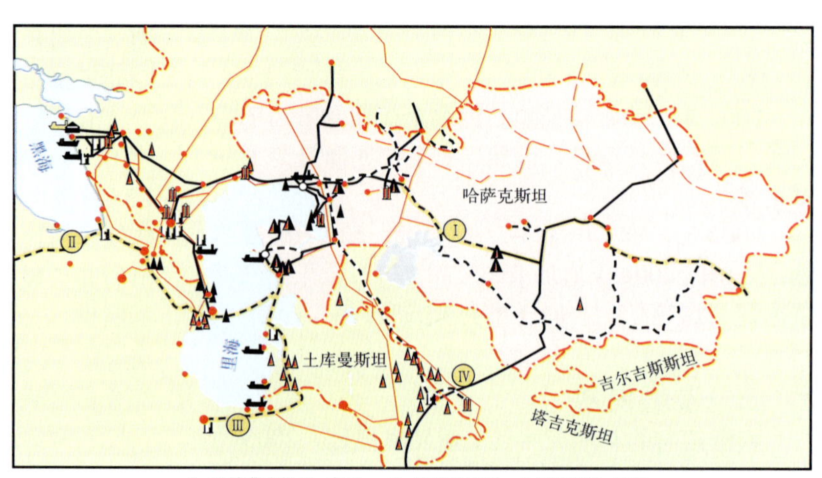

Ⅰ—西哈萨克斯坦—中国；Ⅱ—哈萨克斯坦—土库曼斯坦—伊朗；
Ⅲ—阿克套—巴库—杰伊汉；Ⅳ—哈萨克斯坦—土库曼斯坦—阿富汗—巴基斯坦

哈萨克斯坦原油走向

吉尔吉斯斯坦

汇　　率：1美元=46.17索姆
石油消费：60万吨
天然气消费：18.9亿米^3
石油储量：548万吨
天然气储量：57 亿米^3
石油产量：7.55万吨
天然气产量：0.3亿米^3
炼油能力：50万吨

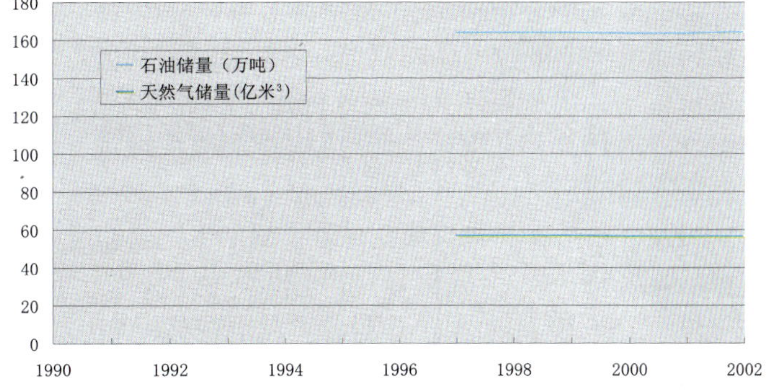

油气消费依赖进口

吉尔吉斯斯坦石油工业不发达，所需石油和天然气及油气加工产品长期依赖进口。苏联时代，油气消费主要依赖俄罗斯、哈萨克斯坦和乌兹别克斯坦等周边共和国的划拨。

苏联解体后，吉尔吉斯斯坦石油消费量大幅下降。2000年，全国石油消费量仅为60万吨，石油自给率约为17%。2002年，吉尔吉斯斯坦进口汽油11.5万吨，柴油6.12万吨。

吉尔吉斯斯坦一次能源消费构成中天然气占30%。2000年，全国消费天然气19亿米^3，缺口部分从乌兹别克斯坦进口。2000年以来，吉乌两国政府签订多个天然气供应合同。由于吉尔吉斯斯坦经常推迟支付气款，乌兹别克斯坦无法按时回笼资金，天然气供应时断时续。

由于不能保证从邻国的能源供应，吉尔吉斯斯坦正努力提高本国能源供应的可靠性，要求国家石油公司在2006—2007年大幅提高石油产量，同时寻求进口途径的多元化。吉尔吉斯斯坦一直在同俄罗斯的Gazprom和Itea公司谈判利用在乌兹别克斯坦的管线，从土库曼斯坦购买天然气。

油气资源较为丰富

2000年,吉尔吉斯斯坦组织国内外专家对全国沉积盆地进行油气普查,认为吉尔吉斯斯坦拥有丰富的油气资源，仅费尔干纳盆地估计就有1亿吨以上石油储量，在Chuy、Alay、Issyk-Kul和At-Bashi地区的石油储量高达3亿吨。但吉尔吉斯斯坦油气勘探程度很低，已探明的石油储量只有600万吨。专家预测，通过适当的勘探投入，吉尔吉斯斯坦有

2.哈萨克斯坦—中国管线

1997年，哈萨克斯坦与中国签署兴建由乌津通往中国阿拉山口的输油管道协议。哈希望早日实施这一协议。另外，2002年5月，由哈萨克斯坦姆纳伊天然气公司与中国石油集团公司承建的肯基亚克—阿特劳输油管动工，该管线位于哈国内，可能是未来哈中输油干线的组成部分。

3.哈萨克斯坦—波罗的海管道系统和哈萨克斯坦—土库曼斯坦—伊朗输油管道

除管道运输外，随着阿特劳—马哈齐卡拉（俄罗斯）、阿特劳—巴库（阿塞拜疆）—帕图米（格鲁吉亚）、阿特劳—涅卡（伊朗）等主要运输走廊的建立，哈还将扩大海上的油气运输量。

对外合作

为开发本国丰富的油气资源，哈萨克斯坦积极吸引外资。目前，参与哈石油开发的主要有美国、英国、法国、意大利、中东的国际大石油公司，印度、韩国、俄罗斯与罗马尼亚也积极参与哈萨克斯坦的油气开发。

2002年3月，哈美能源合作伙伴委员会在美国举行会议，会议研究了两国在能源领域的合作，特别是美国在哈建设石油设备制造厂的问题。法国在哈萨克斯坦建立了法哈石油中心，专门为哈培养石油专业方面的人才和对哈石油项目进行可行性研究和论证。

能力达到石油自给自足。

吉尔吉斯斯坦的天然气储量达56.6亿米^3。但是目前吉尔吉斯斯坦缺乏增加天然气产能的基础设施和开发资金，很难在近期内将储量变成商品气。

由于国家资金短缺,风险勘探投入相对较少,严重制约油气生产供应。最近几年，尽管外国公司勘探热情较高，但规模不大，投入仍处于较低水平。2002年，外国公司在吉尔吉斯斯坦油气勘探领域投资3700万索姆。

2002年，吉尔吉斯斯坦的原油产量基本与去年持平，为7.55万吨，天然气产量为2930万米^3，与去年相比下降10.7%，低于原计划产量10.4%。

吉尔吉斯斯坦计划在2003年将油气产量分别提高10%。希望通过加强与加拿大和澳大利亚公司的合作，加大勘探工作量，修复油井，扩大现有的油气生产能力。

油气勘探取得重大突破

2001年,加拿大的Cadima石油公司和Tectonic公司在吉尔吉斯斯坦南方山区Dzhalal-Abad地区进行地质钻探时，发现了石油储量将近1000万吨的迈鲁苏伊大油田。截止到2002年6月已完钻3口井。经济技术论证后，加拿大公司将与吉政府签订石油投资协议开发迈鲁苏伊油田。吉尔吉斯石油天然气公司已决定为油田开发投资4800万索姆。

吉政府对此发现十分乐观，认为油田投产可使吉尔吉斯斯坦获得能源上的完全独立。

油气管线有待合作

长期以来，吉尔吉斯斯坦有两条未完成的天然气管线。一条是Uzbek天然气管线的第二条支线。管线始建于苏联时代，因资金短缺停工。复工需要投入1600万美元资金。另一条是俄罗斯到吉尔吉斯斯坦的天然气管线，1991年停工。复工估计需要6000万美元投资。吉尔吉斯斯坦正在与俄罗斯和哈萨克斯坦等有关国家商讨这两条管线的复工问题。

对外合作

最早进入吉尔吉斯斯坦的是荷兰的石油公司，1998年与吉尔吉斯斯坦组建合资企业开始在吉从事油气勘探。在吉能源领域投资较多的国家有美国和加拿大等。

Action油气公司正在费尔干纳盆地的Ala Buka许可区(持股72%)和Tash Kumyr许可区(持股72%)，以及Narym盆地Ian Ennis许可区（持股85%）从事油气勘探。其中费尔干纳盆地的两个许可区总面积2000千米^2。

Action油气公司获得费尔干纳盆地Beshket-Togap油田老油田增产项目。投资回收前，产量增加部分的70%归Action油气公司，投资回收后，双方按50：50分成。Action公司计划通过注水将产量由41吨/日提高41~82吨/日，项目期内增产27万吨原油。

Textonic公司在吉尔吉斯斯坦拥有数个已获得探明储量的许可证区块。其中，Ashvaz和Charvak油田拥有约0.3亿吨储量。按计划两个油田生产的原油将输送到贾拉拉巴德炼厂。目前，Textonic公司正寻求战略合作伙伴，在钻井、油气开采及炼制方面进行合作。

私有化进程

2001年12月31日吉政府决定自2002年起开始对吉尔吉斯天然气公司等企业实施私有化，出售其中的国有股份。吉政府已向议会提交天然气部门的私有化方案。方案批准后吉尔吉斯斯坦将对天然气公司进行改组。

土库曼斯坦

汇　　率：1美元=5200马纳特
石油消费：260万吨
天然气消费：132.2亿米^3
石油储量：7479万吨
天然气储量：20093 亿米^3
石油产量：900万吨
天然气产量：530.0亿米^3
炼油能力：1185万吨

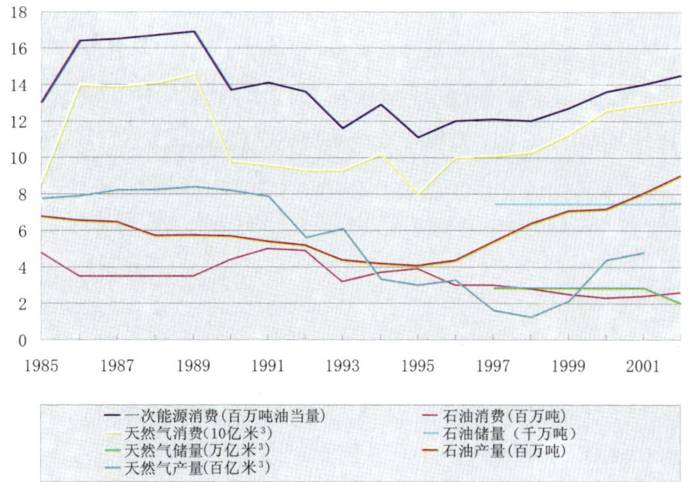

油气出口

土库曼斯坦经济结构单一，油气工业为该国的支柱产业。2002年土库曼斯坦出口收入28.5亿美元，其中石油、天然气和石油产品占总额的84%。

2002年，土库曼斯坦出口181.7万吨石油和410亿米^{3}天然气。土库曼斯坦出口原油60%销往意大利。大部分出口天然气通过管道由乌兹别克斯坦进入俄罗斯后输送到乌克兰，约占总出口量的80%；另一部分由俄罗斯Gazprom出口到西欧各国。

土库曼斯坦计划通过提高原油产量，到2005年将石油出口量增加到1600万吨，到2010年将石油和天然气出口分别增加到3300万吨和1000亿米^3。

油气产储量

土库曼斯坦的油气资源特别是天然气资源非常丰富。除南部山区外，油气分布几乎遍布全国。

2002年，土库曼斯坦的油气剩余探明储量分别为7479万吨和2万亿米^3。土库曼斯坦的石油产量达到900万吨，天然气产量增加到530亿米^3，同比增长分别达12%和3%。液化气产量与2001年相比几乎翻了一番，增至21.2万吨。

1991～2000年土库曼斯坦共生产6500万吨石油和4080亿米^{3}天然气。土库曼斯坦计划2001—2010年生产3亿吨石油和9070亿米^{3}天然气。土库曼斯坦正在采取多种形式的增产措施，包括与外国公司合作开发海上新油田；通过修井、水平钻井、定向钻井及气举等技术提高现有油田采收率。

炼油石化

土库曼斯坦的油气加工基地位于西部和东部地区。土库曼斯坦有2座炼油厂，年加工能力为1211万吨。2002年，炼厂开工率很低，共处理原油570万吨，较上年增加10%。

近年，土库曼斯坦开始实施炼厂改造工程。Turkmenbashy炼厂于1999年和2000年分别进行更新改造，2000年安装石油精炼装置和催化重整装置。同年政府还批准爱尔兰Emerol公司和Pado石油公司改造精炼厂的真空装置。

2002年，Technip-Coflexip在Turkmenbashy炼厂承建的柴油加工厂投产。项目投资总额为1.3亿欧元，设计年产150万吨柴油。另外，意大利Foster Wheeler公司承接Turkmenbashy炼厂延迟焦化车间改造合同，项目投资4300万美元。

随着土库曼斯坦油气产量快速上升，土迫切需要增加炼厂的处理能力。

对外合作

土库曼斯坦与世界多家大石油公司组建石油和天然气勘探开发合资企业。2002年，合资和外资企业共生产50.8万吨原油，与上年相比几乎翻了一番。

目前，参与土库曼斯坦油气开发的国际能源公司主要有：爱尔兰Dragon石油公司，阿根廷Bridas Sapic公司，荷兰Larmag能源公司，阿联酋Eastpak公司和意大利TPL(Tecnologie Progetti Lavori)公司等。对土库曼斯坦油气项目感兴趣的国际能源公司包括：英国Burren能源及石油资源有限公司、奥地利

Pado 石油化工有限公司和 Petronas 海外公司。

截止到目前，土库曼斯坦已经签订两个海上和两个陆上产量分成协议，其中三个项目已部分投产，一个仍在勘探中。

1.Cheleken区块产量分成协议

里海 Cheleken 区块是土库曼斯坦的第一个对外合作项目。最初，Cheleken 项目的外资公司是荷兰 Larmag 能源公司(持股 50%)。1998 年，Dragon 石油公司接替 Larmag 公司。2000 年签订产量分成协议，有效期 25 年，可延长 10 年。

2.区块产量分成协议

1996 年，土库曼斯坦与马来西亚签订里海 1 区块产量分成协议，合同期 28 年。作业者为 Petronas Carigali 公司。目前该区块处于生产准备阶段。2002 年 9 月，东 Livanov 2A 井完井测试获得 1942 吨/日原油和 5391 米^3/日天然气。

3.Nebitdag项目

2000 年 8 月，英国 Burren 能源公司从美 和 Monument 石油公司接管海上 Nebitdag 项目。Nebitdag 区块包括 Burun，Nebitdag，Gumdag，Gyzylkum 和 Garatepe 等 5 个油田，其中 Burun 油田已经投产。

4.Khazar 项目

Khazar 项目是土库曼斯坦国家石油天然气公司 Turkmenneft（持股 52%）代表土方作为执行机构签订的第一个项目，巴拿马 Mitro 国际公司(持股 48%)为项目提供资金。

管理机制

土库曼斯坦由总统尼亚佐夫负责制定油气方针政策，亲自领导油气资源开发利用管理委员会、油气和矿产资源发展基金会和里海问题办公室等部门。油气资源开发利用管理委员会成立于 1997 年 7 月，负责谈判发放许可证、签署合同及监督合同执行情况。油气和矿产资源发展基金会成立于 1996 年 7 月，其前身为国家油气基金会。基金会的主要任务是为新的油气储量和其他矿产资源普查开发提供融资。资金来于油气贸易公司出口天然气和石油产品及按市场价格销售计划外石油产品的收入。基金会委员由土油气矿产资源部部长、各公司主席和财政金融部门的领导担任。里海问题办公室隶属总统办公室，直接向总统负责，制定和执行国家里海油气资源开发纲要，并实施监督功能。

土库曼斯坦内阁领导、监督和制定油气领域的发展战略。其下辖的油气工业和矿产资源委员会负责管理土库曼斯坦天然气公司、石油公司、油气贸易公司、地质公司、油气建设公司和油气矿产资源部。

1996 年 7 月，土库曼斯坦成立油气矿产资源部。该部负责制定与资源开发有关的国家政策和技术规范，开展矿产资源利用、矿产原料基地远景规划和发展纲要论证。油气矿产资源部不直接参与企业经营管理，对外资项目行使协调职能，成为国家油气领域各级管理、生产、贸易部门的“桥梁”。

主要经营企业

根据 1996 年 7 月 1 日颁布的总统令，土库曼斯坦组建了天然气公司、石油公司、地质公司、油气贸易公司和油气建设公司五大国家公司，全部隶属土总统和内阁。

1.土库曼天然气公司

总部设在阿什哈巴德，拥有员工 2.1 万人，负责土境内的天然气勘探、开发开采、加工及运输。具有生产、管理和经营权。下辖 12 个直属企业事业单位：2 个采气部门、2 个钻井处和 8 个基础工业部门（如科研、贸易、通信和供应等）。

2.土库曼石油公司

总部设在巴尔干纳巴特，拥有员工 1.7 万人，负责土境内的石油勘探、开发，以及石油和天然气的运输。具有生产、管理和经营权，可与外国投资者共同进行石油勘探和开发。

3.土库曼斯坦油气贸易公司

负责油气及其产品的销售和利用、产品深加工和出口。

4.土库曼斯坦地质服务公司

拥有员工 1.2 万人，负责管理所有地质、野外地球物理和深层钻探企业。拥有生产和经营权，负责对新油气田、地下水、黑色和有色金属、化工原料及建筑工程进行勘探。

5.土库曼斯坦油气建设公司

拥有员工 8000 人。有生产、管理和经营权，负责承建油气工程和建筑设施。

土库曼斯坦含油气区

土库曼斯坦的油气资源主要分布在以下四个区域：陆上的西土库曼斯坦、中土库曼斯坦和东土库曼斯坦以及里海海域。

西土库曼斯坦

西土库曼斯坦面积13.8万千米^2，是土主要的石油聚集和生产地区，估计石油可采储量为1.548亿吨，远景石油储量(C2 +C3)为1.263亿吨，推测储量(D1 +D2)为20亿吨。

西土库曼斯坦已钻探井约1670口，总进尺500万米，约占土钻井总进尺50%以上。探井平均深度为3900米，地震密度为1.5～2.5 千米/千米^2。

西土库曼斯坦共发现30个油气田，大多数油气田的地质条件较为复杂。较大的油气田包括：Goturdepe油田、Barsagelmes油田、Korpedzhe油田、Burun油田、南Gamyshlydzha油田和东Cheleken油田。

土库曼斯坦油气田及油气设施分布图

过去几年，西土库曼斯坦的天然气产量持续提高。天然气主要分布在：Goturdepe油气田、Barsagelmes油气田、Korpedzhe油气田、南Gamyshlydzha油气田、Ekerem油气田和Ordekli油气田。

中土库曼斯坦

中土库曼斯坦面积17万千米^2，已钻探井约600口，总进尺160万米，占全国总进尺的16%。探井平均井深2800米，西部勘探密度为9.4米/千米^2。大部分探明油气藏埋深600～4000米。

中土库曼斯坦共发现50个凝析气藏，其中较大的有Bovrideshyk、Tedzhen和Karadzhaulak油气田。南部基尔克、Gutlyayak、Mydar、和Ilakly油田已获得工业油流，具有良好的开发前景。

东土库曼斯坦

东土库曼斯坦面积18万千米^2，是土库曼斯坦主要的天然气聚集区。东土库曼斯坦的天然气产量约占全国产量的80%。

该区已钻探井约950口，总进尺340万米，占全国总进尺的34%，勘探密度为17米/千米^2。

区内已发现60多个天然气和凝析气田，其中最大的是Dauletabad油气田，其他油气田包括Shatlyk、Malay、Naip、Odzhak、Samantepe、Achak和Kirpichli等。

里海海域

土库曼斯坦里海海域面积7.8万千米^2，是土库曼斯坦乃至整个里海地区最有前景的地区之一。

据英国西部地质公司估计，不包括外国公司已经开展工作的合同区域，土库曼斯坦里海大陆架的油气资源总量达110亿吨石油和5.5万亿米^{3}天然气。

该地区已钻探井113口，钻井总进尺44.5万米，勘探密度为5.64米/千米^2。该地区已发现10个油气聚集带。其中勘探前景最好的是Cheleken—Livanov隆起。已发现的所有油气聚集都与该隆起有关。隆起已钻探井100多口，总进尺38万米，包括大多数深井。

其他地区

另外，土库曼斯坦南部的Yeloten油田、Seyrab油田 和Koshabulak 油田也获得了工业油流。

乌克兰

汇　　率：1 美元 =5.489 格里夫尼亚
石 油 消 费：1290 万吨
天然气消费：697.7 亿米^3
石 油 储 量：5411 万吨
天然气储量：11207 亿米^3
石 油 产 量：390 万吨
天然气产量：180.0 亿米^3
炼 油 能 力：5124 万吨

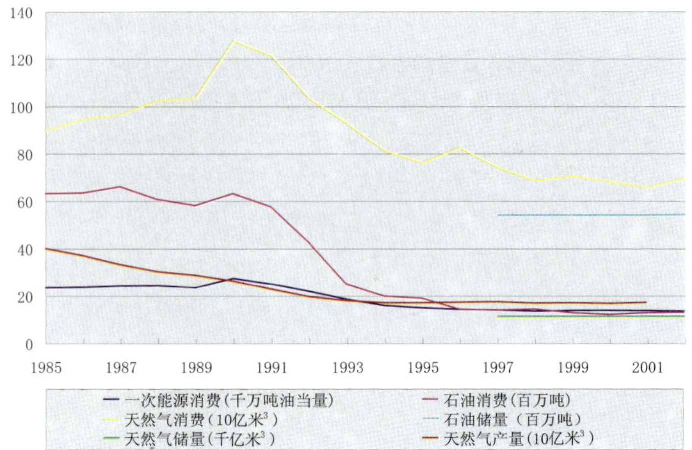

石油消费

在向市场经济过渡的 10 年期间，乌克兰石油消费由 1992 年的 4052 万吨下降到 2002 年的 1290 万吨，降幅达 58%。2002 年虽然石油消费量大幅下降，国内生产原油远不能满足国内需求，石油产量约占石油消费的 25%，石油消费严重依赖俄罗斯和哈萨克斯坦。

天然气消费

乌克兰天然气供求形势相当严峻。多年来天然气消费远远超过天然气产量。2002 年，消费天然气 698 亿米^3，80% 左右的天然气需要进口。乌克兰的 Naftogaz 公司为 Gazprom 提供天然气过境服务，每年可换取约 300 亿米^3 天然气。Naftogaz 公司和乌克兰的私营公司还从俄罗斯购买 190～250 亿米^3 天然气。Itera 公司将俄罗斯和土库曼的天然气输送到乌克兰边境。从土库曼斯坦的天然气进口价是每 0.042 美元 / 米^3，一半以现金方式支付，一半通过参与土库曼斯坦天然气项目和工业项目的建设，作为交换获得一部分天然气。

国产天然气通过直接销售或拍卖的方式提供给消费者，最近的国产天然气平均拍买价为 35 美元 / 米^3，另加 20% 增值税，国内天然气零售价为 30 美元 / 米^3。

天然气、凝析油和石油产品拍卖是乌克兰天然气市场体制改革的举措，目的是使燃料交易更加透明，吸引更多投资商。

能源供应多元化

乌克兰油气消费主要依赖俄罗斯、哈萨克斯坦和土库曼斯坦。因此乌十分注重与东部邻国的睦邻友好关系，与这些国家建立长期稳固的政治和经济关系对乌克兰的经济发展至关重要。

为消除油气进口完全受控于俄罗斯的不利局面。乌克兰自 1991 年独立以来一直探索燃料供应的多元化。为此，乌克兰制定和实施石油供应多元化规划。其中，里海至欧洲的奥得萨— Brody 管线于 2001 年完工。

Naftogaz 正在考虑从其他国家进口天然气，如伊朗、挪威等。

油气生产不甚乐观

乌克兰独立后，石油产量由 1991 年的 490 万吨下降到 1996 年的 285 万吨。之后，石油产量有所回升，但一直在 390 万吨左右徘徊。

1995 年以来乌克兰天然气生产形势有所好转，但产量增幅不大。乌克兰最大的天然气田已接近枯竭，天然气已采出 90% 以上。近年投入开发的多数天然气田规模较小。

主要含油气区

乌克兰有第聂伯—顿涅次克裂谷盆地、克里米亚和黑海地区以及喀尔巴阡山区三个含油气区。油气主要分布于东部的第聂伯—顿涅次克盆地，该裂谷盆地属泥盆纪拗拉谷，沉积岩厚度超过 2 万米。喀尔巴阡山区和山前前渊是世界石油工业发源地之一。亚速海大陆架有 13 个天然气和凝析气田，累计概算储量 736 亿米^3 天然气。克里米亚和黑海地区勘探程度最低。

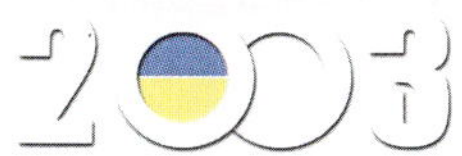

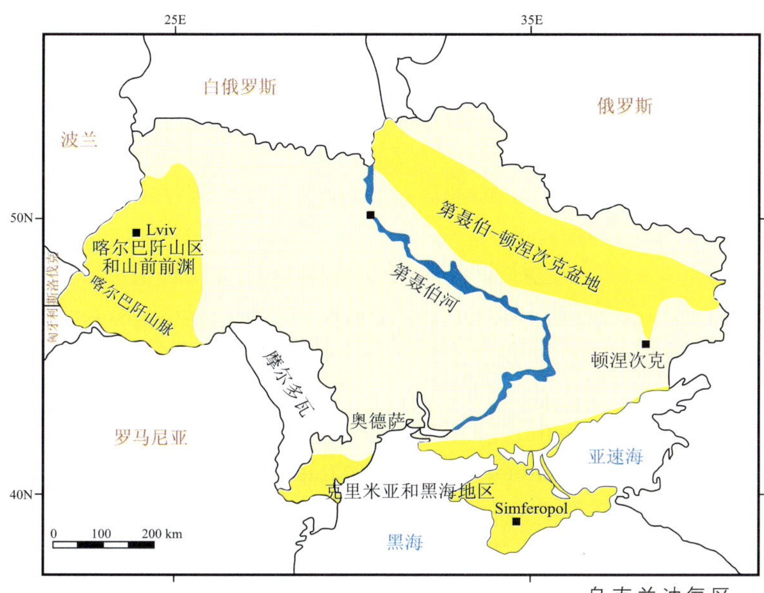

乌克兰油气区

乌克兰的油气勘探程度很低。苏联时代乌克兰的含油气区不是油气勘探开发的重点地区。苏联解体后油气勘探步伐明显加快，尤其在亚速海地区。但受资金短缺的影响，全国钻井数低于5000口，一半以上面积未曾勘探。因此，采用先进勘探技术在乌克兰有可能发现大油气田。

炼油厂私有化现状

乌克兰有6座炼油厂，年原油加工能力5124万吨。国内消费只是加工能力的30%。但几年前因原油供应不足，石油产品一度供不应求。

乌克兰通过炼厂私有化改造，向俄罗斯和哈萨克斯坦的原油出口商出售炼厂股份，确保炼厂原料供应，已收到良好效果。成功的私有化改造，不仅保证了原油供应，提高炼厂开工率，并获得炼厂技术改造资金。

目前，乌克兰东部的Lisichansk LINOS炼油厂由俄罗斯Tiumen石油公司经营。该公司拥有炼厂67%股份。加工能力4.4万吨/日。虽然加工量较私有化前有明显提高，但实际加工量远低于加工能力。

南部的Kherson炼油厂由哈萨克斯坦的Kazakhoil经营；奥得萨炼油厂属俄罗斯的鲁克石油公司。鲁克公司购得奥得萨炼厂控股权后，同意为其支付3960万美元债务，并在2004年前供应0.7万吨/日原油。

西部的Halychyna炼油厂归乌克兰的Halychyna Economic Union公司；Naftokhimik Prykarpattia炼油厂归乌克兰英国合资Wattford石油乌克兰公司所有。

1.润滑油厂

乌克兰约有10座润滑油厂，除Azmol经营的润滑油厂由国家全额控股外，其他9座润滑油厂均为私人控股，包括2家美国投资公司Petra有限公司和Omni-Sphere贸易公司。BP-阿莫科、埃克森美孚和壳牌公司等都在乌克兰设有办事处，并在润滑油市场占有一席之地。

2.天然气处理厂

乌克兰有5家天然气处理厂，主要是净化轻质原油，处理LPG和生产汽油。乌克兰的天然气处理厂与炼油厂不同，不由独立的公司经营，而由大油气公司或地区分公司经营。Ukrnafta有3家处理厂：Hnydytsevsky、Kachanivsky和Dolynsky；Ukrgazvydobuvannya公司有2家处理厂：Shebelinsky和Seleschensky。这些国营天然气处理厂的产量很小，加上众多规模很小的私营天然气处理厂，全国年产量仅120万吨。因此，这5家天然气处理厂在乌克兰动力燃料油市场所占份额不大。

政策法规

同邻国相比，乌克兰在吸引外资方面有很多劣势。独联体国家中，乌克兰一直是油气小国，储量不多，产量不大，没有大型油气田，勘探和开发费用较高，上游工业对外国大石油公司的吸引力不大，在外国投资者心目中的信誉不好。

乌克兰正在设法改善投资环境。1999年和2001年乌克兰出台了产量分成协议和油气法，希望规范油气市场，吸引更多外国投资。油气法和产量分成协议明确石油与天然气行业的法规和税收体系，简化外国公司取得油气勘探生产许可证程序，并为投资者提供可靠的收益，投资环境得到明显改善。

对外合作

1. 2002年招标进展

2002年初，乌克兰向外国公司提供洛普什尼雅斯克、弗拉基米尔和普里亚佐夫油田招标。由于出现许可证发放混乱局面，乌无限期推迟这三个油田的招标，并暂停一切油气开发招标活动。

按2001年7月颁布的油气法规定，油气招标必须由政府组织专门委员会实施。因此，石油法规定的专门委员会成立并行使职能后，石油部门将提供25个招标区块。

2002年6月19日，乌克兰第三大石油公司ChornomornaftoGaz邀请外国公司参与开发奥得萨气田。奥得萨气田位于黑海海域，水深43米，天然气储量为110亿米³。外国公司必须以现金获得合资企业50%的股权，ChornomornaftoGaz则以设备和其他资产入股。预计气田开发的总费用为1亿美元，净收益将达1.763亿美元。ChornomornaftoGaz计划为该项目贷款9000万美元。

2. 对外合作形势

乌克兰的油气勘探开发业务主要由国家石油公司控制，但也不乏成功的外国公司。它们的规模较小，与Ukrnafta或乌克兰地质委员会下属的石油企业组成合资公司或合作经营。合资公司的外商投资总额（包括现金和资产）达到1239.2万美元。

在乌克兰的炼油和油品零售业，取得成功合作的大石油公司包括俄罗斯的鲁克石油公司（奥得萨炼油厂），BP-阿莫科(Kiev州的加气站),俄罗斯Tatarstan Tatneft (Ukrtatnafta的Kremenchuk炼油厂，Poltava和Kiev州的加气站)，哈萨克斯坦的Kazakhoil (Kherson炼油厂)，以及美 和壳牌(汽油和润滑油销售)。

已注册或开展业务的合资公司还有乌美合资的Ukrkarpatoil公司、Boryslavska Naftova Kompaniya有限公司，乌加合资的Kashtan石油有限公司，以及乌克兰和爱尔兰合资的Romagaz公司。另外，Ukrnafta还与美国的Karpatsky石油公司和加拿大的Momentum工业公司和Lateral Vector资源公司组建合资企业，经营油气生产业务。

乌克兰积极开拓海外市场。Ukrnafta在中东有油气生产业务，在也门的Sanaa设有办事处，还在独联体其他国家、伊朗、利比亚、沙特、波兰等国家寻找投资机会。

乌克兰国家石油公司

1998年乌克兰开始对石油工业进行重组改造，成立乌克兰国家石油公司（Naftogaz）。Naftogaz公司的主要职责是控制和管理全国油气公司的国家股份。该公司名义上是股份公司，实际上只有政府一个股东。

成立Naftogaz的目的是提高政府油气管理效率，推进油气工业私有化进程，集中政府资金发展优势和急需的油气项目。成立Naftogaz有助于油气和炼油工业的结构重组；实现原油与天然气综合设施的有效利用与开发；满足工业和民用消费对原材料和能源的综合需求；有助于石油与天然气行业融入国际经济市场；有助于公司的多元化经营、增加出口量，平衡国家贸易；通过与发达国家的跨国公司、金融与投资机构的广泛合作，提高公司油气综合业务水平和经济效益，探索与实施双边和多边远景项目；有助于参与国际劳务分配、区域和跨区域的协调；开展对外经济活动与投资项目国际招标（拍卖）。

Naftogaz控制着国内石油和天然气的勘探开采，现有员工超过14万，生产国内97%的天然气和96%的原油和凝析油，经营60%以上的天然气贸易业务。Naftogaz是世界最大的天然气运输公司，天然气管线系统为俄罗斯出口西欧、中欧和东欧天然气提供过境服务。

在乌克兰有250多家各种规模的公司经营油气相关业务。这些公司可分为油气公司、运输公司、炼油商和零售商。油气勘探生产和运输属国家垄断行业，油公司和运输公司属国家公司。1999～2000年，乌对炼油商和零售商进行了私有化改造，6个炼油厂中的5个已完成改造，石油贸易公司也已完全市场化，包括批发和零售业务。

油气勘探与生产业务

Naftogaz下属三家油气勘探和生产公司。

Ukrgazvydobuvannya公司是Naftogaz的全资子公司，主要从事陆上天然气生产，包括Ukrburgaz、

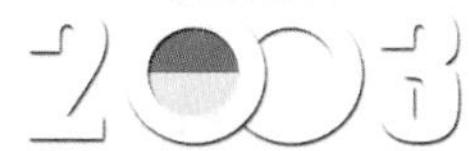

Poltava—、Shebelinka—、Kharkiv— 和 Liv—gazvydobuvannia 等 5 家地区公司。天然气产量占全国产量的 70% 以上。

Chornomornaftogaz 公司是 Naftogaz 的全资子公司，从事黑海和亚速海水域油气勘探与开发，年产天然气约 8 亿米^3，原油及凝析油 8 万吨。公司还有 1000 多千米的天然气输送系统。

Ukrnafta 公司是 Naftogaz 的股份公司（拥有 50%＋1 的股份），是乌克兰最大的原油生产企业，也是经济效益最好的公司，主要从事石油勘探和生产，以及少量天然气及和凝析油生产及凝析油精炼业务。Ukrnafta 公司拥有 100 个油气藏，2200 余口油井和 300 口气井，石油产量占全国产量的 90% 以上，天然气产量约占全国的 20%。Ukrnafta 下属 6 家从事油气生产的地区公司、6 家勘探和钻井公司，3 座天然气处理厂；主要在西部的 Lviv、Ivano—Frankivsk 和 Chernivtsi 州和东部的 Sumy、Chernihiv、Poltava、Kharkiv 和 Dnipropetrovsk 州开展工作。

6 家地区生产公司分别是：Okhtyrkanaftogaz 公司（位于 Sumy 州 Okhtyrka）；Chernihivnaftogaz 公司(Chernihiv 州 Pryluky）；Poltavanaftogaz（Poltava 州 Poltava）；Dolynanaftogaz（Ivano—Frankivsk 州 Dolyna）；Nadvirnanaftogaz（Ivano—Frankivsk 州 Nadyirna）；和 Boryslavnaftogaz(Lviv 州 Boryslav)。

3 家天然气处理厂分别是：Gnidyntsivsky GPP（Chernihiv 州 Varva）；Kachanivsky GPP（Sumy 州 Mala Pavlivka）；和 Dolynsky GPP（Ivano—Frankivsk 州 Dolyna)。

储运业务

Naftogaz 公司下设两家石油运输公司，年输油能力 6800 万吨，占全国输送能力的 60%。

友谊（Druzhba）公司的石油管线长度超过 1500 千米，有 8 个泵站和 16 个储库（总容量 14 万米^3）。俄罗斯的原油通过 Druzhba 公司输往中欧。

Prydniprovsky 石油干线公司的石油管线长度超过 2400 千米，有 18 个泵油站，36 个油库（总储量 58 万米^3）和 8 个调压站。Prydniprovsky 公司负责把石油输送到乌克兰中部、东部和南部的炼厂，以及乌克兰的奥得萨和俄罗斯的出口终端 Novorossiysk。

Naftogaz 的全资子公司 Ukrtransgaz 是乌克兰主要的天然气管线公司。Ukrtransgaz 拥有总长 3.4 万千米的高压天然气干线，其中直径 1000～1400 毫米的管线长度 1.7 万千米；122 个 5570 兆瓦·小时的加压站；12 个总容量为 300 亿米^3 的地下天然气储库；1329 个天然气调配站和 60 个天然气计量站；总长 21.5 万千米的分段低压天然气管线。Ukrtransgaz 的 6 个地区分公司分别设在 Kharkiv、Lviv、Prykarpattia、Donbas、Cherkasy 和 Kiev 州。天然气管线系统年输入能力 2900 亿米^3，年输出能力 1700 亿米^3。

另外，LPG 铁路运输业务主要由 Ukrspetstransgaz 公司经营。

天然气贸易业务

乌克兰天然气公司（Ukrgaz）是乌主要的天然气贸易公司，是 Naftogaz 公司的全资子公司。公司提供民用、市政及工业用天然气。

炼油石化业务

乌克兰有 6 座炼厂，只有 Kremenchuk NefteOrgSintez 炼油厂归乌克兰政府所有。

Azmsl 公司是 Naftogaz 的全资子公司，生产 100 多种润滑油。产品除投放国内市场外，还出口到俄罗斯、白俄罗斯、德国和波兰等国。

专业服务

Naftogaz 公司拥有 6 家钻井服务公司；两家井下服务公司，从事固井和增产作业；两个设备服务基地，提供钻井和油田设备租赁和非标设备仪器制造。

研究院所

Naftogaz 公司下设中央研究实验室(位于 Ivano—Frankivsk 州)、地质研究中心(位于 Kiev 州)和经济研究中心(位于 Ivano—Frankivsk 州)。

乌兹别克斯坦

汇　　率：1 美元 =948.94 苏姆
石 油 消 费：660 万吨
天然气消费：524.4 亿米^3
石 油 储 量：8137 万吨
天然气储量：18735 亿米^3
石 油 产 量：720 万吨
天然气产量：577.0 亿米^3
炼 油 能 力：1111 万吨

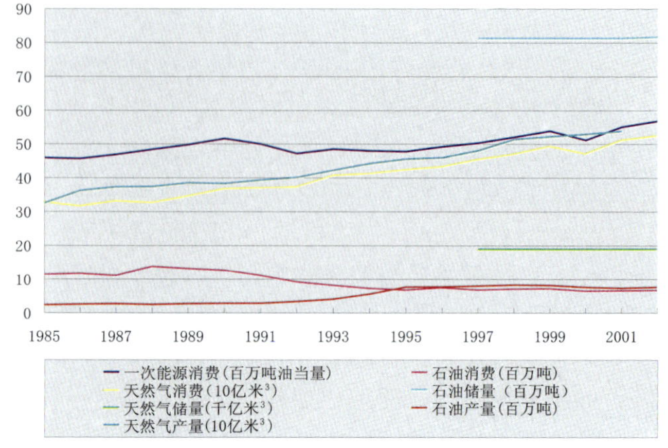

乌兹别克斯坦自 1991 年独立以来，通过技术装备革新，油田开采和管理系统现代化，引进先进技术和现代设备，能源部门结构体系得到不断完善。乌兹别克斯坦 1996 年实现石油自给，不久前成为天然气、液化气和石油产品出口国。

油气勘探开发

乌兹别克斯坦共有 171 个油田，其中 127 个油田，27 个气田，17 个凝析油田。油气田分布于于斯帝尔特、布哈拉—希瓦、季萨尔、苏汗达　和费尔干纳等 5 个油区。布哈拉—希瓦地区的油气田数量约占总数的 60% 以上，另外约有 20% 分布于费尔干纳地区。目前，乌兹别克斯坦的重点勘探区域是于斯帝尔特盆地和咸海。

炼油石化

据乌国家统计局公布的数据，2002 年乌兹别克斯坦加工处理原油（含凝析油）614.5 万吨，比 2001 年减少 1.1%。其中，汽油产量为 157.5 万吨，柴油 169.9 万吨，分别比上年减少 0.2% 和 4.8%；煤油产量为 42.82 万吨，燃用油 162.8 万吨，分别比上年增长 1.2% 和 5.1%；润滑油产量为 13.91 万吨，比上年减少 19.6%。

2002 年，乌加工天然气 387 亿米^3，比上年减少 2.2%。液化气产量为 12 万吨，比上年增加 36.9%。

对外合作

截至 2002 年，乌兹别克斯坦已与外国石油公司签订约 350 个合同项目，外国在乌石油天然气工业领域的总投资（包括贷款）约 15 亿美元，是乌目前吸引外资规模最大、数量最多的行业之一。

10 年来乌兹别克斯坦同外国公司合作完成和正在进行的大型项目包括：

1992 年同美国贝克休斯公司签订在北乌尔塔布拉克增加石油产量的产品分成合同，美国公司负责修井，分包商为中国长城钻井公司，实际操作为土哈油田公司。

1994 年同马来西亚成立合资公司 Узмалойл，共同开发卡拉克泰油田。

1997 年同美国德士古公司合资成立 Узтексако 公司生产高质量的发动机润滑油。同年与美国 Kellog 公司、日本伊藤中公司在科克杜玛拉修建天然气泵站；与法国 Technip 公司和日本 JGC 公司合作修建布哈拉石油加工厂。

1998 年，与日本三井公司合作改建费尔干纳石油加工厂；与美国 BSI 工业公司和 Dresser-Rand 公司共同建设费尔干纳谷地霍贾巴德地下天然气储存库。

1998 年，与美国 ABB Lummus Global 公司、日本三井、伊藤中、Toyo 工程公司和意大利 ABB Soimi 公司合作建设舒尔坦天然气化工联合体，项目金额达 6.3 亿美元。这不仅是乌兹别克斯坦，也是中亚最大的天然气加工厂。

乌兹别克斯坦石油天然气公司与俄罗斯天然气工业公司签订 2003～2012 年战略合作协定。俄公司将逐年提高从乌进口天然气的数量，2005 年将达 100 亿米^3/ 年。双方还将合作在乌开采天然气。

乌兹别克斯坦与土库曼斯坦就 Kokdumalak 油气田的归属问题达成一致，并签订合作开发该油气田的相关协议。

亚美尼亚

汇　　率：1美元=573.35德拉姆

亚美尼亚共和国位于外高加索，北接格鲁吉亚共和国，东邻阿塞拜疆，南与伊朗接壤，西侧是土耳其。亚美尼亚领土面积29800千米^2，人口300万人，96%的人口属亚美尼亚族。

1991年9月21日，亚美尼亚宣布脱离苏联独立。独立后，亚美尼亚沿袭法国路线，拥有共和国形式的政府，宪法规定总统和国会的选举每五年举行一次。

自1995年与阿塞拜疆停火以来，亚美尼亚的经济形势有了重大改善，国内生产总值平均每年增加5%～6%。随着1995年Metsamor核电厂重新运转(该电厂曾在1988年关闭)，能源供应形势发生戏剧性改善。

油气资源

专家估计，亚美尼亚的原始石油地质储量为8.8亿吨，天然气可采资源为1755亿米^3。油气资源主要分布于中央　陷区（Hrazdan和Urartu地区）。亚美尼亚拥有油气资源是不争的事实，但问题的关键是能否发现商业价值的油气田。首都埃里温以东15千米的Shorakhpur-1P井和Armavir西南的奥克滕贝良-13E井的油气发现充分证明亚美尼亚具有石油和天然气聚集的合适条件。

亚美尼亚的油气勘探程度很低，目前还无法确定亚美尼亚是否存在大型油气田，但考虑到复杂的地质发展历史，估计发现的油气田规模不会太大，而且油气田的构造复杂。因此，只有单井日产量34.2吨以上，油价不低于16美元/桶时，油气发现才具有经济价值。

勘探历史

1. 早期勘探

亚美尼亚的油气勘探可追溯到1947年。早期勘探历程可分为两个阶段：第一阶段从1947年到1974年，第二阶段从1981年到1990年。

1947到1953年，使用重力勘探和地面磁力勘探。20世纪60年代中期，重力勘探证实存在油气勘探前景，包括奥克　贝良盆地，采集了1000千米地震资料，但由于资料质量差，使用效果不理想。

在油气勘探的第一阶段共钻55口探井和115个构造/测绘井。第一口井是Avan－1井，1948年完钻，井深1770米。第一阶段有多口井获得油气显示。其中测试效果最好的是奥克滕贝良-13E井，获得日产43582米^{3}的稳定气流，持续生产6个月。该井附近也有多口井见天然气流，但产量较低。考虑到该井揭示的天然气潜力，苏联勘探工作者还对该井所在的远景构造进行进一步钻探。

1974年，考虑到亚美尼亚地区的实际勘探效果，苏联地质部门决定将勘探工作转移到苏联勘探条件和基础设施更好的地区，从而结束亚美尼亚第一阶段油气勘探活动。

勘探第二阶段最有影响的发现包括：Shorakhpur-1P井在上始新统/古新统储层中发现石油，测试获得1米^3/日原油。这是亚美尼亚首次发现油田，虽然产量不高，但意义重大。奥克滕贝良－1P井在4350米深的蛇绿岩断裂带中测试获得24055米^3/日天然气（54%甲烷，余下的主要是氮气）。该井充分表明，亚美尼亚存在深度成熟的气源岩。

亚美尼亚的许多钻井主要用于研究，仅少数用于商业目的。

亚美尼亚沉积盆地表被玄武岩覆盖。20世纪80年代前，地震勘探技术在玄武岩覆盖区的资料质量很差，不能获得玄武岩下的构造信息。80年代后的地震资料可以用于确定井位。

亚美尼亚钻井的钻进速度很慢，平均小于16英尺/日。大部分井需要花2~3年才能完成。例如Shorakhpur-1P井用了4年多的时间。由于钻井周期太长，泥浆长期浸泡损害储层。

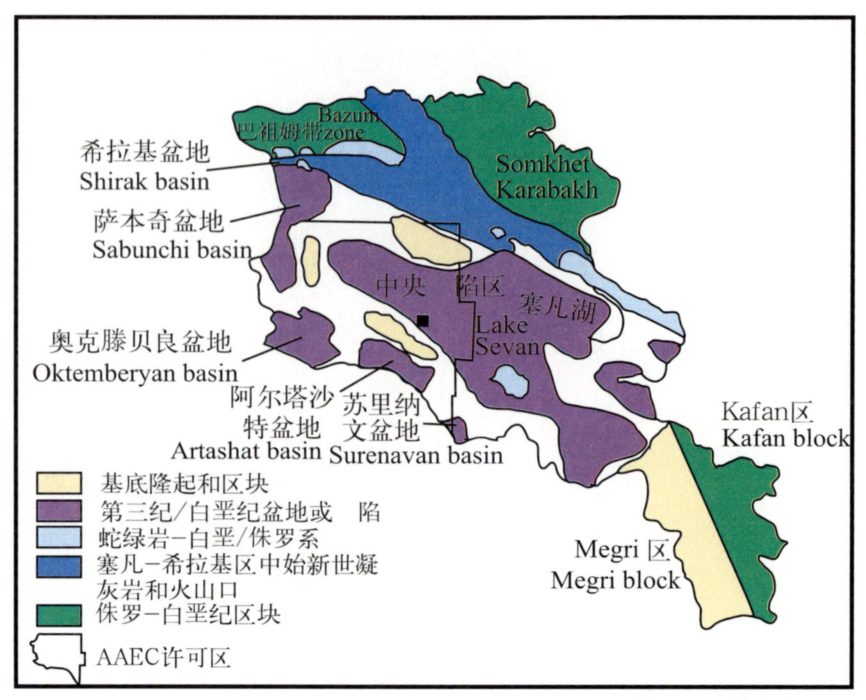

亚美尼亚盆地分布图

2. 独立以后的勘探

苏联解体后，为正确评价亚美尼亚的油气资源潜力，亚美尼亚政府向美国贸易和发展组织(USTDA)发出援助邀请。1993~1994年，加利福尼亚能源委员会承担亚美尼亚的油气资源研究，进行为期两周的考察，获得有限的资料。

1993~1995年，一个亚美尼亚侨民组织出资计划在奥克滕贝良和Shorakhpur地区钻了2口探井，即亚美尼亚石油工程(Armoil)。但此工程并未实施，仅引进先进的地震勘探设备，于1997年开始地震勘探工作。

其间，亚美尼亚参加欧盟发起的Tacis研究项目。项目由英国罗伯特森研究中心和Partex葡萄牙公司承担，为期1年，于1995年7月完成。项目完成亚美尼亚油气前景研究报告，建立了勘探数据库和产量分成许可证体系。

Tacis项目确定了多个远景构造和优先勘探区，这些远景构造和优先勘探区的石油地质储量为0.6亿吨，天然气地质储量为502亿米^3。其中，埃里温以东中央　陷的Garni-Shorakhpur地区估计原始石油资源量为959万吨，其中石油可采储量为192万吨。奥克滕贝良盆地内的原始天然气资源量为40.8亿米^3，其中可采储量为31亿米^3。

根据Tacis项目的研究成果确定16口探井井位，其中13口钻遇主要目的层。7口井的资料没有得到很好评价，另外4口为干井，2口为非商业性天然气发现井(奥克滕贝良-7P和13E)。钻探结果表明勘探风险高，探井成功率仅14%。失败的首要因素是不能正确确定远景构造，以及储集层质量差等。

含油气盆地

亚美尼亚位于黑海和里海之间的高加索造山带内。造山带是泥盆纪以来众多特提斯古洋道关闭的产物。在亚美尼亚已发现3个不连续的窄长蛇绿岩带，形成于侏罗纪到白垩纪时期，反映古大洋的存在。蛇绿岩带在亚美尼亚形成一系列北西—南东向的构造带。

在阿拉斯河沿线靠近亚美尼与土耳其边界的西南构造带主要有3个盆地：奥克滕贝良(Oktemberyan)盆地、阿尔塔沙特（Artashat）盆地和苏里纳文（Surinaven）盆地。沉积地层主要由第三系渐新世—始新世的地层组成，基底为白垩纪或　罗纪蛇绿岩或古生代沉积。西南的奥克滕贝良盆地具天然气前景。

西南构造带的东北是近埃里温盆地（中央　陷带），具有良好的含油气前景。沉积地层包括二叠系到第四系地层，构造比较复杂，有褶皱和扭转断层，可能有逆断层。在中央坳陷带的西北端附近有Aragats火山，该火山从上新世起已停止活动。

1. 近埃里温盆地

近埃里温盆地是指中央坳陷区内靠近首都埃里温的一个沉降单元。Garni-Shorakhpur构造区是近埃里温盆地最有油气前景的地区。

该构造区的主要构造是Azat断层体系，它是东北向延伸的半区域性左旋横向滑动断层体系。以此为界，东南侧是隆起幅度较大已部分侵蚀的山地，西北侧是隆起幅度相对较低的丘陵。

主要的勘探区带和远景构造位于断层以北。其中一个构造已由Azat-1井证实。Shorakhpur-1P井发现石油，Garni-1G普见石油显示，证明该区具有较好的油气远景。

烃源岩：Shorakhpur-1P井中的石油黏度和密度中等(原始重度为33° API)，硫含量较低，烃源岩是第三纪或晚白垩世陆相地层，有机质含蜡，已处于石油生成窗的中间阶段，可能的生油岩包括上始新统/渐新统、中始新统和古新统/白垩系的页岩。一些层段的总有机碳含量为1%～2%。

Azat-1井3200米的上白垩统岩屑清楚地证明存在油气运移，源岩是碳酸盐岩，成熟度中等。这与shorakhpur-1P井采出的石油不同，后者的烃源岩为碎屑岩。

远景储层：主要的目的层是中始新统裂缝性凝灰岩和古新统裂缝性碳酸盐岩层。Azat-1井测井资料显示出近垂直的大裂缝，充满地层水。格鲁吉亚已经证实中始新统是区域目的层。在格鲁吉亚库拉盆地，中始新统裂缝性凝灰岩是多个油田的主要储集层，包括最大的Samgori油气田（累计产油0.2亿吨）。

Shorakhpur-1P井在古—始新统碳酸盐岩地层发现石油。古新统碳酸盐岩地层含早期碳酸盐再侵蚀形成的浊积岩，可能发育裂缝孔隙和次生孔隙，如溶洞。Azat- 1井还在上白 统钻屑提取出沥青。

盖层：地震剖面反映的远景盖层包括上始新统泥岩和下始新统泥灰岩。

圈闭：Garni-Shorakhpur地区包括Shorakhpur和Nubarashen两个较大的远景构造，它们是经地震和卫星资料解释确定的。目前圈定的多数圈闭都是断层圈闭，褶皱也具有一定的作用。地表断层为走向滑动断层，深部断层可见大位移逆冲断层作用。

储量：近来研究表明，埃里温以东的Shorakhpur和Nubarashen远景构造拥有丰富的石油资源，其石油可采储量估计均在274万吨左右。此外还可能有其他油田存在。如在Armavir西南部已圈定4个天然气远景构造，最保守的估计每个构造的天然气可采储量在0.3亿～11.3亿米^3。另外，已知至少8个相同规模的远景构造，需深入工作加以落实。

2. 奥克滕贝良盆地

奥克 贝良盆地是亚美尼亚Ararat山间坳陷西端的一级构造单元。由于奥克滕贝良-13E井曾产气6个月，奥克滕贝良盆地已成为外国公司在亚美尼亚最感兴趣的盆地。此外，其他井也获得少量天然气流或油气显示，其中一口井获得重油显示。目前已圈定了多个优先勘探区和远景构造，确定了基准探井位。

烃源岩：与储集层互层的泥岩是本区的主要烃源岩，总有机碳含量高达3.45%。但从少量的油气资料表明它们是未成熟生油岩。发现的天然气主要来自埋深更大的成熟生气岩，它们位于蛇纹岩层以下，是第三纪沉积的基底。

储层：储集岩为三角洲渐新统砂岩。少量岩心资料表明孔隙度为15%，渗透率为9毫达西。另外，中始新统裂缝性碳酸盐岩也具有一定的油气前景。

盖层：奥克滕贝良组的厚层泥岩以及与储集层内部的厚层泥岩。

圈闭：已圈出多个优先勘探目标和远景构造。

奥克 贝良盆地在上新世或之前发生构造隆起运动。个别地区断层极其发育，外来岩层覆盖在本地岩层之上。奥克滕贝良-13E和7P井的天然气均来自这些外来岩层，目前还没有在埋藏较深的本地岩层钻遇天然气。

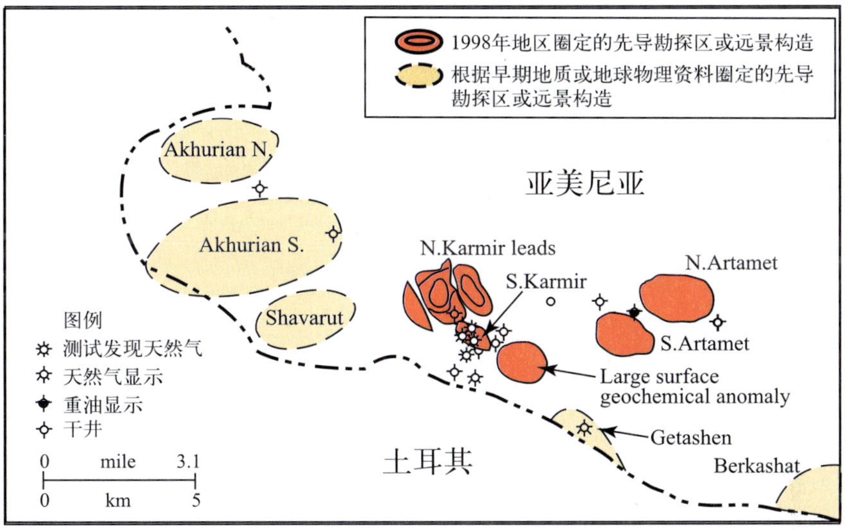

储量：1997～1998年采集的地震资料确定了3个远景构造，每个构造有可能的天然气可采储量在0.3亿～14.2亿米^3。另外，地球化学勘探（微生物技术）确定了一个远景构造，未经地震资料证实。近期还对1955年确定的优先勘探区进行了深入研究。

奥克滕贝良盆地远景区

对外合作

长期以来，亚美尼亚能源部认为国内能源尤其是油气资源开发，需要吸引外国资金与技术。为此，亚美尼亚出台法律法规，

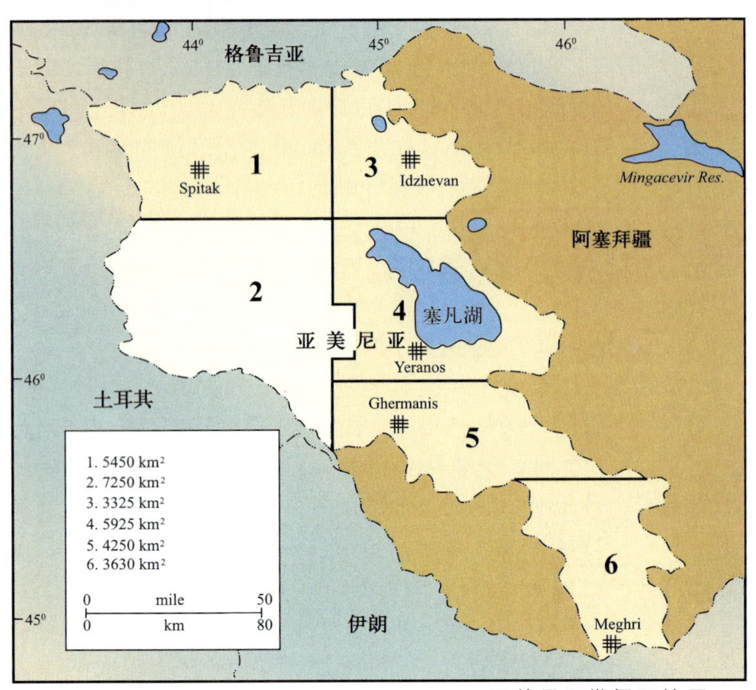

亚美尼亚勘探区块图

使其成为外国油公司感兴趣的风险投资区。

国家能源部受政府委任管理与石油勘探开发有关的事务。亚美尼亚成立了独立的国家服务机构（Geoenergy），协调石油部门与外国投资者的关系，并提供Tacis勘探数据库检索服务。具体业务可与地质能源联合股份公司（CJSC）联系。

1．区块划分

亚美尼亚已划出6个区块。其中，除区块2（7250千米^2）已出让给亚美尼亚美国勘探公司，其余5个区块已开放，包括区块1（5450千米^2），区块3（3325千米^2），区块4（4250千米^2），区块5（4250千米^2）和区块6（3600千米^2）。

2．AAEC项目

继Tacis项目之后，1997年1月亚美尼亚能源部与亚美尼亚美国勘探公司（AAEC）签订新的产量分成合同。

合同规定AAEC公司1年内采集60千米地震数据和钻3口井，最低投资1000万美元。1997年7月到1998年3月，AAEC通过亚美尼亚的原子能地震工程公司采集了210千米地震剖面。1997年12月Azat-1井开钻，1998年7月钻至3424米的目的层，见少量油迹。至此AAEC已投资2000万美元。

之后，由于经费的原因，AAEC除继续技术研究外，停止钻井工作。2002年2月，AAEC决定放弃北部的区块1，仅保留南部的区块2。

到2002年中，AAEC已提交50项研究成果，并根据地震、地球化学、油藏和其他资料研究，获得该区石油勘探风险的正确评价。

3．装备入境

国外的设备和原材料主要通过两个途径进入亚美尼亚。重型设备和原材料可通过海运到达黑海的P'ot'I港和格鲁吉亚的巴统港，然后通过公路或铁路由北方边境进入亚美尼亚。人员和小型物资可直接运送到埃里温附近的Zvartnots机场。

政策法规

亚美尼亚的地下油气资源归国家所有。1992年议会颁布的《地下资源法》和《外国投资法》是能源行业的重要法律。CJSC正在起草石油法，准备尽快提交议会讨论。

目前，所有与石油勘探开发有关的协议必须得到政府批准。标准石油合同的部分条款和条件包括：勘探工作计划和最低投入可谈判；勘探周期和区块退还可谈判；由国际石油公司和国家能源部组成技术咨询委员会；生产的油气可自由出口；利润油和成本油的比例可谈判；环境保护和油田开发采用国际标准；无外汇管制；采用标准的国际会计制度。

通过努力，亚美尼亚石油勘探的商业环境有了根本改善，手续趋于简化，工作效率开始提高。

中东地区

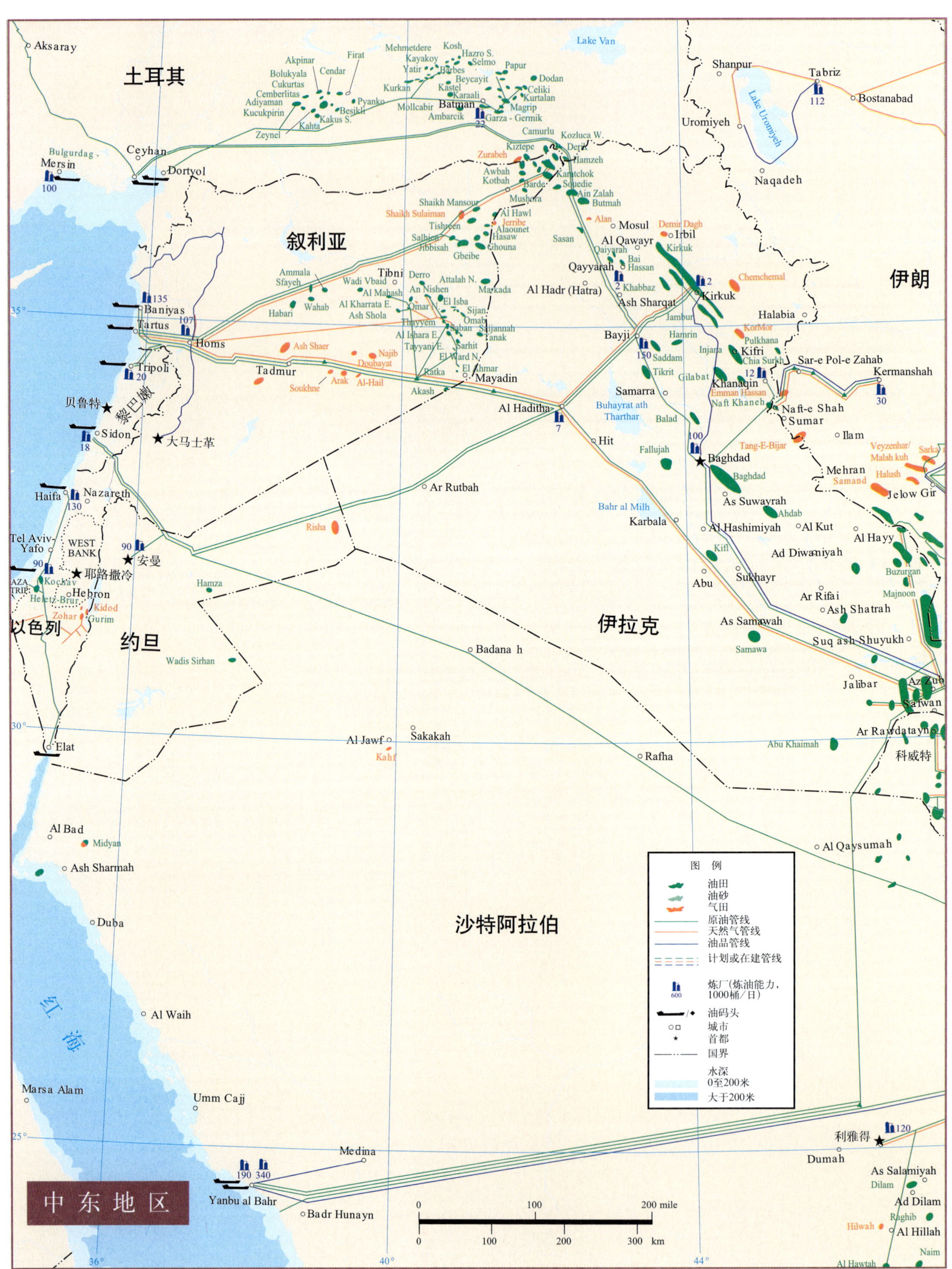

据 International Petroleum Encyclopedia (2003) 改编

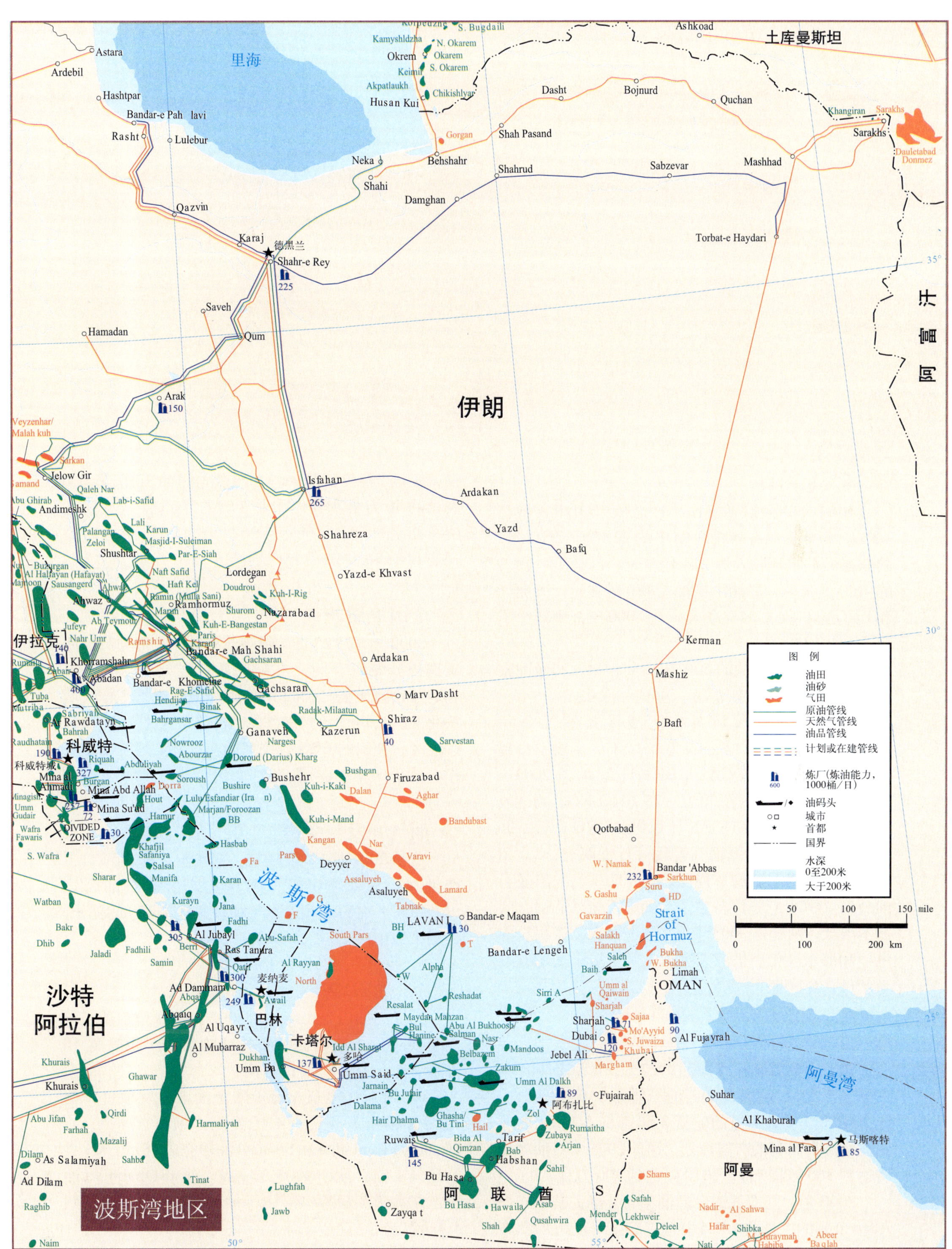

据 International Petroleum Encyclopedia (2003) 改编

阿拉伯联合酋长国

汇　　率：1 美元 =3.673 迪拉姆
石 油 消 费：1240 万吨
天然气消费：393.3 亿米³
石 油 产 量：9922 万吨
天然气产量：375.4 亿米³
炼 油 能 力：2751 万吨

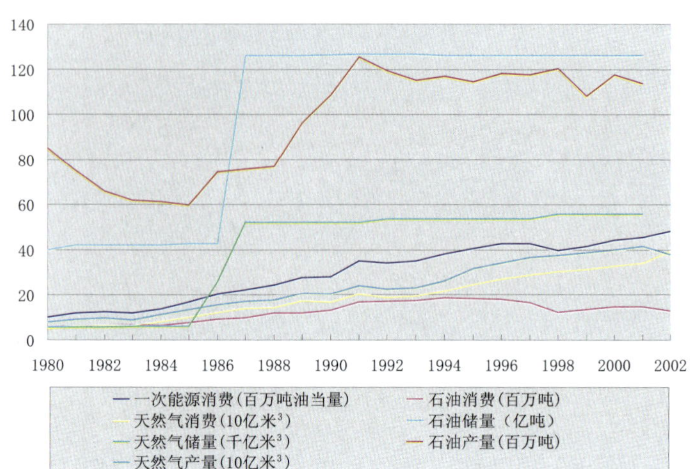

油气进出口

2001 年，阿联酋国民生产总值（GDP）增长 1.3%。石油工业占阿联酋 GDP 的 22.1%，2001 年，阿联酋石油出口收入达 214 亿美元，占总出口收入的 46%。其中，原油出口收入 180 亿美元，天然气和 LNG 出口收入 34 亿美元，比 2000 年分别减少了 16.7%和9.3%。

阿联酋石油产量的 62% 出口到日本，其他国家包括韩国、中国、新加坡、美国和欧洲。

目前，阿联酋阿布扎比液化天然气公司（ADGAS）每年出口约 500 万吨 LNG，主要出口到日本。2002 年初，ADGAS 与 BP 签订合同，在 2002～2005 年每年向 BP 销售 30 万～75 万吨 LNG。为进入欧洲天然气市场，ADGAS 计划增加 LNG 产量，并开展经土耳其到欧洲输气管线可行性研究。

2002 年 7 月，海豚能源公司（DEL）与阿曼石油公司（OOC）签订备忘录，确定天然气购销合同基本条款。阿曼自 2003 年下半年开始向富查伊拉的电厂和海水淡化厂供应天然气，供应量平均 340 万米³/ 日，合同期 3～5.5 年。

油气产量

2002 年阿联酋生产原油 9922.5 万吨，较 2001 年下降了 7.8%。阿联酋的石油产能为 260 万桶 / 日，比 2002 年 1 月欧佩克的配额多 80 万桶 / 日。阿联酋正在实施提高石油产能计划，预计 2005 年石油产量将达到 360 万桶 / 日，2010 年达到 400 万桶 / 日。

2000 年，阿布扎比日产油 199 万桶，其中陆上 Adco 公司的产量为 101.5 万桶，海上产量为 97.5 万桶，海上产量包括 Adma-Opco 公司的 44 万桶、Zadco 公司的 46 万桶和其他作业者的 7.5 万桶。2000 年，阿布扎比的天然气产量为 9628 万米³/ 日，Adgas 公司的 LNG 和 NGL 的年产量已达 1290 万吨。

全国地质普查

2002 年 3 月 25 日，阿联酋石油矿产部与英国地质调查处签订合同，在阿联酋开展大范围的地质和地球物理详查。合同价值 1010 万美元，工作区域从北部的哈伊马角到南部的 Al-Ain，包括山区和周边地区。英国的 BGS 公司开始在东部的地质成图工作，估计 3 年半完成。

油气开发与生产

截至 2001 年 12 月 31 日，阿联酋共有 1456 口生产油井。过去 10 年，阿布扎比国家石油公司（ADNOC）在石油和天然气项目共投资 150 亿美元，计划未来 10 年再投资 100 亿美元。

1．油田增产项目

为提高油田生产能力，2002 年阿联酋启动了一些重要项目，这将使阿布扎比的石油产能提高 40 万桶 / 日。主要的项目包括：

(1)阿布扎比东北海上陆上油田开发项目，估计投资额为 3.5 亿～4 亿美元。项目要求在 al-Dhabbiya/Rumaitha 和 Shanayl 油田完成 481 万米³/ 日的注气工程，预计 2005 年完成。使 al-Dhabbiya 油田产能达到 7 万桶 / 日，Rumaitha/Shanayl 油田达到 4 万桶 / 日。

(2)Bab 油田开发项目，估计投资额为 1 亿美元。将油田的产量从目前的 25 万桶 / 日提高到 35 万桶 / 日。工作包括安装 2 座处理装置和 2 座油气分离厂。法国的 Technip-Coflexip 公司承担项目前期工程设计，项目计划2004 年完成。2002 年 6 月，ADNOC 的子公司 Adco 举行 Bab 油田开发工程采购建设合同招标。10 月，Adco 已经收到 4 家公司的投标。

(3)Sahil 油田 Thamama 油藏增产项目。

(4)Bu Hasa 油田开发项目，估计投资 3 亿～3.5 亿美元。油水分离能力由 10 万桶 / 日提高到 48 万桶 / 日，安装 270 万米^3/ 日注气和 12 万桶 / 日注水设施。

(5)海上 Umm Shaif 油田开发注气项目，估计投资 12 亿美元。澳大利亚的 Worley 公司获得前期工程和设计合同。注气量为 1700 万米^3/ 日，维持油田 25 万桶 / 日的产量。

(6)2002 年 7 月，阿治曼和沙迦与 Crescent 石油公司和 Atlantis Holding 公司签订产量分成合同，共同开发 Zora 油田，预计 2003 年投产。

2002年，阿联酋投资1.1亿美元的Umm al-Quwain 油田和富查伊拉 Matco 的开发项目处于停顿状态。

2．Zakum 油田开发

2001 年，Zadco 公司计划通过多阶段开发项目使海上 Zakum 油田产量由目前的 50 万桶 / 日提高到 75 万桶 / 日。2002 年初，Zadco 公司计划向国际大石油公司出售 28％的股权，以利用其技术提高 Zakum 油田产量，因此增产计划暂停。4 月，PGS 公司已完成油田 1500 千米^2 的三维地震勘探。10 月，Adma-Opco 完成 Zakum 油田注气试验系统，高压注气平台的注气能力为 283 万米^3/ 日天然气。

3．海上 al-Khaleej 油田北部开发

al-Khaleej 油田已进入开发三个阶段的最后一个阶段，估计 2004 年投产。油田第二阶段开发工作在 2002 年夏季完成，油田日产量将由 3 万桶上升到 6 万桶。第三阶段开发工作完成后，油田产量将上升到 8 万桶 / 日。2002 年 7 月，阿布扎比的国家石油建设公司（NPCC）获得道达尔公司在阿联酋海上 al-Khaleej 油田北部的油田开发建设合同，合同包括建造两座海上平台和管道建设，合同价值约 1.5 亿美元。

4．加大天然气投资

天然气供应短缺影响阿联酋经济发展，阿联酋计划加大天然气领域的投资。目前，阿联酋主要的天然气项目包括：

(1)陆上天然气开发项目第三阶段（OGD-3）和 Asab 天然气开发项目第二阶段（AGD-2），两项目的总投资估计为 25 亿美元。美国的 Bechtel 公司成为前期工程设计承包商。2003 年第三季度将举行生产投标公司资格认证。OGD-3项目计划将Bab油田Thamama F层的天然气日产量提高 3389 万米^3，增加12 万桶 / 日凝析油产量，干气回注Thamama F油藏。AGD-2 项目扩建 Asab 天然气处理厂，增加天然气日处理能力2265万米^3，提高NGL 产量。预计项目于 2007 年完成。

(2)迪拜海上 Margham 气田项目，投资5000万美元，将产量由目前的 850 万～991 万米^3/ 日提高 1 倍。

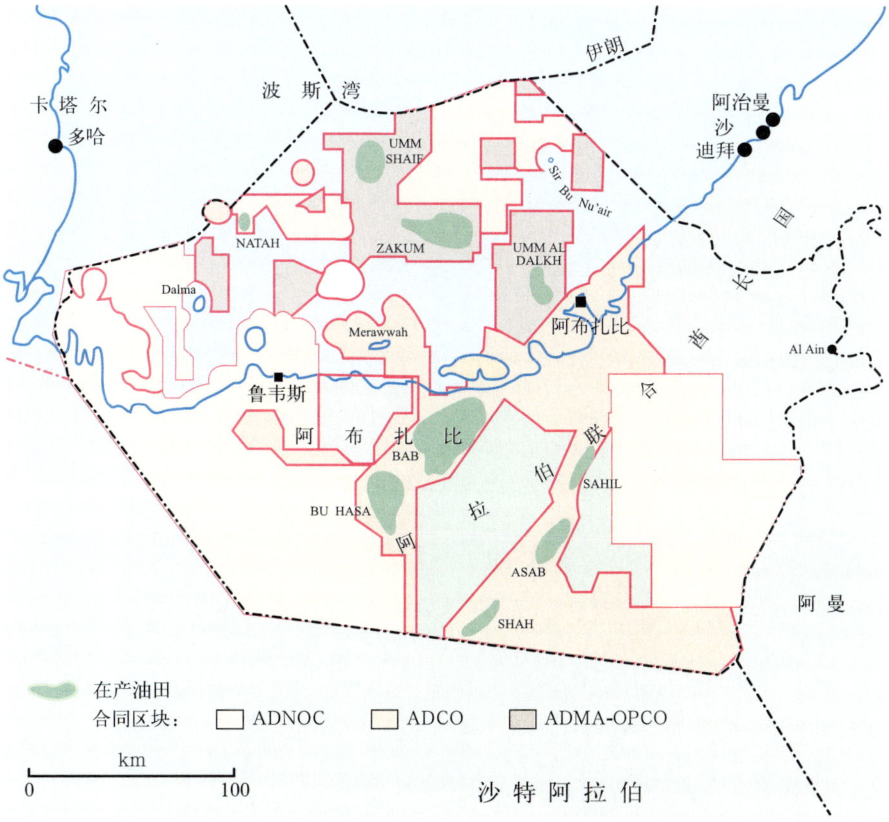

阿布扎比油田区块分布图

5．海豚项目进展

2001 年 12 月 23 日，卡塔尔石油公司、DEL 和道达尔公司签订“海豚项目”开发和产量分成合同，合同期25 年。合

同规定由DEL从卡塔尔北气田指定区域生产天然气。DEL计划未来25年生产44亿桶油当量天然气。开发工作将持续5年，计划2005年底开始向阿联酋供气。同时签订卡塔尔—阿联酋天然气管线建设合同以及天然气销售商业框架条款。

由于安然公司退出DEL，2002年5月阿联酋UOG公司确定西方石油公司为“海豚项目”的第二个战略伙伴，西方石油公司支付3.1亿美元收购“海豚项目”24.5%的股权。

2001年底，北气田“海豚项目”区的第一口开发井NFD－1井开钻，2002年5月完钻。4月初，第二口开发井NFD－2井开钻。

炼厂改扩建

阿布扎比炼油公司计划扩建鲁韦斯炼厂和Umm al-Nar炼厂。2002年7月，法国的Technip-Coflexip公司获得鲁韦斯炼厂扩建合同，合同价值4.8亿美元。另外，投资6000万美元升级鲁韦斯炼厂的两套凝析油装置。

乙烯项目投产

2002年11月，位于鲁韦斯的Borouge大型石化厂正式投产。该厂由ADNOC和丹麦Borealis公司投资12亿美元合资兴建，年产60万吨乙烯、45万吨聚乙烯。该厂是中东和亚太地区第一家使用Borealis生产线的石化企业。

天然气处理项目

Adgas计划投资2亿美元在Das岛液化厂新建一套LPG生产装置，生产能力为100万吨/年。Adgas还计划在该厂安装第四套LNG装置，将LNG的年产能提高到640万吨。

Adgas在Das岛的LNG厂的年生产能力为540万吨LNG，170万吨LPG，53.5万吨戊烷和23.8万吨硫。

迪拜机构变动

2002年4月，迪拜成立投资开发局，主要职责是吸引和推进国内和国外投资。

2002年初，迪拜国家石油公司（ENOC）在富查伊拉成立富查伊拉能源项目公司（Fepco）。

汇　　率：1美元=0.386阿曼里亚尔
石油储量：7.54亿吨
天然气储量：8286亿米^3
石油产量：4475万吨
天然气产量：67.0亿米^3
炼油能力：425万吨

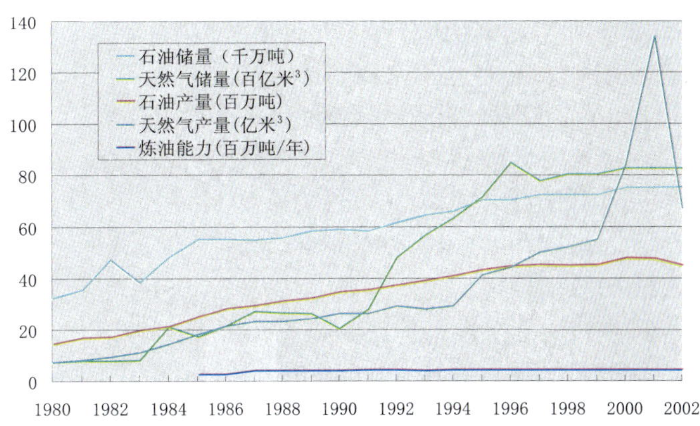

阿曼石油资源并不丰富，但拥有丰富的天然气资源，天然气工业发展迅速，前景极好。

阿曼经济严重依赖石油收入，为降低经济对石油的依赖，近年阿曼推行私有化和经济多样化改革。加大中部地区天然气开发利用是多样化的具体体现，同时满足国内需求增长和增加出口创汇。

阿曼不是欧佩克和阿拉伯石油输出国组织（OAPEC）成员国。

油气出口

2002年，阿曼日出口75万桶原油和7.4万桶凝析油。阿曼出口原油主要流向亚洲的韩国、日本、中国和印度。2001年阿曼LNG出口大幅增长，达74.3亿米^{3}天然气，比2000年增长了2倍。其中，70%以上流向韩国，共计53亿米^3，其余的主要出口到西班牙（9.1亿米^3）、日本（8.3亿米^3）和美国（3.4亿米^3）。

石油收入

石油收入仍是阿曼预算收入的主要组成部分。2002年，阿曼政府预算总收入63.85亿美元，其中油气收入48.77亿美元，约占76.4%。2002年阿曼天然气收入比2001年增长了12%。随着第三条LNG生产线建成投产，阿曼的天然气收入将继续快速增长。

油气勘探

2002年6月，PGS地球物理公司启动地震勘探程序，在阿曼湾海上区块18和41采集6000千米二维地震数据，水深50～3000米。PGS于10～11月提交地震数据处理结果。2002年第三季度PGS完成沿岸地区的3600千米重新处理的地震数据。

2002年6月，道达尔公司在区块34开展综合研究，并根据研究结果制定勘探方案。

油气发现

2002年5月，阿曼石油开发公司（PDO）在阿曼南部发现Dafaq油田，估计原油储量4000万桶，预计2004年产量将达1.2万桶/日。6月，阿曼私营的Petrogas公司在Butabul地区区块7的Ramlat-2井发现石油，估计储量为1.4亿桶。

2002年底，Novus石油公司在阿曼海上区块8获得天然气发现。发现井Tibat-1X在2850米处白系灰岩发现天然气，含凝析油。

油气生产特点

截至2001年12月31日，阿曼共有2298口生产油井。

阿曼大多数油田储量规模较小，产量较低，分布比较分散。阿曼原油探明储量绝大部分分布在北部和中部地区。北部地区油田多为中—轻质油，重度为32～39°API，常有伴生气。南部地区主要出产重质油，重度为20°API，没有伴生气。目前，阿曼的原油产量主要来自Yibal和Nimr油田，约占总产量的40%。

PDO拥有阿曼90%的原油储量和94%的原油产量，重要油田多由壳牌公司经营。为实施增储战略，PDO致力于开发新的勘探技术和提高采收率技术，已将原油生产成本降低到3～4美元/桶，还计划在未来5年投资10亿美元实施提高采收率项目，将平均采收率提高1倍，达到50%。

虽然阿曼政府希望到2004年将石油产量提高到100万桶/日，但2002年石油产量回落使PDO大幅下调增产目标，计划到2007年仅增产3万桶/日，将公司的产量由77万桶/日提高到80万桶/日。

Petrogas/CNPC集团继续投资Daleel油田开发，计划将产能由5000桶/日提高到25000桶/日。其他公司几乎没有增产计划。

油气集输

阿曼现有2条输油管线和2条天然气管线。

2002年，阿曼完成了2条新的天然气管道，一条投资1.24亿美元，由印度Dodsal公司承建的由中部到北部苏哈尔的管道；另一条投资1.8亿美元，由意大利Snamprogetti公司和Saipem公司组建财团承建的由中部到南部塞拉莱的管道。

长期以来，PDO以政府名义负责“政府天然气运输系统”的管理、维护和建设。2001年4月，阿曼与加拿大能源服务公司（CES）签订合同，由后者在5年内承建阿曼天然气输送和配送基础设施，并经营相关业务；合同包括技术转让和员工培训，5年后交阿曼经营。2002年，PDO将系统的所有权转交给国有的阿曼天然气公司（OGC）。OGC由政府持股80%，阿曼石油公司（OOC）持股20%。CES是由加拿大的BC天然气公司、Enbridge公司和阿曼OHI公司组成的财团。

筹建第二座炼厂

2002年7月，阿曼招标在北部城市苏哈尔附近建设第二座炼油厂。日本的JGC和Chiyada公司联合中标，计划投资额8.8亿美元，生产能力7.5万桶/日，2006年第二季度投产。

为实施经济多样化和发展高附加值工业的战略，阿曼计划在苏哈尔投资兴建大型合资石化项目，生产聚乙烯和化肥。

加强天然气工业发展

天然气工业是阿曼经济多样化发展的重点。为加快天然气工业发展，阿曼与外国石油公司签订一系列协议，组建合资公司，加大天然气勘探开发力度。

1992年阿曼天然气储量仅3483亿米^3，通过几年的努力，天然气储量快速增长，仅现有油田深层构造的非伴生气储量超过2832亿米^3。

加拿大Gulfstream资源公司计划在未来8年间，投资6000万美元以上开发位于Haffar的区块30的气田。

1997年，阿曼与伊朗签订协议联合开发霍尔木兹海峡两国交界海域的西Bukha气田（伊朗称为Hengam气田）。但协

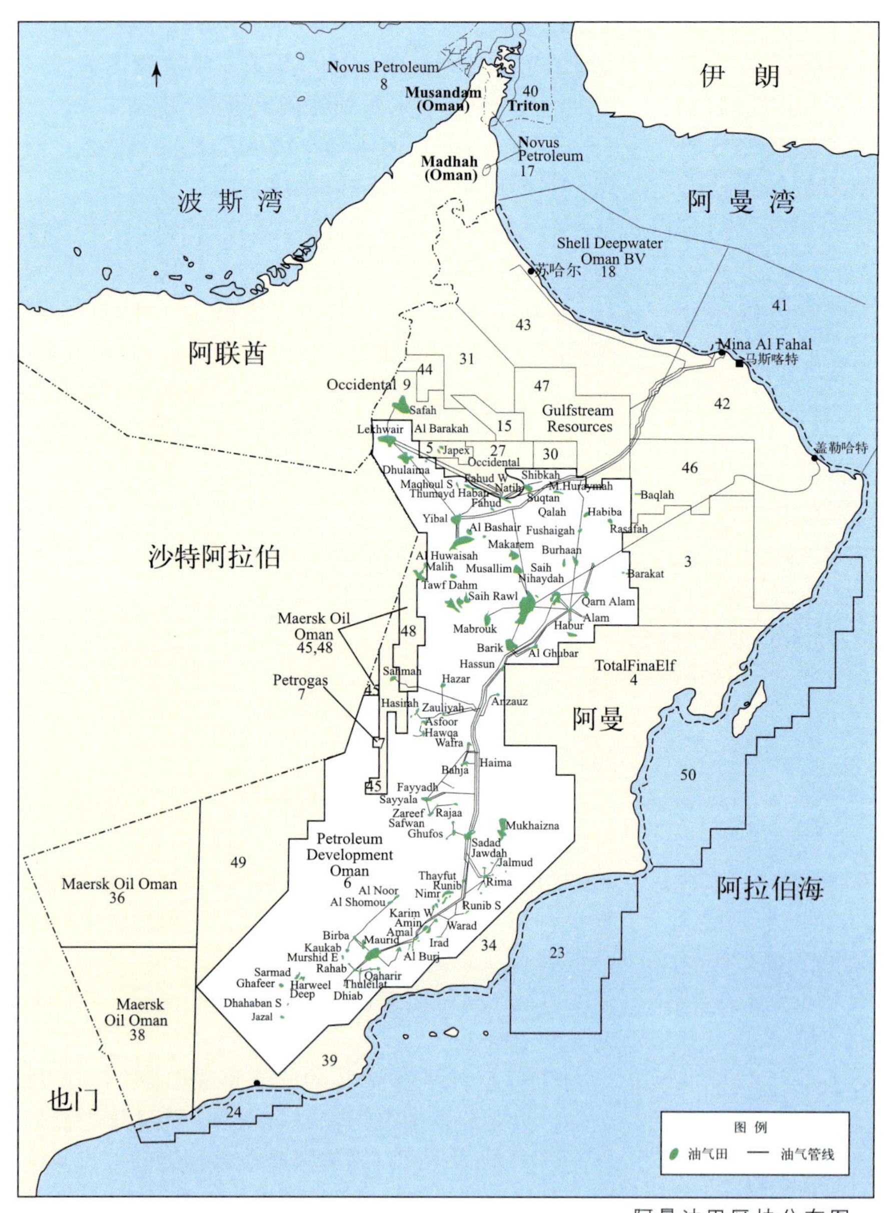

阿曼油田区块分布图

2002 年阿曼有效的勘探合同

公司/财团	签订日期	区块	面 积（千米^2）	最小投资额（万美元）/期限
Petrogas/CNPC	1996 年 6 月	35	2590	4500/7 年
菲利普斯石油公司	1996 年 7 月	36	18210	3200/9 年
Triton 能源公司	1996 年 6 月	22	8271	3800/8 年
阿科/Partex	1996 年 7 月	32	3800	4100/7 年
Gulfstream 资源公司	1997 年 7 月	30	1200	6000/8 年
西方石油公司	1997 年 9 月	31	7157	4500/7 年
Triton 能源公司	1998 年 6 月	40	5355	3000/8 年
西方石油公司/Neste Oy	1998 年 6 月	27	2481	2550/9 年
壳牌公司	1999 年 3 月	18	18267	3000/9 年
菲利普斯石油公司	1999 年 6 月	38	17400	2900/10 年
Novus/Atlantis/Eagle Energy	1999 年 9 月	17	3200	3600/9 年
Maersk 石油公司	2001 年 3 月	45 和 48	3878	1800/4 年
Novus 石油公司	2001 年 6 月	15 和 47		3300 /
亨特石油公司	2001 年 11 月	50		1800～2600/4 年
道达尔	2002 年 3 月	34	11500	/2 年
亨特石油公司	2002 年 5 月	51	17890	700～1100/4 年
泰国 PTT 勘探和生产公司	2002 年 7 月	44	1162	1900/3 年

议一直未执行。该气田 80%构造位于伊朗水域，阿曼只拥有 20%。2000 年 5 月两国政府达成一致，气田投入开发后，伊朗的产量将出口到阿曼。目前，澳大利亚 Novus 石油公司持有西 Bukha 气田区块 8 的许可证，日产量 113 万米^{3}天然气。

阿曼LNG公司（OLNGC）经营的盖勒哈特LNG 厂有两条生产线，年产能力 660 万吨 LNG。2002 年 5 月，阿曼政府批准建设第三条 LNG 生产线。工程将于 2003 年启动，2006 年初投产，年产能力为 380 万吨LNG。

陆上招标

2002 年 8 月，阿曼石油部推出两个相邻的陆上区块 3（Afar 地区）和区块 4（Ghunaim 地区）进行勘探招标。两区块原先分别由 Nimir 石油公司和道达尔公司拥有。两公司各钻有 1 口井，未获成功，2001 年退出。

国际合作现状

阿曼是中东地区油气资源对外开放的国家。尽管阿曼政府有意吸引外国公司到阿曼开展勘探，并出台相关的优惠政策，但与外国公司签订的合同并不多。大部分阿曼的区块归 PDO 拥有，可供外国公司选择的区块较少。目前，正在招标执行的勘探开发合同共有 17 个，其中包括 2002 年签订的三份勘探合同。

(1)2002 年 3 月，与道达尔公司签订区块 34 的勘探和产量分成合同。道达尔公司持股 100%，担任作业者。区块 34 位于阿曼南部陆上，面积 11500 千米^2。第一勘探阶段为期 2 年，将开展地质研究并采集地震数据。勘探阶段可延长 3 年。

(2)2002 年 5 月，与亨特石油公司签订阿曼东北部 Sharqiyah 地区区块 51 的勘探和产量分成合同。区块 51 面积 17890 千米^2。勘探期为 4 年，预计勘探作业费用为 700 万～1100 万美元。

(3)2002 年 7 月，与泰国 PTT 勘探和生产公司（PTTEP）签订阿曼北部 Shams 地区区块 44 的勘探和产量分成合同。区块 44 面积 1162 千米^2。第一勘探阶段为期 3 年，预计费用为 1900 万美元，PTTEP 计划开展地质和地震研究，钻 1 口探井。1998 年 7 月区块 44 曾授予阿莫科石油公司，第一勘探阶段结束后阿莫科退出该区块。区块上的 Shams-1 井井深 3606 米，从 Cenomanian 灰岩测试获得 59.5 万米^3/日天然气和 1250 桶 / 日凝析油，从 Aptian 灰岩测试产出 42.5 万米^3/ 日天然气和 550 桶 / 日凝析油。其后的 1 口评价井仅获天然气显示。

巴林

汇　　率：1美元=0.378第纳尔
石油储量：1706万吨
天然气储量：920 亿米³
石油产量：870万吨
天然气产量：69.9亿米³
炼油能力：1245万吨

2002年2月，巴林成为君主立宪制国家。

巴林石油和天然气资源有限。随着巴林国内能源消费需求增长，近两年巴林已面临能源短缺问题。2001年巴林石油消费量为140万吨（EIA），消费天然气约120亿米³(巴林金融机构提供数据)，其中油田回注28.8亿米³，巴林炼铝公司（Alba）使用31.8亿米³，用于发电29.8亿米³，海湾石化公司（GPIC）使用12.4亿米³，10.2亿米³用于炼油厂。

2002年，巴林油气收入占国家预算收入的68%，预计2005年将上升到73%。

勘探现状

2002年8月，法国CGG公司开始对巴林海上4区块（705千米²）和6区块（846千米²）进行三维地震勘探。2001年11月，马来西亚国家石油公司（Petronas）获得上述两区块的勘探和产量分成合同。Petronas计划在第一勘探期投资1000万美元，在两区块开展三维和四维地震勘探。

雪佛龙德士古公司在巴林海上1，2和3区块的勘探合同于2002年2月结束，未获得任何有价值的发现。8月，公司开始海上5区块的勘探工作，计划2002年钻两口探井。9月23日，第一口探井开钻。11月，巴林政府宣布授予加拿大EnCana公司5区块50%的股份。

生产现状

巴林共有496口生产油井，原油产自惟一的陆上al-Awali油田和与沙特共同拥有的海上Abu Saafa油田。

2002年，Abu Saafa油田的产量为14.1万桶/日。沙特已经开始海上Abu Saafa油田的进一步开发工作，计划到2004年将产量提高到30万桶/日。

管线计划

巴林计划投资6000万～7000万美元建设一条输油管线，取代现有的连接Bapco炼厂和沙特Dammam的A-B管线。新管线长64千米。2002年9月，巴林开始管线的可行性研究。该项目完成后，巴林从沙特进口原油将由20万桶/日上升到25万桶/日。

炼油和石化

2002年，Sitra炼厂是巴林惟一的炼油厂，原油日加工能力24.89万桶，其中减压蒸馏能力18.98万桶，热加工能力1.98万桶，催化裂化能力4.14万桶，催化重整能力1.42万桶，加氢裂化能力4.86万桶，加氢精制能力3.96万桶。

2002年9月，共有三家外国公司投标修建Sitra炼厂扩建工程的加氢裂解装置项目，项目投资6.5亿美元。工程预计2005年完工。巴林石油公司（Bapco）继续该项目的融资工作。

巴林计划投资15亿美元在Sitra炼厂附近兴建一座新的石化厂，主要生产乙烯和丙烯。Bapco的可行性研究预计2003年初完成，然后进行国际招标寻求资金和技术支持。

海湾石化工业公司（GPIC）计划在巴林的石化联合体中安装新的氨、醋酸、三聚氰胺和甲醇的生产装置，计划今后10～20年内陆续投产。目前，该联合体年生产能力为150万吨氨、尿素和甲醇。

卡塔尔

汇　　率：1 美元 =3.644 卡塔尔里亚尔
石油消费：200 万吨
天然气消费：106.7 亿米^3
石油储量：20.83 亿吨
天然气储量：143917 亿米^3
石油产量：3200 万吨
天然气产量：221.8 亿米^3
炼油能力：1000 万吨

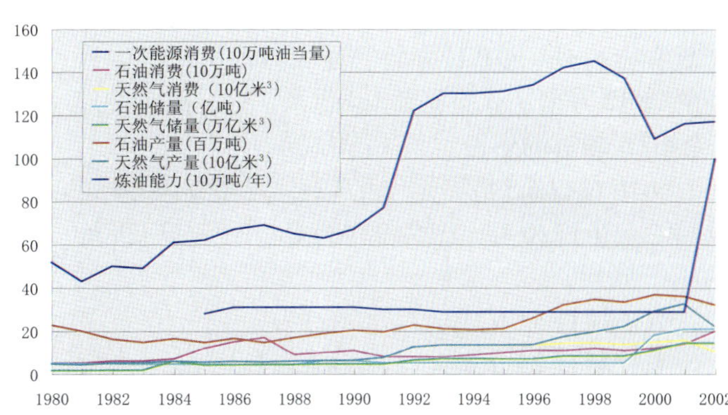

2001 年卡塔尔国民生产总值（GDP）为 160 亿美元。经济多样化政策使卡塔尔加大在 LNG 和石化产品出口项目的投资。2002 年，卡塔尔 GDP 增长率预计为 3.8 %。卡塔尔计划未来数年内将 GDP 提高到 250 亿美元。GDP 增长主要依靠天然气收入，包括增加天然气出口，启动 GTL 项目，扩大化肥和石化产品生产。

由于兴建基础设施、油气项目、LNG 出口设施和石化厂的大量投资，1999 年卡塔尔外债曾高达 120 亿美元。通过几年的努力，2002 年外债降至 70 亿美元。

油气消费

卡塔尔的能源消费主要依靠天然气。2002 年卡塔尔全国一次能源消费为 1170 万吨油当量，比 2001 年上升 0.6%。其中，石油消费量为 200 万吨，较 2001 年上升 47.4%；天然气消费量为 107 亿米^3，较 2001 年下降 5.7%。

油气出口

卡塔尔主要的石油出口市场是亚洲和远东地区。已先后与阿拉伯联合酋长国、科威特、巴林、意大利和西班牙签署协议，向这些国家提供 LNG 或通过输气管道直接出口天然气。中国将是卡塔尔 LNG 的潜在市场。

2000 年，卡塔尔出口 3174 万吨原油，收入 65.89亿美元，占总出口的57%；出口1050万吨LNG，价值 35.12 亿美元。2001 年，卡塔尔油气出口总收入 115.1 亿美元，其中 LNG 出口收入达 40.4 亿美元。预计 2008 年卡塔尔的 LNG 出口将从 2001 年的 1020 万吨上升到 2410 万吨，到 2005～2008 年 LNG 和天然气出口收入将与原油出口持平。

国际合作

为了提高油气产量，2002 年初巴林政府邀请 10 家国际石油公司参与勘探巴林东部和南部地区的石油和天然气。

2002 年 2 月，美国 Dynergy 公司与巴林国家天然气公司（Banagas）宣布成立合资企业，经营中东和北美地区的天然气市场。两公司将投巨资参与世界天然气开采、储存和运输业务。新公司总部设在巴林，两公司各拥有 50% 的股份。

Banagas 成立于 1979 年，归政府、阿拉伯石油投资公司和加德士公司共同所有。公司生产和输出丙烷、丁烷和石脑油。美国 Dynergy 公司是 Banagas 惟一的液化天然气销售商和输出商。

2 月，Banagas 与埃及石油公司成立合资公司在埃及开展天然气和石化业务。公司的第一个项目是在埃及苏伊士湾建立天然气处理厂，年生产 30 万吨丙烷和 50 万吨乙烷。

国家公司合并

2002 年 6 月，巴林国家石油公司（Banoco）和巴林石油公司（Bapco）完成合并，新公司名为巴林石油公司 B.S.C.，完全归政府所有。合并前，Banoco 负责上游作业和石油销售，Bapco 负责石油炼制业务。

卡塔尔

投资计划

QP计划在2002～2005年投资156亿美元，其中：

石油项目36.5亿美元（占23.5%）。

天然气项目46.5亿美元（占29.8%）：除提高LNG产量和出口外，QP计划将管道天然气出口量由目前的2832万米³/日提高到1.4亿米³/日，同时开展6个GTL项目的建设。

NGL项目6.5亿美元（占4.2%），短期内QP以发展乙烷生产为主，乙烷将作为Qapco和Q-Chem的生产原料。

炼油项目41亿美元（占26.3%）。

石化项目25亿美元（占16.2%）。

油气产量

2002年卡塔尔年产原油3200万吨，较2001年下降了4.7%；年产天然气221.79亿米³，较2001年下降了6.45%。

卡塔尔计划到2005年将原油产能提高到105万桶/日，增产主要来自外国石油公司作业的油田。计划到2010年将天然气产量提高到3.4亿米³/日，2020年提高到4.5亿米³/日。

勘探现状

目前，卡塔尔有4个区块处于勘探阶段，这4个区块分别为：

1. 海上1区块

由雪佛龙公司和匈牙利Mol公司承担勘探。1998年开始钻井，到2000年共完钻3口干井。

2. 陆上2区块

1998年3月，卡塔尔与雪佛龙公司签订陆上2区块的勘探和产量分成合同。区块面积10900千米²，覆盖杜汉油田以外整个卡塔尔半岛。第一勘探合同期自1998年6月至2003年6月，要求开展地震测量和至少钻5口井。1998年开始地震勘探，1999年开始钻井。2000年完成1026千米二维地震和493千米²三维地震。雪佛龙公司还处理了1500千米二维和三维地震资料，以确定井位。

卡塔尔油田当前和未来石油产能数据表

油田名称	作业者	当前产能（万桶/日）	未来产能（万桶/日）
杜汉	QP	33	38
Bul Hanine	QP	6.8	8.5
Maydam Mazham	QP	4.7	7
ISND	Oxy	12	16
ISSD	Oxy	2	5
Al-Shaheen	Maersk	11.5	20
Al-Khaleej	道达尔	6	8
Al-Rayyan	Nandarko	2.3	4.5
合　计		78.3	107

3. 海上8区块

面积2730千米²，由Pennzoil卡塔尔公司承包。2000年采集了200千米²三维地震数据。2001年4月，PQ-5井测试仅获油显示，无开发价值。

4. 海上11区块

由BP为首的集团承包。已经确认了两个有利的圈闭：Oryx圈闭（Shuaiba，Nahr Umr和Arab组）和Umm al-Irshan圈闭（Arab组）。2001年8月两圈闭上各开钻一口井，目标地层深1676米。

开采现状

卡塔尔现有8个油气田，其中卡塔尔石油公司经营3个，外国石油公司经营4个。全国共有417口生产油井。

1. 陆上杜汉油田

杜汉油田是卡塔尔最大的油田，也是卡塔尔惟一的陆上油田。2000年，埃尼集团Snamprogetti国际工程公司承担杜汉油田注气项目，投资2.5亿美元，计划2002年完成，油田产量将提高到38万桶/日。

2. Karlara构造和A构造

由卡塔尔石油开发公司作业。初始开发期于2000年9月结束，后延期到2001年3月。公司已提交了开发方案，QP批准了水下部分，但仍在谈判油气处理方法。

3. Al—Rayyan油田

2002年6月，美国Anadarko石油公司（APC）收购BP在12区块（包括Al-Rayyan油田）和13区块的权益，成为两区块的作业者，持股达92.5%。其中，13区块未勘探区的面积达728千米²，12区块另有77千米²面积被认为是非常有利的地区。APC计划在卡塔尔的投资由8000万美元提高到1.02亿美元，在Al-Rayyan油田安装永久生产平台和钻水平井提高产量。进一步的钻井工作包括8口水平井和2口再钻井。估计2003年初油田产量将提高到3.5万桶/日。

4. Al-Khaleej油田

Al-Khaleej油田位于卡塔尔与伊朗海上边界6区块，1997年3月投产。2000年3月，QP批准Al-Khaleej油田南翼和东翼的开发方案，石油产量增至3.2万桶/日。2001年底，完成二期开发工程投资约2亿美元，油田产量增至4.5万桶/日。2002年上半年完成ALK-11井的侧钻，油田北部的评价井投产，油田产能提高到6万桶/日。道达尔公司计划扩大在卡塔尔的油气活动，进一步开发Al-Khaleej油田，计划到2004年底将产量提高到8万桶/日。

2002年，阿布扎比国家石油公司的国家石油建设公司（NPCC）承担Al- Khaleej北油田开发项目的海上工程建设（EPC）合同。合同要求在2004年3月底前完成安装1座井口平台和1座处理平台，16千米、10～16英寸的海底管线。1997年道达尔开始油田中央部分的开发，2001年开始东部的开发。两次开发项目中，NPCC都是海上EPC合同的承包商。

5. Al-Shaheen油田

Al-shaheen油田位于5区块，是北气田的延伸部分。2000年底日产原油10.7万桶/日。

2001年2月，Maersk石油卡塔尔公司实施油田二次开发方案进一步提高产量，估计项目耗资12亿美元，2004年完成，将原油产量提高到20万桶/日。2001年10月，Maersk公司将价值2.5亿美元的开发建设合同授予韩国的Hyundai重工程工业公司。

6. Id al-Shargi North Dome油田和Id al-Shargi South Dome油田

Id al-Shargi North Dome油田（ISND）位于卡塔尔以东95千米海上，Id al-Shargi South Dome油田（ISSD）与ISND相距24千米。ISSD油田开发要求钻35口井。2001年底ISND和ISSD油田产量分别达到12万桶/日和2万桶/日。

2002年11月7日，QP与西方石油签订两项协议，要求西方石油投资7.78亿美元进一步提高ISND和ISSD油田产能，其中ISND二期开发项目投资5.66亿美元，ISSD项目投资2.12亿美元。

7. 北气田开发协议

2002年9月21日，日本与卡塔尔和伊朗签订了一项协议，由日本财团（包括Inpex，JNOC和JGC）、伊朗国家天然气公司和壳牌公司共同开发南帕斯和北气田。计划从2005～2006年开始生产天然气，预计产量1000万米^3/日，其中至少50%产自南帕斯气田。加工成NGL和GTL销往日本。项目总投资约41.2亿美元。

LPG和LNG运输

卡塔尔油轮公司（Q-Ship）首次订购3艘LPG油轮，容量为2.3万米^3，将于2004年交货。公司订购的第一艘3.7万吨成品油轮已经到货，另外两艘将于2003年3月和6月到货。

2002年10月，Q-Ship宣布到2005年计划投资5.5亿美元收购9艘甲烷油轮，以满足QatarGas和RasGas扩大LNG出口。10月，Q-Ship签订合同收购2艘甲烷油轮的部分权益，使公司占股的甲烷油轮数量上升到5艘。

炼厂改扩建

2002年1月，卡塔尔完成Messaid炼厂扩建工程。这将满足卡塔尔未来15～20年国内油品消费需求。目前，卡塔尔国内油品消费量为1.8万～2万桶/日。

11月，QP与埃克森美　和道达尔公司签订兴建炼厂合同，加工凝析油，投资4亿美元。炼厂位于拉斯莱凡，2006年投产，处理能力为14万桶/日凝析油，生产LPG、石脑油、煤油和柴油。凝析油由QatarGas和RasGas公司提供，是北气田天然气生产的副产品。

LNG解颈增产现状

RasGas的LNG解颈增产项目正紧张进行。该项目计划在2002～2005年分4期完成，将LNG产量提高到920万吨，第一期工程已于2002年7月完成。

2002年1月，RasGas的第三套LNG装置投入建设。第三套LNG装置将使RasGas的LNG产能由目前的660万吨/年提高到1130万吨/年。至此，QatarGas公司共有3套LNG装置，年产600万吨LNG。

第四套LNG装置建设的可行性研究也已开始。

新建三个大型石化项目

2002年6月13日，QP与Qapco、雪佛龙—菲利普斯化学公司（CP Chem）和道达尔的Atofina公司分别签订三项合资协议，合同金额约22.2亿美元，将于2007年中期投产。这三个项目分别是：

（1）Q-Chem II项目，耗资11亿美元，QP持股51%，CP Chem持股49%，在Messaid建年产35万吨高密度聚乙烯和相应的正α-烯烃装置。

（2）Qatofin项目，耗资5.5亿美元。Qapco（持股63%）和Atofina（持股37%）组建Qatofin公司，在Messaid兴建年产45万吨低密度聚乙烯厂。

（3）乙烷裂解厂，耗资4.7亿美元，Q-Chem II持股53.3%，Qatofin持股45.7%，在拉斯莱凡修建一座年产130万吨乙烷裂解装置，原料由埃克森的“加强天然气利用（EGU）”项目和“海　项目”提供。

GTL项目、NGL项目进展

2002年，卡塔尔谈判数个天然气合成油（GTL）项目，计划利用1.13亿～1.42亿米^3/日天然气生产40万～50万桶/日合成油。这些项目包括：

（1）QP/萨索尔项目：产能3.4万桶/日，已开始工程建设招标。

（2）壳牌项目：产能14万桶/日。

（3）埃克森美孚项目：产能11.5万桶/日。

（4）Ivanhoe项目：产能18.5万桶/日。

（5）大陆公司项目：产能5万桶/日，可能提升到30万桶/日。

（6）马拉松项目：产能8万桶/日。

2002年9月，QP在Messaid的第四套NGL厂建成，价值4.36亿美元。NGL厂由陆上杜汉油田的天然气回收项目通过100千米的管线提供原料。该厂投产后将使QP的NGL年产量增加到87.5万吨乙烷、73.5万吨丙烷和49万吨丁烷。

2001年卡塔尔出口109万吨LPG，NGL-4投产后，卡塔尔的LPG出口能力将上升到210万吨。另外，QP还计划投资1亿美元改造NGL-1和NGL-2厂。

其他石油化工项目

2002年8月，卡塔尔工业发展局（DID）公布，卡塔尔计划投资1.66亿美元在国内建设11套石化装置，包括：2万吨/年丁二醇装置（3400万美元）、1.7万吨/年炭黑装置、4000吨/年二硫化碳装置、7000吨/年乙烯二胺装置、3000吨/年季戊四醇装置、1.2万吨/年聚甲醛装置（4400万美元）和8000吨/年聚异丁烯装置。

卡巴海上边界确定

长期以来，卡塔尔与巴林在波斯湾水域和海瓦尔岛存在主权纠纷。2001年底，卡塔尔与巴林确定海上边界。卡塔尔将对海上区块4（3500千米^2）、区块3和区块14进行勘探招标。海上区块3自20世纪70年代以来未曾勘探过。杜汉油田可能向北延伸到海瓦尔岛和周围水域。

勘探开发国际合作

2000年，卡塔尔开始海上10区块的勘探招标。到2002年初，有16家国际石油公司参与投标。2002年11月，QP与加拿大的Talisman能源卡塔尔公司签订海上10区块的勘探产量分成合同。

10区块面积3174千米^2，是道达尔公司放弃的6区块的一部分，区块东面有Al-Khaleej油田，西北面有Al-Shaheen油田和北气田。合同规定勘探第一期为5年，要求最低投资3000万美元，采集新的二维和三维数据，完成地震资料重新处理，钻3口探井。公司计划2004年钻第一口井。

（上接第72页）

KNPC计划到2010年将炼油能力增加到100万桶/日。

艾哈迈迪港炼厂的第五套原油分馏装置重新投入使用。至此，因2000年6月爆炸而部分停产的艾哈迈迪港炼厂恢复正常生产。

KNPC招标阿卜杜拉港炼油厂脱硫（ARD）装置改造扩建工程。2002年11月，韩国LG工程建设公司中标。项目耗资约1.4亿美元，计划2004年下半年投产。

外国油气投资法草案待审

2002年10月，科威特新的外国油气投资法草案送交新一轮国会审批。新草案排除科威特实行石油产量分成合同方式的可能性，规定外国公司只能签订技术支持和作业合同。科威特国会批评早先的草案违背宪法中有关国家控制石油资源的规定，一直反对内阁邀请外国公司参与本国油气资源开发。新草案直接关系到科威特北方油田增产项目的外国公司。

科威特其他经济部门要求外商具有科国代理商。由于某些议员担心北方油田项目的高层人士私下作为外国油公司的代理，牟取暴利，新草案规定外国石油公司不得使用科威特本国的代理商。

国家石油公司

科威特石油总公司（简称KPC）是国有公司，公司成立于1980年1月，石油部长担任公司总裁。KPC负责管理科威特国内和国外全部油气权益和活动，包括油气勘探、生产、炼化、运输和销售。

20世纪90年代以来，KPC大力扩张海外业务，上游作业分布范围包括中国南海、澳大利亚、刚果、埃及、印度尼西亚、突尼斯和也门等地区和国家。

2002年1月，科威特石油公司（KOC）机构改组，公司由勘探/生产部、财务部、销售部、技术部、北方油田部、西部油田部、东南油田部、海上中立区部和科威特项目部等部门组成。

科威特

汇　　　率：1 美元 =0.304 科威特第纳尔
石油消费：1070 万吨
天然气消费：86.7 亿米^3
石油储量：128.77 亿吨
天然气储量：14773 亿米^3
石油产量：8000 万吨
天然气产量：65.5 亿米^3
炼油能力：4446 万吨

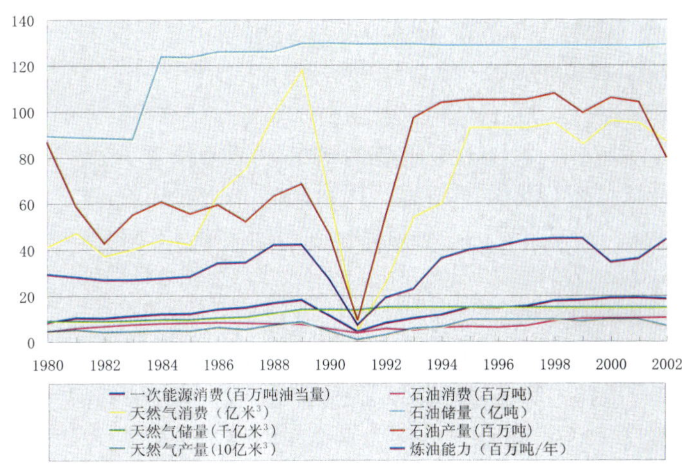

油气进出口

2001 年科威特石油净出口量为 180 万桶 / 日，估计 2002 年石油净出口量为 160 万桶 / 日。远东是科威特石油出口的战略市场，其中日本是科威特在亚洲地区的主要市场，其次为美国和欧洲。

2001 年，科威特出口总收入 161.7 亿美元，其中石油出口收入 149.8 亿美元，占出口收入的 92%，石油出口收入较 2000 年下降 17.5%。2002 年，科威特出口总收入 153.7 亿美元，其中石油出口收入 141.4 亿美元，占出口收入的 92%，石油出口收入较 2001 年下降 5.6%。

为适应科威特国内电站和石化工业发展需要，以及改变目前国内工业依赖石油的现状，科威特迫切需要从卡塔尔进口天然气。2002 年，科威特与卡塔尔谈判，通过海底管线向科威特出口天然气。管线长约 590 千米，经巴林、沙特后抵达科威特，管线建设投资约 10 亿美元。管线建成后，科威特计划 2005 年底开始从卡塔尔购买 2265 万～3964 万米^3/ 日天然气，价值 20 亿美元。

科威特进口卡塔尔天然气主要用于发电。另外，科威特仍将设法进口伊朗的天然气，因伊朗的天然气可用作石化原料和生产 LPG。目前，科威特日消耗 8.5 万桶原油用于发电。使用卡塔尔天然气发电将使科威特发电成本降低 30%（目前为 11 亿美元 / 年）。为此，科威特需投资 3～4 亿美元用于基础设施建设，包括连接电厂的天然气管线，设备更换，以及在布尔甘油田安装新的注气设施。

发展规划

2002 年初，科威特石油部制定石油工业 20 年发展规划，取代 1995 年制定的 15 年发展规划，目标是将石油生产能力由目前的 250 万桶 / 日到 2020 年提高到 500 万桶 / 日，成为沙特之后的第二大石油出口国，加强在世界石油市场和国际政治中的地位。

科威特将未来 5 年内，在国内石油工程建设方面投资 72 亿美元，用于提高石油生产能力和扩大石化生产。公司在环保项目的投资将达约 5.4 亿美元。

重大油气发现

KOC 在科威特城以西 65 千米 Minagish West 油田 Marrat 和 Najmat-Sarjelou 层发现 37°API 轻质原油。测试产油 7950 桶 / 日，估计最高产量可达 1.2 万桶 / 日。这是首次在该层位发现轻质原油。

KOC 在科威特城旗帜广场附近发现一个具有开采价值的油田。考虑到环保问题，公司推迟原定 2003 年开始的开采活动。KOC 缺乏在城市和居民密集区勘探和开采石油的经验，因此将寻求在这方面有经验的国际石油公司，共同参与勘探这块所谓的“城市油田”。旗帜广场位于科威特城临海的城市繁华地区，附近有著名的“喜来登”和“子午线”饭店、科威特国民银行和布尔干银行。广场是科威特群众集会的地点。

KOC 还在科北部劳德廷地区首次发现优质轻质 46°API 石油，储量为 1.2 亿桶。

生产现状

科威特共有 790 口生产油井，中立区有 578 口生产油井。

1. 日本公司退出中立区

科威特与沙特的海上中立区包括豪特和海夫吉两大油田。2000 年，沙特结束了日本阿拉伯石油公司（AOC）在中立区的开采权。2002 年，科威特宣布 AOC 在中立区 40 年的石油勘探和开采权将于 2003 年 1 月结束，科威特将不延长日本在中立区的开采权。

中立区是日本最重要的海外石油勘探和开采利益,日产石油约 35 万桶，计划 2005 年达到日产 43 万桶。2002 年 3 月，科威特国家石油公司（KNPC）成立科威特海湾石油公司（KGOC），接管 AOC 在中立区的业务。

2002 年 12 月 4 日，科威特最高石油委员会批准了科威特与日本 AOC 公司签订的协议。协议内容包括：AOC 将获得一项为期 5 年的服务合同，为 KGOC 提供技术和咨询服务；AOC 将为 KGOC 提供 7 亿美元的低息贷款；作为交换，科威特以国际市场价格向 AOC 出售海夫吉油田生产的原油，数量不少于 10 万桶 / 日，期限为 20 年。

KGOC 和沙特阿美海湾作业公司计划今后 5 年各投资 6 亿美元维护海上中立区现有油田设备和增加产量。

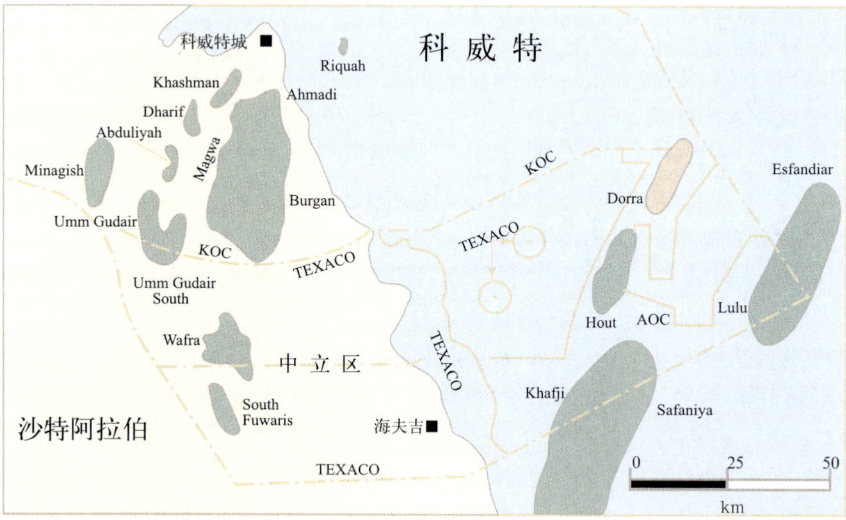

中立区油田区块分布图

2. 科威特与沙特共同开发杜拉气田

2000 年 7 月，科威特与沙特达成协议，共享中立区海上石油和天然气资源。2001 年 4 月，科威特与沙特成立联合技术委员会，制定海上大陆架杜拉气田的开发计划。双方计划 2003 年初开始开发杜拉气田。杜拉气田已探明储量为 210 亿米^{3}天然气，产量可达 1800 万～4500 万米^3/ 日。

杜拉气区一直存在海域主权争议。伊朗声称对杜拉气田拥有主权，并曾于 2000 年初进行了钻探。科威特不承认伊朗对气田提出的要求。科威特方面希望达成海域疆界协议后，放弃一些规模较小的油气田，以解决目前的危机。

目前已知中立区海上未开发的油气田包括：豪特南、海夫吉和杜拉北。

3. 油田生产设施事故不断

2002 年，科威特油田发生了一系列意外事故。

1 月底，劳德廷油田 15 号集油站因主干管道发生泄露引起剧烈爆炸，使 23 号集油站关闭；130 号天然气加压站爆炸失火。科威特石油部长阿德尔·苏拜赫引咎辞职。

15 号集油站建于 1979 年，海湾战争期间遭伊拉克军队破坏，修复后投产。15 号集油站和 130 号加压站是科威特石油公司北部油田最重要的设施之一。受其影响，科威特北部油田生产陷入停顿，日减产 60 万桶原油，LPG 出口完全停止。23 号集油站在 2 月 7 日才恢复运转。

随后，科威特油田又发生一系列事故，主要包括：布尔干油田 47 号集油站发生含硫气体泄漏；8 号集油站压缩机损坏；12 号集油站失火；6 号集油站泄漏，日产量由 9 万桶下降到 3 万桶；150 号天然气加压站因管线腐蚀关闭，日减产 5 亿米^{3}天然气；Magwa 油田 22 号集油站的一座设施发生爆炸；Minagish 油田 27 号集油站失火。

艾哈迈迪油码头扩建

科威特为实施长期石油发展战略，增加石油、天然气及相关产品的出口能力，2002 年开始扩建艾哈迈迪港石油出口设施。项目投资约 9.8 亿美元，包括在南北罐区安装 19 个油罐（总容量 1140 万桶）、两座海上终端码头及其配套设施。其中的一座输油码头可停靠 35 万吨级巨型油轮，耗资达 3.3 亿美元，是当今世界最大的输油码头。扩建项目将使艾哈迈迪港码头石油出口能力由 240 万桶 / 日提高到 300 万桶 / 日。

炼制工业

2002 年，科威特有 3 座炼油厂，原油日加工能力为 88.92 万桶，由科威特国家石油公司（KNPC）经营，包括艾哈迈迪港（Mina al Ahmadi）炼厂、阿卜杜拉港（Mina Abdullah）炼厂和 Shuaibe 炼厂。

（下转第 70 页）

沙特阿拉伯

汇　　率：1美元=3.751沙特里亚尔
石油消费：6340万吨
天然气消费：564.4亿米³
石油储量：355.21亿吨
天然气储量：63449亿米³
石油产量：3.69亿吨
天然气产量：423.4亿米³
炼油能力：8725万吨

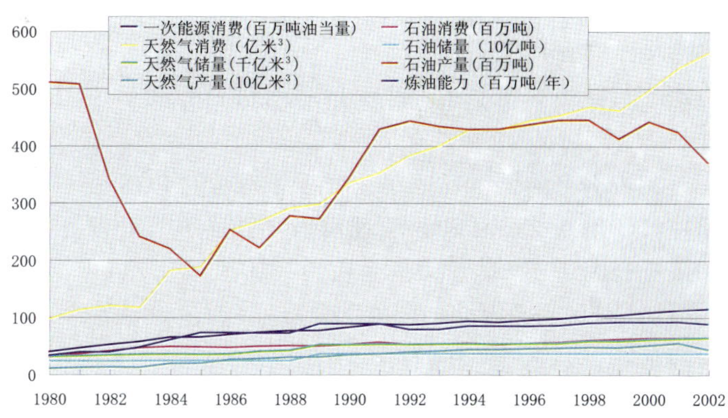

多年来，沙特阿拉伯一直在努力发展人力资源，建设基础设施，改善投资环境，实施经济基础多元化，降低对石油的依赖程度，已经取得很大成效。非石油部门产值占国内生产总值(GDP)的比例已由1975年的24%增加到58%，石油收入由当时占财政收入的94%下降到现在的75%。非石油部门产值年均增长5.6%，是国民经济中增长最快的部门。

沙特阿拉伯是美国、欧洲和日本等国家主要的原油供应国。2001年沙特向美国出口原油161.1万桶/日，2002年152.1万桶/日，比2001年下降5.5%，但沙特仍是美国第一大原油进口国。

沙特在美国市场的主要竞争对手有墨西哥和加拿大。俄罗斯正在挑战沙特在世界石油市场的地位，特别是在欧洲市场。

天然气消费不断增长

经济多元化降低了沙特对石油的依赖，而石油收入则加快了沙特石化工业的发展。

2002年沙特阿拉伯全国一次能源消费为1.142亿吨油当量，比2001年上升2.8%。其中，石油消费量6340万吨，较2001年上升1.1%；天然气消费量564亿米³，较2001年上升5.0%。

从1986年到2000年，沙特天然气消费年增长率为5.1%。预测2003—2010年沙特国内天然气消费年增长率为7.5%。1986年天然气消费占沙特能源消费的29.8%，2000年上升到35%，到2005年将超过50%。

沙特天然气消费增长是沙特石化和基础工业用气快速发展、以及新建电厂和海水淡化厂耗费大量天然气的结果。预测到2010年沙特国内天然气消费量将达816亿米³，增长较快的部门是发电和基础工业。沙特的NGL主要用于石化产业，目前的产量为70万桶/日，预计到2005年达到80万桶/日。

石油出口

2002年沙特净出口石油671万桶/日，较2001年下降10.5%。

石油战略储备

2002年8月，沙特在吉达建成沙特第二大战略石油储库，容量为94.5万桶。沙特最大的石油储库

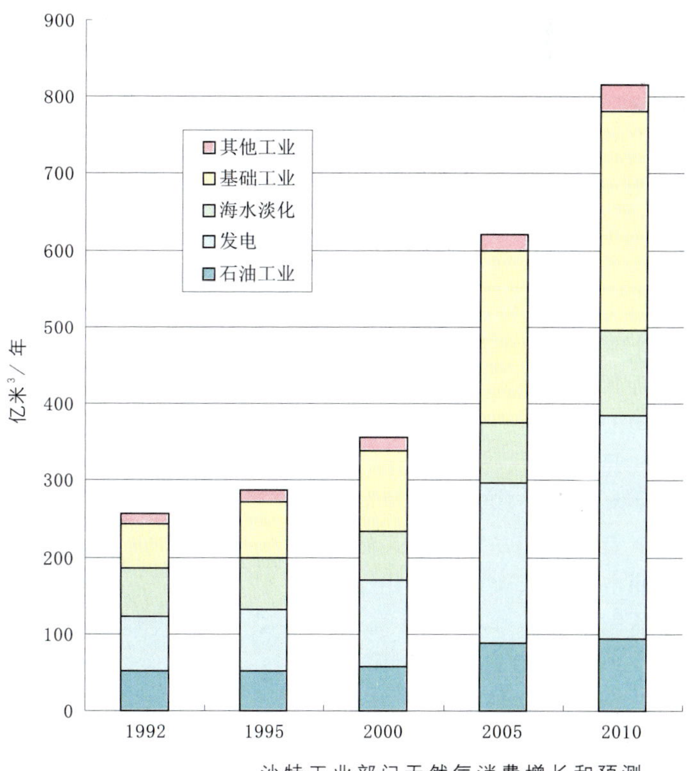

沙特工业部门天然气消费增长和预测

位于利雅得。沙特还计划修建另外3座储油库。5座储油库的总造价为28亿美元。

油气勘探

沙特具有巨大的油气探明储量，但沙特阿美公司仍在寻找更多的油气资源。2001年沙特共有31部钻机在作业，完钻265口探井，较2000年略有上升。

2002年5月，沙特阿美公司授予挪威的PGS公司在沙特海上Zuluf和萨法油田地区开展地震处理和采集合同，三维地震采集面积约1000千米^2。Zuluf油田储量80亿桶原油，产能120万桶/日。萨法油田当前的产量为14万桶/日。

2002年3月，沙特阿美公司在沙特东部省的3口井发现天然气和石油。其中，Takhman-2井测试获得470桶/日40°API原油和11.3万米^3/日低硫天然气；Wared-1井获得300桶/日43° API原油和42.7万米^3/日天然气；Jefin-1井获得79.3万米^3/日低硫天然气和400桶/日凝析油。

油气开采

2002年初，沙特阿拉伯有1560口生产油井，中立区有578口生产油井。

2002年3月，沙特阿拉伯与Snamprogetti、芝加哥Bridge & Iron和Technip-Coflexip等外国公司签订盖提夫/萨法（Saafa）油田增产项目。项目包括5个合同，价值15亿美元。项目要求2004年7月前完成盖提夫/萨法油田产能建设，包括完成盖提夫油田50万桶/日轻质原油和萨法油田30万桶/日中质原油和1048万米^3/日天然气产能；建设三座油气分离厂；扩建Berri天然气处理厂；修建5座海上平台，更新10座现有的平台，修建30座人工钻井岛，铺设450千米油气管线等。

这是沙特1998年以来的第一个大型生产开发项目。新增原油主要是低硫原油，用于出口美国市场。

2002年10月，沙特阿美公司批准投资12亿美元中立区海上油田增产计划。为此，沙特阿美公司将举行海上设施和陆上卸油设施招标。

油气运输

沙特的原油、天然气、凝析油、油品和天然气液管线的总长度为16900千米。

沙特的“东西原油管线”（Petroline）的输油能力为500万桶/日，由两条平行的管线组成，即48英寸的AY-1管线和56英寸的AY-1L管线。2002年，该管线的运输量只有其运输能力的1/2。沙特阿美公司正着手将AY-1管线改为天然气管线，为延布的石化厂和电厂提供天然气，提高天然气利用率。

2000年6月，沙特完成连接沙特东部到首都利雅得的天然气管道。2002年4月，该管线的第一阶段扩建工程完工，向利雅得25家工厂供气。

沙特计划扩建“输气干线系统”（MGS），提高天然气运输能力，还计划在2002～2006年铺设约3000千米天然气管道。

当前沙特阿拉伯原油出口码头的日装卸能力为1400万桶，高于沙特的原油生产能力和实际产量。

炼厂扩建工程

2002年，沙特阿拉伯有8座炼油厂，原油加工能力174.5万桶/日。

沙特阿拉伯正在扩建和改造现有的炼油厂，

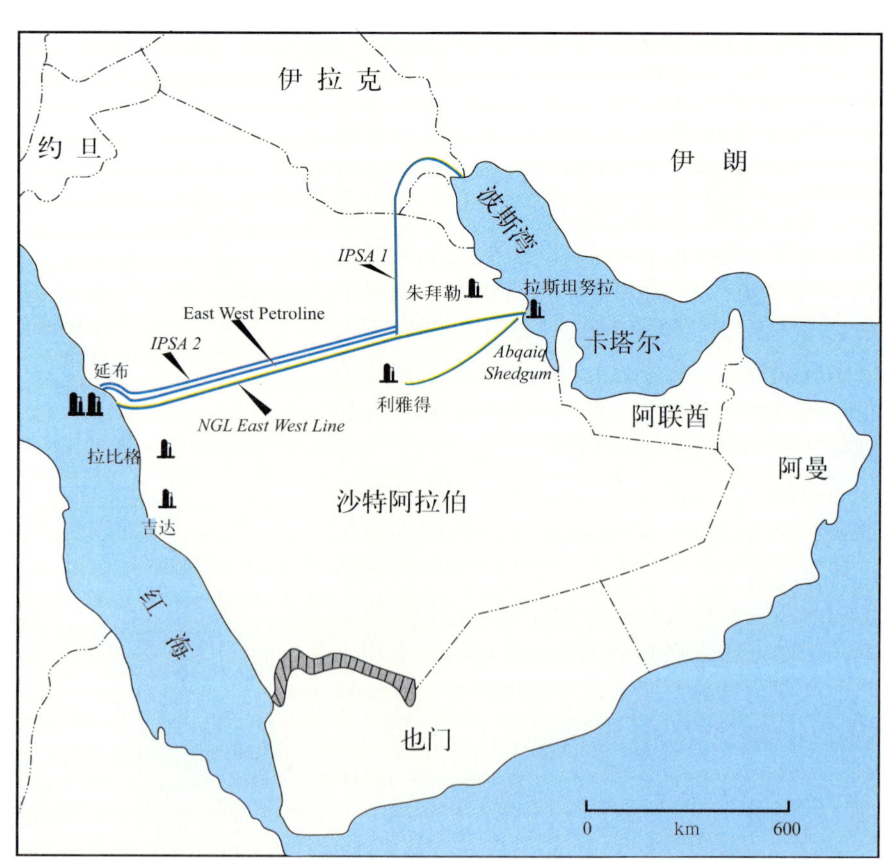

沙特东西管线分布图

将炼油能力从2002年的180万桶/日提高到2003年的200万桶/日，力争在2006年达到250万桶/日。扩建的炼厂包括利雅得炼厂、拉斯塔努拉炼厂和拉比格炼厂。

石化工程

1. 朱拜勒工业城和延布工业城扩建

2002年，沙特政府决定在东部的朱拜勒和西部的延布再各建一座新的工业城。朱拜勒工业城现有面积9700公顷，新工业城面积将达7000公顷，由Sabic公司开始基础设施建设，计划吸引35家大型工业项目。延布工业城现有面积7343公顷。未来15～20年，朱拜勒和延布工业城的面积将比现在扩大一倍。

同年，位于朱拜勒工业城内的14个项目投产，其中包括Kemya石化联合体的三个扩建项目（投资约12亿美元），以及Ibn Zahr石化联合体、Petrokemya石化联合体和Sharq石化联合体的三个新建石化装置，这三家联合体新建的石化装置的投资分别为3亿美元、8亿美元和12.5亿美元。

2. 朱拜勒工业城将建大型石化项目

2002年3月，沙特朱拜勒发展公司决定投资2.7亿美元，寻求外国合伙公司，在朱拜勒建立6家石化工厂，年产30万吨甲胺、甲基二乙醇胺、氧化乙烯和乙醇胺等产品，预计2003年开始建设施工，2005年下半年投产。

3. SIPC公司综合石化厂

2002年，私营的沙特国际石化公司（SIPC）着手位于朱拜勒的石化联合体的准备工作，整个项目预计需投资5.3亿美元。包括两套年产5万吨的丁二醇装置，一座年产7000吨的MAH（顺丁烯二酐）厂和100万吨的甲醇厂。

SIPC公司组建合资公司阿拉伯日本甲醇有限公司（IMC），建设100万吨甲醇厂。4月，日本的Chiyoda Petrostar公司获得IMC甲醇厂工程建设合同，合同价值4亿美元，预计2005年2月投产。SIPC在IMC持股65%。

4. United公司在朱拜勒的石化联合体

United公司（朱拜勒联合石化公司）成立于2000年,是Sabic的完全子公司，正在朱拜勒建设一大型石化联合体，年产能为100万吨乙烯、63万吨乙二醇酯（EG）、40万吨高密聚乙烯和15万吨LAO石蜡，预计2004年下半年投产。

2001年11月，United将乙烷裂解装置工程建设合同授予以哈里伯顿KBR为首的集团。2002年1月，Sabic获得11.54亿美元贷款。5月，United公司将世界上最大的乙二醇酯厂工程建设合同授予日本的Toyo工程公司，合同金额约2.2亿美元。

另外，高密度聚乙烯厂并入Petrokemya公司的联合体。

5. 沙特聚烃烯公司在朱拜勒兴建石化联合体

2002年2月，沙特聚烃烯公司获得贷款开发其在朱拜勒的石化联合体，该联合体具有年产45万吨丙烯和45万吨聚丙烯的产能，估计需投资5.25亿美元。

6. SPC扩建朱拜勒综合石化厂项目

2002年3月，沙特雪佛龙菲利普斯公司（SPC）计划扩建在朱拜勒综合石化厂的环己胺生产装置，将环己胺的年产量由22万吨增长到28万吨，扩建工程预计在2003年完成。该综合石化厂于2000年建成投产，除生产环己胺外，还生产48万吨苯和37.2万吨芳香汽油。

4月，SPC决定投资11.2亿美元在朱拜勒兴建第二座综合石化厂。新石化厂将扩大现有石化厂的苯的产能，安装新的苯乙烯、乙基苯和丙烯装置，年产70万吨苯乙烯、25万吨丙烯和40万吨芳香汽油，预计2006年投产。

7. Ar-Razi计划兴建新甲醇装置

Sabic的沙特甲醇公司（Ar-Razi）计划兴建第五套甲醇装置，年产能为130万～180万吨。目前，Ar-Razi公司联合体具有年320万吨甲醇的生产能力。

天然气项目

为扩大原油出口和满足国内日益增长的天然气需求，近年沙特积极发展国内天然气工业，加快天然气生产和利用项目的建设，尤其是非伴生气项目。

沙特阿美公司的天然气发展战略包括加强非伴生气的勘探活动，以增加天然气储量；扩大天然气处理能力；建设新的非伴生气处理厂。由于实施天然气勘探计划，沙特的天然气储量由1998年的5万亿米^{3}上升到近期的6万多亿米^3。

1. 哈维亚天然气处理厂投产

1996年11月，美国Parsons公司与沙特签订协议建设哈维亚天然气处理厂。这是沙特第一座只处理非伴生气的天然气处理厂，也是沙特10年来最大的天然气项目。2002年10月，投资40亿美元的哈维亚天然气处理厂全面投产，天然气处理能力达4531万米^3/日，天然气来自加瓦尔的62口生产井。

2. 哈拉德天然气处理厂

2002年，沙特阿美公司在加瓦尔地区哈拉德修建一座新的非伴生气处理厂，投资达20亿美元，由Technip和JGC为首的财团承包建设，计划2003年下半年完成。该处理厂的天然气处理能力为4531万米^3/日，天然气来自哈拉德，Ghazal，Wudayhi，Waqr，Jufayn和Tinat等气田。哈拉德项目还包括回收14.5万桶/日凝析油，与哈维亚处理厂的16万桶/日凝析油一起，通过230千米的管线送往Abqaiq处理厂和拉斯塔努拉炼厂。

除以上两座天然气处理厂外，沙特计划兴建第三座天然气处理厂。

核心天然气开发项目招标受挫

沙特阿拉伯自20世纪70年代石油工业国有化后，不允许外国公司进入油气工业领域。1998年，沙特政府决定对外开放石油下游和天然气上下游领域。1999年底沙特阿美公司提出为期25年的天然气发展计划，包括提高天然气产量、增加天然气处理能力和扩建管网，总投资450亿美元。2001年4月，沙特就三项天然气综合开发项目开始与国际石油巨头谈判，即所谓的“天然气核心项目”（曾称“沙特天然气发展战略”项目）。三大天然气核心项目是沙特油气上游对外资重新开放的重大举措。

沙特三大天然气核心项目分别为南加瓦尔项目（CV1），投资额为150亿美元；红海项目（CV2），投资额为50亿美元；谢巴项目（CV3），投资额为50亿美元。项目包括天然气勘探开发，建设电厂和海水淡化厂，以及下游石化建设。目前，大部分初始合同阶段要求的工作已经完成，包括确定项目的技术范围和可行性研究。

经前期资格认证，沙特选定了分别由埃克森美孚和壳牌公司担任作业者的三大国际财团提交开发方案，但双方一直未能就合同条款达成一致。其主要原因是双方在产出的天然气价格和收益利润方面存在分歧。沙特根据本国其他项目推算项目的利润幅度是8%～10%，而国际石油公司计划的利润率要求达到15%～20%。影响双方达成一致的其他因素包括：天然气储量规模的分歧；对探区天然气资源的使用权；以及沙特国有公司的参股比例等。

在提交开发方案截止日期前，沙特政府只收到以壳牌为首的财团递交的核心项目CV3的开发计划。但沙特政府对壳牌递交的计划并不满意。2002年11月底，沙特政府提出“最后提议”。12月，三大跨国财团先后拒绝了沙特提出的“最后提议”，宣告三大天然气核心项目对外合作计划流产。沙特计划2003年继续就核心天然气开发项目与国际石油公司开展合作。

批准成立石油服务公司

2002年6月4日，沙特阿拉伯最高经济委员会批准政府的私有化计划，其中包括成立石油服务公司。该公司为政府和私人共同所有，资产价值2亿美元。公司将为石油、天然气和石化项目提供服务，包括工程服务、地震和地质勘探、以及与能源相关的分析研究服务等。政府以现有的阿拉伯钻井公司（ADC）和阿拉伯地球物理勘探公司（Argas）入股。私人股份可能占30%。

Sabic公司重组计划

沙特阿拉伯基础工业公司（Sabic）为加强竞争力批准公司重组计划。重组是在1998年建立的生产销售战略业务部的基础上建立6个新的战略业务部，包括：基础化工、中间化工产品、PVC和聚　、聚烯烃、化肥和金属，以及一个全球服务机构。2002年，Sabic公司建立了ERP/SAP信息系统，以便在统一的网络系统下运作和整合公司各个工厂、作业、销售和管理工作。公司的管理层划分为财务、人力资源、法律事务和研发等4个部门。

Sabic公司收购DSM石化公司

2002年4月，Sabic公司收购荷兰的DSM石化公司，收购需融资约21.3亿美元。收购后，Sabic公司在世界石化企业中的排名由第22位上升到第11位，进一步巩固了Sabic公司在世界聚乙烯生产第三位和聚丙烯生产第四位的优势地位。

叙利亚

汇　　率：1美元=52.293叙利亚镑
石油消费：1500万吨
石油储量：3.42亿吨
天然气储量：2406 亿米^3
石油产量：2450万吨
天然气产量：56.6亿米^3
炼油能力：1199万吨

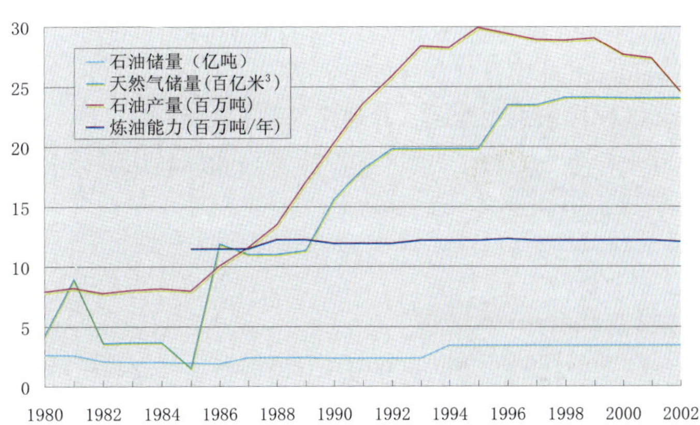

原油进口

2002年初，英美继续指责叙利亚非法进口伊拉克原油。

叙利亚原油产量连年递减，2002年已不足50万桶/日，而国内石油消费持续上升，已接近30万桶/日。

叙利亚进口伊拉克原油的价格约为国际市场价格的一半，由于价格低廉，走私活动猖　。叙利亚2月份原油出口可能只有40.5万桶/日，而非法进口的伊拉克原油的数量可能达12～20万桶/日。

Hayan区块勘探发现

1998年，克罗地亚INA公司与叙利亚石油公司（SPC）签订巴尔米拉地区Hayan区块的产量分成合同，区块面积4900千米^2。合同初始勘探期为4年，允许展期2次，每次2年。合同要求最低勘探费用1700万美元，至少钻3口探井。

2002年完成三口井。INA公司在Hayan区块的第一口探井Jihar-1井完井，获天然气发现。第二口井Al Mahar井测试产量为25万米^3/日。第三口井在8月初开钻，也获得天然气。INA认为所钻构造的天然气储量具有商业价值。

近4年来，INA公司在该区块共投资3000万美元。由于勘探成果令人鼓舞，公司将延长勘探期，并增加1000万美元投资，再钻3口井。

叙利亚石油公司（SPC）还在叙东北部Bir Abou Jady地区22区块发现一个新气田，测试产量为19.8万米^3/日。

钻井成功率

叙利亚在油气区的609个构造中已钻探了357个构造，共发现150个油气田。其中，110个油气田投产。另外40个主要是气田，将在近期投产。大约195口井未钻遇油气。在357个构造中，叙利亚石油公司（SPC）钻了148个，获得82个发现，外国公司钻了209个，获得68个发现。

石油增产计划

叙利亚希望通过提高采收率、修井和将现有的开发井转为生产井等措施，将叙利亚的石油日产量提高7.5万桶。

其中，4口生产井采用提高采收率技术将增产2.5万桶/日原油。由SPC实施Suwaidiyah油田提高采收率项目将产量由17万桶/日提高到20万桶/日。在壳牌作业区块增产2万～3万桶/日。

天然气开发项目

叙利亚天然气开发项目主要集中在巴尔米拉以南和以北地区的天然气田。

第一阶段开发集中在巴尔米拉以南地区，包括Abu Rabah，N. Al Faid，Qomqom，Balaas，Rasem和Abu Dhhor气田。估计干气产能达600万米^3/日。

第二阶段开发集中在巴尔米拉以北地区，包括N. Husseen，Zamleh，Al Ajooz，Twinan，Akram，Alghour，Hreeth，E. Akram，W. Twinan和S. Al Rasafa气田。估计干气产能达300万米^3/日。

天然气工业发展和现状

过去10年，叙利亚的天然气工业得到迅速发展，成为叙利亚经济发展的支柱产业。2002年叙利亚生产天然气57亿米^3，其中伴生气占80%以上。

计划到2005～2006年将天然气产量提升到88亿米^3。

2002年6月，叙利亚首次向黎巴嫩出口液化石油气，数量达3000吨/月。

叙利亚天然气储量16%为伴生气，主要分布在东部的代尔祖尔地区和东北部的Rumeilan和Suweidiyeh油田；气顶气储量占26%，主要分布在东北部和代尔祖尔地区；非伴生气储量占58%，主要分布在Hassakeh、Jbeisseh、中部、北部和南部，以及代尔祖尔地区。

叙利亚天然气生产主要分布在以下5个地区：

1. Rumeilan地区

在Suweidiyeh和Audeh有两座处理厂，处理当地生产的伴生气，处理能力为60万米^3/日，日产55万米^{3}天然气（供应Suweidiyeh电厂）、130吨LPG、80吨凝析油和20吨硫。在Tel Audeh和Hamzeh的两座天然气集输站，总处理能力为90万米^3/日。天然气处理后通过53千米的管线输往电厂。

2. Jbeisseh地区

有一座天然气处理厂，处理能力298万米^3/日，主要处理Jbeisseh，Margadeh，Ghona和al_hol气田的非伴生气，以及Jbeisseh，Kbeibeh和al-Hol油田的伴生气。该处理厂日生产能力为200万～230万米^{3}干气、30～50吨LPG、25吨凝析油和20吨硫。

3. Oman地区

天然气处理厂于1991年投产，处理能力为450万米^3/日，主要处理来自Al-Furat石油公司生产油田的伴生气。该处理厂日生产420万米^{3}干气供大马士革、Homs和Mhardeh地区，以及300～400吨LPG和400桶凝析油。

4. 中央气田

巴尔米拉地区有4个非伴生气田，包括Arak，El Hail，Dubayat和Najeeb气田。1996年完成第一开发阶段，在前3个气田建设三座集输和分离中

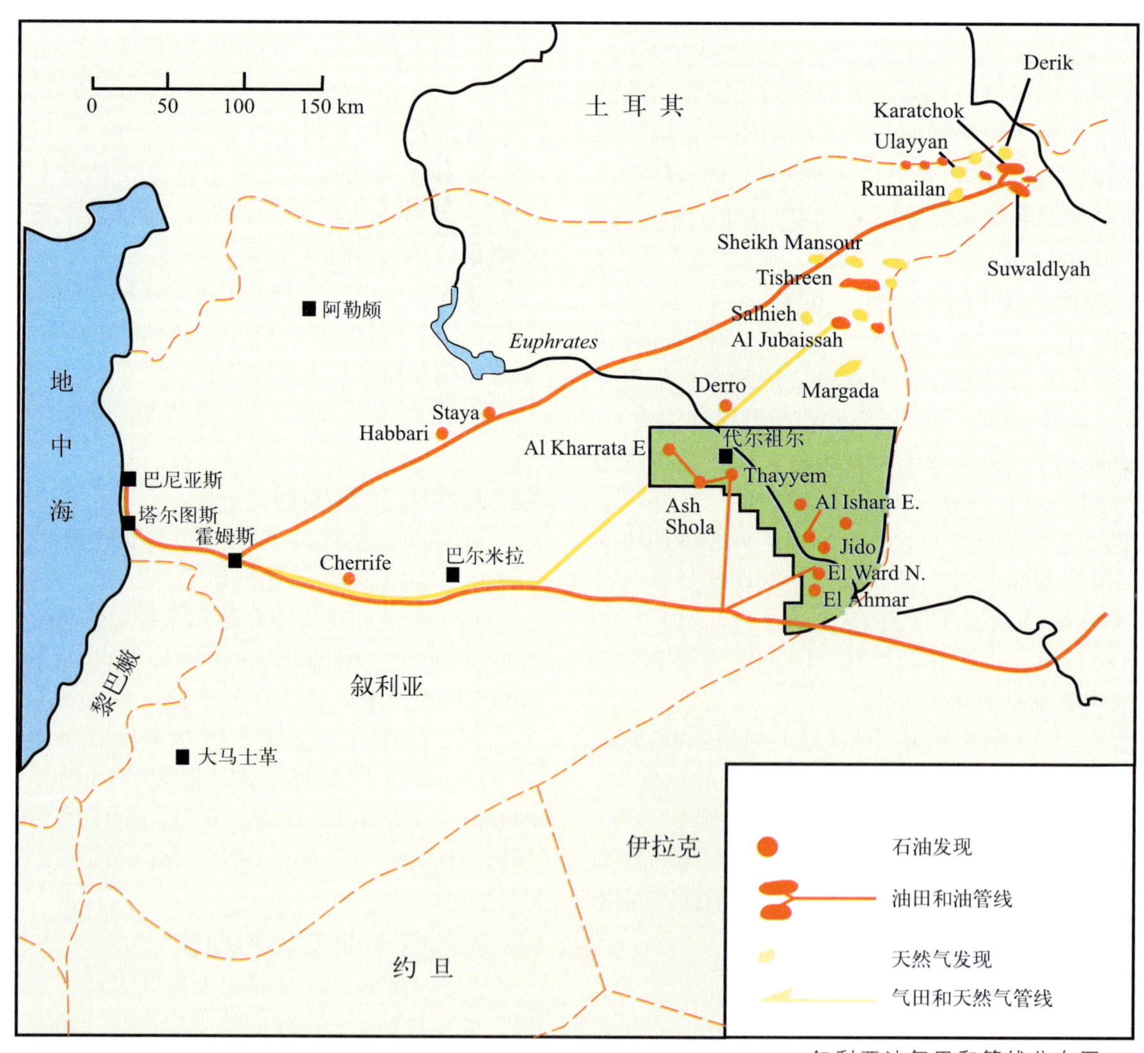

叙利亚油气田和管线分布图

心，生产能力为400万～450万米^3/日。2000年进入第二开发阶段，在Najeeb气田建设集输和处理设施，产能为150万米^3/日干气。

5. 代尔祖尔天然气项目和Tabiyeh注气项目

该项目包括：在AFPC和代尔祖尔石油公司的油田安装伴生气集输、处理和运输设施，天然气经处理后供应市场；开发Tabiyeh天然气凝析气田，以及回注设施。1999年，大陆和道达尔公司获得DEZ天然气项目的服务合同，2001年9月投产。第一套装置的处理能力为500万米^3/日伴生气，第二套装置的处理能力为800万米^3/日。日产能力为420万米^{3}商品天然气、700万米^{3}回注天然气、700～1000吨LPG和13000～35000桶凝析油。该项目由道达尔和大陆公司运营4年，之后由SPC公司接管。

油气集输

叙利亚的天然气管线长度1736千米，口径16～24英寸。

2002年，叙利亚有两条在建天然气管线，分别是连接巴尔米拉的Arak集输中心和Aleppo电厂的天然气管线，管线长240千米，管径24英寸，输气能力为500万米^3/日，造价4500万美元；连接Homes和Banias的天然气管线，管线长135千米。按计划，这两条管线分别于2002年11月和2003年末投产。

炼厂计划

叙利亚政府计划耗资1亿美元，采用"建造—拥有—转让"方式在代尔祖尔修建第三座炼厂，年处理能力为300万吨轻质和重质原油。

俄叙长期合作

叙利亚石油部正要研究鼓励油气勘探的各种措施，希望在天然气和炼油工业方面与外国公司合作。

叙利亚与俄罗斯签订石油合作协议，组建俄叙合资公司，建立长期的合作关系，应用俄罗斯先进的提高采收率和油藏分析技术；俄罗斯为叙利亚提供石油仪器和设备，为叙利亚培训技术人员等。

SPC还将与俄罗斯Zarubezhneft公司组建勘探开发公司，在叙利亚和俄罗斯及叙的周边国家开展油气作业。Zarubezhneft公司计划在2017年前在叙利亚投资2亿美元进行油气勘探开发，主要在Tishrin、Alian和Gibebeh油田。

首次海上勘探开发招标

2001年，叙利亚推出5个勘探区块，包括东北部的2区、北部的4区、中部Aleppo地区的10区、东南部的12区和大马士革以东的19区。招标于2002年2月28日结束，CanArgo公司获得19区，INA公司获得10区，壳牌和Ocean能源获得2区，BHP Billiton获得12区。

2002年5月，叙利亚开放16个海上勘探区块。这是叙利亚首次进行海上油气勘探招标。

5月，叙利亚还宣布了11个勘探区块招标，区块总面积63300千米^2，分布在不同的盆地，具有很高的含油潜力。参与投标的公司包括中石化、阿拉伯石油国际、Ocean能源、Talneft和石油天然气公司（ONGC）。

9月，叙利亚招标开发位于巴尔米拉地区的天然气田。估计需投资6～8亿美元。它将是大陆－道达尔公司在叙利亚东部代尔祖尔地区4亿美元天然气开发项目之后最大的投资项目。道达尔、BHP Billiton和Sumitomo等公司有意参加该巨型气田开发项目。

12月，叙利亚推出12个陆上勘探区块。另外，发出海上一个合同区的地震勘探招标，确定该区的油气潜力和钻井位置。

油田开发合同

2002年，叙利亚授予Dublin国际石油公司Audeh油田开发合同；授予Zarubezhneft公司Teshreen油田开发合同，并将授予Mansour油田合同；授予NODC公司Kabida油田开发合同。

也门

汇　　率：1美元=176.5也门里亚尔(2000年)
石油储量：5.48亿吨
天然气储量：4783 亿米³
石油产量：1750万吨
炼油能力：650万吨

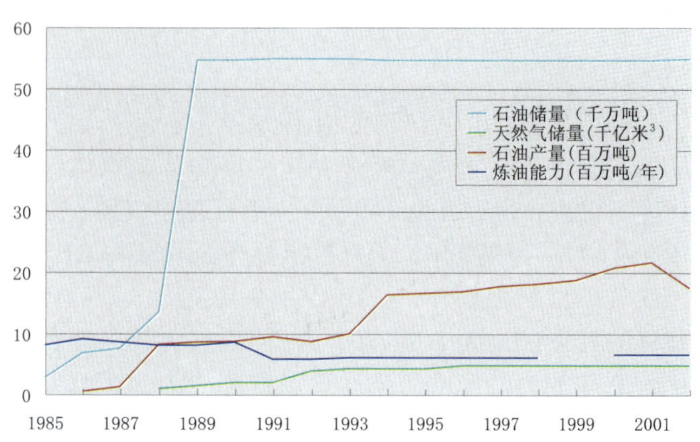

油气进出口

石油是也门最主要的经济来源。也门石油收入的70%归政府，30%归石油公司。石油收入占国家总预算的75%，占出口收入的90%。

2002年也门石油和天然气收入预计为3066.2亿里亚尔（约合17.5亿美元），比2001年下降约6.9%，石油出口866万吨左右。

勘探开发

也门全国共划分69个区块，石油资源主要分布在5个区块：北部马里卜—焦夫区块18（探明可采储量0.67亿吨），南部东舍卜沃区块10A（0.25亿吨），马西拉区块14（0.68亿吨），中部赞纳区块5（1.3亿吨），和伊亚德区块4（0.18亿吨）。

2002年，也门投资环境逐渐改善，勘探活动日渐增多，全国共有30个区块投入勘探，绝大多数是陆上区块。

油气生产

2000年11月，区块32的Tasour油田投产，初期产量1.1万桶/日，2002年12月达到1.6万桶/日，预计2003年将达2万桶/日。Tasour油田生产的原油通过Nexen公司经营的管道出口。

2002年1月，英国Dove能源公司在哈德拉毛省中部3口油井投产，产量为1.35万桶/日。

油气储运

也门有644千米原油管线和32千米油品管道。也门最主要的两条管道是：马里卜－Ras Isa管道，连接马里卜油田和红海深水港口Ras Isa；舍卜沃－Rudhum管道，连接舍卜沃油田和亚丁湾努谢迈港Rudhum中转站。

也门已原则上同意沙特修建穿越也门的油气管线。该管线长350～400千米，由沙特南部穿越也门哈德拉毛省至阿拉伯海。20世纪90年代初，沙特曾提出这一建议，由于边界纠纷未能落实。

LNG项目进展

也门制定了长期的天然气工业发展计划，是潜在的天然气生产和出口国。天然气作业主要集中在马里卜—焦夫探区，由也门勘探和生产公司（YEPC）经营。

1997年成立也门LNG公司，执行价值38亿美元的也门LNG项目。其中，上游作业、管道铺设、液化处理厂、储罐和海上终端建设费用估计为23亿美元，另外15亿美元用于组建运输船队。项目包括开发马里卜—焦夫区块18和赞纳区块5的天然气，通过320千米、34英寸管径天然气管线输送到南部亚丁湾港Bal Haf的天然气处理厂和出口终端，200千米的天然气管道连接马里卜和首都萨那。马里卜－Bal Haf天然气管道的设计管输能力是2350万米³/日。Bal Haf的LNG处理厂计划装配2条生产线，生产能力为620万吨/年。2001年，也门政府批准LNG出口量为530万吨/年。

也门LNG公司股东包括：道达尔公司和也门天然气公司等。由于未能找到销售市场，原定于2000～2001年启动的也门LNG项目一再拖延，至今未签订任何长期销售合同。土耳其曾经是也门LNG出口的第一目标市场。由于与其他中东天然气出口国相比，也门不具备竞争优势，也门将出口目标市场转向印度。1998年5月，也门与BG签订期限

25年265万吨/年的LNG销售协议备忘录；2001年初，也门与印度Indigas公司签订期限25年300万吨LNG/年的销售协议备忘录。但两份备忘录都未能转成正式销售合同。目前，Indigas公司仍是也门LNG项目的首选出口对象，其次是BG，然后是印度Dabhol电力公司（DPC）。另外，鉴于韩国的经济恢复现状，也门对韩国市场充满信心。

2000年5月，也门举行Bal Haf的LNG处理厂、天然气管道工程和天然气储罐建设国际招标，两家国际财团中标。也门政府要求财团论证项目能否继续进行，并寻找市场和签订长期销售合同。也门政府希望2006年以前完成论证。

区块招标

2001年7月，也门宣布将举行新的许可证招标，推出39个海上和陆上区块。2002年2月，也门开始路演，介绍几个重点推出的区块。这是2000年6月也门与沙特签订边界协议后归也门所有的区块。

新签合同

由沙特和美国公司组建的也门油气勘探财团（COGEY）获得区块57和58的勘探合同。区块57面积12800千米^2，义务工作量包括采集2000千米二维和400千米^{2}三维地震数据，钻2口探井，最小投资额2900万美元。区块58面积9562千米^2，义务工作量包括采集1500千米二维和400千米^{2}三维地震数据，钻2口探井。

也门与Oil Search公司签订Al Hood区块35的产量分成合同。区块35位于陆上赛云—马西拉盆地，面积7367千米^2。Oil Search公司持有80%股权并担任作业者，第一勘探阶段为期3年，义务工作量包括采集和重新处理地震数据，钻2口井，最低投资额1300万美元。

外国公司作业活动

到2002年年中，共有26家外国石油公司在也门开展油气作业，名列前两位的是Nexen公司和亨特石油公司。

加拿大Nexen公司：是也门最大的石油生产商，持有也门最重要的马西拉区块52%股份，以及区块11，12，14，36，50，51，54和59的勘探许可证。2001年底，公司在也门拥有的原油探明储量2亿桶，控制储量0.62亿桶，占公司全球总储量的29%。2001年，Nexen在也门投资2.29亿美元，其中勘探投资4400万美元。

亨特石油公司：是马里卜—焦夫区块18和赞纳区块5的作业者，2001年在也门的原油产量是16万桶/日。

道达尔公司：1997年底，道达尔公司在舍卜沃探区的Kharir油田投产，目前公司持股28.57%，担任作业者，2002年日产原油2.5万桶/日。此外，道达尔公司在赞纳区块持股15%，担任第一勘探阶段作业者。1996年10月，区块上Halewah油田投产。道达尔公司是也门LNG公司的最大股东，持股36%。

西方石油公司：拥有区块44、东舍卜沃项目和区块14的股权。2001年，公司与也门签订哈德拉毛省区块44的产量分成合同，公司持股75%并担任作业者。公司希望加大在也门的勘探开发投资，获得新的勘探区块。

挪威Det Norske Oljeskap公司（DNO）：持有区块14，32，43和53的股份。

中东地区

伊拉克

汇　　率：1美元=3252.613伊拉克第纳尔
石油储量：154.11亿吨
天然气储量：31073 亿米^3
石油产量：1.02 亿吨
天然气产量：19.9亿米^3
炼油能力：2088万吨

1980年以来，伊拉克经历了3次战争，海湾战争后长达12年的联合国制裁使得伊拉克的经济濒于崩溃，国内生产总值（GDP）和国民平均收入大大低于1990年海湾战争前的水平。2002年伊拉克通货膨胀率为25%，略低于2001年（28%）。伊拉克外债负担沉重，外债超过2000亿美元。

伊拉克自1996年起提高原油产量。1998年油价上升，1999和2000年伊拉克GDP增长率分别升至12%和11%。2001年，国际油价和伊拉克原油出口呈现平缓甚至下降态势，伊拉克GDP增长率降至3.2%。2002年油价较高，但伊拉克原油出口减少。

2002年下半年，美国政府以反恐为由对伊发出战争威胁。2002年9月，伊拉克表示无条件恢复自1998年中断的武器核查销毁工作。2002年10月，美国会授权总统可以对伊拉克动用武力。2002年11月，联合国安理会通过恢复对伊拉克进行武器核查的1441号决议。

"石油换食品"计划

2002年伊拉克执行联合国第十一期和第十二期"石油换食品"计划。第十一期"石油换食品"计划期间，伊拉克共出口原油2.259亿桶，价值45.89亿美元；6月13日起执行第十二期"石油换食品"计划，共出口原油2.327亿桶，价值56.39亿美元。第十二期"石油换食品"计划于2002年11月25日结束。第十三期"石油换食品"计划自2002年12月4日起执行。

2002年，伊拉克共出口4.586亿桶原油，比2001年下降了22.6%。2002年4月伊拉克为声援巴勒斯坦，单方面停止原油出口1个月，以及美国和其他国家抵制伊拉克征收出口原油"附加费"，使伊拉克原油出口急剧下降，前9个月原油出口平均150万桶/日。自12月中旬，伊拉克大幅提高原油产量和出口量，产量达260万桶/日，其中180万桶/日在"石油换食品"框架内出口，另外约40万桶/日为非法出口。

伊拉克原油出口的30%～40%出售给俄罗斯公司，其余60%～70%出售给塞浦路斯、苏丹、巴基斯坦、中国、越南、埃及、意大利、乌克兰等国，再通过中间商或者第三方国家出口美国。2002年前11个月中，美国平均从伊拉克进口的原油44.9万桶/日。由于受委内瑞拉石油工人罢工和局势动荡不安的影响，美国12月份从伊拉克的原油进口量从11月份的51.5万桶/日增长到91万桶/日。

根据联合国"石油换食品"计划，伊拉克石油收入的3/4用于购买人道主义物资，其余的用于支付战争赔偿、土耳其管输费用和联合国武器核查费用。

油气储量

伊拉克的剩余原油探明可采储量为154.1亿吨，剩余天然气探明可采储量为3.1万亿米^3。伊拉克天然气探明储量中，70%为伴生气，20%为非伴生气，10%为气顶气。

伊拉克长期受战争和制裁限制，勘探程度较低，其潜在的原油储量远远高于上述数据，仅西部沙漠深层的估计储量高达1000亿桶(137亿吨)。伊拉克的石油生产成本是世界上最低的。

油气产量

2002年伊拉克年产原油1.015亿吨，较2001年下降了13.8%；年产天然气19.92亿米^3，较2001年

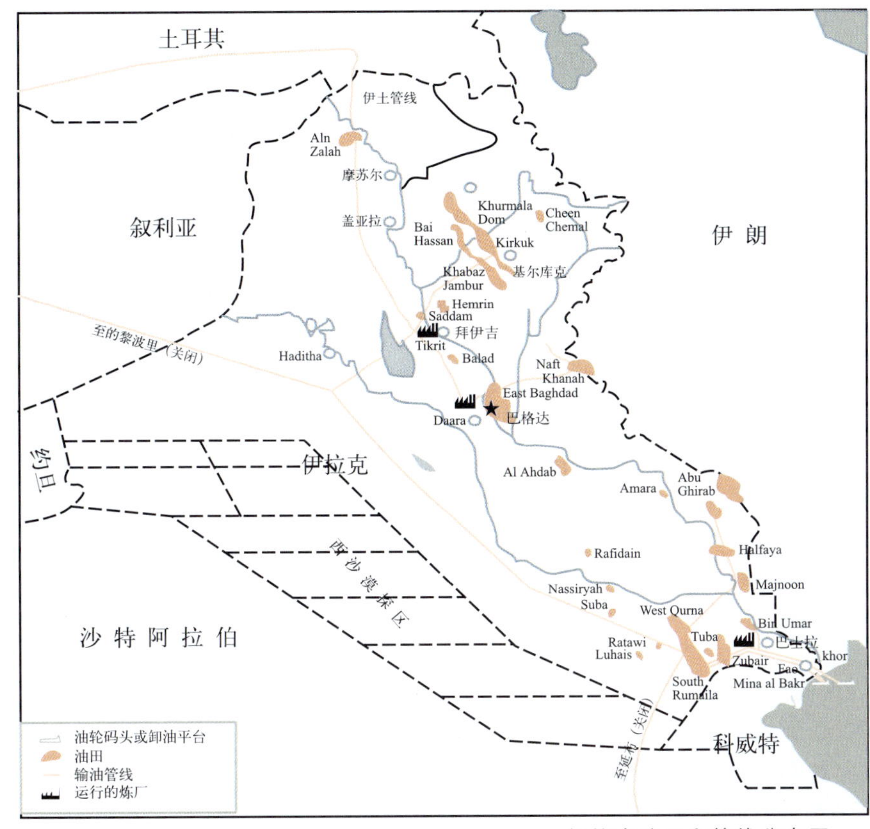

伊拉克油田和管线分布图

下降了31.6%。

伊拉克原油产量的波动幅度很大。2002年，2月份的产量最高，为250万桶/日；4月份最低，为120万桶/日。由于伊拉克的天然气多数是伴生气，天然气生产受油田生产限制。

2002年伊拉克原油主要产自：

(1)北部：基尔库克油田是伊北部原油生产基地，原油剩余探明储量100亿桶(13.7亿吨)。此外，伊北部仍然在产的油田还有巴伊哈桑油田（Bai Hassan，产量11万桶/日）、Jambur油田（7.5万桶/日）、哈巴兹油田（Khabbaz，3万桶/日）、萨达姆油田（Saddam，2.5万桶/日）和Ain Zalah-Butmah-Safaia油田（1.7万桶/日）。

(2)南部：包括北鲁迈拉油田（North Rumaila）、南鲁迈拉油田（South Rumaila）、祖拜尔油田（al-Zubair）、Missan油田、西库尔纳（West Qurna）、Luhais油田和Bin Umar油田。

(3)中部：东巴格达油田（5万桶/日重油）。

油气勘探与开发

伊拉克油气勘探开发程度很低，广阔的西部沙漠和许多现有油田的深层尚未投入勘探。迄今为止，伊拉克已发现和圈定526个远景构造，其中只钻探了125个。受制裁的限制，伊拉克缺乏必需的资金、技术和零部件开展油气勘探开发。

伊拉克共有1685口油井。据2002年初伊拉克官方统计数据，伊拉克全国共有73个油田，仅24个油田投入开发。尚未投入开发的部分油田的预计产能如下：①南部11个油田：产能300万桶/日；②北部11个油田：产能50万桶/日；③中部3个油田：产能30万桶/日。另外，在产油田中部分未开发油藏，预计产能90万桶/日。

伊拉克前政府制定了一系列解除制裁后的大型油田开发计划，主要有以下油田。

1. 西库尔纳油田

是伊拉克大型油田之一，原油地质储量375亿桶(51.4亿吨)，可采储量110～150亿桶(15亿～20亿吨)，预计产量80万～100万桶/日。西库尔纳油田第一开发阶段是由俄罗斯公司以技术援助的形式开发完成的，产量为20万桶/日。1997年3月，伊拉克与俄罗斯鲁克石油公司签订油田第二开发阶段产量分成合同。2002年12月，伊拉克单方面宣布解除该合同。

2. 马吉努油田

位于巴士拉以北48千米靠近伊朗边境，原油储量120亿～300亿桶(16亿～41亿吨)，28～35°API，是伊拉克计划投入开发的最大油田。1997年法国道达尔公司开始与伊拉克协商油田开发事宜，1999年签订协议。1999年伊拉克开始依靠国内力量开发该油田。2001年7月，伊取消法国公司对油田的“协商优先权”。2002年5月，马吉努油田投产，产量5万桶/日，年底增长到10万桶/日。预计未来2年内，马吉努油田的开发需要投入40亿美元，产量可达到45万桶/日。进一步的开发可使产量超过100万桶/日。

3. 萨达姆油田

储量达30亿桶(4亿吨)原油和1416亿米^{3}天然气。伊拉克寻求参与第二开发阶段的合作伙伴，预计该阶段完成后产能将提高到5万桶/日石油和850万米^3/日天然气。2001年4月，俄罗斯Zarubezhneft公司获得联合国批准，在萨达姆油田钻45口井。

4. 艾哈代布油田

位于巴格达以南180千米的库特市西南，面积260千米^2，估计原油可采储量2.1亿吨。1997年6月，伊拉克与中国绿洲公司签订了“艾哈代布油田开发生产合同”，合同价值12亿美元，合同期限26年。CNPC持有37.5%的股份。初步开发方案要求钻80口水平开发井、20口直井和4口评价井，设计产量9万桶/日。受联合国对伊拉克禁运的制约，艾哈代布油田前期评价工作（包括钻评价井、试采和三维地震采集等）一直未能开展，油田地面建设基础设计工作已经停顿。

5. 哈法亚（Halfaya）油田

是伊拉克南部的大油田，储量25亿～50亿桶(3.4亿～6.8亿吨)，估计需要投资20亿美元，最终产量将达到20万～30万桶/日。BHP、CNPC和阿吉普等外国石油公司表示感兴趣。

近年来，伊拉克石油生产和出口基础设施由于毁坏严重，重建需投入大量资金和时间。目前伊拉克原油产能每年下降约10万桶/日，提高原油产量需要投入数十亿美元开展维修和重建工作，需要数月乃至数年的时间。维修现有出口设施需要投入50亿美元，将产量提高到1990年以前的水平需要投入50亿美元，此外每年还需要投入30亿美元的操作费用。

如伊拉克新政府不承认萨达姆时期签订的合同，将引起一系列国际法律纠纷和诉讼，影响大油田的开发步伐。

油气集输

2002年，基尔库克—杰伊汉管道是伊拉克在联合国监督下惟一合法的石油出口管线。伊拉克40%出口石油通过该管道出口。

2000年11月，伊拉克重新开放基尔库克—叙利亚巴尼亚斯原油管道，将伊拉克基尔库克原油运输到地中海巴尼亚斯港。虽然该管道年久失修，2002年仍维持运营。

伊拉克在波斯湾有3个油轮码头，分别是贝克港（Mina al-Bakr）、豪尔艾迈耶港（Khor al-Amaya）和豪尔祖贝尔港（Khor al-Zubair）。

豪尔艾迈耶港在两伊战争中被完全炸毁，2001年3月伊拉克已修复了2个泊位。2002年3月，俄罗斯公司与伊拉克签订修复贝克港和豪尔艾迈耶港的合同。

炼油化工

2002年，伊拉克有8座炼油厂，日加工原油能力41.75万桶，减压蒸馏8.27万桶，催化重整4.35万桶，加氢裂化3.8万桶，加氢精制11.3万桶。

伊拉克位居前3位的炼厂是：北拜伊吉（Baiji North）炼厂，15万桶/日；巴士拉炼厂，14万桶/日；Daura炼厂，10万桶/日。

海湾战争期间，伊拉克的炼油厂被严重炸毁。由于缺乏足够的水处理装置，伊拉克炼油工业现状非常艰难，缺少轻质烃类产品和低硫产品，污染严重。

伊拉克政府制定解除制裁后炼油工业重建计划包括对现有炼厂实施现代化改造和在巴比伦建设一座新的“中心”炼厂，价值10亿美元，设计产能29万桶/日。

天然气工业

剩余天然气探明可采储量为3.1万亿米^3，探明储量中70%属伴生气。产出的天然气用于发电和回注，或放空燃烧。此外，伊拉克还具有4.25万亿米^{3}天然气控制储量。

伊拉克有5个大型非伴生气田。在产的只有北部的al-Anfal气田，资源量1274亿米^3，探明储量510亿米^3，1990年5月投产，2002年日产566万米^3。2001年12月，俄罗斯Gazprom与伊拉克政府协商开发该气田。其余4个大型非伴生气田分别是Chemchamal气田、Jeria Pika气田、Khashm al Ahmar气田和Mansuriya气田。2000年2月，伊拉克石油部指定以阿吉普和法国天然气公司为首的财团执行开发这些气田，投资23亿美元。

伊拉克目前有从巴格达到西库尔纳油田的大型天然气管道，管径48英寸，1988年11月投入运行。原计划该管道连接土耳其，由于战争和制裁而未能完成。

对外合作

伊拉克自2000年起采用开发生产合同代替以前的产量分成合同。

受制裁限制，大多数伊拉克与外国公司签订的合同没能按计划执行，但伊拉克对外合作的步伐一直没有停止。

据德意志银行统计，截至2002年10月，伊拉克与外国公司签订的新老油田开发合同总储量达650亿桶(89亿吨)，总投资约400亿美元，总产量470万桶/日。2002年持有伊拉克石油合同或协议的有数家俄罗斯公司、法国道达尔公司、中国CNPC、意大利埃尼集团和西班牙雷普索尔公司。

（下转90页）

伊朗

汇　　率：1美元=6889.863伊朗里亚尔
石油消费：5320万吨
天然气消费：678.8亿米³
石油储量：122.88亿吨
天然气储量：229881 亿米³
石油产量：1.73 亿吨
天然气产量：441.8亿米³
炼油能力：7370万吨

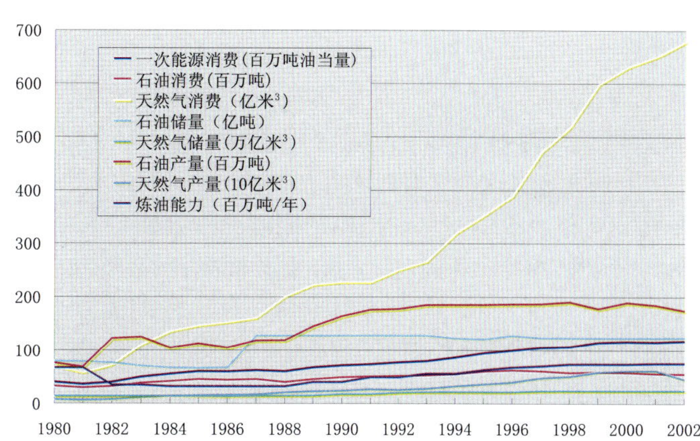

油气消费

2002年伊朗全国一次能源消费为1.162亿吨油当量，比2001年上升1.8%。其中，石油消费量为5320万吨，较2001年下降1.5%；天然气消费量为679亿米³，较2001年上升4.5%。

油气出口

据伊朗石油部统计，2001年第四季度伊朗出口石油（包括原油出口和油品净出口）221.3万桶/日。2000年同期为271.8万桶/日，同比降低18.6%。自1998年到2001年，伊朗向亚洲和远东地区的原油出口数量逐年上升，向西欧地区的出口持续下降。2001年伊朗原油出口的49.1%输往亚洲和远东地区。

2001年12月，伊朗开始向土耳其输送天然气。根据伊土1996年签署总金额200亿美元的天然气贸易合同，未来25年伊朗每年将向土耳其输送40亿～100亿米³天然气，总输送量将达2280亿米³。另外，伊朗希望延伸伊土管线，向希腊并进一步向欧盟国家输出天然气。

2002年9月，日本政府与伊朗签署供气协议。

油气勘探进展

1. 南里海勘探

以壳牌为首的作业集团未能在2001年12月前与NIOC达成有关在南里海进一步作业的协议，壳牌作业集团因此丧失了在南里海伊朗水域开发合同谈判的优先权。

在1999～2000年的勘探研究中，壳牌作业集团在Astara-Hosseingholi线以北的指定有利区选择了两个区块，区块位于Alov构造以南。之后，在Astara-Hosseingholi线以南选择了4个区块。在地震确定的大型构造上获得石油渗漏显示。构造规模在10～600千米²范围之间，水深600～800米。壳牌作业集团估计南里海的开发成本约为7美元/桶，最大的风险在于是否有良好的储层。NIOC希望壳牌作业集团能进一步采集三维地震数据。

2002年，NIOC希望单独钻探沿岸Ramsar附近有利的N3.1构造。为此，已投资2.5亿美元定购半潜式钻机。钻机由瑞典GVA公司制造，估计3年完成。

2. 北部Moghan地区

伊朗开始研究在阿尔达比勒省北部里海周边Moghan地区的油气勘探工作。该地区已钻了数口探井，其中3口井在4000米深的地层中获得石油。

3. Anaran地区

Norsk Hydro公司在伊朗西南部Anaran区块的地震勘探业已开始，CGG公司承担地震测量服务。Anaran区块面积2700千米²，位于扎格罗斯　皱带，具有较好的油气远景。Norsk Hydro公司于2000年4月与NIOC签订Anaran区块勘探合同，承诺到2004年钻3口探井和2口评价井，完成至少780千米二维地震勘探。2002年底，Norsk Hydro公司在该区块完钻第一口探井。

重大油气发现

NIOC宣布在伊朗西南部发现天然气田，估计气田储量为1800亿米³，储层是同为Ahar, Dalan, Nar,

Kangan 和 Tabnak 气田产层的 Dashtak 地层，天然气储层厚度 1800 米。

NIOC 的 Pars 油气公司在南帕斯发现一个油藏，深度 1000 米。预计初期产能达 3.5 万桶 / 日，进一步开发后产能可达 10 万桶 / 日。

油气产能

伊朗共有 1120 口生产油井。

2002 年，伊朗陆上油田生产原油 330 万桶 / 日，海上生产原油 58 万桶 / 日；陆上石油生产能力达 315～320 万桶 / 日，海上为 70 万桶 / 日。伊朗国家石油公司（NIOC）计划到 2005 年将伊朗石油生产能力提高到 450 万～500 万桶 / 日。增加的产能主要是通过国际石油公司完成油田开发和再开发项目，包括在老油田安装提高采收率设施。2002 年，伊朗油田注气量估计为 1 亿米^3/ 日。

开发项目

伊朗的重要油气田开发项目包括：

1. 南帕斯气田开发

南帕斯气田属伊朗的储量估计为 13 万亿米^{3}天然气和 170 亿桶凝析液，总价值合 7000 亿美元。南帕斯气田开发由 30 个阶段组成，约需 200 亿美元投资。伊朗已与外国公司达成了 120 亿美元的回购合同，签订了 30 亿美元的在南帕斯工业区修建一座石化厂的合同。

南帕斯气田第一期开发项目计划日产能力为 2500 万米^{3}天然气、4 万桶天然气液和 200 吨硫。每天将产生 350 万美元的收益。

由道达尔公司承担作业的南帕斯气田第二至三阶段开发项目已先于第 1 阶段完成，于 2002 年 3 月投产，天然气和凝析液产量超过预计产量。NIOC 确定的生产目标为日产 8 万桶凝析液和 5663 万米^{3}天然气。生产设施包括 20 口井，分属两个钻井平台。每口井的天然气产量预期为 283 万米^3/ 日，而实际的产量达 425 万米^3/ 日。生产的多相流体通过管线送到岸上分离和处理厂。

壳牌收购 Enterprise，退出南帕斯气田第六至八阶段开发项目后，挪威国家石油公司（Statoil）于 2002 年 11 月投资 3 亿美元，加入南帕斯气田第六至八阶段开发项目，持股达 40%。Petropars 公司（持股 60%）仍是南帕斯气田第六至八阶段开发合同的作业者。南帕斯气田第六至八阶段开发预计需 26 亿美元投资，包括陆上工作。第六至八阶段将于 2004 年底投产。

南帕斯气田第九至十开发阶段的总投资约 20 亿美元，计划日产能力 5000 万米^{3}天然气、最高 8 万桶天然气液和 400 吨硫。两阶段完成后，每天为伊朗带来 200 万美元的收入。2002 年 9 月中旬，以韩国 LG 公司为首的财团获得这两个阶段的开发合同，LG 持股 42%。财团还包括伊朗海上工程建设公司（IOEC）和石油工业工程建设公司（OIEC）。合同额 16 亿美元。

南帕斯气田与卡塔尔北气田的凝析液的硫醇含量较高，需要特殊处理，因此限制了潜在用户的数量。NIOC 已通过价格机制建立起南帕斯凝析液产品的市场地位。

2. 阿扎德甘油田开发项目谈判

阿扎德甘油田位于胡齐斯坦省，阿瓦士以西 80 千米。

2002 年 4 月，日本向伊朗提供第二期 10 亿美元贷款，用于阿扎德甘油田开发，日本公司因此获得开发该油田的优先权。伊朗与日本关于阿扎德甘油田开发回购合同的谈判已历时 1 年，伊朗希望在 2003 年签订回购合同。

伊朗计划在 2004 年将该油田投入开发。项目总投资约为 28 亿美元，第一开发阶段完成后产能将达 12 万桶 / 日，第二开发阶段产能达 35 万桶 / 日，产量高峰为 40 万桶 / 日。

3. Salman 油气田开发项目

Salman 油气田位于波斯湾伊朗与阿联酋阿布扎比海上，伊朗 Lavan 岛以南 142 千米。油田为两国共有，伊朗拥有 75%的份额。Salman 油田储量为 40 亿桶原油和 1850 亿米^{3}天然气。

到 2002 年 9 月，伊朗已在 Salman 油田开发项目中投资 8.5 亿美元。预计油田 2003 年夏季投产，2003 年 10 月完成天然气作业。投产后油田日产 5 万桶原油、1416 万米^{3}天然气和 6000 桶凝析液。天然气通过 240 千米的管线输往阿萨卢耶气田。在阿萨卢耶，还将新建一座天然气厂，处理该油气田的天然气。

4. 海上 Soroush 和 Norouz 油田再开发项目

Soroush 和 Norouz 油田分别于 1967 年和 1970 年投产，前者于 1983 年关闭。两油田的稠油剩余可采储量分别为 5 亿桶和 5.5 亿桶。

1999 年 11 月，壳牌伊朗海上公司与伊朗签订两油田开发回购合同，投资估计 8 亿美元。

2001 年 2 月 15 日，壳牌开始在 Soroush 油田钻井，油田于 11 月 4 日重新投产。壳牌公司安装了容量为 220 万桶的浮式储油装置，一座钻井平台，一

座生产平台和一座生活平台。第二座钻井平台也将连接到生产平台。开发工作包括钻12口新井，其中10口为水平井。2001年底，Soroush油田的产量为6万桶/日。整个工程将于2003年底完成，石油产量达到10万桶/日。

在Norouz油田，壳牌将安装一座钻井/生产平台和一座生活平台。前者通过管线连接到另一座新的钻井平台。计划钻17口水平井。原油通过50千米的管线连接到Soroush油田的生产平台脱盐脱水。目前，Norouz油田日产原油不足5000桶。开发工程计划于2003年第三季度完成，产量将达到9万桶/日。

到2002年8月，Soroush油田和Nowrouz油田开发项目已完成3.8亿美元的工作量。NIOC将处理和利用两油田生产的伴生气，产量为142万米^3/日。

5．Foroozan和Esfandiar油田再开发项目

2002年初，伊朗石油部与PetroIran开发公司签订海上Foroozan和Esfandiar油田再开发回购合同，价值5.85亿美元（石油部持股51%，PetroIran持股49%）。开发项目将在36个月内完成，两油田的产能将由4万桶/日提高到10.9万桶/日。

Foroozan和Esfandiar油田分别是沙特Marjan和Zuluf油田的延伸部分。

6．海上Dorood油田再开发项目进展

道达尔公司1999年与NIOC签订海上Dorood油田再开发项目回购合同。道达尔菲纳埃尔夫为作业者，持股55%，埃尼公司持股45%。2002年初，Dorood油田的日产量为12万桶。2002年新投产的两口井将使油田日产量增加1.6万桶。另外，道达尔公司还将钻29口井和修建陆上处理设施。到2004年，油田产量将增加8.5万桶/日。

7．Tabnak气田第一开发阶段

Tabnak气田位于伊朗西南山区，Varavi气田以南，含气层厚度达750米，无硫天然气储量为4389亿米^3。2002年10月，NIOC完成陆上巨型Tabnak气田第一阶段开发工作，钻12口生产井，建成气田配套设施，初始产量约为1999万米^3/日。第二开发阶段将钻6口生产井，投产后产量将上升到5947万米^3/日。

8．Darkhovin油田开发项目

根据埃尼公司（持股40%）与NIOC的子公司Naftiran Intertrade公司（持股60%）签订的Darkhovin油田开发回购合同，油田将于2003年第三季度投产。2002年11月，第一口评价井获得成功，测试产量较预期高出3倍，第二口井也已开钻。

9．油田提高采收率研究项目

2002年8月，Statoil公司向NIOC提交了Marun，Ahwaz和Bibi Hakimeh等3个老油田提高采收率总体开发计划。3个油田当前的日产量为150万桶。研究工作预计将于2003年完成。NIOC要求Statoil提供全国范围的提高采收率生产方案。

油气运输

2002年2月，法国的Alstom公司宣布获得价值3.75亿欧元的合同，为伊朗国家天然气公司（NIGC）提供50台天然气涡轮压缩机。这些压缩机将用于18座增压站，提高NIGC天然气管网压力。

2月，伊朗与巴基斯坦签订备忘录，开展伊朗通过巴基斯坦到印度的陆上天然气出口管线的可行性研究。管线长度2600千米，计划分两阶段完成，耗资约40亿美元。伊朗希望能够确定伊印天然气管线的最佳方案。早先已完成海上方案的可行性研究。

阿巴丹炼厂扩建计划

2002年，伊朗有9座炼油厂，日加工能力为原油147.4万桶。

为增加汽油产量，降低成本和满足更加严格的环保要求，伊朗计划扩建阿巴丹炼厂。扩建计划分两阶段实施，总投资约为4.37亿美元，计划2006年完成。

目前，已完成第一阶段的可行性研究。

天然气项目

1．天然气处理项目

2002年韩国的Hyundai工程建设公司获得价值12亿美元的天然气处理厂建设合同。处理厂位于阿萨卢耶，年处理能力为1350万吨天然气液，计划3年建成。

2．LNG项目

NIOC计划与外国公司合作兴建4套LNG装置。

BP、印度的Reliance和NIOC（持股50%）组成财团已开展“伊朗LNG”项目的可行性研究。2002年初，BP公司完成“伊朗LNG”项目第一阶段的技术可行性研究。8月，印度Reliance公司完成第二阶段的市场可行性研究。“伊朗LNG”项目采用南

NIOC 与外国公司签订的勘探合同

勘探区块	承包公司	面 积（千米^2）	签订日期	合同期限（年）	投 资（万美元）	地 震	钻 井
Anaran	挪威 Norsk Hydro	2700	2000.4	4.5		至少 780 千米二维	5 口
Munir	意大利 Edison 国际公司	2690	2001.1	4	4000	800 千米二维，150 平方千米三维	3 口
Zavareh-Kashan	中石化	4080	2001.1				至少 2 口
Mehr	奥地利 OeMV	2400	2001.4		4320	1400 千米二维和三维	2 口深井
海上 Farsi	印度 ONGC Videsh 公司	3500	2002.12	4	2700		至少 4 口井

帕斯第十一至十二阶段生产的天然气作原料，两套装置年产能 800 万吨 LNG。

壳牌、雷普索尔— YPF 公司、道达尔菲纳埃尔夫和 Petronas 也希望加入该项目。

3. GTL 项目

2002 年，壳牌公司开始与伊朗商讨 GTL 项目的建设问题，该项目将利用南帕斯第十三至十四开发阶段生产的天然气。

NIOC 与外国公司签订的开发合同

油田名称	签订合同日期	投 资（亿美元）	作 业 公 司
Sirri A & E	1995.7	7.6	道达尔/Petronas
Doroud	1999.3	9.98	道达尔/阿吉普
Balal	1999.4	3	道达尔/Bow Valley
Soroosh 和 Nowruz	1999.11	8	壳牌勘探公司
MIS	2001.3	0.88	Sheer 能源(塞浦路斯)公司
Darkhovin	2001.6	18	埃尼/Naftiran

与俄罗斯的合作发展计划

2002 年 7 月，俄罗斯与伊朗签订长期合作发展计划，合作期到 2012 年。发展计划包括俄罗斯的公司参加伊朗的油气项目：钻井合作项目增加石油产量；设计和投资建设石油管线，包括伊朗与印度的天然气管线；检修 Nurabad 到 Hasani 的石油管线，将俄罗斯石油输入伊朗；在德黑兰和 Tabriz 附近建设地下天然气储库；以及在炼油厂方面开展合作。

伴生气生产招标

2002 年 11 月，伊朗国家大陆架石油公司进行了伴生气生产国际招标。计划在其管辖的 Behragan 和 Kharg 油田生产 1699 万米^3/日伴生气，在 Sirri 油田生产 283 万米^3/日伴生气。生产的天然气用于回注、当地消费和液化后出口。

伊朗回购合同分布图

新签勘探合同

1998 年伊朗首次推出第一轮勘探招标，共有 17 个区块，其中 11 个陆上区块，6 个海上区块。截止到 2002 年 12 月，NIOC 与外国公司签订了 5 项勘探合同。

新签开发合同

自 1995 年 NIOC 与外国公司签订第一个回购合同到 2002 年，除南帕斯气田外，NIOC 共与外国公司签订了 6 项油田开发回购合同，详见下表。

在加拿大 Sheer 能源（塞浦路斯）公司获得的 MIS 油田开发合同中，要求 4 年投资 8800 万美元进行详细的油藏模拟研究，重新完井 6 口，新钻井 10 口（其中 8 口水平井），安装水处理和回注设施。合同目标是到 2006 年 6 月将原油日产量增加 2 万桶。投资和利润从第五至七年开始回收。

以色列

汇　　率：1美元=4.738谢克尔
石油储量：52万吨
天然气储量：389亿米³
石油产量：0.5万吨
炼油能力：1100万吨

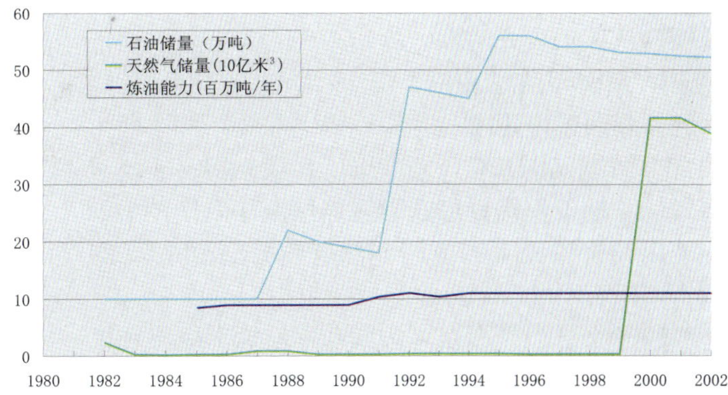

油气消费和进口

以色列原油消费几乎完全依赖进口。2001年以色列原油消费为27.8万桶/日，天然气消费量极低。

2002年11月，以色列与安哥拉签署石油供求协定，每年从安哥拉进口价值1亿美元的原油，供应量为1万桶/日。

油气勘探活动

在以色列从事天然气勘探的主要有两家公司，Yam Thetis以及由BG和中东能源公司（MEE）组成的集团。前者由Delek集团控制，Noble能源公司(持股47%)为作业者。

1.海上Med Ashdod合同区（242区块）

2000年8月，242区块的Nir-1井发现天然气。区块北部190千米²三维地震资料表明可能存在深层含油构造。区块南部的三维地震也证实可能存在三个含烃构造。

由于以Isramco公司为首的集团未能在2001年12月前提交Nir-1井天然气发现的开发方案，2002年1月BG从该区块退出，以色列Granite Hacarmal投资有限公司收购BG在该区块的权益。2002年1月，新组建的集团公司获得30年开发许可证，许可证面积250千米²。Isramco承诺在5月前钻井，10月提出在南部进一步钻井计划。

2.海上Gal A，B，C区块

2001年12月，Isramco公司宣布在Gal A和B区块的地震评价工作发现相当数量的天然气储量。2002年2月，BG公司退出Gal C区块。

3.Med Yavne区块

1999年，在Med Yavne区块获得2个天然气发现。合同区作业者为BG公司，持股35%，Isramco持股42%，MEE持股15%，Delek钻探公司持股8%。迄今已完成500千米²三维地震勘探。合同区面积146千米²。

4.Marine区块

2002年1月，Marine南区块的许可证延长到2005年1月15日。合同要求采集新的三维地震数据，并于2003年1月完成资料解释，2003年7月前确定一个钻探远景构造，2004年1月前开钻。

4月，Isramco公司放弃海上Marine北区块。该许可区面积575千米²。

5.其他勘探活动

2000年底，Sdot Yam公司钻探的Asher Yam-1井为一口干井，该井位于靠近黎巴嫩的海上。

以色列独立石油公司Oil Fields公司和Ratio石油勘探公司于2002年9月放弃Kishon Yam-1井。该井位于哈法西北20千米Asher Yam北许可区，井深1800米，未钻遇油气。

油气开发

以色列只有7口生产油井。

为履行向IEC的供气合同，Yam Thetis集团继续Mari-B气田的开发，已经完成50%的开发工作量。气田的初始生产能力为1699万米³/日。Yam Thetis集团还在7月份签订了向阿什凯隆电厂供气的合同，每年提供1.4亿米³天然气，合同额1500万美元/年。

油气运输

2002年9月，以色列政府批准国家天然气网建设项目。该项目分两期，投资4.5亿美元。首期干线连接Ashdod终端和位于Gezer的电厂，2003年底供气。合同采用建设—运营—转让方式，租让期为30年。首期仅向IEC公司的电厂和政府指定的公司供气。二期工程铺设海底管线连接海法以南的Dor终端以及特拉维夫的电厂，然后到Beersheba的Ramat Hovav电厂和海法的工业用户。

2002年3月，以色列国家基本建设部提出铺设两条天然气管线，一条由Mari-B气田到阿什杜德，投资约3000万～4000万美元；另一条进口埃及天然气到阿什凯隆。据此，以色列电力公司（IEC）与Yam Thetis集团（作业者为美国Noble能源公司，持股47%）签订天然气购销合同，由Yam Thetis自2003年4季度开始每年供应18亿米^{3}天然气，价值1.5亿美元/年，期限为10年。同时，IEC还与埃及地中海天然气公司（EMG）签订天然气购销合同，合同期11年，每年供应17亿米^{3}天然气。但以色列国内对进口埃及天然气有争论。

勘探财税条款

2002年8月，以色列政府修改了勘探合同的财税条款。外国公司认为，这些修改将对以色列的天然气勘探产生不利影响。其中主要的修改包括：

(1)在12.5%矿区使用费的基础上，对销售油气所得征收10%～15%的利润税。过去以色列政府只征收矿区使用费。

(2)由招标者根据以色列基础建设部和财政部确定的标准确定中标公司。

(3)授予单一公司的合同规模将降低。这主要是为了改变目前以色列天然气勘探作业过于集中在少数作业集团的现象。

以色列对上游作业公司仍然免除进口税和其他间接税。

（上接84页）

2002年伊拉克与外国石油公司签订的主要合同

油田名称	国家/公司	合同类型	可采储量（亿桶）	预计产量（万桶/日）
Noor	叙利亚	开发	5.57	5
Amara	越南 Petrovietnam	开发	4.86	8
Kifl	突尼斯 ETAP	开发	–	–
西部沙漠区块3	印尼 Pertamina	勘探	–	–

俄罗斯是伊拉克石油工业最大的投资者，开展作业或已签订合同/协议的油田共有30多个。其中最主要的包括：以鲁克石油公司（持股68%）为首的财团签订的西库尔纳油田第二开发阶段合同；Soyuzneftegaz公司签订Radifain油田开发合同，预计产量10万桶/日；Stroytransgas-Oil公司签订的西部沙漠区块4勘探合同；Tatneft公司签订西部沙漠区块9勘探合同。西库尔纳油田开发合同价值37亿美元，合同期23年，预计产量80万～100万桶/日。

另外，2001年俄罗斯与白俄罗斯合资的Slavneft公司与伊拉克签订5200万美元服务合同，在伊拉克南部Suba-Lubia油田钻25口井。计划3年内投入3亿美元开发费用，预计产量为10万桶/日。该油田储量约为20亿桶35°API原油。

约旦

汇　　率：1美元=0.713约旦第纳尔
石油消费：530万吨
石油储量：12万吨
天然气储量：65 亿米^3
炼油能力：452万吨

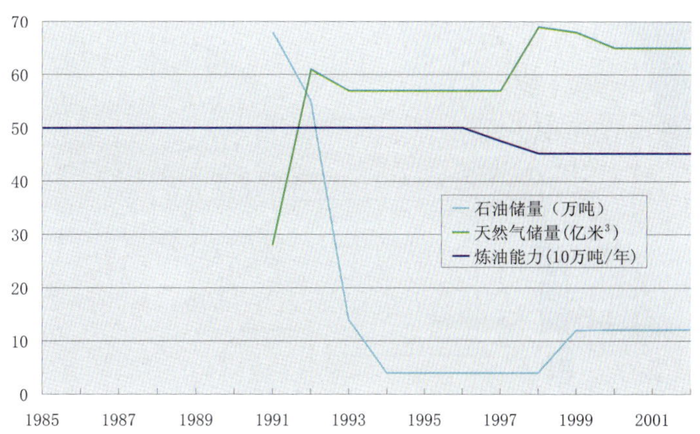

油气消费

2002年约旦一次能源消费估计达500万吨油当量，其中石油产品占90%以上。油品消费中运输业占40%，工业占33%，居民消费占18%。约旦天然气消费量极低，2000年约为2.8亿米^3。但随着埃及天然气进入约旦，约旦的天然气消费水平将上一个台阶，估计初期将达11亿米^3/年，2008年将达20亿米^3/年。

约旦自1990年开始依靠进口伊拉克石油满足国内石油消费，价格十分优惠，供应合同每年更新一次。目前，约旦大部分的石油来自伊拉克。2001年12月，约旦和伊拉克签订2002年石油协议，伊向约旦供应450万吨原油和100万吨炼制产品，较2001年增加了50万吨。

油气勘探

约旦剩余原油探明可采储量为12.19万吨，天然气为65亿米^3。专家认为，约旦的天然气储量达120亿米^3，但约旦没有能力和资金开展天然气勘探。

约旦政府5年前宣布在约旦东南部沙特边界附近和约旦西部的死海海域发现少量石油，但由于资金短缺，一直没有开展进一步的勘探工作。

约旦几乎没有石油勘探方面的经验。外国油公司的勘探力度也不大，过去两年仅投入1500万美元，勘探了约旦的8个地区。

2000年10月，约旦分别与加拿大的Dauntless能源公司和Black Rock资源/Star石油公司签订了Al-Jafr区块(19350千米^2)和北高地区块(7500千米^2)的勘探备忘录。Black Rock资源/Star石油公司已经完成第一期的勘探工作，Dauntless能源公司在2002年底完成勘探工作。两公司尚未决定是否签订勘探—产量分成合同。

1996年，美国的Trans-Global石油公司（TGP）与约旦自然资源局（NRA）签订死海区块的产量分成合同，区块位于死海、Wadi Araba和Karak地区，面积6500千米^2，最低勘探投资2000万美元。截至2002年中，Trans-Global石油公司已投资近1600万美元。2002年上半年，TGP在该区完钻的第一口探井Issal-1井为干井，Issal-1井的地下地质情况复杂。公司决定继续它的钻井计划。9月，TGP公司在约旦死海区块的探井Asal-1井完井，测试结果为干井。Asal-1井于2001年8月开钻，钻井条件极为困难。TGP计划2003年第一季度继续在约旦死海和Wadi Araba地区的石油勘探。

自2000年初，俄罗斯的Tatneft公司开始与约旦自然资源局谈判Azraq区块的勘探和产量分成合同。Azraq区块面积11250千米^2。2002年1月，Tatneft公司在约旦注册子公司Tatneft Euro（约旦）公司。该公司已开始Azraq地区的资料研究，并将负责未来的作业。

油气开发

1. Risha气田开发

2002年5月，约旦政府修改1996年与约旦国家石油公司（NPC）签订的Risha地区独占勘探开发租让协议，允许外国石油公司进入Risha区块进行勘探开发活动。修改后的协议规定未来在Risha合同区生产的油气按50 : 50的比例在政府与NPC之间分成。

Risha区块面积7500千米^2，NPC在Risha气田

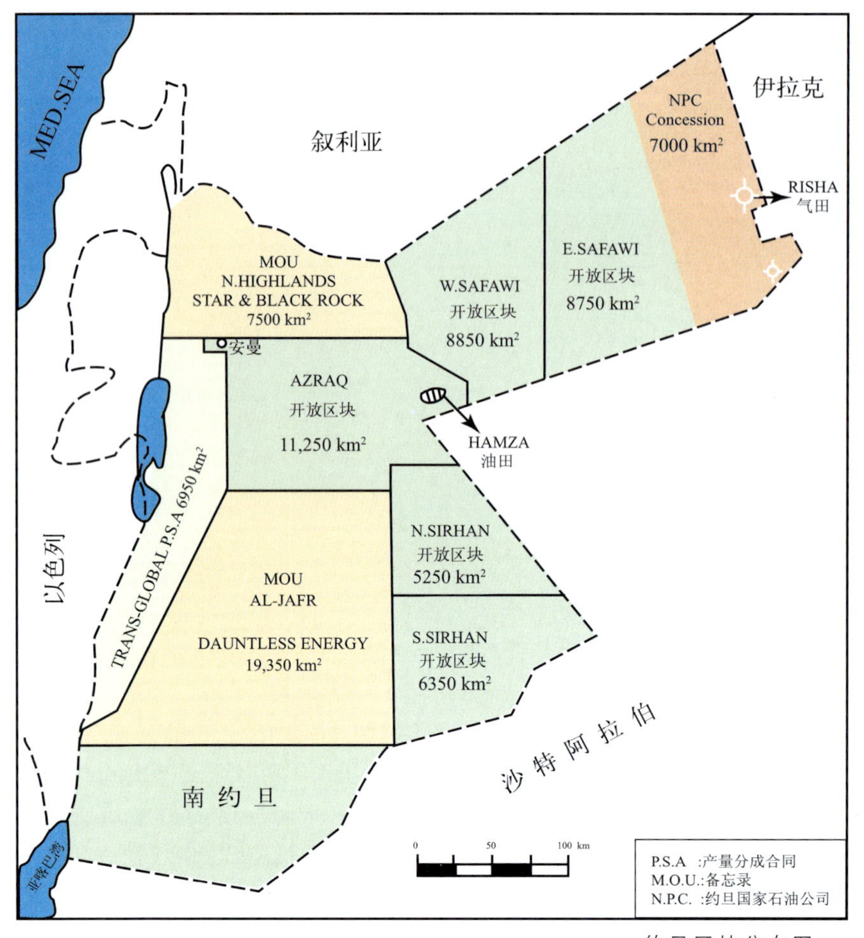

约旦区块分布图

的合同面积1500千米²。NPC正在开发Risha气田的北部，日产85万米³天然气。Risha气田第二期开发项目分两阶段进行，总投资约2.6亿美元。2002年，NPC在Risha气田修建一条53千米的天然气管线，管线连接北部的10口生产井和南部的3口新井。3口新井的产量将达71万米³/日。

2002年2月，NPC与印度尼西亚的Golden Spike公司（GSEIL）签订合作协议，组建合资公司开发Risha气田南部。合同期4年，合同额9700万美元，要求钻21口井，修建日处理能力425万米³的天然气处理厂。GSEIL计划将Risha气田的产量提高到283万～425万米³/日。

2. 油页岩开采

2002年5月，两家澳大利亚公司购买加拿大森科（Suncor）公司在约旦的油页岩开采权，并开始第二期项目研究。约旦每吨油页岩含53米³天然气和106千克石油。

约旦与大森科公司的第一期项目计划安装石油生产与提炼设施，2006年开始生产，初期石油产量为1.7万桶/日，2011年提高到6.7万桶/日，2019年达到21万桶/日。项目耗资约4亿美元。

油气集输

2001年9月，埃及开始铺设由El-Arish到约旦亚喀巴的天然气管线，管线包括248千米/36英寸的陆上管线和18千米/16英寸的海底管线。该管线是埃及到约旦、叙利亚和黎巴嫩的“阿拉伯天然气管线”的第一期工程。

2002年3月，埃及EPEG公司获得“阿拉伯天然气管线”约旦段的建设、运营和输气合同。约旦段管线长370千米，管径36英寸，合同额2.5亿美元，合同期限30年。管线连接亚喀巴和al-Samra以及Rehab的电厂，预计2005年建成。埃及将于2005年初开始向约旦出口10亿米³/年天然气，2008年增加到20亿米³/年。

2002年，伊拉克—约旦石油管线项目启动。管线连接伊拉克的Haditha泵站和约旦的Zarqa炼厂，全长750千米，估计投资3.65亿美元。8月，约旦确定4家公司入围投标由约旦段的建设和运营合同。约旦境内管线长320千米，管径20英寸，输油能力10万桶/日，最终扩大到25万～35万桶/日。合同额1.2亿～1.5亿美元，预计20个月完成。管线建设还包括一个泵站和储油设施。

2002年，沙特技术人员评估了跨阿拉伯管线(Tapline)，认为已无法再投入使用。

南美地区

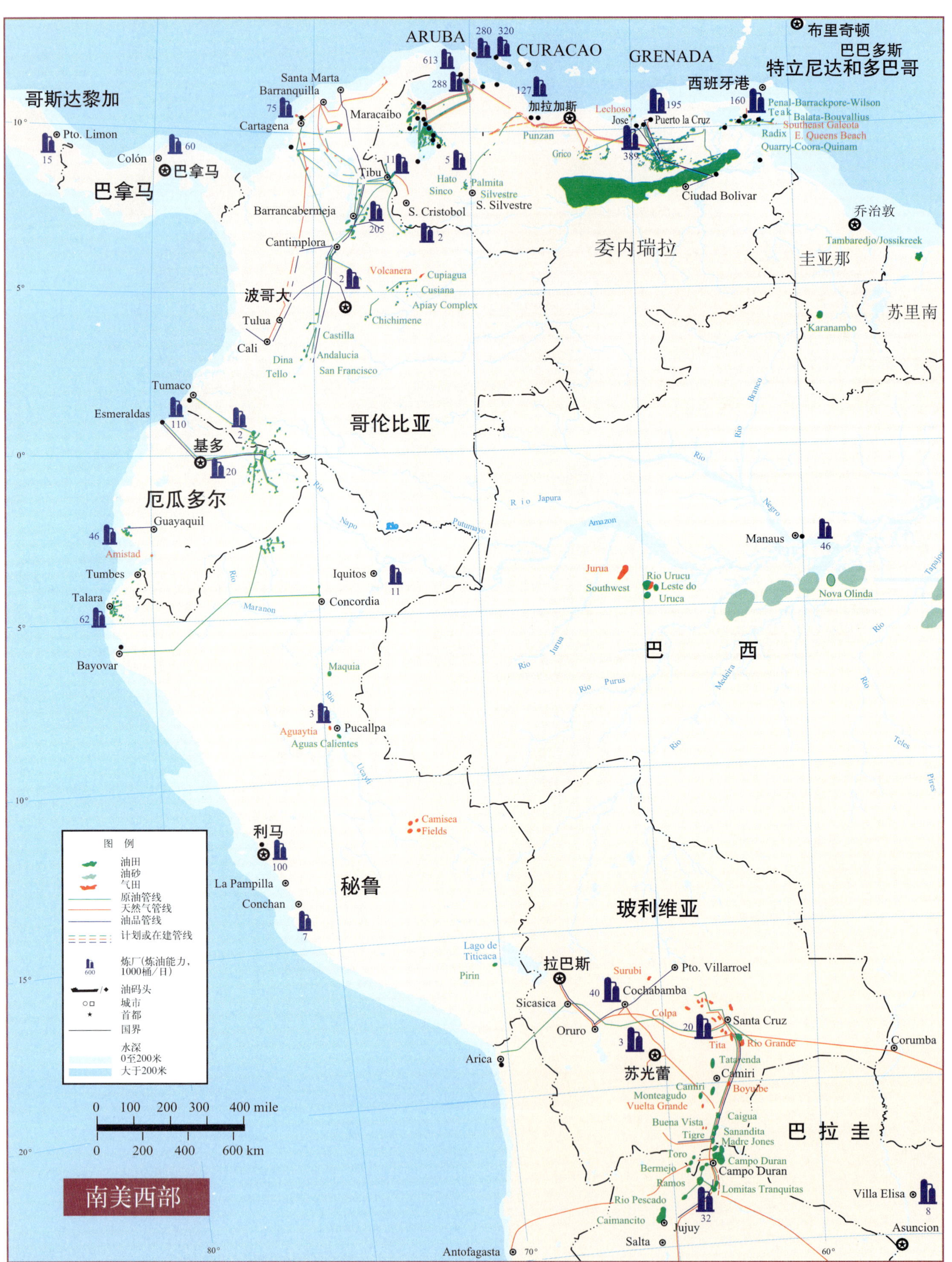

据 International Petroleum Encyclopedia (2003) 改编

据 International Petroleum Encyclopedia (2003) 改编

据 International Petroleum Encyclopedia (2003) 改编

阿根廷

汇　　　率：1美元=3.110阿根廷比索
石油消费：1680万吨
天然气消费：302.2亿米³
石油储量：3.94亿吨
天然气储量：7630 亿米³
石油产量：3750万吨
天然气产量：382.2亿米³
炼油能力：3195万吨

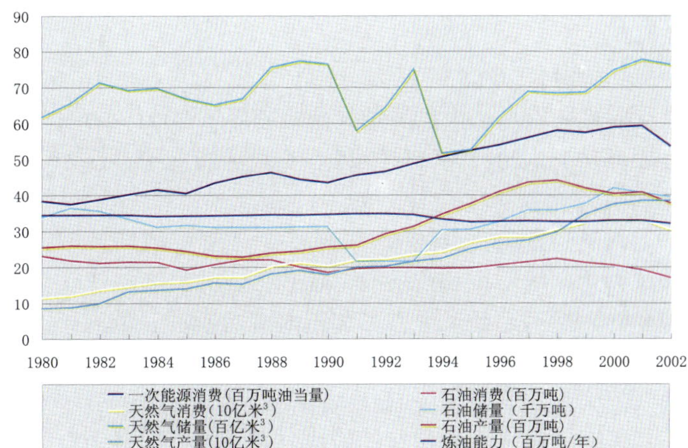

2001年年底爆发的政治、经济和社会危机，造成国内局势动荡不安、政府频繁更迭。2002年1月1日，国会推选正义党人杜阿尔德为总统；2003年5月25日总统再次易人，来自南方圣克鲁斯省的基什内尔就任总统。杜阿尔德上台后出台了一系列经济政策，放弃了实行长达11年之久的固定汇率制度，开始实行新的汇率制，这在很大程度上将影响到拉美其他国家，尤其是对拉美最大的地区经济一体化组织——南方共同市场国家的外贸影响较大。阿根廷是南方共同市场的重要成员，其金融危机直接影响到南方共同市场的稳定和发展。

油气消费

由于2001年开始的经济危机，导致全国油气消费萎缩。2002年阿根廷一次能源消费为5350万吨油当量，比2001年下降了7.4%。其中原油消费量为1680万吨，比上年减少了11.6%；天然气消费302亿米³，与上年略有下降。

油气进出口

阿根廷是南美地区的主要油气生产国，不仅可自给自足，还出口国外。2001年阿根廷出口石油30万桶/日及一定数量的天然气，价值分别为24亿美元和6.37亿美元。由于经济衰退，比索贬值，原油提价60%，国内石油产品的价格是世界上最高的国家之一，使销售石油产品的各公司蒙受巨大损失，因此在阿根廷作业的壳牌、埃索、雷普索尔—YPF等大石油公司不顾政府及社会各界的反对，于2002年3月8日自行将汽油和柴油等石油产品的价格提高2.3%～5.3%。

油气资源与产储量

阿根廷的石油和天然气资源丰富，拥有石油资源15.61亿吨，天然气资源23431亿米³。但是阿根廷是一个油气勘探开发程度较高的国家，近年来油气剩余探明储量逐年下降，2002年的油气剩余探明储量分别为3.9亿吨和7630亿米³，比上一年分别下降了3.3%和2.3%。

2002年阿根廷石油产量为3950万吨，比2001年下降了3.2%，储采比10.1；阿根廷是南美地区第一大天然气生产国，2002年产气382亿米³，比2001年减少了2.8%，储采比为21.1。

雷普索尔-YPF公司勘探投资计划

2001年底，雷普索尔—YPF公司计划与道达尔菲纳埃尔夫及英国天然气公司按照38:31:31参股比例联盟，对阿南部沿海CAA-39区块、CAA-40区块和CAA-46区块进行勘探作业。同时雷普索尔—YPF公司还计划投资5000万欧元在阿根廷加那利海域的兰萨罗特岛和富埃特文图拉岛进行勘探，预计2004～2005年开始钻井测试。

油气发现

2002年8月巴西国家石油公司首次在阿根廷钻获油气发现。发现井PZX－1001井位于内乌肯盆地Puesto Zuniga地区的CNQ-32区块，总井深3934米，在Punta Rosada组获得石油显示，测试获得日产凝析油71吨和天然气24.1万米³。

雷普索尔—YPF公司在内乌肯盆地的La Costa X－1、Cerro Negro X－1和Rincon Blanco X－1井也获得石油发现，从而显示出内乌肯盆地良好的勘探潜力。此外该公司在圣豪尔赫盆地的Estancia Sarai Oeste X-1井也喜获石油发现。

管道建设

1. 阿乌天然气管线开通

阿根廷至乌拉圭的天然气出口管线于2001年3月2日开工，2002年11月29日正式开通运营，这是南美天然气一体化计划的一部分。

该管道起始于阿根廷首都布宜诺斯艾利斯近郊拉勒角，越过拉普拉塔河，在乌拉圭的科洛尼亚市登陆，然后途经圣何塞省和卡内洛内斯省，最后到达乌拉圭首都蒙得维的亚市，全长405千米，日输气能力为600万米^3，总投资1.5亿美元。

管道工程由南方天然气管道公司承担。该公司还计划把天然气管道从科洛尼亚延伸到巴西南部的阿雷格里港，使其与巴西南部的输气网络连接。

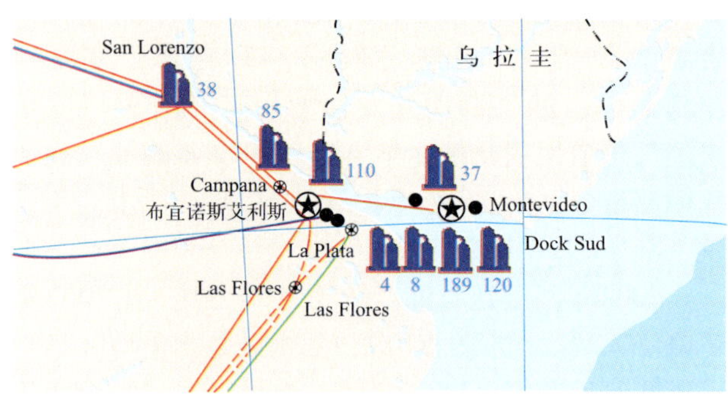

阿乌天然气管线走向示意图

2. 阿根廷计划在火地岛建输气管

2002年11月21日，阿根廷南极海盆集团宣布将投资2亿美元在火地岛建造2条输气管线和2座采油平台。该工程原计划在2001年开工建设，但2002年阿根廷货币贬值和天然气价格冻结后，工程被迫中断，现在重新上马。

政策法规

1. 征收石油税和石油产品税

从2002年3月1日起开始对石油企业征收20%的石油出口税和5%的石油产品税。作为回应，控制着阿根廷1/3燃料零售市场的雷普索尔—YFP公司宣布将汽油零售价提高2.5%；壳牌和埃索等公司也相应提高其油品零售价格。这项税收是临时性的，预计期限为1年。

2. 提高电力和天然气价格

从2002年12月1日起，阿根廷电力和天然气价格均提高10%。法令规定，居民消费者分大中小三类。除小量消费者外，其他中大消费者实行统一价格。这次调价只适用于中大两类消费者。

对外合作

1. 内乌肯盆地勘探招标

2002年举行了内乌肯省第一轮勘探许可证招标，推出12个区块。中标公司包括雷普索尔—YPF公司、巴西国家石油公司、谢夫隆公司—圣豪尔赫公司和Pioneer公司等。雷普索尔—YPF公司获得Calandria Mora区块的勘探服务合同，区块面积为401.9千米^2，在前3年的勘探阶段重新处理400千米的二维地震资料和钻3口3200米深的探井；谢夫隆—圣豪尔赫公司以842万美元的最低义务投资承诺和1万美元的签字费战胜巴西国家石油公司，获得Canadon del Puna区块的服务合同。

2. “阿根廷计划”招标

2002年“阿根廷计划”举行了第58～63轮招标，基本上每两个月举行一次。由于阿根廷的经济危机，业界反应较为平淡。

3. 巴西国家石油公司进入阿根廷市场

2001年底巴西国家石油公司通过与雷普索尔—YPF公司的资产交换，获得阿根廷的1家炼油厂、700个加油站，并控制了阿根廷燃料销售市场的12%，成功地进入到阿根廷石油石化市场。

2002年又成功收购了戴文能源公司在阿分公司和阿根廷Perez集团的Pecom石油公司。其中收购Pecom石油公司的交易额达33.81亿美元，包括7.546亿美元现金、价值3.705亿美元的7年期可转让债券，并承担其大约22亿美元的债务，获得了此公司58%的绝对控股权。通过Pecom收购使巴西国家石油公司获得超过1.37亿吨的油气储量和905万吨的年产量。仅半年时间，该公司在阿燃料市场占有率上升至15%，与埃索公司和壳牌公司比肩；在生产领域利用其短期内购买完备的生产和炼制加工体系形成与雷普索尔—YPF公司在阿根廷分庭抗礼的局面。

巴西国家石油公司收购戴文能源公司在阿根廷的资产——Petroleira Santa Fe分公司，共花费9000万美元，获得大约301万吨石油储量和76亿米^{3}天然气储量。

通过一系列的收购活动，巴西国家石油公司作为外国公司目前在阿根廷石油工业中已占据重要一席。

汇　　率：1美元=2.967雷亚尔

石油消费：8540万吨

天然气消费：136.7亿米^3

石油储量：11.40亿吨

天然气储量：2290 亿米^3

石油产量：7440万吨

天然气产量：79.8亿米^3

炼油能力：9326万吨

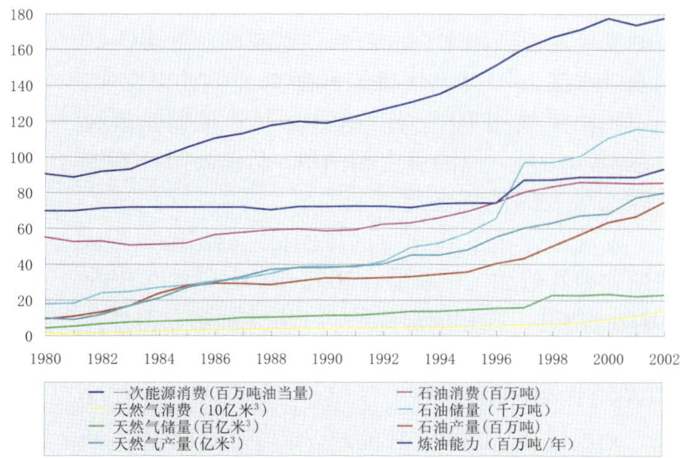

2002年10月，巴西举行总统大选，劳工党候选人路易斯·伊纳西奥·卢拉·达席尔瓦当选第四十任总统，成为巴西历史上第一位通过选举取得政权的左派政党总统，任期2003年1月1日至2006年12月31日。目前，巴西政局基本稳定，经济状况已经显示出好转的迹象。

石油消费与进出口

长期以来，巴西石油消费一直严重依赖进口，1997年解除巴西国家石油公司（Petrobras）对石油工业垄断后，情况有所好转。2002年巴西原油产量达到7440万吨，消费量8540万吨，自给率已经达到了83%。进口的原油52.36%来自非洲，主要是尼日利亚，其他进口源依次是亚太（占34.8%）、南美（占9.92%）、欧洲（占2.92%）。阿根廷和委内瑞拉对巴西石油出口骤减。总体而言，2002年巴西石油和油品进口量减少了17.3%，进口支出从2001年60.44亿美元减少到49.98亿美元。

巴西在进口石油的同时也有部分石油和油品出口。2002年头10个月，巴西国家石油公司出口原油22.4万桶/日，比去年同期增长了124%；出口油品22.5万桶/日。出口收入从2001年同期的17.77亿美元增长到24.59亿美元，增长了38%。其中，出口到美国市场的石油占出口总量的31%。

2002年7月，巴西出口石油2121.7万桶，进口石油2112.5亿桶，首次出现净石油出口月份。巴西正积极努力继续扩大石油生产和出口。

天然气消费与进出口

为了推行以气代油、降低石油消费、增加石油出口，近年来巴西大力加强天然气勘探开发和利用，天然气产量和消费量逐年增加。2002年，巴西天然气消费达137亿米^3，比2001年增加了16.7%。估计到2005年将达到目前消费水平的2倍，天然气在一次能源消费结构中所占的比例也将由目前的3%提高到10%以上。天然气需求增长主要来自电力行业。

目前巴西本国的天然气生产无法满足消费的需要，部分供应依赖进口。2002年巴西进口天然气30亿米^3，其中从玻利维亚进口15亿米^3，从阿根廷进口5亿米^3。

油气产储量

巴西拥有石油资源90.54亿吨，天然气资源57848亿米^3。2002年巴西石油剩余探明储量11.40亿吨，天然气剩余探明储量增长到2290亿米^3，比2001年均略有增加。

2001年巴西在产油井11983口，实际石油产量为6513万吨。2002年估计产量可增长14.2%，达到7440万吨。2001年实际天然气产量为70.58亿米^3。

勘探开发

2002年巴西油气勘探仍然集中在深水海域，包括坎波斯盆地、桑托斯盆地等地区。坎波斯盆地面积仅8000千米^2，是巴西目前惟一进入开发的含油气盆地。桑托斯盆地面积6万千米^2，已钻探井不到200口，与坎波斯盆地具有类似的地质构造条件，是目前巴西最有潜力的勘探新区。其他深水区，特别是帕拉—马拉尼翁盆地和巴雷里纳斯盆地也吸引了石油公司勘探兴趣，但由于投资有限，钻井密度不足，目前尚未取得钻探突破。

1. BC—60 区块和 Jubarte 大油田

2002 年巴西获得一系列油气发现，其中最重要石油发现是巴西国家石油公司在坎波斯盆地 BC-60 深水（水深 1323 米）区块的 Jubarte 重油油田发现。油田距离岸线约 70 千米，初步估计石油储量规模可达 8220 万吨，原油重度 17ºAPI，是该公司自 1996 年以来最大的油气发现。

发现井曾钻遇 46 米厚的净油层，储层性质与坎波斯盆地其他油气田相似。2002 年 5 月钻探 6-ESS-109D 评价井，在相同层位钻遇 120 米油层，另外在深部还钻遇 25 米含油储层。7 月钻探的另一评价井 3-ESS-110-HPA 是一口大位移井，水平井段长 1000 米，初次试获 410 吨 / 日油流。为了进一步评价油田的生产能力，巴西国家石油公司已开始通过 Seillean FPSO 对这口井进行为期 6 个月的试采。11 月 Jubarte 油田开始早期生产，产出的原油储存在 Seillean FPSO。若证实开发可行，估计该油田可连续 3 年保持 60 万吨的产量。

BC-60 区块的另一重要发现来自 Jubarte 油田附近的 1-ESS-116 井。发现井水深 1478 米，钻遇 60 米饱含 19ºAPI 原油的储层，根据地质研究初步估计储量为 4110 万吨。

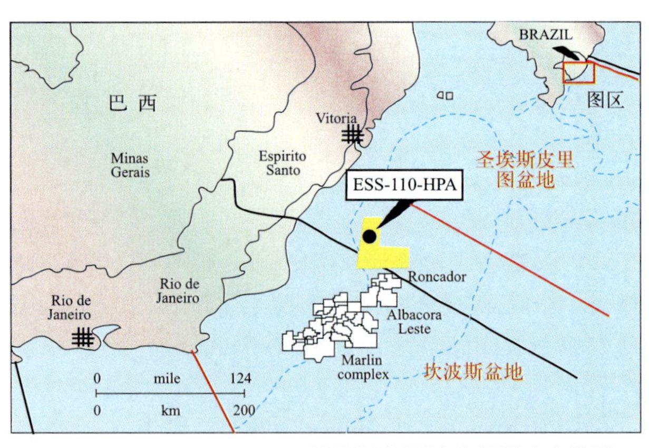

巴西国家石油公司深水大发现

亚马孙盆地发现位置

2. 其他油气发现

巴西国家石油公司在距东北巴伊亚（Bahia）州 Valenca 海岸 10 千米海上获得了天然气发现。这是迄今巴西对外合作项目中发现最大的气田，估计储量 200 亿米^3，预计日产量可达 300 万米^3。

巴西国家石油公司在亚马孙盆地气田发现，则标志着该地区勘探取得突破。发现位于亚马孙盆地玛　斯地区 BA-003 区块，继预探井 1-RUT-1-AM 试获凝析气流（从 1650～1674 米上石炭统 Nova Olinda 组日产气 50 万米^3、凝析油 239 桶）后，2002 年钻探了 3-RUT-2-AM 评价井，证实为一个商业气田，初步估计天然气储量 56.6 亿米^3。

其他油气发现包括：

(1)坎波斯盆地 BMC-8 浅海区块获重油发现。发现井 1-DEV-3-RJS，完钻井深 2400 米。

(2)坎波斯盆地 BC-2 超深水区块获石油发现。发现井 1-TFE-1-RJS，水深 2402 米。

(3)坎波斯盆地 BC-10 区块获第 6 个发现。发现井 1-Shell-11-ESS，水深 2055 米，初步估计石油储量为 0.2 亿吨，原油重度 20～24ºAPI。壳牌集团已在该区块发现石油储量 0.66 亿吨。

(4)桑托斯盆地 BS — 3 海上区块获轻质油发现。

3. 油气开发

巴西国家石油公司计划投资 1 亿美元开发位于圣埃斯皮里图州海上 50 米水深的 Peroa 和 Cangoa 气田，计划 2003 年 7 月投产，可日产 140 米^3 天然气和 1000 桶凝析油，将向该州首府维多利亚供气。Peroa 气田部分在陆上，目前已钻 5 口生产井。

位于坎波斯盆地 Albacora Leste 油田也将于 2003 下半年投产，巴西国家石油公司计划在该油田建设一座产能为 750 万吨 / 年的生产平台，投资 5 亿美元。

2001 年底，坎波斯盆地 Marlim Sul 油田的 P-40 生产平台投产。

4. 生产事故

2002 年 10 月 13 日，巴西国家石油公司 34 号石油生产平台（P-34）发生重大安全事故，造成停产，每天损失 67 万美元。

该平台因电路系统故障，造成停电，影响了压舱泵的正常工作，导致油船倾斜 32 度。该平台是由石油运输船改建的，油船于 1959 年建造，船长 240 米，1976 年改造为石油生产平台，在坎波斯海湾开采石油，距里约热内卢 80 千米。该平台日产石油 4600 多吨，天然气 19.5 万米^3。这是巴西在不到 2 年内发生的第二起重大安全事故。2001 年 3 月，36 号石油生产平台爆炸沉没，造成11人死亡，近5亿美元的损失。

5．钻井工作量

2001年估计巴西钻井568口，其中油井279口、气井6口、干井110口，暂停井79口，服务井94口，总进尺103万米；2002年计划钻井495口，比2001年下降12.9%。

管道建设

巴西有两条国际天然气长输管线，一条是玻巴输气管线，长3200多千米，1999年7月投入运营，日输送能力3万米^3；另一条起自阿根廷巴拉纳至巴西乌鲁瓜亚纳市，长434.4千米，2000年7月投入运营，日输送能力2490.4米^3。巴西政府计划将该管线延长到阿莱格勒港，原计划2002年投产，因故推迟2年，2002年7月施工项目重新启动。

另有3条阿巴管线在规划中，包括Cruz del Sur管线、Trans-Iguacu管线和Mercosur管线。

2001年12月，由巴西国家石油公司、雷普索尔—YPF公司和道达尔菲纳埃尔夫组成的Transierra公司开始兴建第二条玻巴输气管线，管线长450千米，设计运营能力80亿米^3，预计耗资3亿美元。

2002年，巴西国家石油公司宣布计划投资11亿美元铺设一条自坎波斯盆地至圣保罗市的新输油管道，长725千米，2005年投入运营。坎波斯盆地是巴西最大的产油区，石油产量占巴西全国产量的80%，在未来几年内将有10个石油生产平台投产，而圣保罗市是巴西最大的石油消费市场，该管线的建设不仅可以满足圣保罗市的石油需求，而且可以减少石油的海上运输量，降低环保风险，扩大生产。

炼油石化

2002年巴西有炼油厂13座，原油加工能力9325.7万吨。其中11座为巴西国家石油公司拥有，占巴西总炼制能力的99%。目前巴西政府正逐渐对私营企业开放下游领域。

2002年1月，巴西石油市场开始全面对外开放。为了与国际油价接轨，巴西国家石油公司调高油品价格。2～4月份间先后3次调高柴油价格，调价幅度分别为2.2%、2.8%和8.25%；4月，汽油出厂价上调10.08%，市场零售价上调5%～7%；航空煤油价格累计上调了76%。

巴西国家石油公司计划于2002～2010年间在炼油业投资89亿美元，主要用于巴西8家炼厂的更新改造。这是巴西自20世纪70年代以来在下游方面的最大规模的投资，目的是确保与本国上游工业的同步发展，确保能够加工处理新油田产出的重质低硫原油，确保生产更多具有高附加值的产品并进一步提高汽油和柴油的品质。

巴西的化工产品市场发展潜力大，2002年化工产品进出口总额139.1亿美元，占巴西进出口总额的12.92%。巴西化工产品多达3000多种，生产企业800家，虽然外资企业不多，但生产和销售基本被跨国公司垄断。

组建巴西化学公司

2002年8月，由巴西最大的石化企业Copene、巴西工业集团公司Odebrecht以及Mariani公司开始联合组建巴西化学公司（Braskem），这是巴西化工行业有史以来规模最大的私企联营。涉及的企业包括聚烯烃制造商OPP、乙烯生产商Trikem、巴西第二大裂解生产商Copesul（Odebrecht持股29.5%）以及乙内酰胺商Nitrocarbono等公司。所组建的Braskem成为拉美最大的化工巨头，控制着巴西及周边国家（阿根廷、玻利维亚、智利、巴拉圭和乌拉圭）35%的石化产品市场，其中PP市场份额占39%，PE占31%，PVC占51%。

Braskem将着重开展热塑性塑料的生产和销售，预计年销售额将达到22.5亿美元，从而成为巴西5大私营企业之一。

Braskem计划把下属众多的研发机构合并为一个150人编制的研究中心，以特里昂佛为基地，投资970万美元用于新技术、新产品的研发工作。

政策法规

2002年1月1日巴西新法规开始生效。新法规规定：燃油批发价格不再由政府统一制定，而是随市场变化自行定价；取消巴西国家石油公司对汽油柴油进口的独家垄断。新法规的实施标志着巴西燃油市场逐步走向开放。

2002年4月，巴西国家石油局授予8家公司汽油、柴油和LPG进口权，而目前拥有石油衍生产品进口权的公司达到25家。

2002年巴西国家石油局颁布了汽油、柴油新标准。该标准按照国际燃料质量中心的要求制定。

对外合作形势

巴西石油市场对外开放以来，外资的流入对巴西石油工业的发展起了巨大的推动作用。自1997年结束国家对石油的垄断之后，巴西进行了4轮油气勘探开发项目招标，签订了88个区块开发合同，每年吸引外资从30亿美元增加到60亿美元，为石油工业的发展注入了新的活力。目前共有42家国际私营企业在巴西参与油气勘探开发，其经营区块的面积达到51.43%，首次超过了国营石油公司。

然而2002年这一形势有所变化。2002年9月，北美AT KEARNEY咨询公司完成的全球对外资最有吸引力的国家排名中，巴西由去年的第三位降至第十三位，5年来首次被排除在第十名之外，世界对巴西市场信用指数的锐减是其排名后移的主要原因。

勘探开发招标

1. 第四轮国际招标

2002年6月19～20日，ANP（巴西国家石油局）以拍卖的形式举行了第四轮石油勘探开发国际招标，共提供54个区块，包括39个海上区块和15个陆上区块。29家公司获投标资格，但只有17家公司参加投标，中标区块为21个，总金额为3434.125万美元，与前三轮招标平均2.28亿美元相比，相差很远。其中8个区块有多家公司投标，桑托斯盆地BM-S-29海上区块获得最高标额，Maersk公司以563.1227万美元中标。本次招标巴西国家石油公司仍是主要买主，以800万美元获得8个区块；其次是壳牌公司，总投标金额730万美元。

这次拍卖的区块平均面积为2634千米^2，比以往的投标区块面积要小，为中小公司提供了更多的竞拍机会。一些大石油公司如埃克森美孚、Amerada Hess公司、BP公司、普索尔—YPF公司等未参加投标，但在巴西尚无上游业务的BHP Billiton，Newfield，Starfish，Partex和Dover等7家公司参加了投标。

2. 第二轮边际油气田招标

2001年5月曾举行第一轮边际油田招标，结果并不理想。2002年进行了第二轮招标。巴西有142个陆上边际油气田，为巴西国家石油公司所有，储量约1280万吨油当量，占巴西探明储量的1%。开发这些边际油气田需要投资4.3亿雷亚尔。ANP已发布第二轮边际油田招标公告，包括7组油气田，招标、评标工作第四季度进行。

3. 第五轮国际招标计划

ANP计划在2003年6月举行第五轮勘探开发招标。为此，ANP正在修订招标条款。

修改后的条款规定，自第五轮招标起，获得许可证的公司若在合同期内未发现油气，需将整个区块归还政府（以往只需归还部分区块），归还的区块可迅速地纳入下一轮招标；此外还将勘探期改为2～6年，可延长1～2年。

为了吸引中、小公司参与招标，还将实行新的区块划分方法：先将沉积盆地划分为区，再将区划分为单元，按地区地理位置（陆上、海上浅水和深水）将单元划分成不同面积，合同区块可由一个或多个单元灵活组成。这种区块划分方法有利于公司开展勘探活动。

第五轮招标将9个盆地划分成21个区，再划分成1122个单元（海上824个、陆上298个）。确定3种面积的单元：①陆上每单元30～32千米^2；②水深不超过400米的浅海每单元171～192千米^2；③水深400～2000米的深海每单元646～768千米^2。此次招标推出的区块总面积195701千米^2，相当于巴西盆地总面积的3%；涉及盆地包括佩洛塔斯、桑托斯、坎波斯、圣埃斯皮里图、Jegaitin-honha、雷康卡沃、波蒂瓜尔、巴雷里尼亚斯和亚马孙等9个盆地。

巴西国家石油公司

巴西国家石油公司是世界第十四大石油公司，炼油能力居第8位，储油量居第17位。有生产井7051口，其中陆上651口，海上6400口井，拥有72座固定平台和18座浮式生产平台，原油产量为7450万吨/年；该公司现有11家炼油厂，炼油能力为9150万吨/年；拥有62艘船舶、租用60艘船舶，总运力820万载重吨；有54个油码头。2001年进口原油和成品油782000桶/日，出口成品油118000桶/日，销售额达到200亿美元，获得税前利润大约7亿美元。

近年来，公司积极扩展海外油气勘探开发和原油加工业务，取得了不小的成果，在墨西哥湾、阿根廷、玻利维亚、哥伦比亚、委内瑞拉以及西非地区均有石油天然气勘探开发业务。海外原油产量约35万吨；海外石油加工能力30万吨。计划到2005年实现海外原油产量150万吨，原油加工能力130万吨。

1. 公司计划

根据巴西国家石油公司的计划，2002～2005年将投资317亿美元，绝大部分将用于石油天然气勘探开发。公司计划2002年投资54.65亿美元，2003年投资60亿～70亿美元。

该计划的目标是到2005年底，新增原油探明储量6.7亿吨，达到16.0亿吨。过去几年，巴西国家石油公司投入大量的资金打了一大批预探井，勘探成功率达到23%，获得了大量的油气发现，计划在今后几年将勘探重点转移到对新发现油气田的评价，落实新发现的储量。

2. 积极开展对外合作

随着石油业的开放，该公司也开始寻找对策，以适应越来越激烈的市场竞争，与外国公司进行合作开采是公司的一项新举措，目前已同37家外国石油公司签订了勘探开发本国石油资源的合作协议，一年来引进外资已超过了18亿美元。另一措施是出售小型油田，为集中力量提高产量，公司决定出售106块规模较小的油田，这些油田中油井很多，但产油量仅为公司总产量的1%。

3. 海外发展

墨西哥湾：公司计划于2003年上半年投资30亿美元收购一家中等规模的石油公司，在墨西哥湾的产量在10万桶/日左右。同时还考虑在美国购买加工能力为10万桶/日的炼制和销售资产，以加工未来在墨西哥湾油田生产的原油。

阿根廷：2001年底该公司与雷普索尔—YPF公司换股，获得1家炼油厂、700个加油站，并控制了该国燃料销售的12%，成功地进入到阿根廷石油石化市场。2002年又成功收购了戴文能源公司在阿根廷的分公司Petroleira Santa Fe公司和阿根廷Perez集团的Pecom石油公司，使其在阿根廷燃料销售市场占有率上升至15%。

玻利维亚：巴西国家石油公司是主要石油生产商，在两家炼油厂拥有控股权，并占有燃料销售市场的20%。计划在玻利维亚投资5亿美元。目前公司在总储量高达5830亿米^{3}的San Alberto和San Antonio气田拥有股权。

委内瑞拉：进军委内瑞拉石油市场是公司海外发展战略的组成内容，认为在委内瑞拉石油市场占有一席之地对巴西国家石油公司在2010年之前成为拉美地区能源领域的领军企业至关重要，因此在合适的时机购买委内瑞拉石油企业股份将是该公司国际化发展计划的优先目标之一。

此外公司还在安哥拉和西非投资，主要是进行风险勘探。

4. 通过多种渠道筹集资金

在融资方面，公司于2001年末在美国成功地发行了7.5亿美元10年期债券后，2002年1月，发行了3亿美元5年期国际债券；9月，从花旗银行日本分行获得了1.8亿美元的贷款，加上以前已经签订的贷款协议，引资总量已达12亿美元。公司计划2002年共吸引外资15亿~20亿美元，从而为实现公司发展目标奠定基础。

玻利维亚

汇　　率：1 美元 =7.448 玻利维亚诺
石油消费：195 万吨
石油储量：6034 万吨
天然气储量：6792 亿米^3
石油产量：155 万吨
天然气产量：59.9 亿米^3
炼油能力：315 万吨

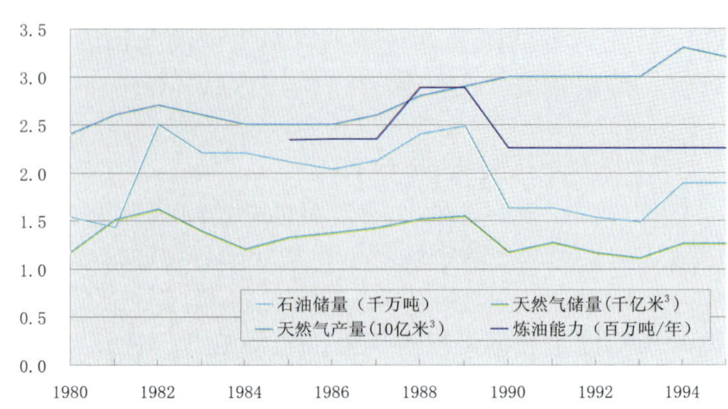

全球经济不景气仍制约着玻利维亚的经济发展，估计 2002 年玻利维亚的实际 GDP 增长率为 1.6%。2002 年 8 月贡萨洛·桑切斯·德洛萨达接替出任国家总统。

玻利维亚天然气储量在南美位居第二。由于玻利维亚人口少，国内天然气消费水平低，加之地理上处于内陆国家，基础设施跟不上，从而限制了天然气出口，因此其丰富的天然气资源尚未得到充分的开发利用。政府希望以天然气出口为依托促进未来的经济发展，并将玻利维亚建设成一个连接南美大陆南部各国的能源枢纽。

油气消费和进出口

玻利维亚的能源消费以石油为主，2001—2002 年均保持在 195 万吨，本国的石油生产不能满足消费需求。2001 年进口石油 35 万吨。天然气消费水平较低，2001 年仅 11.5 亿米^3，大部分天然气出口。2001 年出口天然气 36.8 亿米^3，全部管输至巴西。

目前玻利维亚正在考虑向美国和墨西哥出口液化天然气，但还需要解决港口通道问题，智利和秘鲁也在考虑之列。由于智、玻两国积怨由来已久，智利通道方案受到公众反对。但 2002 年 7 月玻、智达成协议，即可经智利出口天然气，但管线路径和液化厂厂址尚未最后确定。由多家公司联合组成的太平洋 LNG 公司计划将 LNG 船运到墨西哥北部加工厂后经气化管输到美国。

油气资源与产储量

玻利维亚拥有石油资源 3.89 亿吨，天然气资源 10045 亿米^3。2002 年玻利维亚的油气剩余探明储量分别为 6034 万吨和 6792 亿米^3。

2001 年玻利维亚有产油井 328 口，实际产油 157 万吨，估计 2002 年仅 155 万吨；2001 年实际产气 48.4 亿米^3。

勘探与开发

1．投资计划

目前玻利维亚的油气勘探开发作业主要由外国公司承担。从阿根廷 Andina 公司、佩雷斯公司、Pluspetrol 公司、英国 BG 公司和 BP 公司以及巴西国家石油公司等公司公布的 2002 年度在玻的投资计划看，大部分投资集中于天然气开发项目（主要用于南部玻—巴输气管线建设），总预算为 3.5 亿美元；另有 1.8 亿美元用于勘探，4 亿美元用于石油生产。

另外，雷普索尔—YPF 公司计划在 2005 年之前投资 12 亿美元开发玻利维亚的油气田。太平洋液化天然气项目是其中最重要项目之一。

2．油气新发现

2002 年玻利维亚 Chaco 盆地又获 1 个天然气发现和 1 个凝析气发现，再次证实了玻利维亚天然气勘探潜力。其中 Chimore 1 区块 Kanata X－1 井，从 Yantata 组 3673～3695 米井段测试日产气 4.71 万米^3，55.6° API 凝析油 263 桶。

3．油气开采

塔里哈省圣阿尔韦托气田二期开发工程建成投产，从而可将天然气处理能力翻番，达到 45 亿米^3，预计 2003 年该气田天然气和凝析油年产量将提高到 21 亿米^3 和 50 万吨，上覆圣阿尔韦托老油田的天然气产量也可提高到21亿米^3。

圣阿尔韦托气田是近年来在圣阿尔韦托老油田的深部地层发现一个新气田，可采储量达1500亿米^3；两个油、气田的天然气储量共计3325亿米^3。预计到2005年联合生产后产量可达到87亿米^3。所产天然气通过玻—巴管线输送到巴西里奥格兰德，供应拟建中的燃气电厂。玻巴管线的一期工程已完工。2002年3月扩建工程招标计划因巴西电厂用气需求的不确定因素以及气价存在分歧而搁浅。

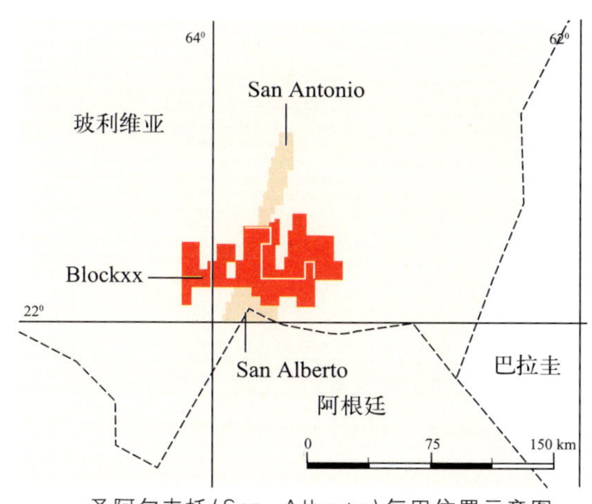

圣阿尔韦托(San Alberto)气田位置示意图

4. GTL项目

2002年10月玻利维亚GTL公司（新成立的公司，主要股东是美国Deane集团）组织开展对在圣克鲁兹附近兴建天然气合成油（GTL）加工厂进行可行性研究。根据与美国Rentech公司的协议，加工厂将采用Rentech的GTL专利技术进行加工生产不含硫燃料。目前玻利维亚进口常规的高含硫柴油燃料。

Rentech表示其GTL技术通过采用铁基催化剂可将天然气加工为合成油产品。合成油的主要原料可来自因地处边远而未开发生产的天然气井以及煤炭的加工转化或经济价值较低的炼厂残渣。

5. 钻井工作量

近几年来玻利维亚的钻井工作量稳中有降，2000年完钻55口，2001年52口，计划2002年完钻42口，比2001年减少19.2%。

油气集输

2002年，政府计划将国内部分天然气配输系统和国有公司拥有的部分股权私有化，虽然有6家公司购买投标政策等文件，但没有1家公司投标。

1995～1998年间，美国安然公司在玻巴管线玻利维亚段（长500千米）建设项目投资约20亿美元，拥有管线17%的权益，已计划全部出售。

石油炼制

2002年，玻利维亚有炼油厂3座，原油加工能力315万吨，其中玻利维亚国家石油公司仅有15万吨，其余300万吨的炼油能力于1999年11月私有化时卖给了巴西国家石油公司和Perez公司。石油储备设备、一些国内的管线和航空燃料终端、加油站也全部出售给私人公司。

对外合作形势

玻利维亚是一个内陆国家，其55.7%的地区含有油气，其中12.2%已勘探开发、30%已签订开发协议，还有57.71%的含油气区未勘探。未勘探的地区包括亚马孙地区的潘多和贝尼以及安第斯地区的拉巴斯、奥鲁罗和波多西等，政府鼓励外国公司在这些地区开展油气勘探。

2001年1～9月，玻利维亚共吸引外资5.27亿美元，其中油气行业占2.72亿美元。

2002年，玻利维亚政府预计整个能源部门所获得的外资将达到创纪录的9.3亿美元。种种迹象表明，玻利维亚的油气资源正在吸引越来越多的外国投资者的兴趣。

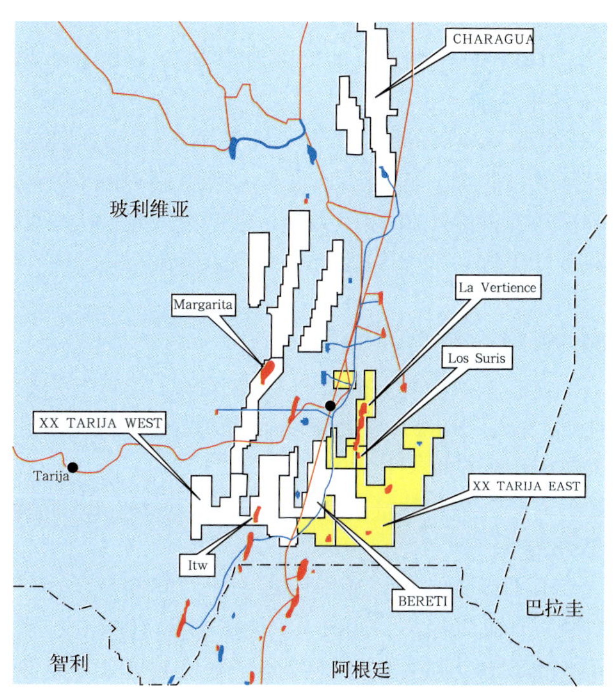

2002年招标区块位置图

（下转第116页）

厄瓜多尔

汇　　率：1 美元 =25000 苏克雷
石油消费：590 万吨
天然气消费：1.1 亿米^3
石油储量：6.34 亿吨
天然气储量：98 亿米^3
石油产量：1990 万吨
天然气产量：0.3 亿米^3
炼油能力：880 万吨

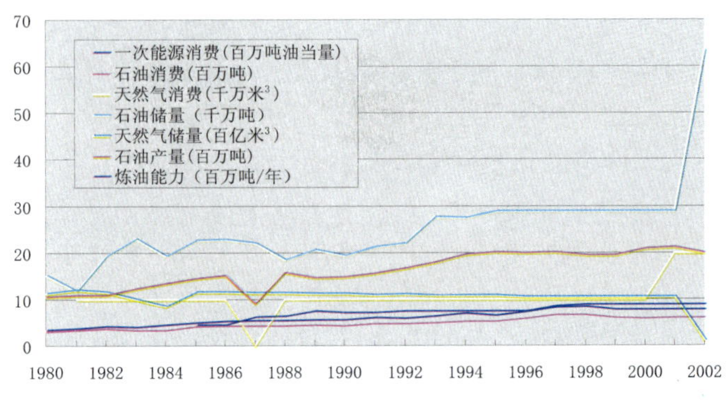

厄瓜多尔是拉美地区经济相对落后的国家，工业基础薄弱，农业发展缓慢，人民生活水平较低。厄瓜多尔的经济发展分为三个时期，即可可时期、香蕉时期和石油时期。主要有石油和采矿业、制造业、建筑和电力工业等。

诺沃亚总统执政期间（2000 年 1 月 – 2003 年 1 月），实施经济美元化政策，2001 年美元正式取代苏克雷进入流通领域。2002 年 11 月古铁雷斯当选新总统，表示将继续同贫困和腐败做斗争。

油气消费和进出口

2002 年厄瓜多尔油气消费分别为 590 万吨和 1.1 亿米^3。

厄瓜多尔石油生产除了满足国内需要，还有较大出口能力，石油出口收入占政府预算的 50%。2002 年原油净出口 1315 万吨，创汇 9.71 亿美元。主要出口美国、韩国以及中、南美国家。

油气资源与产储量

厄瓜多尔拥有石油资源 8.82 亿吨，天然气资源 615 亿米^3。2002 年石油剩余探明储量大幅度增长，达到 63419 万吨，比 2001 年（28973 万吨）翻了一番多；天然气剩余储量则从 2001 年的 1039 亿米^3 下调到 98 亿米^3。

由于投资不足、油田设备老化，厄瓜多尔油气产量一直难以提高。2001 年，在产油井 1044 口，实际产油 2036 万吨；估计 2002 年产量仅 1990 万吨，为 10 年来的最低水平。厄瓜多尔国家石油公司完成总产量的 60% 左右。

估计 2002 年天然气产量为 0.34 亿米^3，比 2001 年下降了 69.31%。

勘探开发

厄瓜多尔的油气资源主要分布在东亚马孙地区的奥连特盆地。油田主要有 Shushufindi，Sacha，Libertador，Cononaco，Cuyabeno，Lago Agrio 和 Auca 等。非伴生气田较少，所生产的天然气大多是伴生气。随着瓜亚基尔湾（Guayaquil）和东奥连特地区油气田的开发投产，天然气产量可望提高。

2002 年厄瓜多尔油气勘探进展不大，Vintage 公司在奥连特盆地 17 区块的 1 口水平评价井钻探结果显示，该区块有望建成 50 万吨产能。

2002 年厄瓜多尔正在开发的项目包括 Amistad 气田、ITT 重油油田，新签开发合同 2 个。

Amistad 气田位于瓜亚基尔湾 3 区块，开发合同于 2001 年签订，由美国 Noble 公司和厄国家石油公司联合开发。气田位于瓜亚基尔湾浅水地区，由于缺乏相应的基础设施一直没有投入开发。Noble 公司拟在陆上兴建燃气发电厂，并铺设 64 千米的管线使电厂与气田连通，从而使气田得以投入开发。投产后估计气田每年可产气 3.7 亿米^3。

ITT 重油开发项目涉及 Ishpingo、Tambococha 和 Tiputini 等 3 个重油油田，总储量估计为 20 亿桶，预计可建产能 20 万桶 / 日。

亚马孙盆地 18 区块的 Palo Azul 油田，2002 年 8 月签订 JV 合作开发协议，由厄瓜多尔国家石油公司和厄瓜多尔 TLC 公司联合投资 1.9 亿美元进行勘探开发。油田位于首都基多以东约 130 千米，估计可采储量 901 万吨，按照计划将钻 35 口井，建成 75 万吨产能。

2002 年 10 月，厄瓜多尔国家石油公司与智利国家石油公司签订了联合开发 Paraiso，Biguno，Huachito 和 Mauro Davalos Cordero 等 4 个油田的协

议，估计总储量为700万吨，计划投资8000万美元，建成产能90万吨。

2001年估计钻井93口，其中油井84口、干井4口、暂停井1口、服务井4口，总进尺27.85万米；2002年计划钻井90口，比2001年下降3.2%。

油气集输

2001年2月，厄瓜多尔与国际石油公司联盟签订了厄瓜多尔第二条重油管道建设合同。截至2002年6月底，工程已完成50%，预计2003年中期竣工，重油输送能力将提高到45万桶/日。目前，国际石油公司联盟已经在该管道建设中投入了13亿美元。

炼油化工

厄瓜多尔生产的原油大部分直接出口，小部分用于生产燃料油等石油制品，由成品油输送管道（POLIDUCTOS）或油罐车运送至各成品油储存中心，然后配售到各地的加油站，供应国内市场消费。

2002年，厄瓜多尔有炼油厂3座，分别位于东部舒舒芬迪、西部沿海埃斯梅拉达斯港和瓜亚斯省La Libertad，原油加工能力为880万吨。另外在拉戈阿格里奥市还有一个小炼厂，加工能力仅5万吨。

政策法规

2001年初，厄瓜多尔国会拒绝立法允许合资企业进入厄瓜多尔油气开发行业。

2002年5月，厄瓜多尔国会通过一项新的法律，规定通过新管线出口原油获得的收入70%将用于偿还外债和社会保障，20%为石油基金用于国家公司的建设和发展，10%用于国家的健康和教育事业。

2002年11月，厄瓜多尔国会拒绝了一项修改石油法的议案。如果该议案获得通过，国家石油公司不经招标程序就可直接与国外公司签订合同。

2002年12月，厄瓜多尔最高法院驳回了一项政府改革议案，禁止私人企业经营厄瓜多尔5大油田。

尽管如此，伴随着经济的美元化，政府正在对原有法律框架进行修改和完善，石油业的软环境将进一步改善，外资进入石油等行业将享受到更大的自由度和法律保障。

对外合作

厄瓜多尔政府于20世纪90年代初放宽外资政策后，已有越来越多的外国石油公司前来开展业务，它们或向厄瓜多尔国家石油公司提供勘探和钻井服务，或以承租区块或是合作经营的方式直接参与石油生产，在厄瓜多尔石油业中所占比重呈逐年上升之势。

厄瓜多尔吸收外资最多的部门是石油和采矿业。2001年，厄瓜多尔在比利时召开筹资会，共获得来自美国、西班牙、欧盟及世界银行、美洲开发银行的贷款及无偿援助2.66亿美元。目前在厄瓜多尔经营的外国石油公司主要有雷普索尔—YPF公司、美国的CITY、西方石油、科麦奇、Vintage公司和意大利阿吉普公司等。

1. 边际油田招标

2002年4～9月，厄瓜多尔国家石油公司组织第二轮边际油田招标，招标区块包括亚马孙地区海上Chanangue，Ocano-Pena，Blanca，Pacay和Puma-Singue等油田，总储量估计超过411万吨，主要生产22～32°API的原油，产出原油可在国内、国际市场销售，但是油价不得低于厄瓜多尔国家石油公司的购买价。

2. 第九轮招标

2002年12月厄瓜多尔正式举行第九轮勘探开发招标，4个招标区块均位于瓜亚基尔湾。其中39区块（3850千米^2）和40区块（4000千米^2）均为海上区块，水深范围10～2000米；5区块(2000千米^2)主要位于陆上Progreso子盆地区，4区块（300千米^2）则包括部分陆上和水深不超过10米的浅水地区。整个招标区块的北部圣爱林纳半岛已有投产油田，南部则分布着Amistad气田，因此普遍认为此次招标的区块具有较高的油气勘探潜力。此次投标的截止日期在2003年4月25日。

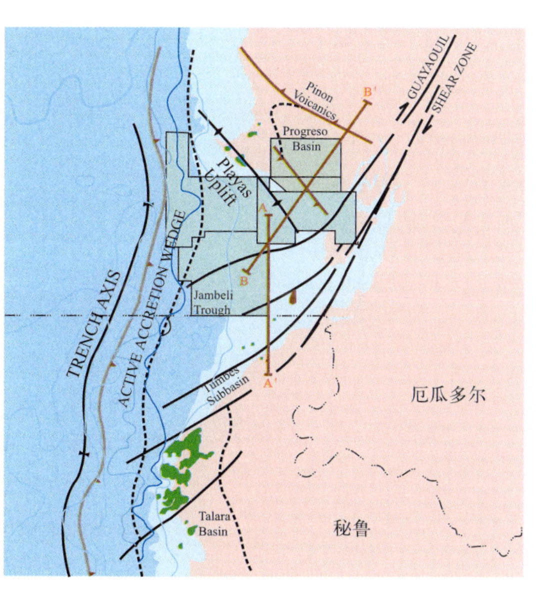

第九轮招标区块位置及构造背景

3. 资产转让

2002年一些中小公司出售在厄瓜多尔资产，如Vintage石油公司和科麦奇公司。Vintage石油公司将其在厄资产出售给加拿大的EnCana公司，估计涉及探明储量690万吨，产量23万吨/年。

哥伦比亚

汇　　率：1美元=2579.945哥伦比亚比索
石油消费：1000万吨
天然气消费：61.1亿米^3
石油储量：2.52亿吨
天然气储量：1275 亿米^3
石油产量：2915万吨
天然气产量：62.3亿米^3
炼油能力：1429万吨

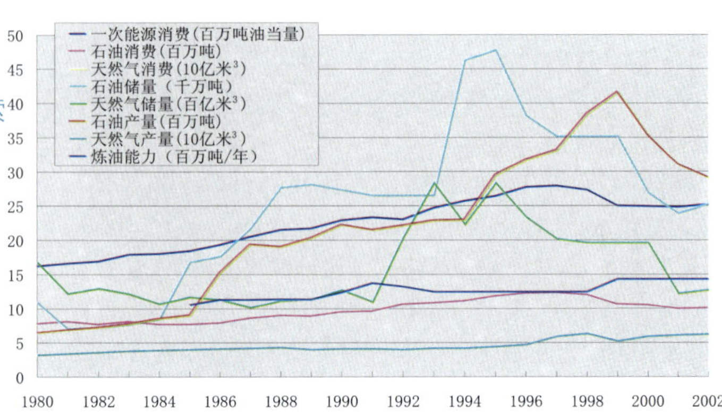

哥伦比亚近年来政局动荡，经济低迷。2002年5月26日，“哥伦比亚第一”运动领导人阿尔瓦罗·乌里韦在总统大选中，作为一名独立派人士当选哥伦比亚下届总统，从而结束了自19世纪以来一直由保守党和自由党轮流执政的局面。8月，乌里韦就任总统后，大力加强社会治安，针对政府的财政情况提出了一系列的改革方案，通过了新的税法、退休制度、新的劳工法等，其中税法改革是主要内容之一。新税法自2003年1月1日起开始实施，改革的重点是扩大征税范围，扩大税源，增加财政收入。

目前，哥伦比亚的社会秩序有所好转，经济形势出现恢复迹象。估计2002年经济增长率约为1.6%，高于上年0.2个百分点；贸易总额245亿美元，其中出口119亿美元，比上年下降3.3%；进口126亿美元，比上年下降1.0%；吸引外资20.34亿美元，比上年减少19.3%。

油气消费

2002年哥伦比亚石油消费1000万吨，天然气消费61亿米^3。国内的油气生产除了满足本国消费之外，还有较大的出口能力，尤其是原油出口。

油气进出口

1. 石油出口逐年下降

哥伦比亚是拉美第四大石油生产国，石油是其主要创汇产品，近年来石油出口逐年下降。2001年出口石油1720万吨，其中向美国出口1400万吨，比上年的1660吨下降15.7%；估计2002年可能下降20.3%，仅1370万吨。今后几年如果仍无重大勘探成果，2005年开始就要购买与政府有协议的私人公司的石油，2008年后则需要进口原油来满足国内需要。

2. 推广天然气的利用

哥伦比亚国家石油公司（Ecopetrol）、哥伦比亚能源和天然气管理委员会（CREG）和Empresa哥伦比亚天然气公司（Ecogas）是天然气工业的三个关键部门：Ecopetrol公司负责天然气勘探和开发；CREG负责天然气勘探开发和市场营销的管理；Ecogas公司是一家国有公司，隶属于哥伦比亚能源部，并受Ecopetrol公司控制，负责天然气运输系统的管理和运行。

政府为了解决能源问题，加强天然气的勘探开发和利用，实施“大规模推广应用天然气计划”，主要针对发电和公交行业。该国天然气汽车很少，主要分布在加勒比海沿岸城市，因此汽车从汽油转用天然气时免予征税。为了推广天然气在家庭中的应用，政府将帮助北部一座大型天然气加工厂附近的72个市镇接通天然气。为此，天然气促进基金将投资600万美元支持天然气网的建设。目前，哥伦比亚主要城市的部分天然气配输系统已经私有化。

尽管政府采取种种措施，但天然气开发利用仍不尽人意。Cusiana-Cupiagua大油田日产原油60万桶，约占全国总产量的一半；其伴生气储量高达849亿米^3，占全国总储量的一半；但其天然气日销售量仅56.6万米^3，而有3962万米^{3}的天然气回注。为了促进其天然气的利用，CREG决定将井口价从每百万英热单位1.1美元增加到1.4美元，希望合作双方能够投资建设一个加工厂，铺设一条管道，以增加天然气的销售量。目前，BP公司和Ecopetrol公司正在研究是否投资1.2亿～1.3亿美元促进其天然气资源的利用。

油气产储量

哥伦比亚拥有石油资源19.54亿吨，天然气资源8977亿米^3。2002年，油气剩余探明储量分别为2.5万吨和1275亿米^3，比2001年均有提高。全年产油2915万吨，储采比仅8.5；产气62亿米^3，储采比20.7。

勘探与开发

1. 石油工业发展计划

为了扭转前几年油气储量连续递减的局面，2002年5月，Ecopetrol制定了8年石油工业发展计划，即在8年里投资近100亿美元，加强油气勘探开发，到2010年将石油产量提高到4250万吨，在16个探区增加石油储量3.4亿吨。为此，2002～2005年至少要钻100口探井；到2010年约需勘探投资30亿美元，开发投资63亿美元。

政府还将同各石油公司组建一个由总统领导的委员会，讨论增加储量等问题，并提出建议。目前已有至少16家石油公司同意与政府拟订增加储量的计划。

2. 油气勘探活动

2001年哥伦比亚进行地震勘探1416千米，钻井14口，2002年计划钻井20口。

2002年7月，BP公司完成了Niscota区块地震资料的采集和解释后，开始实施钻探作业。估计该区块的储量超过12330万吨。

Putumayo盆地是一个勘探新区，Ecopetrol估计盆地原油资源3.3亿吨。但该地区是哥伦比亚可可种植区，勘探作业难以进入。2002年8月Ecopetrol与加拿大石油银行下属的石油矿业公司签订了Moqueta A和B区块的勘探协议，2个区块面积3万公顷。

Ecopetrol公司估计亚诺斯和马格达莱纳盆地具有良好的勘探前景，估计在其中的16个油田进一步勘探开发可望获得3.8亿吨的新增储量，单个油田的储量规模在2740～12330万吨之间。

Ecopetrol公司投资150万美元在加勒比海的一个1.3万千米^{2}的海域开展油气资源勘查。据目前掌握的资料，哥伦比亚北部加勒比海的海底火山和河道密布，可能存在石油和天然气资源。

3. 油气发现

2002年2月，在Capachos和La Hocha油田钻探获得新增储量3400万吨。Capachos油田位于Arauca省东部，目前日产原油约274吨、日产气约4.2万米^3。La Hocha油田位于Huila省南部上马格达莱纳地区，目前仅日产油68.5吨。

另外，在Casanare-Arauca地区和上马格达莱纳河附近获得2个油气发现，估计储量规模均在1亿桶。

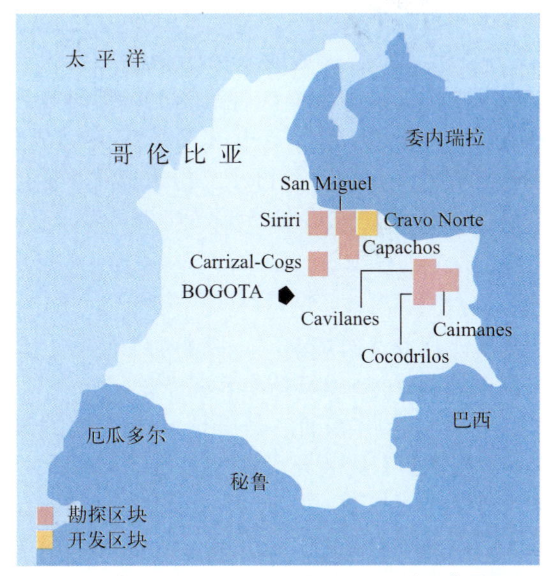

Capachos油田位置图

2002年11月，美国西方石油公司在南部纳波（Napo）盆地15区块完钻Yanaqincha Este-1A井，发现4个油层，总厚41米；另一口井Dumbique-1井发现5个油层，总厚32米，其中一个层段测试日产石油452吨。

4. 油气开采现状

哥伦比亚的石油产量主要来自东安第斯丘陵地区的Cusiana-Cupiagua油田和阿劳卡省的Cano Limon油田，两个油田产量约占全国总产量的60%以上。其中Cano Limon是哥伦比亚最大的油田，但原油产量已开始递减；Cusiana-Cupiagua油田的产量也已达到高峰。

2002年5月，关多油田投入开发，并进行商业生产。该油田探明石油储量为1780万吨。

南部普图马约盆地Suroriente油田也在进行开发作业。估计储量1370万吨，计划2003年中期产能达到30万吨/年。

目前安全问题仍是发展哥伦比亚石油工业的一个重要阻碍因素。政府准备加强军队对油田生产设施进行保护。

5. 钻井工作量

估计2001年哥伦比亚钻井110口，其中油井80

口、气井2口、干井13口，暂停井5口，服务井10口，总进尺28.9万米；2002年计划钻井95口，比2001年下降13.6%。

管道建设

哥伦比亚有5条输油管线，其中4条是以加勒比港口城市科韦尼亚斯（Covenas）市为终点，1条管线至太平洋港口城市图马科（Tumaco）市。

2002年7月底，完成了关于新建瓜希拉气田——委内瑞拉马拉开波输气管线的可行性研究，按计划该管线可输送天然气20亿米^3，2005年建成。哥伦比亚、委内瑞拉双方签订了一份价值1.5亿美元的协议，即管线建成后向委供气至少7年。

炼油化工

哥伦比亚有5座炼油厂，原油加工能力1429.3万吨，全部归Ecopetrol所有和经营。

巴兰卡韦梅哈炼油厂是哥伦比亚主要的炼油厂之一，有4套裂化装置，总产能为23.4万桶/日。2002年7月，由于其中一套裂化装置出现故障，使哥伦比亚汽油等产品的产量骤减，使Ecopetrol不得不进口汽油，并动用储备来满足国内需求。8月裂化厂恢复生产。

政府已决定今后国家不再投资建设新炼厂，新炼厂必须由私营企业投资建设。2002年一家美国和墨西哥的联合企业计划在Sebastopol地区投资建新炼厂，主要加工Cusiana-Cupiagua油田的原油，建设资金除来自相关企业外，世界银行和美国进出口银行也将提供贷款。

政策法规

哥伦比亚法律规定石油和天然气资源归政府所有，油气勘探开发由Ecopetrol和能源矿产部管理，私人公司可通过与Ecopetrol合资的形式在哥伦比亚从事勘探开发，但Ecopetrol的持股比例至少为30%。2002年哥伦比亚政府继续出台新政策。

1. 采用新的矿费标准

2002年6月哥伦比亚议会批准关于减少矿区使用费的法律议案。该议案旨在鼓励石油公司投资中、小型项目。过去采用20%的固定矿区使用费，新矿费标准视油田产量规模而定，并按滑动比例：对于新发现的中、小型油田，当日产量不超过12.5万桶时，矿区使用费率为8%～20%；当日产量为12.5万～40万桶时，矿区使用费为20%；当日产量为40万～60万桶时，矿区使用费为20%～25%。

2. 拟定两项鼓励措施

一是政府对外国公司在石油勘探中因国内战乱而遭受的损失进行担保。哥伦比亚是拉美地区第四大产油国，过去两年曾与外国公司签订了许多勘探合同，但因安全风险问题这些公司并未开始作业。

二是将Ecopetrol和外国公司合作开发油田的合同期由原来的20年延长到油田整个开发寿命期。按原规定，20年开发期届满之后，油田应移交给哥伦比亚政府。

对外合作

1. 勘探开发招标

2002年7月对上、中马格达莱纳盆地的2个区块进行招标；另外海上8个区块和亚诺斯盆地2个区块由于未引起外国公司的兴趣，采用“先来先得”的方式进行出售。

2. 签订的合同

从1999年年底开始，Ecopetrol公司陆续与外国公司签订了石油勘探合同，2000～2001年签订了60份，2002年估计能签订20份。比较有影响的包括：

（1）2001年12月与美国Argosy能源公司签订上马格达莱纳盆地AC区块的勘探开发合同。合同区面积710千米^2，潜在可采储量34247万吨。合同期包括6年勘探期和22年开发期。第一阶段在20个月内需投资50万美元。

（2）2001年底与法国道达尔公司签订150万美元的合同，在加勒比海沿岸圣马尔塔、巴兰基亚和卡塔赫纳三座城市的周边海域进行油气勘探。

（3）与巴西国家石油公司签订塔弗拉油田的独立勘探开发协议。该公司在哥拥有16个油田开发项目，其中12个为独立开发项目。

（4）2002年4月与俄罗斯鲁克石油公司签订东北山区昆迪纳马卡省亚诺斯盆地Condor区块的油气勘探合同，这是俄在美洲的第一个风险勘探合同，而鲁克公司是进入哥伦比亚的第二家俄罗斯公司。合同区包含了Cusiana-Cupiagua大油田，面积为3000千米^2。

（5）与美国Mercantile油气公司签订上马格达莱纳盆地Ambrosia区块的勘探开发合同，合同区面积15.38千米^2。合同期为25年。

（6）2002年8月Solano石油公司与Ecopetrol签订协议购买马格达莱纳盆地Natgas气田42%的权益并担当作业者，对气田进行开发钻井，并对相邻的构造进行勘探。

古巴

汇　　率：1美元=2.034古巴比索
石油消费：790万吨
天然气消费：6亿米^3
石油储量：1.03亿吨
天然气储量：708 亿米^3
石油产量：200万吨
天然气产量：6.0亿米^3
炼油能力：1507万吨

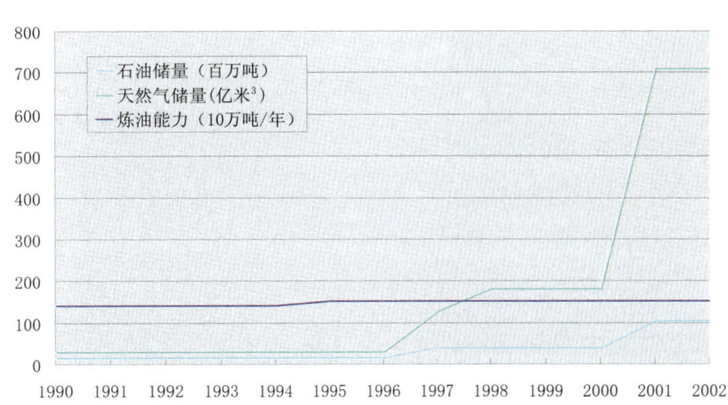

油气消费和进出口

2002年古巴石油消费为790万吨，大部分依赖进口。2001年进口原油和油品610万吨。天然气消费约6亿米^3。

由于古巴所产原油属于高硫重质原油，基本上用作燃料，所需油品靠委内瑞拉进口，一方面进口委内瑞拉原油在古巴的炼油厂进行加工，原油进口量为265万吨；另一方面直接从委内瑞拉进口成品油，成品油进口量约占总需求量1/3。不过，自2002年中因拖欠货款委内瑞拉已停止对古巴石油出口，使古巴的石油供应陷入困境。

油气产储量

2002年古巴石油剩余探明储量为1.03亿吨，全年产油约200万吨。天然气剩余探明储量708亿米^3，产气6亿米^3。20世纪90年代以来古巴天然气产储量均有显著增长。

古巴政府制定的石油勘探开发的总目标是：国内发电所需燃料全部由国产原油供给，使电力能源立足于国内；增加石油和天然气生产，使国产石油满足全国消费量50%以上。

勘探开发

古巴墨西哥湾水域的石油资源具有良好前景。早在2000年初古巴政府在其专属经济区内的深水区域划出59个区块吸引国际石油公司进行石油勘探开发，西班牙雷普索尔—YPF公司和加拿大Sherrit公司在EEZ区获得勘探开发区块。然而由于美国对古巴实行经济制裁，许多国际石油公司裹足不前。

加拿大Sherrit公司继续在古巴Yumuri, Canasi和Seboruco等油田通过打新油井来增加产量。该公司在古巴已经拥有7个合同，共计权益区块面积14000千米^2，并于2003年5月宣布，计划在古巴投资1.1亿美元用于油气勘探开发。

2002年加拿大Pebercan公司在7区又取得新的进展。5月完钻Canasi 5井，总进尺3705米，两个含油层总厚度1473米，试产油达3500桶/日；8月Canasi 7井试产获得4500~6000桶/日油流。由于Canasi 6井投产，6月份7区的总产量达到15000桶/日。另外通过轻便钻机试钻，在7区西部又发现了新的含油气构造。

巴西国家石油公司也对再次进入古巴从事石油勘探开发表示浓厚兴趣，2002年取得了古巴深水区勘探的许可证。

南美地区

秘鲁

汇　　率：1美元=3.665新索尔
石油消费：700万吨
天然气消费：4.4亿米^3
石油储量：4430万吨
天然气储量：2449 亿米^3
石油产量：465万吨
天然气产量：4.4亿米^3
炼油能力：955万吨

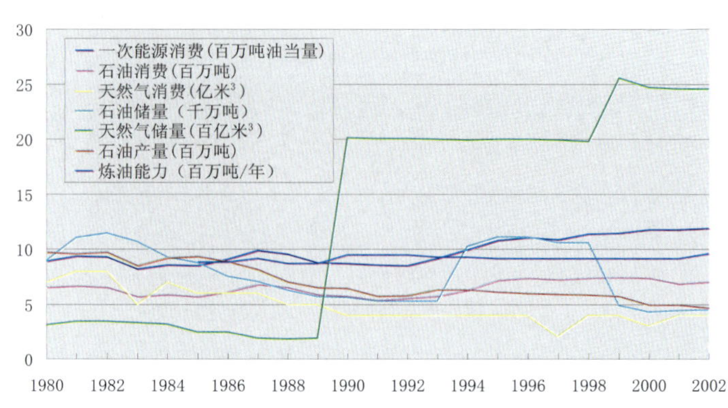

油气消费和进出口

2002年秘鲁石油消费700万吨，与2001年基本相当。国内生产尚无法满足需求。2001年进口原油和油品达490万吨。

秘鲁天然气消费水平较低，2002年仅4亿米^3，全部来自国内的生产供应。

勘探与开发投资计划

根据秘鲁国家石油公司的发展计划，今后将逐步增加油气勘探开发投资，到2008年总投资将达82.98亿美元。2001年投资2亿美元，其中勘探投资7000万美元；2002年将增加到3.91亿美元，其中勘探投资为4800万美元，开发投资为2.8亿美元。

勘探活动

近年来一些石油公司在秘鲁的勘探不断落空：雷普索尔公司在Trujillo盆地Z-29区块、阿纳达科公司在84区块、泛能源勘探公司在85区块遭遇失败后均已退还区块，海岸秘鲁公司在对3口探井测试失败后停止在秘鲁作业。这些对外国公司在秘鲁的投资产生了负面影响。

2001年钻井38口，其中油井34口、气井2口、干井1口，暂停井1口，总进尺9.42万米；2002年计划钻井20口，比2001年下降47.4%。

卡米塞阿气田开发进展

卡米塞阿大气田位于安第斯山脉东部偏远丛林地带的Ucayali盆地88区块，距首都利马482千米。气田由San Martin气藏和Cashiriari气藏组成，估计天然气储量3680亿米^3，凝析油储量6亿桶。

该气田是壳牌公司于1986年发现的，由于种种原因，开发一再推迟。一直到2000年2月，卡米塞阿项目特别委员会才与由阿根廷Pluspetrol、美国Hunt石油、SK集团和Tecpetrol组成的合资公司签订了勘探开发总合同，包括40年的勘探开发合同和33年的输送和分销合同，总投资26亿美元。该气田计划2004年投产，最终产量将达到天然气1132万～1415万米^3/日，凝析油5万桶/日。2003年5月，已完成修井作业并完钻4口开发井。

输送和分销合同包括3个子合同：向利马输送天然气合同，向沿海地区输送凝析油合同，利马和卡亚俄地区的配气管网和分销合同。2002年5月，Tractebel公司获得第三项子合同，拟在利马及其附近港口城市卡亚俄建设并经营配气管网，管线总长60.3千米，可向大型工矿企业和发电厂供气。10月TGP获得前两个子合同，拟铺设并经营两条管线：一条为718千米的天然气管线（运营能力26亿米^3，可提高到75亿米^3），另一条为338千米的凝

秘鲁88区块位置示意图

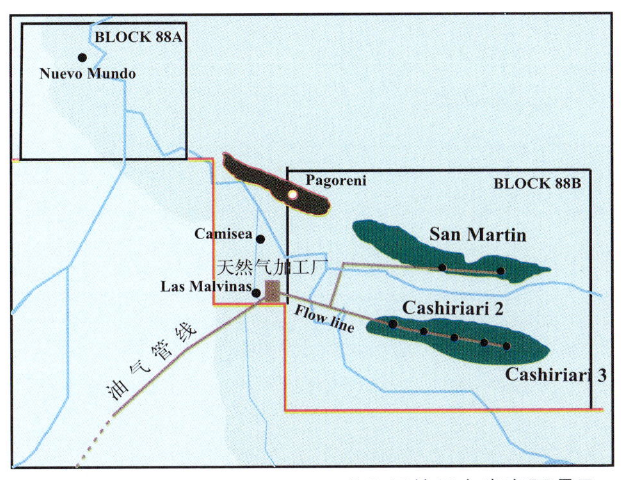

88 区块及卡米塞阿项目

析油管线（运营能力350万吨），计划2004年8月投入运营。

另外，Hunt石油和SK公司完成了向墨西哥和美国市场出口卡米塞阿液化天然气的可行性研究和环保评估报告，能否实施有待政府审批。Hunt计划在2003年举行LNG厂建设招标，但项目的关键是落实LNG用户。

卡米塞阿项目在今后30多年中将为秘鲁带来50亿~60亿美元的矿产费和税收收入，并将降低国内的能源成本，提供洁净能源和创造就业机会。但项目启动以来遇到了各方面的强大阻力，特别是环保方面，国际环境组织认为天然气开采和管道建设将对热带雨林和当地土著居民的生活方式带来严重影响。

卡米塞阿项目的一部分——San Martin 气田现场

炼油和化工

秘鲁有6座炼油厂，原油加工能力954.8万吨。La Pampilla炼厂是秘鲁最大的炼厂，加工能力为500万吨，1996年私有化，雷普索尔—YPF和其他私营公司拥有60%的股份。另一家原油加工能力仅19万吨的小炼厂Pucallpa为私营Maple Gas公司所有，其他炼厂均属秘鲁国家石油公司。国有炼厂产能低，技术和设备落后，急需资金进行改造和扩建，但政府无力提供资金。

政府原打算在20世纪90年代完成国有炼厂私有化，但因故一拖再拖。2002年政府再次开展Talara，Iquitos，El Milagro和Conchan等4座炼厂的私有化工作，仍遭秘鲁公众反对。最近，秘鲁将权力下放到各省政府，使有关谈判更加复杂化。

政策法规

2002年10月，托莱多总统授权国家石油公司对今后4年内获得油气发现的公司将减征其30%的矿费，对新投资者将采用5%的矿费，包括已在秘鲁作业但在新区投资的公司。托莱多总统还签署了一项新法律，规定向石油勘探活动全部退还普通销售税（IDV）和市场促销税（IPM）。

另外，政府决定把给石油公司的勘探开发补贴在现有标准上减少30%，但最低不低于投资额的13.8%。目前的平均补贴率为28%。

国际合作

由于自1986年以来，秘鲁没有任何大油气田发现，外国公司的投资兴趣逐渐降低。为此政府试图通过修改合同条款和法律框架来吸引外资，但效果不佳。

2002年5月秘鲁拍卖位于卡米塞阿气田附近的56、57和58区块。其中56区块的Pagoreni和Mipaya油田拥有天然气储量1132亿米^3，其他区块为勘探区块。然而由于最初有投资兴趣的公司纷纷退出，秘鲁国家石油公司决定暂时保留56区块。

目前在秘鲁进行勘探作业的外国公司仅雷普索尔—YPF公司、Burlington资源公司等。

除了卡米塞阿项目以外，2002年秘鲁签订的其他项目包括：Petrotech公司签订西北海上塞丘拉盆地Z-6区块的勘探合同，区块面积6256千米^2；Butington资源公司签订东北原始森林地区70区块的勘探合同，最低义务投资6000万美元。

特立尼达和多巴哥

汇　　率：1 美元 =6.117 特立尼达多巴哥元
石油消费：118 万吨
石油储量：9808 万吨
天然气储量：6636 亿米^3
石油产量：635 万吨
天然气产量：171.2 亿米^3
炼油能力：800 万吨

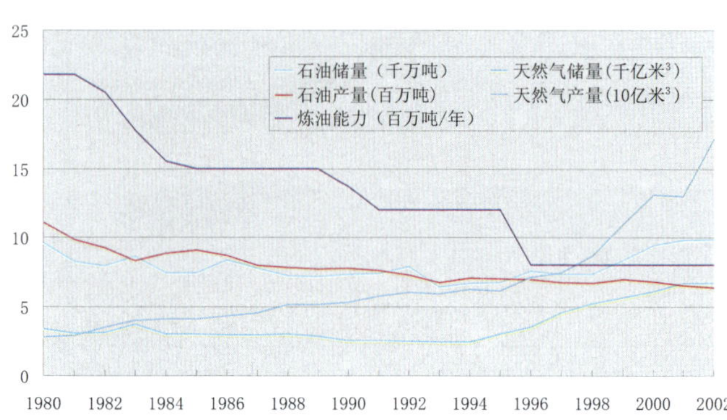

特立尼达和多巴哥天然气资源十分丰富，目前已是北美地区最大的 LNG 供应商。政府计划到 2006 年天然气产量翻番，达到 370 亿米^3。2003 年特立尼达和多巴哥将成为世界第五大 LNG 生产国和美国最大 LNG 出口国。

2002 年特立尼达和多巴哥首次入选世界前 10 个油气勘探开发最具有投资吸引力的国家。1995～2001 年期间特立尼达和多巴哥天然气工业吸引外国投资达 60 亿美元，是美洲地区人均 FDI（外国直接投资）最高的国家。

油气消费和进出口

2002 年特立尼达和多巴哥的石油消费为 118 万吨，比 2001 年增长了 2.5%。国内原油生产除了满足消费以外还有较大的出口能力。2001 年石油和油品出口 256 万吨。

油气产储量

特立尼达和多巴哥拥有石油资源 7.4 亿吨，天然气资源 15245 亿米^3，其天然气资源和石油相比更为丰富。2002 年，油气剩余探明储量分别为 9808 万吨和 6636 亿米^3，与 2001 年持平。此外，这个国家还拥有世界上最大的天然沥青湖，面积约 47 万米^2，估计储量可达 1200 万吨。

特立尼达和多巴哥是加勒比海地区最大的产油国。估计 2002 年产油 635 万吨，增长了 15.4%；产气 171 亿米^3，比 2001 年增长了 13.6%。2001 年实际拥有产油井 3911 口。

勘探开发

2000 年，特立尼达和多巴哥实际钻井 131 口，总进尺 15.18 万米；2001 年估计钻井 156 口，其中油井 115 口、气井 8 口、干井 21 口、暂停井 3 口、服务井 9 口，总进尺 18.47 万米；2002 年计划钻井 136 口，比 2001 年下降 12.8%。

特立尼达和多巴哥的天然气资源主要分布在北部和东部海域，勘探开发活动也主要集中在这两个地区。

1. 北部海域

北部海域主要有 Hibiscus、Poinsettia 和 Chaconia 三个深水气田，估计总储量 680 亿米^3。

2002 年 8 月，BG 作业的 Hibiscus 气田投产，产能 25 亿米^3。估计可生产 20 年。

根据北部海域二期开发工程计划，将钻 3 口生产井，2003 年第二季度投产；三期开发工程计划钻 6 口生产井，于 2009 年投产；四期工程计划在 Hibiscus 天然气生产平台安装压缩装置。

2. 东部海域

继续钻获新的发现：EOG 公司在 SECC 区块 Parula 气田天然气发现，预计该区块储量可新增 70 亿～100 亿米^3。

鉴于 BHP-Billiton 公司在 2c 区块成功发现石油，特立尼达壳牌勘探开发公司又重新评估了其作业的临近东部海域 25 区块的三维地震测试数据，并宣称即将对该区块进行开发。

另外，BG 公司和雪佛龙公司已获准开发特东部海域的 Dolphin 和 Starfish 天然气田。这两个气田主要向大西洋 LNG 公司第三套 LNG 装置供气。

2002 年 9 月，雷普索尔—YPF 公司和 BP 公司在 Iron Horse 油气田取得重要天然气发现，估计储量

可达280亿米^3。BP公司是该油田的作业公司，雷普索尔—YPF拥有10%的股权，计划行使购买另外20%股权的选择权。

油气管线

特立尼达和多巴哥共有原油管线1032千米，天然气管线904千米。

2002年初，国家天然气公司在查瓜纳斯地区的Biljah路工业区安装了输气管道系统，这是国内首次采用塑料管道输送天然气。连接另外两个工业区Plaisance Park和Wallerfield的管道工程也正在进行之中，预计将于2003年底完成。

2002年3月，国家天然气公司启动了西北半岛管道建设工程，该管道将把皮克（Peake）地区的天然气输送到西摩尔地区。这是该公司提高国内天然气消费量战略计划的一部分。

此外特立尼达和多巴哥还计划铺设横贯加勒比地区的海底天然气管线（跨岛工程，Cross Island Project），预计总投资达1.85亿美元，工期3年。目前已完成管道建设的可行性研究，但开工日期尚未决定。按照计划该管线途经法属马提尼克和瓜德罗普以及东加勒比地区，最终到达波多黎各。另外，从干线还将分出支线到安提瓜、圣尼茨和巴巴多斯，并可延伸到圭亚那乃至多米尼加共和国和古巴。

随着此项目的实施，特立尼达和多巴哥天然气出口额将大幅度提高。

炼油化工

Point-a-Pierre炼油厂是特立尼达和多巴哥惟一炼厂，2002年原油加工能力800万吨，热加工和催化裂化能力各145.6万吨，催化重整能力81.7万吨。

Point-a-Pierre炼厂所需原油17%来自国内，其余均来自委内瑞拉、厄瓜多尔、巴西和西非的一些国家。该炼厂85%的石油产品供出口，国内消费仅约95万吨。近年来，该炼厂一直在进行升级改造工作，目标是在2007年之前成为加勒比海乃至整个拉丁美洲第一流的炼厂。

为了提高原油加工能力，2002年9月政府批准建一座新炼厂，总投资额为20亿美元，原油加工能力为1120万吨/年，预计2005年建成。该炼厂紧邻大西洋LNG厂，所需原油将通过加勒比海船运进口，石油产品将出口到加勒比地区和欧洲。

特立尼达和多巴哥是世界上最大的氨和甲醇出口国。世界上最大的甲醇生产商Methanex公司和BP公司已经同意在特立尼达和多巴哥合资兴建一座新甲醇厂，产能170万吨，预计需要4亿美元投资，计划2004年初建成投产。

政策法规

特立尼达和多巴哥油气开采已有50多年的历史，油气立法较为健全。1980年修订的《特立尼达和多巴哥石油法》规定，其领土和领海之内的油气资源属于国家所有，经总统授权，能源部负责向石油公司签发许可证。《石油法》还规定，土地所有者可以在《石油法》规定的范围之内行使其开发地下油气资源的权力。

特立尼达和多巴哥能源部可向石油开发商签发的许可证主要由以下几种：油气勘探许可证、油气勘探开发许可证、石油炼制许可证、液化天然气许可证、管道许可证、油气输送（不包括管道输送）许可证、市场销售许可证和石油化工许可证。

现行两种对外合作标准合同是1996年制定的。一种适用于陆上和浅海区块，一种适用于深水（水深超过200米）区块。

油气勘探开发商所享有的权利主要取决于许可证和签订合同的类型。产量分成合同规定开发商独家享有陆上和海上产量分成区块的油气勘探开发权；勘探许可证规定勘探公司可在公有区块上和其他公司一起进行油气勘探，这种类型的许可证有效期为3年，但如果需要，许可证整体或部分区块有效期可延长3年；勘探开发（公开招标区块）许可证规定勘探开发公司独家享有陆上和海上公开招标区块的勘探、钻井、生产和销售权，这种类型的许可证有效期为6年，但如果继续勘探能够增加石油和天然气储量，则许可证有效期可适当延长，但不许超过25年；勘探开发（非公开招标区块）许可证只限定于陆上非公开招标区块的勘探开发，这种类型的许可证有效期为20年，并且可延长20年。

对外合作

特立尼达和多巴哥天然气近年来的勘探成功吸引了许多外国公司的广泛兴趣。2002年6月初，特立尼达和多巴哥宣布和12家外国公司合作，对超深水区联合进行地震勘探，为下一步区块招标和勘探做准备。

目前，BP—阿莫科是在特国油气领域最活跃外国公司，近几年在该国的勘探生产投资占公司的8%，累计已达6.5亿美元。公司的主要生产区位于东部海域。2002年新签订的协议包括与EOG资源公司和Primera石油天然气公司签订的东南海区块产量分成协议，与BG、BHP、道达尔菲纳埃尔夫等公司签订的3a区块产量分成合同。除了积极吸引外资，政府还不断加强与周边国家的合作。2002年11月，与委内瑞拉签订协议，拟在两国海域交界地区的石油勘探开发方面进一步加强合作。

危地马拉

汇　　率：1美元=8.101格查尔
石油消费：315万吨
石油储量：7205万吨
天然气储量：31 亿米^3
石油产量：117.5万吨
炼油能力：80万吨

2002年危地马拉石油消费315万吨，石油供应对进口的依赖程度较大。2001年进口石油和油品300万吨。

危地马拉是中美洲地区惟一的产油国，且石油生产完全被一家欧洲的Perenco石油勘探公司控制。

Perenco公司在危地马拉的资产包括现有的油田和一条442千米的原油输送管道以及一座年加工能力仅10万吨的小炼油厂，这些资产是2001年Perenco公司从美国Anadarko石油公司购买所得。通过购买资产，公司得到0.72亿吨的石油探明储量和125万吨的年产能。油田位于危地马拉北部的丛林地带，含油层位可能与墨西哥的塔巴斯科层系相当。由于来自环保组织的巨大压力，2002年5月危地马拉总统下令取消了靠近洪都拉斯的Izabal湖附近区块的石油钻探合同。

2002年危地马拉的剩余石油探明储量为7205万吨，全年产油约118万吨；天然气剩余储量30亿米^3。全国仅有炼油能力80万吨。

（上接第105页）

● 勘探开发招标

2002年，玻利维亚国家石油公司（YPFB）对一批陆上油气勘探生产区块进行招标，区块总面积469597千米^2。

Madre de dios区块：面积6.95万千米^2。泥盆系储集层落实，在石炭系、二叠系、白垩系及第三系均有油气潜力。已确认23个远景构造，打了5口探井，其中1口发现石油。

Llanura beniana区块：面积8.62万千米^2。志留系、泥盆系、白　系和第三系有潜在储集层。一半的地区作过地震和航磁勘探，地震剖面识别出了25个构造。

Subandino区块：烃源岩为志留系、泥盆系和二叠系，根据地化分析认为志留系和泥盆系可生成天然气和凝析油，二叠系可生成石油。已确认240个构造，其中20%已钻井，获得数个发现。

Subandino北区块：面积2.96万千米^2。

Subandino南区块：面积4.66万千米^2。

Pie de monte区块：面积2.76万千米^2，已落实的储集层来自泥盆系、石炭系、二叠系、三叠系、白垩系和第三系。地震识别了187个构造，其中50%已钻井，多数井发现石油。

Llanura chaque区块：面积10.35万千米^2，以西为Pie de Monte地区，以东是Altos de Izozog和Michicola地区。烃源岩为志留系和泥盆系，中生代地层有潜在源岩发育。落实的储集层包括志留系、石炭系和第三系。大部分区域已做过航磁、重力和磁力调查及地震测线。地震识别了110个构造，其中一些构造已钻井，部分井发现石油。

Altiplano区块：面积9万千米^2，在西科迪勒拉山脉和奥连特山脉之间。烃源岩为志留系、泥盆系和白　系，具有生气潜力。1960年以来就在该地区开展地质、地球物理和地化研究，地震识别了55个构造，其中4个已钻井，未获发现。

委内瑞拉

汇　　　率：1美元=1163.951博利瓦
石油消费：2290万吨
天然气消费：273.3亿米^3
石油储量：106.58亿吨
天然气储量：41884 亿米^3
石油产量：1.21 亿吨
天然气产量：245.6亿米^3
炼油能力：6411万吨

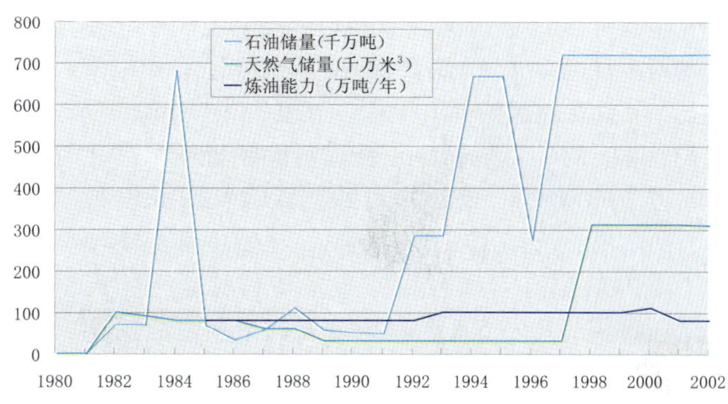

2002年，委内瑞拉的经济受到政治不稳定因素的严重打击，估计呈7%的负增长；商品批发价格指数上涨50%，通货膨胀达30%。其中，经济支柱产业——石油工业的投资和生产受到的影响最严重。"4·11"政变和12月大罢工，使石油工业两度全面瘫痪，给国家经济和财政收入造成了严重损失。2002年石油工业吸引外资的数量也比2001年大幅度下降。

油气消费

委内瑞拉是拉丁美洲的能源消费大国。2002年石油消费2290万吨，比2001年增长了3.2%。天然气消费水平相对较低，2002年为273亿米^3，比2001年减少了6.0%。天然气消费构成中，石油工业占60%，主要是回注；其他包括：发电占10%，石化占6%，其余为民用。

石油出口

石油工业是委内瑞拉的支柱产业，其产值占国民生产总值的30%，占政府预算收入的50%，占国家出口收入的80%。

尽管委内瑞拉经济严重衰退，石油工业面临困境，但石油出口收入将随油价回升而增长。2002年上半年，委内瑞拉向欧盟国家出口石油达19.2万桶/日，比上年同期增长了45%；向美国出口原油110.8万桶/日，成为沙特阿拉伯、加拿大和墨西哥之后的美国第四大石油供应国。

自2000年以来委内瑞拉向古巴出口石油。2000年11月～2002年4月，共出口350万吨石油，价值7.01亿美元，其中1.09亿美元为中期贷款。由于古巴不能及时付款，从2002年4月起，委内瑞拉陆续减少对古巴的出口。9月在古巴支付拖欠油款后委内瑞拉恢复原油出口。古巴从委内瑞拉进口的石油相当于古巴能源消耗的1/3。

PDVSA经营状况

2002年2月7日，委内瑞拉首都加拉加斯举行游行示威，指责查韦斯总统"独裁"，要求总统辞职。2月9日，查韦斯总统指派中央银行副行长、经济学家加斯东·帕拉取代贾塞普罗·拉梅达将军出任PDVSA公司总裁，此举遭到公司职员反对。4月19日，查韦斯为了维护公司的稳定局面，任命前任能矿部长、时任欧佩克秘书长阿里·罗德里格斯为公司新总裁。10月，拉斐尔·拉米雷斯上任能矿部长，表示将一如既往地保持石油政策的连续性。

由于市场需求疲软、油价下跌，尽管PDVSA公司2001年的生产能力没有出现明显下降，但经营利润比2000年下降了40%，仅为43.3亿美元；总收入也下降了14%，总额为462.5亿美元；资本支出增加了6.94亿美元，达38.24亿美元，比2000年增长了22.2%，其中98%用于石油和天然气的开发和生产。

2002年，PDVSA的净利润估计为20亿美元，比上年减少近50%。

石油工业发展规划

2002年12月底，PDVSA公布了与能源矿产部共同制定的2003～2008年五年发展规划，即在今后5年中投资430亿美元发展石油和天然气生产，平均每年超过80亿美元。其中290亿美元将用于油气勘探和开发，使5年后石油产能从现在的300万桶/日提高到500万桶/日，保持6%～7%的年增产量；50亿美元用于天然气项目；40亿美元为石化项目；

30亿美元为石油加工项目。PDVSA自筹资金将达300亿美元，剩下的130亿美元将来自私营公司和国际财团，以借债、集资或贷款方式获得。目前，该公司的债务为90亿美元，占公司资产的约16%。

2002年委内瑞拉能矿部开始启动海上天然气开发规划。计划今后40年共计投资1000亿美元用于海上6个重点地区的油气勘探、开发、生产和加工。这6个地区的项目包括：正在进行的帕里亚半岛北部的苏克雷项目，东部的阿纳科天然气田开发项目，德尔塔纳大陆架天然气项目，巴塞罗那海湾项目，委内瑞拉海湾项目和拉布兰基利亚地区的天然气项目等。PDVSA在每个开发区中所占股份都不超过35%。为了获得巨额的开发资金，委内瑞拉必须寻找跨国合作伙伴。

目前，正在实施的项目共需投资87.3亿美元，运输管网等基础设施建设共需投资12.4亿美元，从而实现天然气新增储量5660亿米^3、新增产能270亿米^3、新增输送能力155亿米^3、液化天然气日产量增加2600万桶。

重大油气发现

2002年10月PDVSA在马拉开波湖南部的苏利亚州Ceuta Tomoporo地区深部岩层又发现了一个蕴藏量达6850万吨的中质油（20ºAPI）大油田，从而使这一地区石油总储量达到约10亿桶。该地区已在湖底浅层探明石油储量约6850万吨。虽然目前还没有确切的储量统计数据，但根据地层压力和出油量的初步研究，该油田未来可望建成2000万吨的产能。

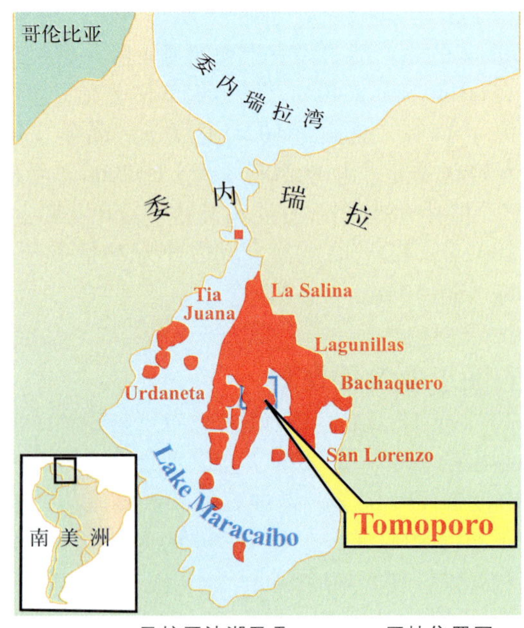

马拉开波湖及Tomoporo区块位置图

油气开采

1. 格化德尔塔纳大陆架天然气开发项目

2002年2月，格化德尔塔纳大陆架天然气开发计划正式启动。德尔塔纳大陆架被划分成5个区块。8月政府与6家跨国公司签订了开发框架协议。12月举行招标，BP公司获得1区块（离特立尼达和多巴哥最近的区块），谢夫隆德士古投标1900万美元获2区块；挪威国家石油公司以3200万美元获得4区块。中标公司需与PDVSA组成合作伙伴，且PDVSA的最高可获得区块35%的权益。

2. 苏克雷天然气开发项目

苏克雷元帅LNG计划原称北帕里亚LNG计划，迄今已三易其名，四次变更股东。2002年6月，委内瑞拉政府最终宣布将国企股份降到49%，具体股份构成如下：委内瑞拉天然气公司49%，英荷壳牌32%，卡塔尔石油公司9%，日本三菱8%，其余2%的股份约5400万美元，将在加拉加斯股市上市。

政府降低国企持股比例主要出于两方面的考虑：一是企业性质转变为私营，以利从国际市场融资；二是作为私营企业可不再受国营企业法律条文和规章制度的限制，有助于提高企业效率和管理水平。此外，2002年政府预算赤字高达80亿美元，降低持股比例可减少政府的投资压力。根据最终股权方案，委内瑞拉在该项目的投资额为13.2亿美元。

该项目计划总投资27亿美元，开发Loran气田并建LNG加工厂。产出天然气除了849万米^3/日供应国内市场外，主要将以LNG出口美国东海岸、中美洲等地区。气田跨委内瑞拉和特立尼达和多巴哥两国，探明储量2915亿米^3。

LNG加工厂产能约400万～470万吨，2007年可望投产并向美国东海岸供应LNG。除了Loran气田外，加工厂还能加工处理德尔塔纳大陆架其他气田生产的天然气。

3. 阿纳科天然气开发项目

阿纳科气田是委内瑞拉最重要的天然气生产基地之一，位于安索阿特吉州的中心地带，面积达8280千米^2，天然气探明储量达5660亿米^3，目前天然气产量约60亿米^3。2002～2006年，计划投资11.7亿美元，使产量提高到250亿米^3。

根据新计划，将在该气田集中兴建7个天然气生产和加工自动化中心，以取代目前正在使用

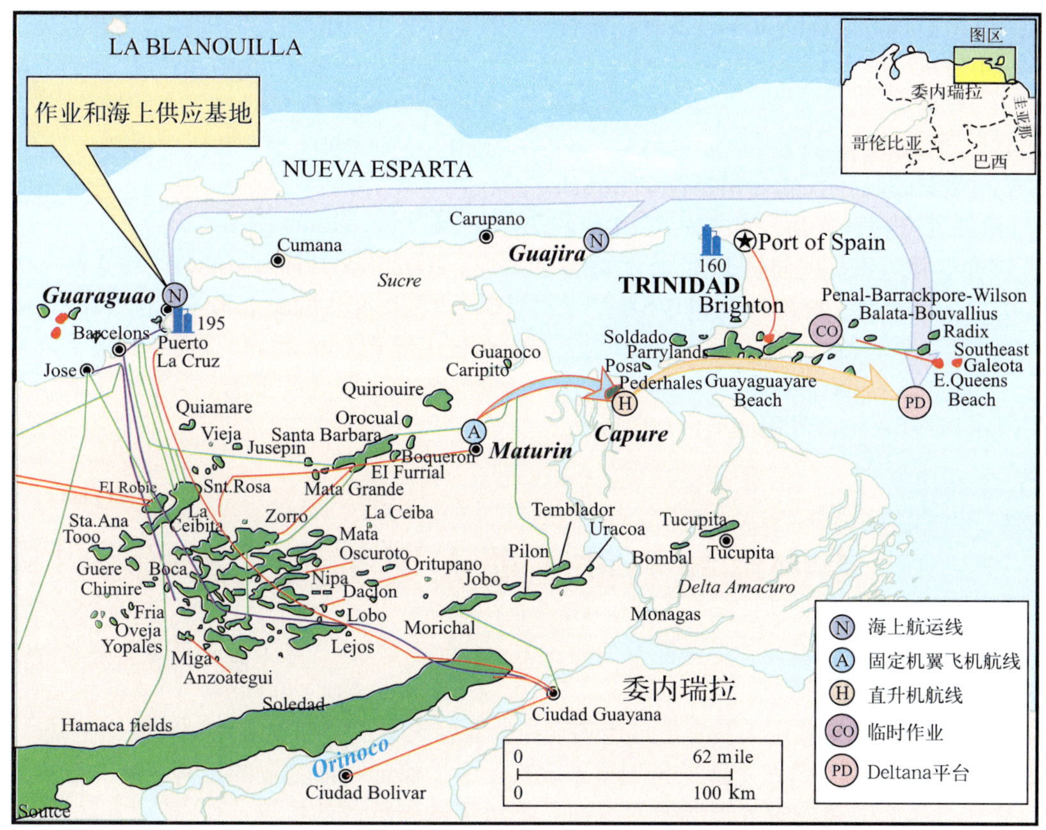

德尔塔纳大陆架平台项目的地勘规划

的55座采气站、28座气体压缩加工厂和9座注水厂，从而对气田进行统一的合理化开发，提高效率，降低损耗和减少浪费，使其符合现代化气田开发生产标准。

为此还将不断进行现有输气管线的扩建。第一期工程计划投资1.2亿美元，完成阿纳科至沿海城市Jose的石化和工业中心的输气管线扩建工程，届时气田产量可提高到80亿米^3；第二期工程计划投资8000万美元完成Barbacoas至Margarita岛的管线扩建。此外还将实施阿纳科-Barquisimeto和阿纳科-Puerto Ordaz管线扩建工程。

4. Quiriquire气田投产

2001年9月气田建成投产，初期日产量为210万米^3，设计年产能26亿米^3。该气田的探明储量为1990亿吨油当量。

5. Corocoro油田等待开发许可

美国大陆石油公司希望尽快解决与委内瑞拉之间的争端，使西部帕里亚湾浅水区块的Corocoro大油田在2003年获准开发，4～5年内投产。该油田于1999年发现，2000年钻了4口评价井，估计油田规模在0.5～0.7亿吨。大陆公司是作业者，持股50%，阿吉普持股40%，PDVSA持股10%。

炼油化工

PDVSA计划在今后3年内筹集10亿美元分别在东部的莫纳加斯州和西部的马拉开波湖东岸的奥赫达城新建两座氮气综合加工厂，产品将用于注入油井帮助采油。PDVSA计划通过这一工程项目引进国外的资金、技术和经验，并计划以多种方式同外国公司进行合作。

经过6年多的市场经营，委内瑞拉Vassa公司生产的白色矿物油和钻探用无毒润滑油目前已成功进入了南美洲和加勒比地区15个国家的市场，在拉美地区市场中占有领先地位，两种产品的市场占有率分别为38%和67%。

Vassa公司是PDVSA下属的Proesca公司与其他两家公司的合资企业，所属炼厂位于北部法尔孔州的帕拉瓜纳工业区内，目前生产能力为年产钻探用无毒润滑油4万吨、白色矿物油2万吨、绝缘油和农用油1.5万吨及2万吨其他产品。

签订合同

1. San Carlos区块

Perez公司获得委内瑞拉中部Guarico次盆地San Carlos区块勘探许可证。区块面积962千米^2，义务工作量包括200千米二维地震测量。后Perez将San

Carlos和另一相邻Tinaco区块的50%权益转让给日本Teikoku石油公司。

2. 天然气开发和销售合同

PDVSA和美Harvest自然公司签订了South Monagas气田开发合同补充协议和天然气销售合同，合同期10年。该气田探明储量56亿米^3，设计产量7.2亿米^3，所产天然气全部售于PDVSA。

3. 乳化油项目合同

中油集团和PDVSA签订乳化油项目合作协议。根据协议，中国与委内瑞拉双方将投资3.3亿美元在委新建一座年产650万吨乳化油的工厂，其中中方投资70%，委方30%。合同期30年，产品返销中国。预计2004年6月建成投产。

4. La Ceiba区块

2002年8月日本石油公团将其在马拉开波湖La Ceiba勘探区块的权益售予德国Veba公司，后者继而转让给PetroCanada。埃克森美孚公司拥有区块50%的权益并为作业者。

委内瑞拉石油工业大罢工及其影响

2002年是委内瑞拉石油工业遭受重创的一年，4月政变和12月大罢工严重影响石油工业乃至国内经济的发展。

4月，PDVSA公司高层人员罢工，后演变成全国性大罢工，引发委内瑞拉政治危机，11日查韦斯政府被推翻，14日在军队支持下重掌政权。为了保证石油工业的正常运转，政府加强对公司的管制，从而引起公司管理层强烈不满，宣布集体辞职以示抗议。

12月2日，委反对派举行第二次全国总罢工，要求查韦斯总统辞职或提前举行大选。PDVSA大批高层经理、主管和部分一线工人、油轮和油罐车队也参加了罢工。不到三周，国内石油工业全面瘫痪，石油出口停顿，国内燃料油储备告急，天然气、化工原材料和食品的供应紧张，经济损失惨重。同时罢工给世界石油市场带来冲击，使国际油价持续动荡并大幅攀升。

12月19日，委内瑞拉动用法律强迫复产。20日晚，查韦斯总统亲自带领军队登上带头罢工的马拉开波湖Pilin Leon号油轮，逮捕并替换船长船员；21日下午，油轮起航，2个小时后到达目的地。这标志着政府开始逐渐控制局势。

到12月底和2003年1月，原油生产和两家大炼油厂已经恢复生产，关闭的港口重新开启。在政府所有的20艘油轮中，有16艘目前正常运营。

罢工给国家和PDVSA造成严重影响。罢工期间石油减产94%，炼油厂几乎停顿，国家损失达13亿多美元。同时PDVSA 100名经理及主管被辞退，1500名雇员被解雇，另招大批新技术人员。

尽管查韦斯总统动用军队控制了国内的石油生产局势，但罢工方态度始终强硬，令委内瑞拉石油业局势依然不明朗。

汇　　率：1 美元 =703.765 智利比索
石油消费：1080 万吨
天然气消费：65.5 亿米^3
石油储量：2055 万吨
天然气储量：979 亿米^3
石油产量：35 万吨
天然气产量：20.0 亿米^3
炼油能力：1024 万吨

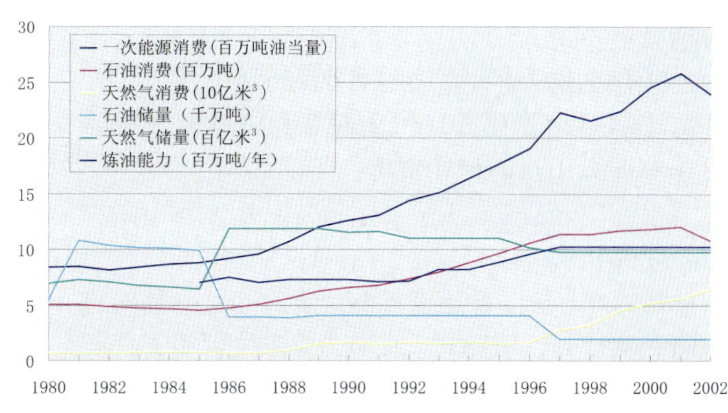

油气消费和进口

2002 年智利油气消费量分别为 1080 万吨和 65.5 亿米^3，比 2001 年均有所增长。

2001 年进口石油和油品高达 1168 万吨。由于智利对石油进口的严重依赖，政府对国际石油市场变化密切关注。目前智利油价并未完全开放，国家用于补贴国内油价的稳定基金仅 4000～5000 万美元。

为了实现燃料消费多样化，确保国家能源安全，近年来政府正大力促进国内天然气消费，其中包括发展燃气发电，计划在 2010 年之前建成 8 个新电厂。智利天然气消费水平也逐年提高，从 1997 年的 17 亿米^3 增长到 2002 年的 65 亿米^3，年均增长 30%左右。但智利本国天然气生产只能满足消费的不到 20%，其余依赖阿根廷管输进口。2002 年 3 月阿根廷发生动乱曾一度导致智利天然气供应短缺。

油气产储量

智利拥有石油资源 1.25 亿吨，天然气资源 4536 亿米^3。

2002 年智利油气剩余探明储量分别为 2055 万吨和 979 亿米^3。2002 年石油产量 35 万吨，均与 2001 年持平。2002 年天然气产量 20 亿米^3。

智利国家石油公司（ENAP）除在本国采油外，还参与了阿根廷、哥伦比亚和厄瓜多尔等国的石油开采，大约有份额产量 1644 万吨。

投资计划

2002 年，ENAP 计划投资 2.99 亿美元，其中 1.35 亿美元用于炼油和原油成品油销售，其余 1.64 亿美元用于本国以及海外石油勘探开发。这是 ENAP 成立以来最高的投资预算，比 2001 年增加了 8.9%，其中 77%由本公司自己承担，其余的 23%依靠借贷。

炼油化工

智利现有炼油厂 3 座，原油加工能力 1024 万吨，热加工能力 104 万吨，催化裂化 261 万吨，催化重整 82 万吨。

智利是加拿大 Methanex 公司的甲醇生产基地之一。该公司是世界上最大的甲醇生产商，在智利有 3 个甲醇厂，甲醇产量 320 万吨。计划 3 年内投资 2.75 亿美元，在智利麦哲伦兴建第四个甲醇厂，使 2005 年甲醇产量提高到 400 万吨。

智利还拥有世界领先的特种化肥生产商 Soquimich 公司。该公司 2002 年上半年营业收入 2.567 亿美元，净利润 1870 万美元。

政策法规

为了鼓励外国公司在智利投资，智利政府已颁布了国际资本汇兑管理新规定，决定取消外汇管制。其具体规定要点如下：

(1)与国外融资贷款、投资、提供资本、证券或 ADRS 等有关的资本汇入均无需事先申请核准；

(2)资本及利润汇出与投资和预付国外融资贷款有关的利润汇出均无需事先申请核准；

(3)资本、利润或其他对国外投资所得利润的汇入均无需事先申请核准；

(4)取消对预付国外融资贷款或加速国外融资贷款所设的特别条款的限制；

(5)取消对发行证券所设的最低风险限制及最低考察期限限制；

(6)取消对可发行或可举外债币别的限制；

(7)取消对发行 ADRS 的限制；

(8)取消对自国外汇入资本扣存准备金的规定；

(9)其他与融资有关的外汇操作仍按官方外汇市场渠道申请；

(10)进出口商可通过民间外汇市场办理全部的外汇进出口结算业务，但需向智利中央银行申报有关外汇进出口的操作情况。

对外合作

2002 年，为了实施麦哲仑盆地 21 个成熟油田的重新开发计划，ENAP 一直努力寻求技术和资金上的合作伙伴。这 21 个油田包括 Anguila，Catalina-Norte，Ostion，Pejerry，Skua，Spiteful，Spiteful Norte，Terramar，Daniel Este-Dongeness，Daniel，Posesion-Canadon，Punta Dilgada Este-Faro Este，Calafate，Catalina，Catalina-Sur，Chanarcillo，Chillan，Cullen，Flaminco，Sombrero 和 Tres Lagos 等。

智利国家石油公司

2002 年前 9 个月，智利国家石油公司（ENAP）盈利约 8200 万美元，与上年同期基本持平，估计全年可实现 1.25 亿美元的盈利目标。

截至 2002 年 8 月，ENAP 在国内外金融市场发行了共计 13 亿美元债券，所筹资金除了还债外，还将用于公司发展。为了进一步筹集资金，2002 年 10 月和 11 月，ENAP 在国内和美国又分别发行了 7300 万美元和 2.9 亿美元的新债券。

亚太地区

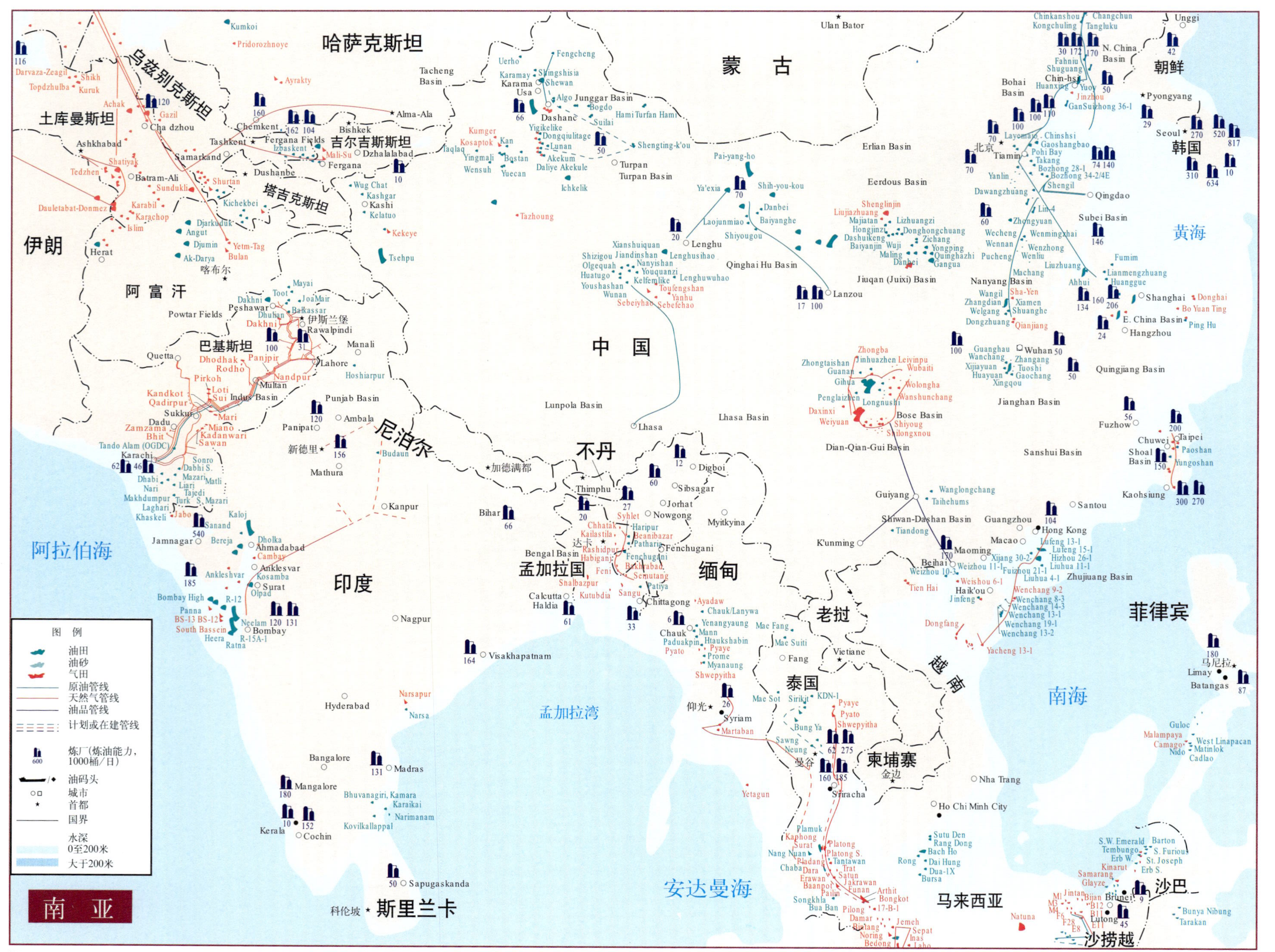

据 International Petroleum Encyclopedia (2003) 改编

据 International Petroleum Encyclopedia (2003) 改编

阿富汗

汇　　率：1美元=4726.3阿富汗尼

石油储量：1300万吨

天然气储量：999 亿米^3

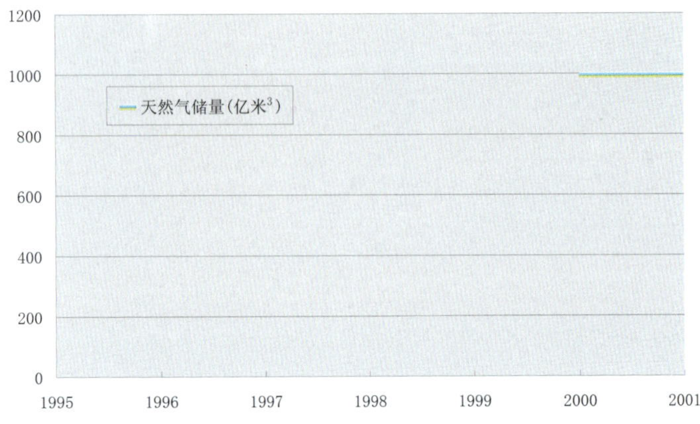

阿富汗是一个贫穷落后的农业国，农业产值占国民生产总值的80%左右。在经历了20多年战乱和20世纪90年代后期3年旱灾后，阿富汗农业受到严重影响。

阿富汗基础设施也因战乱遭受严重破坏，道路损毁严重，许多地区的电力和通信线路不能正常运行。过渡政府的权力有限，地区的对抗势力仍然很嚣张。

阿富汗道路及天然气管道

阿富汗的外援承诺达45亿美元左右。据阿财政部，阿富汗未来5年的经济增长率须保持在12%至14%，才有望铲除战争给阿富汗带来的贫穷。实现这一目标需要国际社会提供150亿美元的援助，同时希望能够得到150亿美元的国内外投资。

2002年9月阿富汗实行新币，旧阿富汗尼对新阿富汗尼的兑换率为100∶1。2003年2月，1美元兑换51新阿富汗尼。更换钱币的目的在于提高钱币的信用程度，原来的货币被贬值得几乎没有价值。另一方面，阿富汗普遍使用美元和邻国货币。

油气进出口

阿富汗只有少量石油资源，所需原油必须依靠进口。相反地，阿富汗的天然气资源相对较为丰富，争取天然气出口是该国的能源发展目标。

阿富汗的石油产品(如柴油、汽油和航空燃料)主要从巴基斯坦、土库曼斯坦和乌兹别克斯坦进口。土库曼斯坦在Tagtabazar(阿富汗边境附近)有油品储运设施，用来向阿富汗西北部供应油品。

20世纪70年代后期天然气生产高峰时，阿富汗向原苏联天然气管网（经乌兹别克斯坦）供应的天然气量占其天然气产量的70%～90%。后因价格和分配问题谈判破裂而中断。20世纪90年代初，阿富汗曾与匈牙利、捷克和西欧国家讨论天然气供应安排，但未能取得进展。

目前，阿正与乌兹别克斯坦商讨通过现有管道出口乌天然气的可能性。

澳大利亚

汇　　率：1美元=1.841澳大利亚元
石油消费：3800万吨
天然气消费：240.0亿米^3
石油储量：4.79亿吨
天然气储量：25470 亿米^3
石油产量：3165万吨
天然气产量：388.1亿米^3
炼油能力：4241万吨

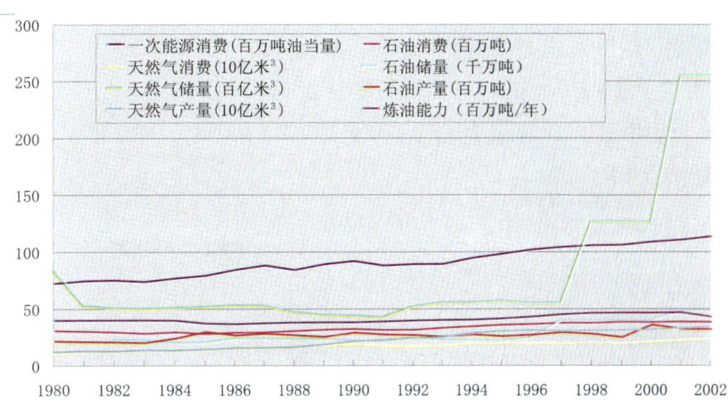

油气进出口

2002年澳大利亚进口石油690万吨。主要进口来源是越南（24%）、印度尼西亚（22%）、马来西亚（8%）和中东（23%）。预测到2010年澳大利亚的石油消费量为4875万吨，国内石油产量2500万吨，石油进口量增加到2375万吨，进口依赖程度上升到49%。

向中国供应LNG

2002年8月中国海洋石油总公司宣布，由中国海洋石油总公司牵头、广东和香港下游用户代表参与组成的中方谈判机构，评估后确定澳大利亚Woodside石油公司旗下的澳大利亚液化天然气公司（ALNG）为中国广东LNG项目一期工程LNG供应方。项目价值134.2亿美元。2002年10月，广东LNG项目一期工程的LNG销售与购买协议(SPA)在澳大利亚堪培拉签署。合同期为25年，合同量为325万吨/年LNG。一期进口LNG主要供应深圳、佛山、广州和东莞四座城市以及大亚湾惠州和深圳前湾燃气发电厂。

预计2008年项目二期扩建后规模将达500万吨/年LNG。二期工程将供应惠州、珠海、肇庆、江门、中山等5座城市。该项目的顺利推进，必将带动中国沿海经济发达地区积极发展LNG清洁能源，以适应经济高速增长和可持续发展的需要。

澳大利亚基础设施图

油气资源量

澳大利亚拥有丰富的天然气资源。随着不断获得新的油气发现，2000年澳大利亚的石油资源量达到5.2亿吨，天然气资源量达到3.25万亿米^3，占世界天然气资源量的0.8%。其中，分布在西北大陆架及澳洲北部的天然气资源共2.83万亿米^3。

澳大利亚一些老油区石油产量几年来持续下降，如最大的吉普斯兰油区的石油产量已从1985年的6.6万吨/日减少到2002年的2.1万吨/日。今后10年澳大利亚的原油产量将大幅下降，2001年澳大利亚平均日产8.7万吨原油，预计2005年将下降33%，2010年将下降50%。

钻井活动持续减弱

2002年，澳大利亚共钻探井89口，比2001年少钻38口。其中，海上钻探井46口，较上年减少13口；陆上钻探井43口，减少25口。

2002年，澳大利亚钻开发井82口，比2001年少钻5口。

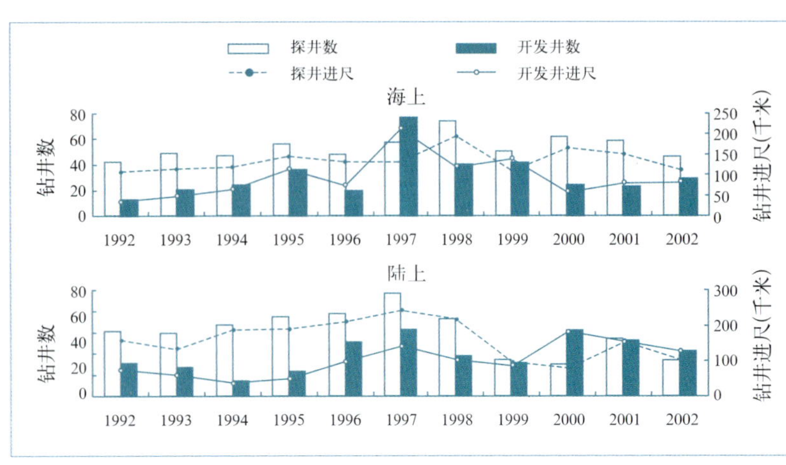

1992～2002年澳大利亚钻井情况

地震勘探总体水平继续下降

2002年，澳大利亚完成三维地震7013千米^2，其中陆上583千米^2，海上6430千米^2，工作量仅是2001年的1/3左右。

完成二维地震14512千米，其中陆上3438千米，海上11074千米。2002年二维地震工作量还不足2001年的1/4。

勘探成功率有明显提高

进入21世纪以来，澳大利亚的油气探井成功率一直较高。2002年是1∶2.1，相比1990年为1∶3.3。

1990年至2002年澳大利亚陆上和海上的油气发现成功率见下表。按澳大利亚地学研究所的定义，只要能采出可测数量的油或气，或录井和测井记录能推测含油气，即认为这口井是发现井。因此油气发现并非一定是商业性发现。

海上重大发现

2002年，澳大利亚共发现30个油气田。其中，海上12个，陆上18个。

其中，海上最大的发现是位于维多利亚奥特韦盆地的Casino气田。其他海上油气发现，除一个位于博纳帕特盆地外，其余均位于卡纳尔文盆地内陆水域。

陆上获得6个石油发现，9个天然气发现，3个油气发现。在库帕/埃罗曼加盆地有8个发现（3个气田，5个油田），卡纳尔文盆地有4个发现(2个气田，2个油气田)，奥特韦盆地有1个油田发现，鲍恩/苏拉特盆地发现1个气田，佩思盆地发现1个油田。

1. Casino天然气发现

Casino天然气发现位于计划进行开发的Minerva和La Bella气田附近。其天然气储量高达39.6亿米^{3}干气，惰性气体含量低于4%，其中二氧化碳含量约1%，这将极大降低气田的开发和处理成本。气田作业者是Santos公司，持股50%。

2. Exeter石油发现

2002年4月，Santos公司在澳大利亚北部海上获得Exeter大型石油发现。发现井Norfolk-1位于卡纳尔文盆地WA-191-P区块，Woodside公司的Legendre油田附近，距丹皮尔市150千米，距1998年Mutineer-1发现井1.7千米，距1997年Pitcairn-1石油发现3.3千米。井深3274.2米，钻遇29.9米Angel优质砂岩油层。可采储量达959万吨。Santos计划对发现井测试后再钻扩边井，成功后可与已有的油气发现同时开发。全部发现的石油可采储量将高达1500万吨。

1990～2002年澳大利亚探井成功率

年份	陆上成功率	海上成功率	全国成功率
1990	1:2.8	1:4.2	1:3.3
1991	1:2.4	1:8.0	1:3.1
1992	1:3.3	1:4.7	1:3.7
1993	1:2.6	1:3.3	1:2.8
1994	1:1.8	1:3.3	1:2.1
1995	1:2.5	1:3.8	1:2.8
1996	1:2.8	1:2.7	1:2.8
1997	1:1.9	1:4.6	1:2.3
1998	1:2.1	1:4.1	1:2.7
1999	1:2.5	1:3.5	1:3.0
2000	1:3.1	1:2.2	1:2.4
2001	1:1.8	1:3.6	1:2.4
2002	1:1.5	1:3.0	1:2.1

2003 年澳大利亚发现的油气田

作业者	发现名称	油气性质	盆　地	位　置	区　块
			海　上		
Apache	Double Island	石油	卡纳尔文盆地	西澳大利亚	TP/8
Apache	Pedirka	石油	卡纳尔文盆地	西澳大利亚	TP/8
Apache	Little Sandy	石油	卡纳尔文盆地	西澳大利亚	TP/8
Apache	Victoria	石油	卡纳尔文盆地	西澳大利亚	TP/8
Apache	Hoover	石油	卡纳尔文盆地	西澳大利亚	TP/8
Santos	Exeter	石油	卡纳尔文盆地	西澳大利亚	WA-191-P
Coastal	Cash	石油	博纳帕特盆地	北部地方	AC/P20
Santos	Casino	天然气	奥特韦盆地	维多利亚	Vic/P44
Apache	Endymion	天然气	卡纳尔文盆地	西澳大利亚	TL/1
Apache	Selene	天然气	卡纳尔文盆地	西澳大利亚	TL/1
Apache	Immortelle	油气	卡纳尔文盆地	西澳大利亚	TP/7R1
Apache	Taunton	油气	卡纳尔文盆地	西澳大利亚	TL/2
			陆　上		
Santos	Tellus South	天然气	库帕/埃罗曼加盆地	昆士兰	ATP259P
Santos	Buttress	天然气	奥特韦盆地	维多利亚	PEP154
Origin	Port Fairy	油气	奥特韦盆地	维多利亚	PEP152
Santos	Stokes Central	天然气	库帕/埃罗曼加盆地	昆士兰	ATP259P
Stuart	Acrasia	石油	库帕/埃罗曼加盆地	南澳大利亚	PEL90
Santos	Acrus	天然气	库帕/埃罗曼加盆地	昆士兰	PL131
Beach	Sellicks	石油	库帕/埃罗曼加盆地	南澳大利亚	PEL92
Beach	Maslins	石油	库帕/埃罗曼加盆地	南澳大利亚	PEL94
Beach	Aldinga	石油	库帕/埃罗曼加盆地	南澳大利亚	PEL95
Mosaic	Norkam	天然气	鲍恩/苏拉特盆地	昆士兰	ATP471P
Beach	Henley	石油	库帕/埃罗曼加盆地	南澳大利亚	PEL95
Origin	Jigemia	石油	佩思	西澳大利亚	EP413R1
Santos	Sardine Creek	天然气	鲍恩	昆士兰	ATP337P
Santos	Seamer	天然气	奥特韦盆地	维多利亚	PEP153

宏伟的管线计划

澳大利亚是亚太地区管道建设的热点地区，新建和计划建设的管道里程达 8707 千米。近年来，接连不断的油气发现拉动了管道建设的发展。重要的管道建设项目包括：

(1) 东南澳大利亚天然气公司投资 5 亿美元建设的 SEA 输气管道按计划将于 2004 年 1 月开始运营。该管道从维多利亚坎贝尔港到阿德雷德，全长 677 千米，口径分别为 355 毫米（336 千米）和 457 毫米（341 千米）。

(2)Wood Energy Ltd 公司将建设一条 992 千米输气管道，以将波拿巴湾（Bonaparte Gulf）的天然气输送到戈夫。该管道从达尔文西部海上开始，穿过马塔兰卡和东北部到戈夫。

(3)在新南威尔士，AGL公司计划建设Central Ranges 天然气管道。该管道从达博到塔姆沃恩，长 301 千米，口径 150 毫米或 203 毫米，同时包括通往该地区数个城镇的支线。

(4)Enertrade 公司正在办理汤斯维尔发电厂管道建设的批文。该管道长 389 千米，口径 250 毫米，将把昆士兰中部的莫兰巴煤层气田气输送到汤斯维尔电厂和附近的亚布卢。该管道将于 2004 年开工建设。

(5)雪佛龙澳大利亚公司计划建设价值 60 亿美元的 Gorgon 输气管道，用以开发 Gorgon 海上气田和向一家石化厂供气和生产 NGL。

(6)雪佛龙澳大利亚公司从班伯里至奥尔巴尼并有可能延伸到埃斯佩兰斯的丹皮尔—班伯里天然气管道（DBNGP）扩建的可行性研究正在进行之中。

(7)Newcrest Mining 公司正在调研建设一条从 Hedland 港至 Telfer 管道的可行性。这条管道长 437 千米，口径 152～203 毫米。

(8)澳巴两国政府已批准了澳巴输气管道需要政府批复的绝大多数手续以及环境影响研究报告。

(9)巴斯海峡跨海管道建成。2002 年 9 月 3 日，Duke 国际能源公司(DEI)塔斯马尼亚天然气管道工程完成。新建成的输气管道长 732 千米，是澳大利亚最长的海底管线，它穿过巴斯海峡将天然气送至塔斯马尼亚州，并与澳大利亚天然气网络相连。工程耗资 2.46 亿美元，包括修建海底及地下管道，并将塔斯马尼亚的 Bell 湾发电站改造为燃气电站。

税收改革进步

2002 年 10 月 27 日，澳大利亚石油开采和勘探协会（APPEA）在年会上明确提出：澳大利亚政府应采取税收鼓励措施促进石油勘探，特别是深水石油勘探，以缓解澳大利亚石油储量不断下降的形势；政府应增加石油投入，特别是深水石油生产投入；必须承认深水开采需大量资金，并且在最初几年没有回报。协会强调，增加天然气出口弥补不了因石油产量下降造成的进口成品油的费用。

2002 年，澳大利亚联邦、州和地方政府能源部长组成的能源部长会议提出，澳大利亚国家能源政策包括扩大能源市场，鼓励广泛参与澳大利亚的天然气开发。5 月，澳大利亚联邦政府决定将天然气分配和运输设施的有效寿命折旧时间限定在 20 年，而不是澳大利亚税务部门提出的 50 年。澳大利亚天然气局（AGA）认为，50年的期限将降低折旧率，严重影响数十亿美元天然气基础设施开发。但目前实行的天然气定价政策不利于执行20年的折旧期限。

澳大利亚与东帝汶达成资源分配协议

澳大利亚北部和东帝汶之间的海域富含油气资源。两国间的最近距离只有230海里。按国际法，两国都将海上200海里海域视为本国领海。

2002年5月24日，澳大利亚与新近独立的东帝就分配帝汶海石油与天然气收益事宜签署协定，内容包括：

(1)东帝汶获得90%联合石油开发区（JPDA）内的石油收益，澳大利亚获得10%；

(2)推迟永久性海床边界谈判；

(3)维持现有的油气项目(包括Bayu-Undan, Greater Sunrise和Elang-Kakatua)合同条款状况不变；

(4)由澳大利亚决定修建JPDA到澳大利亚的管线；

(5)联合开发Greater Sunrise油气田，该气田20%的面积位于JPDA内，80%位于澳大利亚管辖区内；

(6)协定有效期30年。

澳大利亚政府表示，两国已达成的协定是临时性的，在永久性边界划定前共同开发帝汶海的油气资源，东帝汶将获得绝大部分收益。

海上招标

2002年6月，澳大利亚联邦政府宣布提供37个新的海上区块进行油气勘探招标。其中15个位于澳大利亚西部海上，1个位于阿什莫礁和卡铁尔岛海上，4个位于维多利亚海上，9个位于北部海上，8个位于塔斯马尼亚和澳大利亚南部海上。7个区块的截标日期为2002年10月24日，其余的截标日期为2003年4月30日。

分析家认为最有吸引力的包括卡纳文盆地Exmouth Plateau地区的WO27-11区块、博纳帕特盆地Petrel次盆地的NT022-5区块和巴斯盆地的TO2-3-4区块。

澳大利亚与东帝汶合作区

巴基斯坦

汇　　　率：1 美元 =62.262 巴基斯坦卢布
石 油 消 费：1790 万吨
天然气消费：208.9 亿米^3
石 油 储 量：4253 万吨
天然气储量：7461 亿米^3
石 油 产 量：300 万吨
天然气产量：262.5 亿米^3
炼 油 能 力：1169 万吨

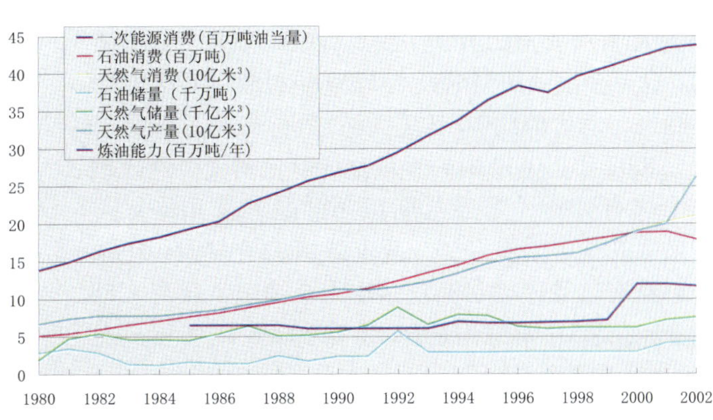

油气储量继续增长

2002 年底，巴基斯坦剩余油气储量分别为 4253 万吨和 7461 亿米^3，比 2001 年分别增加 168 万吨和 364 亿米^3，增幅达 4.1% 和 5.13%。

2002 年巴基斯坦石油产量为 300 万吨，天然气产量 262.5 亿米^3，比 2001 年分别增加 1 万吨和 7.2 亿米^3，增幅为 0.4% 和 2.8%。

增加石油储备

鉴于美伊战争，巴政府内阁经济协调委员会将巴石油战略储备期确定为 21 天。印巴局势紧张期间，储备期延长至 28 天。考虑到巴 90% 的石油自沙特、科威特和阿联酋进口，一旦海湾发生战争，巴难以保障来自海湾的石油供应不受影响，专家建议将石油战略储备期定为 60 天。巴政府要求炼油厂、发电厂和石油经销公司增加储备。

巴在友善的“沙特石油援助”计划下每天从沙特进口 1.1 万～1.4 万吨石油，以优惠的付款方式从科威特进口石油。最近巴又与科威特石油公司签订了一项为期三年的供油协议，科每年向巴供应 350 万吨柴油。由于国际市场石油价格高涨，巴本财年石油进口总支出可能达到 35 亿美元，政府从石油销售中获得 900 亿卢比的税收。

跨国输气管线签约

2002 年 5 月 31 日，巴基斯坦总统穆沙拉夫、土库曼斯坦总统尼亚佐夫和阿富汗临时政府主席卡尔扎伊在巴基斯坦首都伊斯兰堡签署了建设跨国天然气管道协定。美国政府支持兴建这条管道。

拟建的天然气管道从土库曼斯坦首都阿什哈巴德，穿越阿富汗的坎大哈省，到巴基斯坦的木尔坦，全长 1460 千米，预计每年可输送 150 亿～300 亿米^{3}天然气，工程总耗资为 20 亿～25 亿美元，计划于 2005 年以前建成。管道建成后，土库曼斯坦的天然气可以通过较短的途径出口到东南亚和欧洲等地，而阿富汗每年将获取 1 亿美元的天然气过境费。

油气田出售

巴基斯坦政府私有化委员会（PPC）于 2002 年招标拍卖 9 个油气田的工作权益，包括 Adhi、Badin-I、Badin-II、Dhurnal、Mazarani、Minwal、Pariwal、

土库曼斯坦—阿富汗—巴基斯坦输气管道

Ratana和Turkwal油田。其中，Badin-I油气田是此次招标中最有价值的项目，其石油储量为849万吨，天然气储量为90亿米^3。这是继巴基斯坦出售经营液化石油气（LPG）的南苏伊天然气管道公司和北苏伊天然气管道公司之后的首次大型油气拍卖活动。这9个油气田当前日产1233吨石油和170万米^{3}天然气，总价值约10亿美元。

2002年巴基斯坦的外债达380亿美元。这次油气田国有股转让是巴基斯坦为削减外债和恢复经济采取的重要措施之一。截止到2002年7月，巴基斯坦私有化管理委员会已售出5个油田，获得1.58亿美元。这5个油气田是Badin-I、Badin-II、Turkwal、Dhurnal和Ratana。

BP巴基斯坦勘探生产公司和西方石油巴基斯坦公司将其Badin-I油气田的投标价格由1.315亿美元提高到1.43亿美元，这是出价最高的联合投标公司。早先，两公司已共同控制Badin-I油气田60%的股份，现在它们希望收购政府持有的另外40%股份。Attock石油公司已将其对Turkwal油气田的投标价格由160万美元增加到200万美元。

巴基斯坦国家石油公司私有化

由于“9·11事件”和阿富汗战争，巴基斯坦的私有化计划被推迟。

2002年8月12日，巴基斯坦开始出售国家油气开发公司51%的国家控股，但未提出截标日期。

2003年1月28日，巴基斯坦总统穆沙拉夫批准该国最大的原油分配公司巴基斯坦国家石油公司（PSO）的私有化改革计划。PSO的公司资产约为300亿卢比（4.91亿美元），在巴基斯坦国内销售市场上占有超过70%的市场份额。

朝鲜

汇　　率：1美元=2.2圆
石油消费：400万吨
炼油能力：355万吨

朝鲜是世界上仅存的少数几个中央集权国家，集体农业和国营公司占全国经济活动的90%左右。2001年朝鲜GDP为155亿美元。据韩国中央银行估计，2001年朝鲜的GDP增长率为3.7%，高于2000年的1.3%。

朝鲜正实施对外开放策略，开始吸引外国投资，韩资企业的生产总值已超过1亿美元。

能源消费

朝鲜国内能源主要是煤炭和水电。2000年煤炭占一次能源消费的86%左右，石油消费约为1.1万吨/日，在一次能源消费构成中仅占6%。石油主要在不可替代的情况下使用，如发动机的汽油和柴油以及喷气发动机的燃料等。

朝鲜不生产油气，所需石油全部依赖进口，其中以原油为主。2001年朝鲜的炼油能力为1万吨/日。

朝核问题

朝核问题始于20世纪90年代初。当时，美国以其卫星照片为依据，怀疑朝鲜有用于研制核武器的设施，扬言要对朝鲜的核设施实行检查。朝鲜反复声明它没有制造核武器的打算和能力，同时指责美国在韩国部署核武器威胁它的安全。

1992年5月至1993年2月，朝鲜接受了国际原子能机构6次不定期核检查。1994年10月，朝美两国在日内瓦签署了关于朝核问题的《框架协议》。根据协议，朝鲜同意冻结核发展计划，美国将负责在10年时间内为朝鲜建造一座2000兆瓦或两座1000兆瓦的轻水反应堆；在轻水反应堆建成前，美国将同其他国家一起向朝鲜提供重油，作为能源补偿。

2002年12月，美国以朝鲜违反朝美核《框架协议》为由停止向朝提供重油。在美国停止向朝鲜提供重油后，朝鲜于2002年12月22日宣布解除核冻结，拆除国际原子能机构在其核设施安装的监控设备，重新启动用于电力生产的核设施，并于2003年1月10日发表声明宣布退出《不扩散核武器条约》，同时表示朝鲜无意开发核武器。

对外合作

朝鲜油气资源贫乏，最有希望的地区位于朝鲜湾西部。一般认为朝鲜湾西部是中国渤海湾的地质延伸部分。

朝鲜与四家外国公司签有勘探开发合同：

瑞典的Taurus石油公司获得朝鲜西部沿海B和C两区块的石油勘探合同。地震证实合同区内可能存在含油气构造。

英国的Soco国际公司获得A区块合同。

澳大利亚的海滩石油公司（Beach Petroleum）获得了朝鲜东部沿海的一个区块。

2001年11月，新加坡的Sovereign公司获得朝鲜陆上的第一个区块，合同区位于中国边界附近的Tachon-Rajin地区。2002年9月，地震资料初步证实合同区内存在一些中小油气田。

俄韩跨国天然气管线

朝鲜没有油气管线。朝鲜希望韩国铺设俄韩跨国天然气管线时通过朝鲜。实际上，此天然气管线通过朝鲜比通过朝鲜湾要经济得多。

菲律宾

汇　　率：1美元=51.730菲律宾比索
石油消费：1560万吨
天然气消费：17.8亿米^3
石油储量：2082万吨
天然气储量：1067 亿米^3
石油产量：70万吨
天然气产量：0.1亿米^3
炼油能力：2098万吨

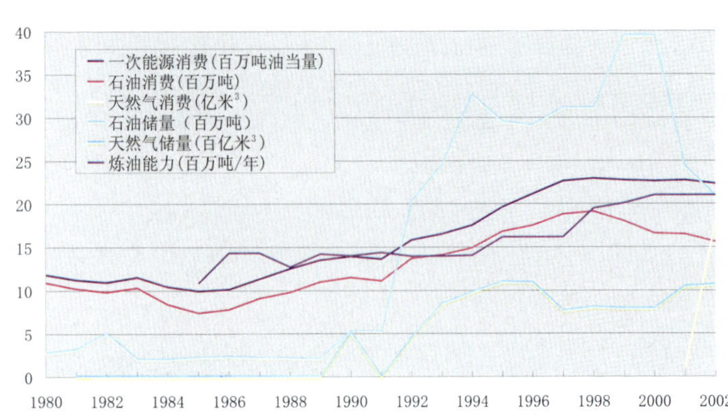

2001年阿罗约总统执政以来，菲律宾进行了全面的经济改革，取消了对能源部门的管制，出台了一些鼓励外资的政策，国民经济得到快速发展。2002年菲律宾GDP为780亿美元，增长率为4.4%，通货膨胀率为4.9%。

能源消费

2002年，菲律宾的原油消费量约为4.7万吨/日。随着国民经济的恢复和增长，多数行业的石油需求量均有不同程度增加，预计今后几年石油消费年增长率超过5%。政府将淘汰一些旧的燃油发电厂，或将其改造成燃气电厂，预计电力部门的石油需求将迅速下降。

油气进口

随着国内能源消费增加，菲律宾2002年原油净进口量达43622吨/日。由于过分依赖进口原油，菲国民经济难以应付国际油价的突发性上涨。

菲律宾能源政策的基本原则是鼓励国内天然气生产，同时允许进口天然气。LNG进口正受到越来越多的关注。菲律宾国家石油公司(PNOC)已与BP公司签订进口印尼Tangguh的LNG意向书，考虑在Bataan建一个LNG气化终端，向马尼拉市场供应进口天然气。

油气发现

2001年10月，在马兰帕亚气田之下发现了储量达1164万吨的凝析油藏。

对外合作

在马兰帕亚盆地已启动6个新的海上勘探项目，获得这6个项目的分别是Nido石油公司、PNOC勘探公司、泛亚石油公司（Trans-Asia Oil）、加州联合油公司和Philodril公司。

炼油

2002年，菲律宾炼油能力为2098万吨。菲律宾石油下游工业由Petron公司、Pilipinas壳牌公司和加德士菲律宾公司经营。菲律宾炼厂的开工率约80%，没有建设新炼厂的市场需求。

Petron是菲律宾最大的炼油和油品营销公司，经营Limay炼厂和Bataan炼厂，原油加工能力为2.5万吨/日。Petron的市场份额约为39%。

加德士菲律宾公司经营1座11849吨/日的炼厂、2座进口原油码头和1000座加油站。

Pilipinas壳牌经营2.1万吨/日的炼厂和1000座加油站。

零售

自1998年菲律宾取消石油零售市场管制以来，菲律宾产生了62家石油零售公司，包括道达尔、Flying V、Sea Oil(菲律宾)、东方石油、泛亚能源和Unioil石油菲律宾公司等大石油公司，在菲律宾新建数百座加油站。尽管Petron公司、Pilipinas壳牌公司和加德士菲律宾公司仍主导着菲律宾石油市场，但这62家公司的油品市场份额正在逐渐增加，已由2000年的10%到2003年中期增至17%。

韩国

汇　　率：1 美元 =1249.794 韩元
石油消费：10500 万吨
天然气消费：262.2 亿米^3
石油储量：1370 万吨
天然气储量：340 亿米^3
石油产量：2.5 万吨
炼油能力：12801 万吨

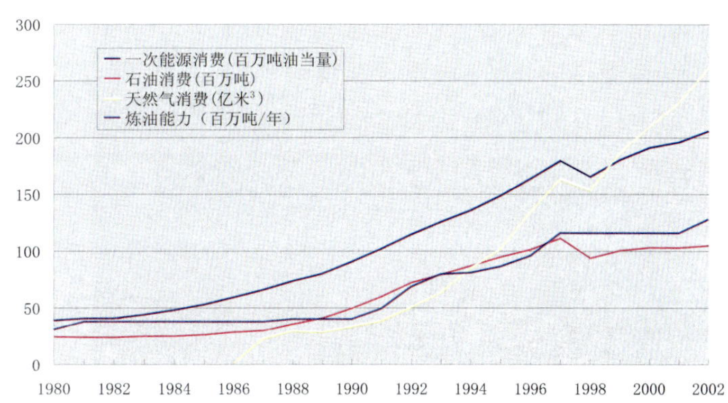

1997～1998 年亚洲金融危机后不久，韩国经济强劲恢复。2000 年 GDP 增长率 9.2%，2001 年为 3.3%，2002 年估计为 5.8%。虽然出口增长疲软，但经济恢复受到国内需求支持。政府消费增加，主要是基础设施项目，是国内需求增加的主要因素。

能源消费

2002 年韩国石油消费量为 1.05 亿吨，石油消费占韩国一次能源消费的 56%。2002 年韩国天然气消费量为 262 亿米^3，占一次能源消费的 10% 左右。2002 年，韩国 LNG 需求量开始回升，达到年 1700 万吨，预计 2010 年可能达到 2600 万吨，2015 年达到 3300 万吨。

油气进口

2002 年，韩国继续 LNG 接收终端的改扩建工程建设。韩国天然气公司（Kogas）正在对 Pyeong Taek 和 Inchon 的 2 座 LNG 终端进行扩容改造。2002 年 6 月，位于汉城以南广阳（Kwangyang）地区 170 万吨 / 年 LNG 接收终端项目破土动工，计划 2005 年上半年完成。位于 Tong Yung 的第三座 LNG 接收终端也将开工。

几年来韩国积极参与中俄韩跨国天然气管道可行性研究，希望自 2008 年从俄罗斯获得 100 亿米^3/年管道天然气。计划的天然气管道北起俄罗斯伊尔库茨克州科维克金气田，经满洲里进入中国后从大连铺设海底管道延伸到韩国仁川，全长 4887 千米，年输送天然气 340 亿米^3，包括气田建设预计投资 170 亿美元。此管道也可能经过朝鲜。2001 年朝鲜和韩国同意就该管道项目联合进行可行性研究。

勘探开发

韩国国家石油公司（KNOC）正在开发 Ulleung 盆地海上 Donghae-1 气田。该气田距蔚山 60 千米，储量估计仅 54 亿米^3，投产后仅能满足韩国天然气需求量的 2%。由于它将是韩国的第一个商业性油气田，具有重要的战略意义。气田计划钻 3 口水下井，生产的天然气从水下回接生产平台，然后通过管道输至陆上天然气处理厂。已有多个钻井合同授予哈里伯顿公司。

韩国国内油气资源匮乏，因而除在本国海上进行勘探外，主要是在世界范围内寻求石油勘探开发权益。KNOC 已在海外 13 个国家中拥有 18 个勘探开发项目，包括也门、阿根廷、秘鲁、北海、委内瑞拉、利比亚和越南的油田。

韩国天然气公司私有化暂停

因工会的强烈反对，以及缺乏私有化法律依据和私有化可能带来的产业结构问题，韩国天然气公司私有化被迫暂停。Kogas 的私有化始于 1999 年，计划公开出售 33% 的股份。埃克森美　和 Petronas 分别递交了购买公司 15% 股份的标书。

油气消费与进出口

柬埔寨国内民用和工业用炼油制品完全依赖进口，大部分来自泰国、新加坡和越南。2001年柬埔寨消费油品8.2万～11万吨（不包括走私油）。

2002年4月，为确保东南亚国家联盟地区未来能源供应安全，东盟石油委员会（Ascope）委托马来西亚组织成立横贯东盟的输气管线TAGP工程特别工作组，实施完成管线的总体规划工作。柬埔寨成为工作组成员之一，其他成员包括文莱、印度尼西亚、马来西亚、菲律宾、新加坡、泰国、越南和缅甸。

油气资源与储量

柬埔寨的天然气资源比石油资源丰富。最有利的含油气地区包括：

(1)泰国暹罗湾海上OCA地区，面积2.7万千米^2，柬埔寨和泰国双方宣称拥有主权。估计具有3115亿米^{3}天然气储量和未确定的凝析油、石油储量。

(2)海上I～VII区块，面积3万千米^2，地质上覆盖部分高棉海槽。

(3)柬埔寨陆上西北部的洞里萨盆地，面积约3万千米^2。

油气勘探开发

20世纪90年代前，柬埔寨陆上几乎没有钻井。20世纪50年代后期，中国、原苏联、波兰、法国和美国的地质学者和石油公司曾先后在柬埔寨开展过少量的地质工作。90年代中期，柬埔寨在滨海水域进行的局部油气勘探，获得了几个较小的发现。

1. 海上OCA地区

自1922年以来，柬泰两国在北大年盆地和高棉海槽OCA水域一直存在主权争议，1991年和1997年，两国先后把争议区授予外国公司勘探。

1998年柬成立国家石油局（CNPA），管理柬埔寨国内石油工业发展。当时在泰国与柬埔寨接壤的北大年盆地获得的石油发现，使CNPA十分鼓舞。

2. 海上无争议区

1987年，苏联和柬埔寨对海上无争议海域进行了地质和地球物理研究。1991年柬埔寨出台新的石油法，开发19个陆上区块和7个海上区块，并进行许可证招标。20世纪90年代，柬埔寨与外国公司签订海上I～IV区块产量分成合同。

1991至1998年间，曾有几家外国石油公司先后在柬海域钻了9口油井，其中3口发现有不同数量的天然气、凝析油和轻质低硫含蜡原油，发现的天然气储量不足60亿米^3。由于测试产量不到31吨/日，以及受当时世界石油价格的影响，1997年底这些公司停止进一步的勘探开发。

之后，CNPA将海上I～VII区块重新合并为一个整体开展研究。以Woodside公司为首的财团进行了为期15个月的广泛的研究和重新评价工作。2001年柬埔寨开始与雪佛龙和日本三井公司（Moeco）谈判产量分成合同，以及与Woodside公司为首的集团谈判勘探条款。

截至2001年，柬埔寨近海油井都分布在高棉海槽，其地质条件与高产的北大年盆地十分相似。油气赋存在薄层砂岩中，被大量断层切割形成复杂圈闭。

3. 陆上洞里萨盆地

1996年，日本国家石油公司（JNOC）获准对柬埔寨洞里萨盆地地区（48000千米^2）和 公河三角洲盆地（6000千米^2）进行航磁和重力测量。这次测量是原苏联在20世纪80年代后期所做研究的继续，在洞里萨盆地3500～4500米深度发现两个沉积构造，在湄公河三角洲也发现一个深层沉积构造。1999年日本公司的租用权到期。2001年CNPA准备将JNOC的资料出售，吸引其他外国公司对洞里萨盆地进一步勘探，尤其希望在该地区进行地震勘探。

炼油现状

2001年，柬计划重建炼厂，减少油品进口费用，改善国家财政收支状况。

对外合作

柬埔寨政府将发展柬石油工业视为经济发展最优先的领域之一。2001年，柬埔寨成立国家能源和天然气开发工作组，希望开发国内天然气资源，将其用于发电。工作组制定的新能源政策包括：建立良好的投资环境，鼓励和吸引外国投资柬埔寨能源领域（包括基础设施建设）；通过购买具有价格优势的电力供应，在柬建立出口型企业。

到2001年，柬埔寨的投资环境已有很大改善，CNPA还准备进一步简化与外国公司的签约程序。CNPA寻求外资投资柬埔寨石油工业的领域包括：恢复海上勘探；进一步勘探陆上含油气潜力；开发建设必要的基础设施，用于支持油气工业活动。

1. 海上OCA地区

2001年6月泰国首相达信对柬埔寨进行正式访问。其间，泰柬两国签署了联合开采两国沿岸2.4万千米^{2}海域石油的谅解备忘录，并成立了联合技术委员会。双方同意联合开发OCA内区块II、III和IV的油气资源，将其称为“联合开发区（JDA）”；并确定了北部区块I的海上边界，将区块I称为“已确定边界的地区”。

2002年4月，BP公司计划出售在泰国湾两个油气区块的股权。BP公司20世纪70年代获得这两个区块，拥有两区块50%的股权，日本出光石油开发公司拥有剩余股权。这一区域位于泰国湾主要生产油田的北部，估计储量为9905亿米^{3}天然气和1.4亿吨油，前景十分乐观。由于区块地处泰国和柬埔寨争议水域，一直未能投入勘探和开发。

2. 海上A区块

2002年3月，柬埔寨国家石油管理局批准雪佛龙德士古海外石油（柬埔寨）公司和日本三井石油勘探公司（Moeco）获得柬埔寨海上区块A的石油勘探许可证。区块A位于泰国湾东部，柬沿海约120千米的 罗湾海上，面积6278千米^2。作业者为雪佛龙德士古海外石油（柬埔寨）公司，公司拥有区块70%的权益，另外30%归三井石油勘探公司持有。两家公司计划于2002年底或2003年初开始的三年内在规定海域钻探井。

这是雪佛龙德士古首次进入柬埔寨石油勘探领域。1995年，该公司已进入柬埔寨下游零售市场。雪佛龙德士古公司还在泰柬有争议的泰国湾泰国一侧开采原油。

3. 陆上洞里萨盆地的情况

CNPA在2001年表示，有许多公司对洞里萨盆地感兴趣。2001年1月，中石化集团（Sinopec）曾访问金边。CNPA还同英国及俄罗斯的公司就日本JNOC公司所取资料的销售和开展二维地震的可行性进行谈判。柬政府表示，如有5家以上的公司对洞里萨盆地感兴趣，就会安排竞标。

马来西亚

汇　　率：1 美元 =3.803 林吉特

石油消费：2250 万吨

天然气消费：270.0 亿米^3

石油储量：4.11 亿吨

天然气储量：21225 亿米^3

石油产量：3800 万吨

天然气产量：416.0 亿米^3

炼油能力：2580 万吨

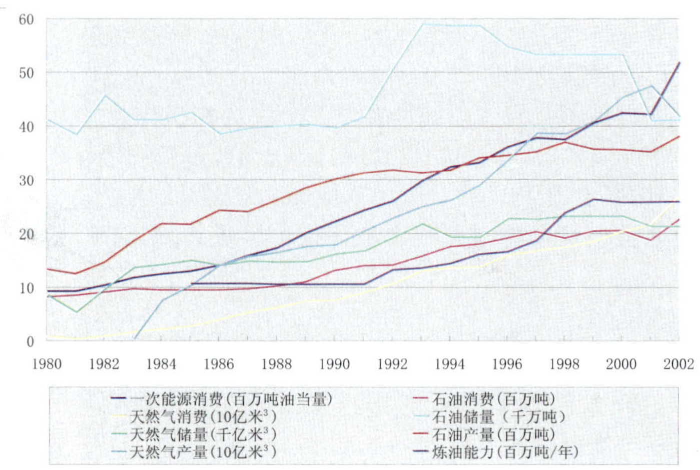

油气勘探进入成熟期

马来西亚是东南亚主要的石油生产国之一。1993 年以前，马来西亚主要在沙巴和沙捞越州大陆架，以及马来半岛丁加奴州近海开展勘探开发。近年才开始在水深超过 200 米的较深水域进行油气勘探。已经确认大陆架有 5 个主要的沉积盆地含有石油，水深为 25～200 米。截止到目前，大陆架已发现 128 个油田和 220 个气田；目前有 42 个在产油田，11 个在产气田。数个油气田正在开发或将投产。

马来西亚油气勘探已经相当成熟。20 世纪 90 年代初期后，油气发现规模明显下降，发现产能 1400 万吨以上大油气田的可能性微乎其微。因此油气勘探的目标应是储量在 411 万～685 万吨的小油田。小油气田利润空间小，几乎没有大油公司对这类小油田感兴趣，这为中小石油公司提供发挥优势的舞台。

马来西亚可供油气勘探的区域约 49.4 万千米^2。其中，近海大陆架 33.7 万千米^2，深水水域 6.4 万千米^2，陆上 9.3 万千米^2。探区划分成 52 个区块，其中 28 个区块（总面积 20.55 万千米^2）由 Petronas 和 7 家跨国石油公司作业。持有区块面积最大的是墨菲石油公司。

2002 年，马来西亚政府继续实行大力开发国内油气资源的政策，重点开发国内天然气资源。2002～2003 财年（2003 年 3 月结束），马来西亚全国投入勘探开发资金 22.2 亿美元，其中 50%来自 Petronas，其余的来自外国石油公司。

首次发现深水大油田

2002 年 7 月，墨菲石油公司在沙巴州 Kikeh 深水区（水深 1341.1 米）获得重大石油发现。这是马来西亚的第一个深水石油发现，估计储量高达 2740 万～6850 万吨。发现井 Kikeh-2 井与此前发现石油的 Kikeh-1 井同在 K 区块。墨菲石油公司是 K 区块的作业者，拥有 80% 权益，Petronas 拥有剩余 20% 的权益。

印马天然气管线开通

2002 年 8 月 8 日，从西纳土纳岛贝兰纳克地区向马来西亚输出天然气的海底管道开通。管道全长 96 千米，口径 18 英寸，每天最高可向马来西亚出口 708 万米^3 天然气。根据为期 20 年的协议，印尼将向马来西亚供应 424.8 亿米^3 天然气。

建设中的马泰天然气管线

正在施工的马泰天然气管线是 Petronas 和泰国国家石油公司的合资项目。该管线将马泰联合开发区生产的天然气输送到马来西亚。管线施工标志着跨东南亚天然气管网建设向前迈出重要的一步。

泰马天然气管线包括：A-18 区块 Cakerawala 气田到 B-17 区块集输中心的海上管线（50 千米），和由气田到泰国 Songhkla 气体分离厂的管线（255 千米，输气能力 2406 万～2887 万米^3/ 日）；然后由气体分离厂到马来西亚吉打州 Changlun 半岛天然气利用管网的陆上管线（86 千米，输气能力 0.2 亿米^3/ 日）。

稳步发展的 LNG 工业

马来西亚是仅次于印度尼西亚和阿尔及利亚

（下转第 141 页）

孟加拉国

汇　　率：1美元=59.631塔卡
石油消费：340万吨
天然气消费：112.2亿米^3
石油储量：779万吨
天然气储量：3004 亿米^3
石油产量：25万吨
天然气产量：98.9亿米^3
炼油能力：165万吨

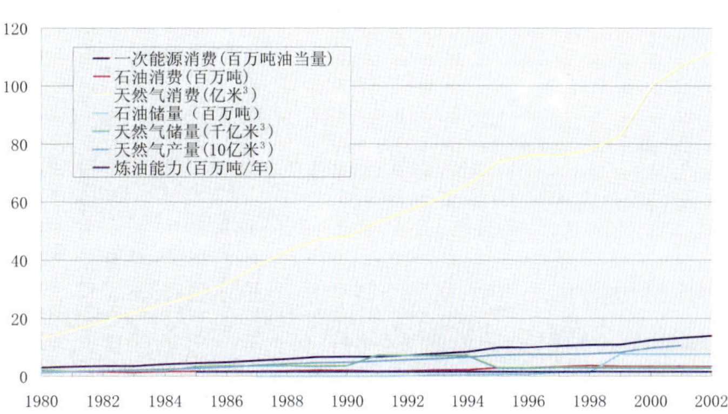

孟加拉国是农业国，2002年GDP增长率为4.9%，预计2003年可达5.4%。农业生产总值占GDP的35%。孟加拉国以国营经济占主导地位，目前正努力向市场经济过渡，力图使经济多样化，将工业作为国家发展的重点。近几年的出口年增长率在8%左右。大部分外资投向天然气、电力和基础设施等领域。

自1971年独立以来，孟加拉已从国际社会（包括世界银行、亚洲开发银行、联合国开发计划署、美国、日本、沙特阿拉伯和西欧等）获得300亿美元的援助和贷款，但它仍是世界上最贫困和人口最稠密的国家之一。孟加拉国的主要问题是国内动乱与政治不稳定、自然灾害和基础设施落后。

能源消费

2002年，孟加拉国石油消费为340万吨；天然气消费为112亿米^3。

孟加拉国是世界上人均商业能源消费量最低的国家之一。在商业能源消费中，天然气占67%，其余的大部分为石油，少量为水电和煤。用电人口仅占全国人口的18%（城市25%，农村10%）。非商业性能源（如木材，动物废料，作物残余物等）占国家总能源消费的一半以上。由于电力短缺和森林砍伐等造成的环境问题，使孟加拉国每年造成约10亿美元的经济损失。

预测今后20年孟加拉国天然气需求量年增长率约为6%，孟加拉国天然气的潜在用途包括石化产品生产、车用压缩天然气、发电和化肥生产。政府已宣布，公用车辆必须使用压缩天然气，以缓和首都达卡市的污染问题和应付高油价带来的财政支出。

2003年1月，孟加拉国政府决定提高由孟加拉国石油公司（BPC）出售油品的零售价。由于孟加拉国与印度之间存在零售差价，这一举措降低了消费补贴，有助于减少边境走私。

油气进出口

孟加拉国是一个石油进口国和潜在的天然气出口国。2002年石油净进口量为9425吨/日。虽然天然气出口可为国家创造外汇收入，但孟加拉国不允许天然气出口。

炼油

孟加拉国在吉大港有一座炼油厂，2002年装置生产能力4500吨/日。

汇　　率：1 美元 =125.219 日圆
石油消费：24260 万吨
天然气消费：774.4 亿米^3
石油储量：801 万吨
天然气储量：396 亿米^3
石油产量：60 万吨
天然气产量：24.0 亿米^3
炼油能力：23835 万吨

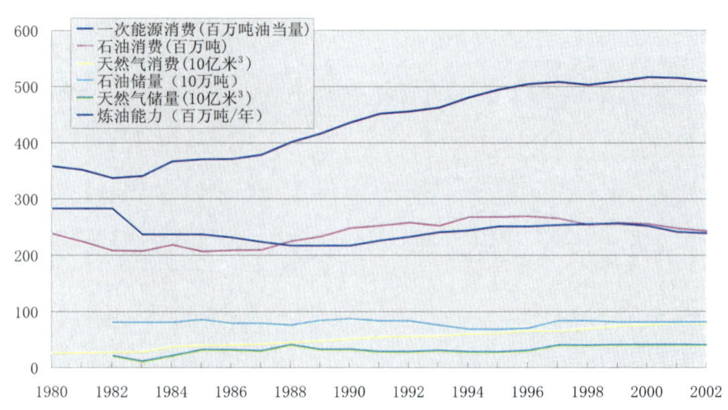

日本是世界第四大能源消费国和第二大能源进口国（仅次于美国）。过去10年，日本经历了经济缓慢增长的时期。2002年，日本失业率上升至5.5%，达历史高峰。2001年和2002年日本出口疲软引起经济停滞，2003年日本经济有所恢复，取得适度增长。2002年日本GDP仅上升0.1%，预计2003年将上升1.1%。

日本国产能源缺乏，必须进口大量的原油、天然气和其他能源（包括核电站所需的铀）。2001年，国家一次能源进口量在一次能源需求量中所占的比例超过79%。在能源总需求量中，石油占50%，煤占17%，核电14%，天然气14%，水电4%，可再生能源1%。日本能源的一半左右用于工业，约1/4用于运输业，其余用于家庭、农业和服务部门。在发达国家中，日本是能源密集度（每单位GDP的能源使用量）最低的国家之一。

油气消费

日本是世界第二大石油消费国。由于经济发展缓慢，能源需求增长基本处于停滞状态，石油消费在近几年的下降后已趋于稳定，但比1996年高峰时低9%。

过去10年间，日本城市天然气消费量增加了70%以上。2002年日本的天然气消费量为774亿米^3。日本许多地区缺乏配气系统，这是日本天然气零售价格居高不下的主要原因。日本正在考虑扩大国内天然气管网系统。日本政府已开始逐步取消对天然气市场的管制，以增加其竞争性。

石油进口

2002年日本石油净进口量为72万吨/日，75%～80%进口石油来自欧佩克国家，主要是波斯湾的阿联酋、沙特阿拉伯、科威特、卡塔尔和伊朗等。日本一直在努力改变过分依赖中东石油的局面，但收效不大。

俄罗斯远东地区是日本石油进口的潜在来源。俄罗斯在太平洋建设石油出口终端对日本极具吸引力，因为它可降低日本对波斯湾石油的依赖。日本正在促成安纳线的实现，已提出要以非常优惠的条件向该项目提供贷款。

天然气进口

日本国内天然气资源缺乏，天然气需求量的97%依靠进口。日本以液化天然气（LNG）形式进口的天然气，日本是世界上LNG进口量最大的国家，2001年天然气净进口量为778亿米^3。与石油不同，日本的天然气需求量每年仍以3%～4%的速度上升。大部分LNG从东南亚进口，其中32%来自印尼，20%来自马来西亚。日本也从美国的阿拉斯加进口LNG，占日本天然气消费量的20%多一点。大部分LNG用作发电和石化原料。

2002年2月，三家日本天然气贸易公司（东京气公司，大阪气公司和Toho气公司）与马来西亚签订了MLNG Tiga项目的天然气买卖合同，合同规定从2004年开始向日本供气。值得注意的是，在该合同中，对买方的条款比大多数传统的LNG合同要灵活得多，传统的LNG合同要求买方在15年至20年内接受固定数量的LNG。在此之前，东京气公司和Toho气公司于2001年10月签订了从澳大利亚西北大陆架LNG项目购买LNG的合同，合同于2004年开始执行。

日本公司正在考虑用管道或以LNG形式从库

页岛的大气田进口天然气的可能性。埃克森美孚的方案是将天然气管输至日本的本州岛，而壳牌的方案是将天然气以LNG形式送至LNG出口终端。壳牌的项目进展较快，已于2003年上半年与东京电力公司（TEPCO）和东京天然气公司签订了合同，定于2007年开始供气。埃克森美孚不期望日本市场对其管道项目（计划于2008年开始供气）有充分的需求，它可能考虑向韩国或中国出口的方案。

炼 油

日本有33座炼油厂。2001年炼油能力为68万吨/日，2002年下降为66万吨/日。近年日本炼油能力过剩。

根据日本三菱与Idemitsu Kosan的协议，Idemitsu于2003年4月关闭1.1万吨/日的Hyogo炼厂，计划2004年上半年关闭1.5万吨/日的冲绳炼厂。

（上接第138页）

的世界第三大LNG出口国。2002年马来西亚出口LNG 205.2亿米^3，其中向日本、韩国、中国台湾和美国分别出口145.0、31.0、28.5、0.7亿米^3。日本需求的LNG约25%从马来西亚进口。

2002年3月，Petronas同日本东京电力公司和东京天然气有限公司签订价值200亿美元的LNG供应合同，2003年开始，合同期15年，年供应量740万吨。4月，Petronas与日本石油勘探有限公司签订价值16亿美元的LNG供应合同，合同期20年，年供应量为48万吨。

马来西亚有2座相邻的LNG厂，均位于沙捞越州的宾吐卢。一座由马来西亚LNG Sdn Bhd公司经营，是世界最大的LNG厂之一，1983年投产，LNG年生产能力为810万吨；另一座由马来西亚LNG Dua Sdn Bhd公司所有，1986年全面投产，有3套加工装置，LNG年生产能力为780万吨。

为满足国际市场对LNG的需要，马来西亚正在建设第三座LNG厂，它与现有的2座LNG厂相邻，由马来西亚LNG Tiga Sdn Bhd公司所有，其中Petronas公司持股60%，Nippon Oil LNG (荷兰)公司10%，壳牌天然气公司15%，沙捞越州政府10%，Diamond Gas (荷兰)公司5%。第三座LNG厂有两套加工装置，年生产能力680万吨LNG。天然气来自新发现的沙捞越海上气田。第三座LNG厂建成后，宾吐卢将成为世界上最大的LNG生产中心，使马来西亚的LNG年生产能力达到2300万吨。

汇　　率：1美元=43.067泰

石油消费：3530万吨

天然气消费：258.9亿米^3

石油储量：7991万吨

天然气储量：3776 亿米^3

石油产量：650万吨

天然气产量：211.0亿米^3

炼油能力：3516万吨

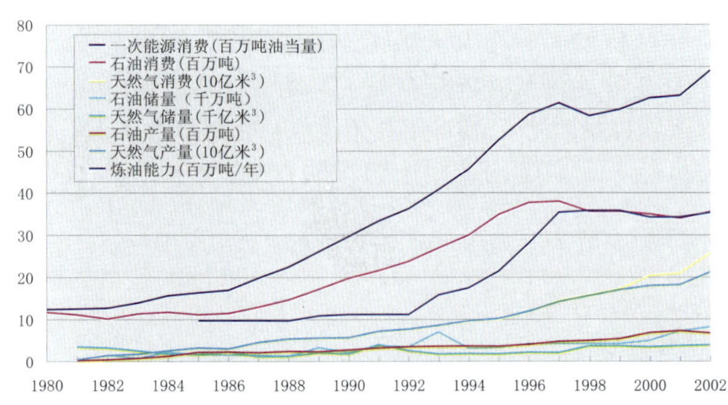

LPG出口潜力巨大

泰国国内能源消费主要是柴油和汽油，占总消费量的65%；能源消费大户是交通领域，约占能源总消费的39%。

2001年，泰国国内LPG消费量为260万吨，占石油产品消费的11%。LPG消费主要用于民用和餐饮业，占55%；其次是石化行业，占22%；制造业和交通业分别占13%和10%。预计2007年和2012年，泰国LPG的消费量将分别增长到330万吨和400万吨。

泰国共有5座天然气处理厂。泰国年产LPG近300万吨，其中51%来自天然气处理厂，44%来自炼油厂，5%来自化工厂。预计2005年第六座天然气处理厂投产后，将使泰国LPG年生产能力增加65万吨。因此泰国LPG的生产能力远大于国内市场需求。

2001年，中国成为泰国LPG最大的出口市场，占其总出口量75万吨的53%。其他的出口市场包括越南、新加坡、韩国和中国台湾地区。

未来亚洲将成为LPG的主要消费市场，特别是中国和印度具有巨大的潜力。与中东国家相比，泰国具有明显的地理和运输成本优势。因此，许多西方公司正考虑投资泰国LPG生产、运输和服务领域。泰国石油机构私有化将加快这一进程。

原油进口继续增长

2002年，泰国平均进口10万吨/日原油，较2001年增长2.3%。进口原油分布见表。2002年，泰国原油进口来源国由上年的23个下降到18个。虽然仍以中东国家居多，但所占比例逐年降低。来自非洲的原油显著增加，尤以安哥拉最突出。来源国增加了赤道几内亚、南非和缅甸。

泰国是原油加工国，进口原油，出口油品。油品出口量已连续多年超过油品进口量。

2002年泰国进口原油来源

地区	进口量（万吨）	进口比例(%)	比2001年增减(%)
中东	2698	74	－1.3
远东	669	18	+11.6
其他	277	8	+20.5
总计	3644	100	+2.3

油气资源分布

据泰官方报告，泰国的天然气资源为1.63万亿米^3，石油资源为3.4亿吨。

泰国天然气资源约占全国油气资源量的80%，凝析油和原油各占11%和9%。泰国湾95%的油气田蕴藏天然气，几乎全部含有凝析油，70%含有原油储量。

泰国油气资源表

项　目	石油（亿吨）	凝析油（亿桶）	天然气（亿立方米）
待发现可采资源量	0.36	2.56	4868
可能储量	0.35	2.04	2367
概算储量	0.13	2.58	2572
探明储量	0.50	3.27	4405
累计产量	0.30	2.16	2113
总　计	16.4	12.62	16325

截至2003年1月1日，泰国石油剩余探明储量7991万吨，较上年增加13.1%；天然气剩余探明储量3776亿米^3，较上年增加5%。

勘探开发保持良好势头

按地理分布，泰国的含油区可分为：北部、中部平原、东北部、南部、泰国湾和安达曼海等6个区域。产油盆地以海上为主，大多是第三纪盆地。现有10个第三纪盆地商业生产油气。泰国东北部的前第三纪盆地由石炭纪至第三纪沉积岩组成，已发现油气藏，目前从二叠系地层生产油气。

同前几年一样，2002年泰国陆上没有进行地震作业，主要原因是没有新的出让区块，原有许可区处于生产成熟期不需要进一步的地震工作。2002年，泰国的地震工作主要位于泰国湾，完成1129千米二维地震和482千米^{2}三维地震。

2002年，泰国共占探井和探边井22口，21口位于海上，1口位于陆上。

由于钻井作业改善和油价更具吸引力，2002年泰国生产钻井总数是上年的两倍，其中海上310口，陆上29口。

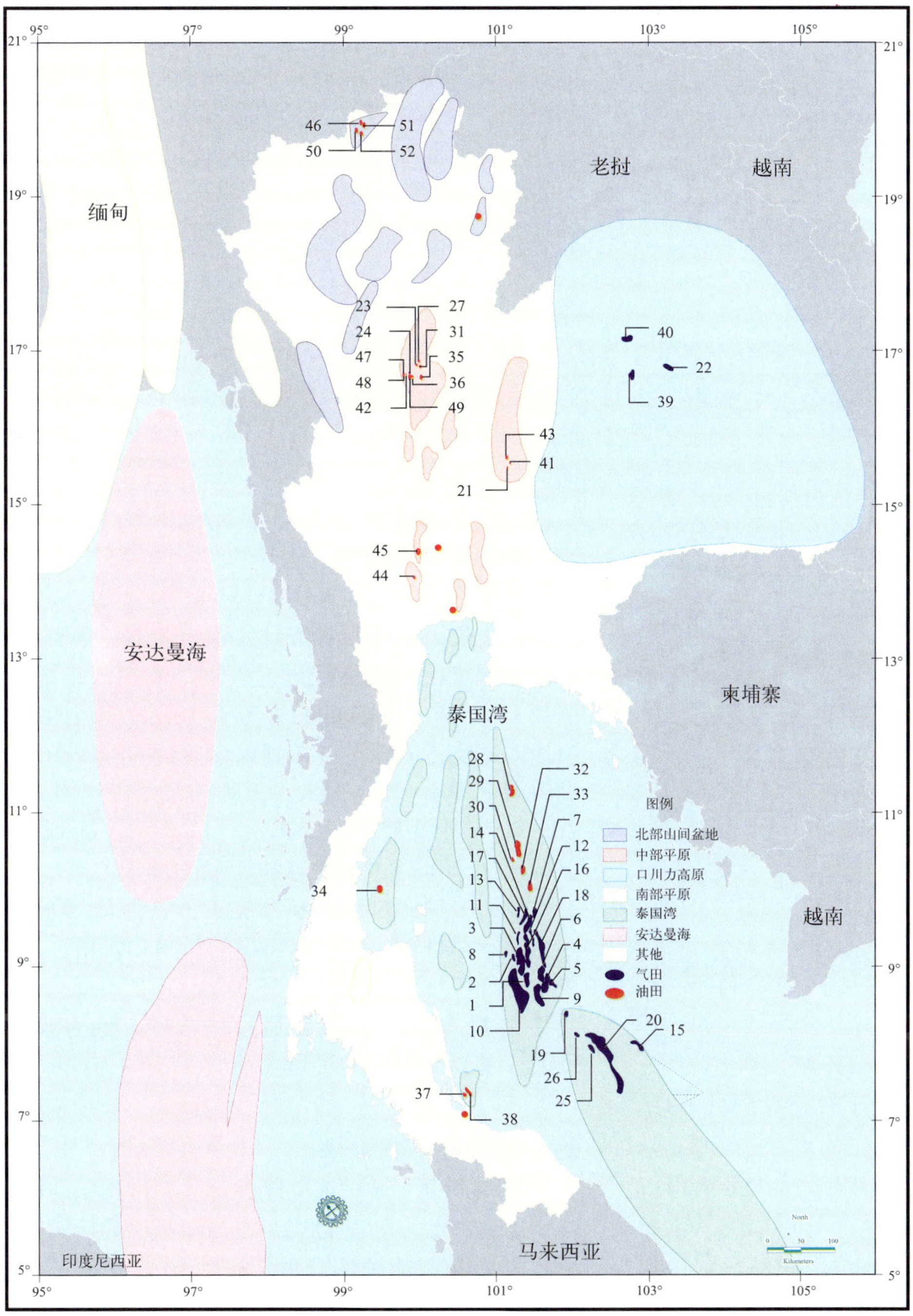

1	Baanpot
2	Dara
3	Erawan
4	Funan
5	K omin
6	Jakrawa n
7	Kaphong
8	West Dara
9	Morakot
10	Pailin
11	Pakarang
12	Pladang
13	Pla muk
14	Platong
15	Ton Sak
16	Satun
17	Surat
18	Trat
19	Vbol
20	Bongkot
21	Si Thep
22	Dong Mun
23	Nong Toom
24	Tap Rat
25	Bussabong
26	Chang Daeng
27	Pratu Tao
28	Jasmine (L-Structure)
29	Benchamas
30	Pakakrong
31	Wat Taen
32	Maliwan
33	Tantawan
34	Nang Nuan
35	Pru Krathian
36	Sirikit East
37	Bua_Ban
38	Songkhla
39	Nam_Phong
40	Phu Horm
41	Na San un
42	Nong Makhaam
43	Wichian Buri

泰国盆地与油气田分布图

1999～2002 年泰国石油工业基本工作量

项 目	1999年	2000年	2001年	2002年
二维地震(公里)	2534	493	–	1128.6
三维地震(平方公里)	1658	134	827.82	481.5
探井/评价井(口)	35	47	43	22
开发井(口)	165	179	155	339
发现远景构造(个)	8	7	11	**3
生产商(家)	8	8	8	8
油气田(个)	26	25	26	30
天然气产量(亿立方米)	192	202	196	205
凝析油产量(万桶)	1780	1910	1890	1960
原油产量(万吨)	164	286	307	379
产值(亿泰铢)	685.8	1072.7	1162.9	1234.9
矿区使用费(亿泰铢)	85.0	134.7	146	157
许可证数	26	25	25	22
许可区块区	33	32	32	29

注：发现井为 Phuhom—3、Pikul—2x 和 11A—2。
资料来源：泰国燃料部

泰国历年石油上游投资　　　单位：亿泰铢

年 份	陆 上	海 上	总 计
1971～1991	354.11	925.97	1280.08
1992	30.25	136.03	166.28
1993	28.60	149.81	178.41
1994	32.27	161.71	193.99
1995	26.38	202.90	229.28
1996	35.87	233.84	269.71
1997	47.46	374.04	421.50
1998	62.64	440.72	503.35
1999	53.82	359.99	413.82
2000	73.62	383.84	457.46
2001	67.74	539.99	607.73
2002	73.27	571.80	645.07
合计	886.03	4480.65	5366.68

上游投资连续增长

1971 年以来，泰国在石油上游投资 5366.68 亿泰铢。油气勘探开发投资以海上为主，占 83%，陆上占 17%。其中作业费用占 47%，开发费用占 28%，勘探费用占 25%。2002 年，泰国油气上游投资达 645 亿泰铢，其中作业费用和勘探费用较上年略有上升，分别占 49% 和 31%，开发费用下降到 20%。

Wichian Buri 油田储量大幅上升

2002 年 3 月，Carnarvon 石油公司修订泰国中部 SW1A 合同区 Wichian Buri 油田的储量，其探明＋控制可采储量增加到 411 万吨；探明＋控制＋概算可采储量增加到 767 万吨左右，早前的估计仅 233 万吨。Carnarvon 公司在该油田和 SW1A 合同区拥有 40%的工作权益。

PTT 喜获重大天然气发现

2002 年 2 月 5 日，PTT 勘探和生产公司（PTTEP）宣布，在 Arthit 气田获得重大油气发现。该气田位于宋卡府以东 250 千米，由 B14A、B15A 和 B16A 三个区块组成。PTTEP 于 1998 年开始在该地区进行三维地震勘探，1999 年和 2000 年在该地区钻了 21 口探井和评价井。目前气田尚处于勘探阶段。Arthit 气田可与 Bonhkot 油气田媲美。Bongkot 油气田是泰国湾最大的油田，探明石油可采储量 727 万吨，天然气可采储量 1004 亿米^3，石油产量占泰国总产量的 30%。

两油气田投产

2002 年，泰国 Yala 和北 Pailin 两个新油气田投产。Yala 油气田平均日产 42.5 米^{3}天然气和 808 吨原油；北 Pailin 油气田平均日产 388 万米^{3}天然气和 5900 桶凝析油。

泰国南部输油管道开工

2002 年 8 月，由泰国、阿曼和加拿大公司组建的一家合资公司在曼谷签订协议，投资 4.5 亿美元修建泰国南部的输油管道。管道沿高速公路铺设，全长 160 千米，日输油能力 13.7 万吨。管道西起泰国沙敦府安达曼海岸，东到宋卡府泰国湾海岸，两端向海延伸 15～20 千米。工程还包括修建停靠 20 万～30 万吨油轮的浮动码头，以及在管道两端陆上各建一个可储存 137 万吨原油的油库。

整个工程计划于 2005 年完工。它将大大降低中东原油运往日本、韩国和中国的时间和费用。运输成本比绕行马六甲海峡减少 10%，并且不受马来西亚禁止 15 万吨以上油轮通过马六甲海峡的限制。目前，马六甲海峡的日通过能力达 164 万吨原油。

泰国成立能源部

2002 年初，泰国成立能源部。泰国国家能源办公室、泰国电力管理局、泰国石油管理局、矿物资源局划归泰国能源部。能源部主要负责制定能源法规、能源开发计划和能源安全战略。能源部将通过开发本国资源降低泰国对石油进口的依赖，大

汇　　率：1美元=1.794文莱元
石油消费：65万吨
天然气消费：14.0亿米^3
石油储量：1.85亿吨
天然气储量：3905亿米^3
石油产量：925万吨
天然气产量：111.3亿米^3
炼油能力：43万吨

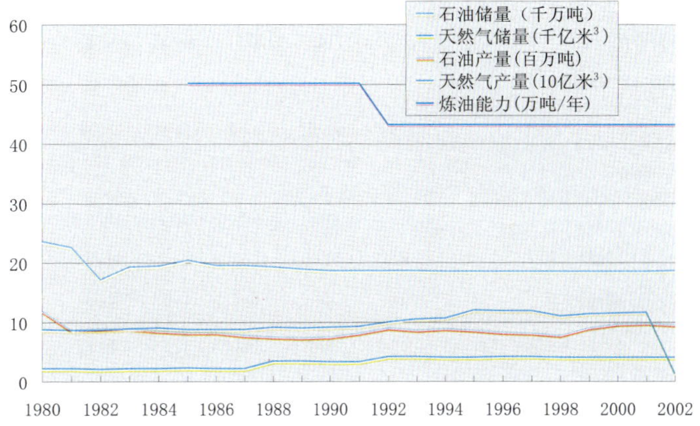

文莱是东南亚加里曼丹岛西北角上的一个小国，经济发展得益于原油和天然气出口，油气收入在GDP中的比重超过50%，占政府收入的75%～90%。2002年，文莱GDP为56亿美元，人均GDP为19044美元，远高于其他发展中国家，人均国民收入是东南亚地区最高的。

文莱希望实现经济多样化，从油气领域发展到旅游、金融服务、橡胶、林业和能源密集型工业（如石化、炼油和炼铝）。

油气出口

2002年，文莱净石油出口量为2.4万吨/日（全年约881万吨）。出口国家以东南亚国家为主，包括菲律宾、新加坡、泰国等，其次为日本、韩国和美国；少量出口到澳大利亚、中国、印度、新西兰等。2000年11月，文莱壳牌石油公司与中国石化签订出口1370吨/日原油协议，这是文莱首次对中国大陆出口。

文莱是东南亚第三大天然气生产国，是世界第四大LNG生产国。国内天然气消费量仅占总产量的10%，其余均以LNG产品出口，2002年出口总量为91.4亿米^3，其中出口日本79.5亿米^3，韩国10.4亿米^3，美国0.7亿米^3，西班牙0.8亿米^3。

文莱希望利用天然气发展国内石化产品和其他能源密集型工业。

石油生产

2002年文莱日产2.2万吨原油（主要为低含硫原油），2.7万桶天然气液。1979年文莱达到石油生产高峰，日产量曾达到3.3万吨。之后为延长油田寿命和提高油田采收率，主动降低产量。为保持老油田生产能力，每年约需3亿美元的投资。

外国公司参股油气开发

文莱的石油天然气勘探开发由文莱矿产工业部主管。石油勘探开发主要由三家外国公司承担：文莱壳牌石油公司（BSP）、道达尔公司和壳牌新西兰公司。

力发展天然气工业，开发可再生能源。能源部首先要求泰国石油管理局增加曼谷市区及周围地区的加气站数量，从目前的5座到2007年增加到100座。

能源部的其他任务包括推动车用乙醇混合燃料应用，强化跨东南亚输气管线项目和跨东南亚电网项目。

PTT公司经营业绩显著改善

2002年，泰国经济进一步好转（GDP增长率从2001年的1.9%上升到4.9%），促进泰国的石油消费。2002年PTT股份有限公司及其子公司的销售总收入为3997.52亿铢，同比增长5.8%；纯收入245.07亿铢，增加29.42亿铢，同比增长13.6%；每股收益8.76铢。

PTT公司将公司经营业绩的改善归功于多种因素，其中油气销量分别增长3.4%和5.3%。

2002年底，PTT总资产达2965.92亿铢，比2001年增加了93.66亿铢，增长3.3%；总债务为1992.96亿铢，减少了178.12亿铢，同比减少8.2%。

文莱历年石油天然气及油品产量

	1998	1999	2000	2001	2002*
天然气（百万立方米）					
总产量	10704	11206	11627	11687	12000
销售量	9863	11627	10751	10967	11200
石油（1000 桶）					
原油（含凝析油）	57446	66741	70482	71199	72000
油品					
汽油	1572	1630	1581	1647	1650
轻燃料油	1093	1146	1063	1112	1120
重燃料油	481	531	475	579	580
航煤、煤油及其他	776	659	554	479	500

*2002 年产量为估计数

文莱政府与壳牌各占50%股份的BSP公司控制国家的石油工业，多年来一直是文莱惟一的石油生产公司和炼油公司。BSP经营8个海上油田（包括：西南Ampa, Champion,西Champion, Enggang, Fairley, Fairley-Baram, Iron Duke, Magpie）和两个陆上油田(Rasau, Seria-Tali)，2002年经营779口生产井，生产原油、天然气和天然气液。2001年，文莱天然气的90%由BSP生产，10%由道达尔Fletcher生产。

三年来，BSP为保证现有油气产区能够稳产30～40年，重点加大了两个项目的投入：

(1) 2001年确定投资7900万美元开发距Seria 43千米的海上Egret新油田。2002年上半年与法国Technip-Coflexip公司签订2200万美元工程合同，包括修建钻井平台，铺设连接现有Ampa-6平台到新平台的多相管线（长度25千米、口径510毫米）。

(2) 投资3.47亿美元调整改造Ampa-Fairley油田系统,以维持30年的生产，包括修建岸上压气站、海上设施改造和铺设海底管线等。工程已于2002年开工。

道达尔公司和壳牌新西兰公司联合经营海上的Maharaja Lela油田，共有7口生产井，生产天然气和天然气液。该油气田于1999年初开始生产。

开放深水区块

为了扩大油气储量，文莱政府开放周边海域深水区石油勘探。2002年1月政府通过国家石油公司授予由法国道达尔公司（60%）、澳大利亚布罗肯希尔公司（25%）和美国Amerada Hess（15%）组成的财团在J区块的勘探权。J区块面积5000千米^2，距岸约100千米，水深1300～1800米。这是文莱首次对外开放深水油气勘探。

2002年上半年，文莱还将K区块的勘探权授予壳牌、大陆石油和日本三菱公司。

与以往不同，2002年新签的两份石油合同均为产量分成合同。

与马来西亚的海域争端

文莱和马来西亚对J区块存在主权争议。2003年4月，马来西亚海军巡逻船曾经驱逐过道达尔的一艘工作船。事件发生后，道达尔一度暂停J区的勘探工作。

与马来西亚存在争议的海域具有良好的油气远景。马来西亚已在J区外围发现储量达1亿吨的Kiheh大油田，有可能延伸到J区。

炼油化工发展计划

文莱有一座炼油厂，由BSP公司经营。

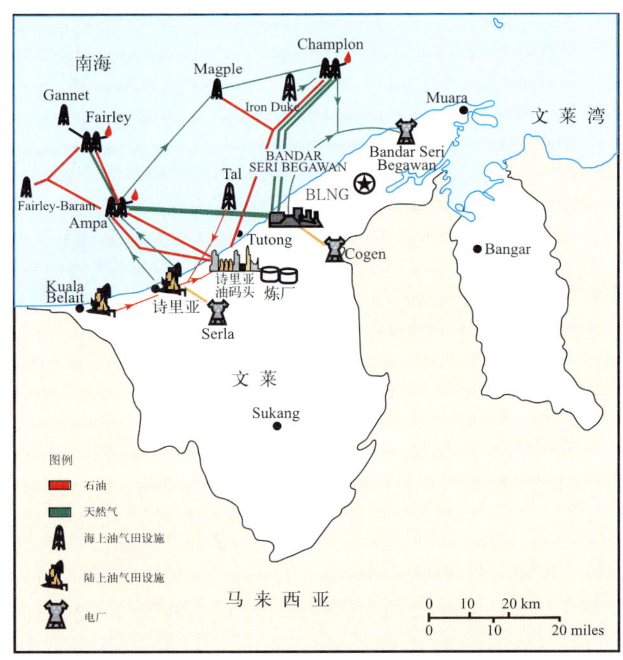

文莱油气田及油气设施分布图

为避免国民经济过多依赖原油和天然气出口，文莱政府正在通过国家石油公司向当地和外国公司咨询大型石化项目建设。外国投资可全额持股。开发的石化项目包括石脑油裂解、α－烯烃、苯乙烯、精制对苯二甲酸等，由国家石油公司实施，计划2007年以前投产。现已得到当地及外商的积极响应。

根据2001年鼓励投资条例，投资者可获得5年（投资额27.8万～140万美元）和8年（投资额140万美元以上）免税期。

为保护环境，2002年文莱国会完成关于有害物质和危险品的产运销过程管理和控制等环境治理条例草案。

新加坡

汇　　率：1 美元 =1.791 新加坡元
石油消费：3550 万吨
天然气消费：17.8 亿米^3
炼油能力：6293 万吨

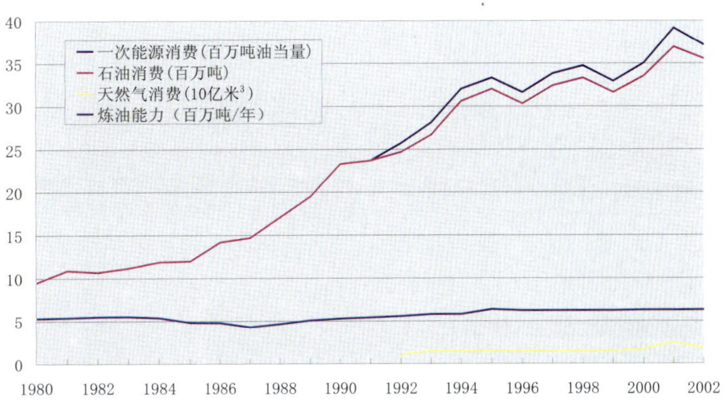

新加坡位于马六甲海峡的入口，是亚洲最重要的航运中心。新加坡拥有发达的生物技术、石油炼制和计算机配件制造业。但新加坡的发展受到资源的限制，国内市场小，政府鼓励当地公司走国际化经营道路。新加坡经济受最近几年全球经济衰退影响，2001 年 GDP 下降 1.9%。预计 2003 年 GDP 增长率可达 4.8%，这在很大程度上取决于计算机配件和民用电子产品出口需求恢复。新加坡通货膨胀率很低，2001 年为 1.0%，2002 年为 0.1%。

油气消费

2002 年新加坡石油消费量为 3550 万吨，天然气消费量为 17.8 亿米^3。天然气主要用于发电，也用作石化原料。为了降低二氧化碳和硫的排放量，确保能源安全和促进国家成为地区天然气管网中心，新加坡政府制定了一系列鼓励天然气利用的优惠政策，天然气消费比例正在快速增加。

天然气在新加坡的另一用途是机动车燃料。新加坡计划在一些地区将公共汽车改装成压缩天然气(CNG)汽车，由新加坡天然气联合企业(SembGas)经营的该国第一个CNG加注站于2002年4月开业。今后CNG有可能推广至出租车行业。

油气进出口

新加坡所需的原油和天然气全部依靠进口，生产的石油产品主要用于出口。国内天然气进口量也随着需求量增加而逐年增长。马来西亚是新加坡主要的天然气供应国。新加坡电力公司通过管道从马来西亚进口的天然气量为 439 万米^3/ 日。此管道是东亚地区建成的第一条跨国天然气管道。

新加坡已开始实施天然气进口来源的多元化策略。1999 年 1 月，SembGas 签订了关于从印尼国家石油公司（Pertamina）购买西纳吐纳气田天然气的协议。每日平均交易量 920 万米^3，为期 20 年。天然气由管道输至新加坡，已于 2001 年 1 月开始供气。

PowerGas 公司也与 Pertamina 签订了类似的照付不议协议，该协议于 2001 年 2 月签订，为期 20 年，从 2003 年开始供气，由最初的 425 万米^3/ 日到 2009 年增加至 991 万米^3/ 日。天然气来自印尼苏门答腊岛的 Jabung 气田。从苏门答腊至新加坡的海底管道已于 2002 年 6 月破土动工，预算耗资 3 亿美元。

新加坡除了从马来西亚和印度尼西亚进口管道天然气外，还计划建一座液化天然气站，以摆脱对邻国天然气的完全依赖。1999 年 9 月，新加坡宣布它已为该项目在 Tuas View 留出土地。但过去 3 年此项目几乎没有进展。LNG 项目能显著提高新加坡的能源供应安全，但是目前 LNG 的成本高于管输天然气。

炼油石化

新加坡是亚洲石油炼制中心之一，2002 年原油炼制能力接近 17.8 万吨 / 日。在新加坡的主要炼制公司有：埃索新加坡公司（3.6 万吨 / 日）；美孚石油新加坡公司（4.1 万吨 / 日）；壳牌东方石油公司（5.5 万吨 / 日）；新加坡炼油公司（3.9 万吨 / 日）。

1997～1998 年亚洲金融危机对新加坡炼油业产生不良影响，炼油公司遭受重大损失。截止到目前，新加坡已逐渐走出亚洲金融危机的阴影。由于新加坡传统出口市场，如印度、马来西亚等国正在改造扩建炼厂，提高本国的炼油能力，将对新加坡炼油业产生持久影响。亚太地区新建的许多炼厂也将影响新加坡炼油工业的发展。为应付压力，新加坡各炼厂的运营公司采取了结构改革措施，节约成本提高利润。壳牌在新加坡集中控制它的亚洲炼制运作。Caltex 采取类似的策略。

汇　　率：1 美元 =2.162 新西兰元
石油消费：680 万吨
天然气消费：55.6 亿米^3
石油储量：2599 万吨
天然气储量：873 亿米^3
石油产量：170 万吨
天然气产量：53.6 亿米^3
炼油能力：530 万吨

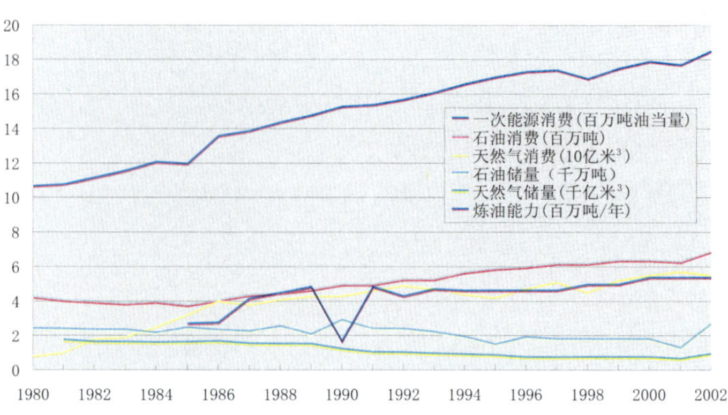

新西兰周边大陆架面积巨大，其专属大陆架经济区的面积几乎为该国陆地面积的 25 倍。该区域内有 8 个沉积盆地已知存在或可能存在油气，还有几个深水盆地。

良好的储量增长潜力

据美国《油气杂志》，截至 2002 年底，新西兰剩余石油和天然气可采储量分别为 2599 万吨和 873 亿米^3，与 2001 年相比，分别增加 1373 万吨和 284 亿米^3，增幅达 112% 和 48%。

另据新西兰官方报告，截至 2002 年 7 月，新西兰已投产油气田的原始石油储量和天然气储量分别为 4945 万吨和 1613 亿米^3，剩余石油储量和天然气储量估计分别为 740 万吨和 374 亿米^3，在评价油气发现的油气估算储量分别为 603 万吨和 77 亿米^3。这些数字不包括正在开发的 Pohokura 凝析气田。

广阔的油气勘探前景

塔拉纳基盆地一直是新西兰油气勘探和生产的重点地区，已钻 400 口探井和生产井。与世界其他地区类似规模的盆地相比，塔拉纳基盆地的勘探程度只达到中等水平。新西兰其他盆地也已进行一定程度的勘探，但勘探程度仍很低。深水盆地越来越受到关注，新的地震数据显示其中的某些盆地为新的远景区，可能存在超过毛依油气田的石油聚集带。

塔拉纳基盆地位于新西兰北岛中西部沿岸，面积 85000 万千米^2，大部分位于海上。盆地中心沉积 9000 米白垩纪 - 新生代沉积，有一北北东向构造带，在塔拉纳基半岛陆上被第四纪火山岩覆盖。盆地的勘探历史证明该盆地具有良好的油气生储盖条件，以构造圈闭居多。

20 世纪末以来，新西兰取得多个具有历史意义的发现。

1999 年，陆上 Rimu-1 井（Tarata 逆断层地区）在数个渐新统砂岩和碳酸盐岩储层中测试获得 209 吨 / 日 44°API 油流。进一步评价证实 Rimu 油气田储量达 370 万吨油当量。

2000 年，Fletcher 公司在海上 Mekee 油田以北发现 Pohokura 天然气 / 凝析气田。此后，在塔拉纳基盆地海上和陆上获得了许多新的石油发现。

2001 年，Goldie-1 井在 Ngatoro 油田以西中新统砂岩中测试获得 82 吨 / 日油流。

这些油气发现初期评价探明储量为 1438 万吨石油和 284.3 亿米^3 天然气。这些油气发现彻底扭转新西兰油气储量逐年下降的局面，石油储量翻了一番，天然气储量增加约 50%。同时，这些发现表明塔拉纳基盆地广阔的油气勘探前景。新西兰正吸引更多的石油勘探投资。

受这些发现鼓舞，新西兰展开大规模的油气勘探工作，2002 年共钻 14 口井。全国 7 个含油气盆地中有 69 个勘探许可证和 11 个生产许可证正在实施。

巨大的上产前景

自 1991 年新西兰原油生产逐年减少。2002 年新西兰生产 170 万吨石油和 53.63 亿米^3 天然气，天然气产量略有增加。

新西兰的油气主要产自塔拉纳基盆地海上 9 个商业油气田，80 口生产井的日产 8904 吨。其中 70% 以上产自毛依和 Kapuni 油气田。

在塔拉纳基盆地陆上，Mangahewa 气田和 Rimu 油气田近期先后投产，新普利茅斯港附近的 Pohokura 凝析气田将于 2005 年投产。

1．Mangahewa 气田和 Rimu 油气田投产

2001 年 9 月，塔拉纳基陆上的 Mangahewa 气田投产。气田储量达 28 亿米^3，原属 Fletcher Challenge 能源公司，后出售给壳牌集团。

2002 年 Rimu 油气田投产。Rimu 油气田有多个含油气层，初步估算储量为 370 万吨油当量，主要含油层为渐新统 Tariki 砂岩。

2．Pohokura 凝析气田开发进展顺利

Pohokura 凝析气田是新西兰自毛依气田以来的最大发现，气田属背斜构造，估计储量为 283 亿米^3 天然气和 5300 万桶凝析油。气田靠近海岸，位于 Motunul 甲醇厂和北岛管道天然气管网中心附近，距新普利茅斯港 20 千米。

Pohokura 气田开发费用 1.7 亿～3 亿美元，生产准备工作进展顺利，目前在气田北端完钻 Pohokura-3 井，离岸 12 千米；南端 Pohokurafa 南 -01 井位于陆上，采用延伸钻井法钻达离岸 2 千米海上。两口井的油气测试结果很好。预计气田 2005 年投产。届时其天然气储量将大于毛依气田的剩余储量。由于毛依气田将在近期枯竭，开发 Pohokura 凝析气田具有特殊意义。

3．Maari 油田开发可行性研究

2002 年，Maari 油田进入全面评价阶段，等待开发。其原始石油储量 2164 万吨，技术可采储量 671 万吨，估计开发费用 1.87 亿美元，预计 2006 年初投产，经济寿命 10 年。

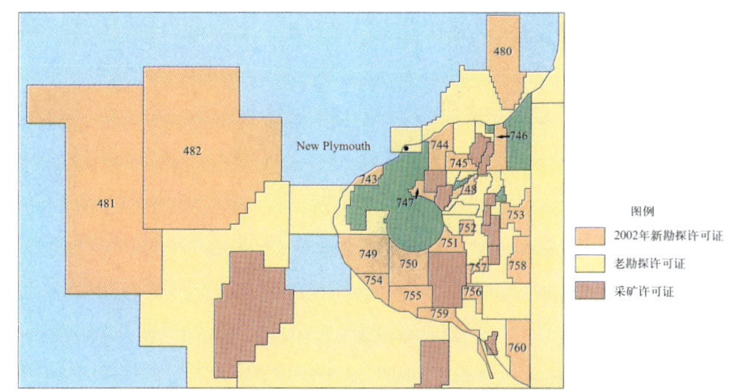

2002 年招标签订的区块

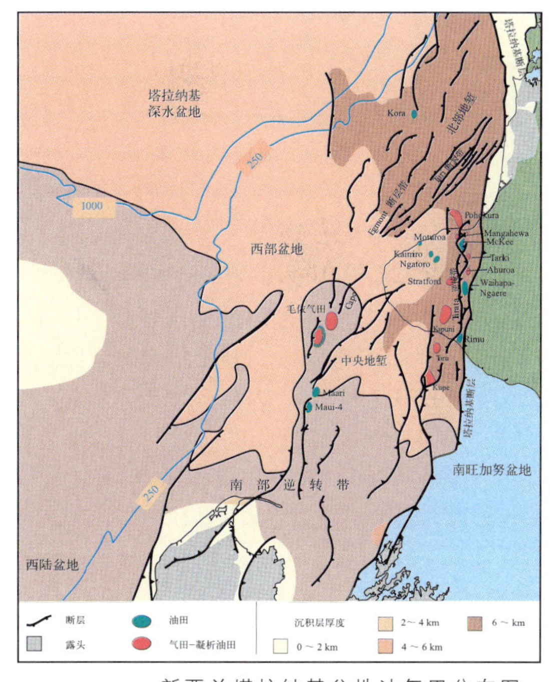

新西兰塔拉纳基盆地油气田分布图

油气合作有利条件

新西兰对北美的独立石油公司具有特殊的吸引力，已有 15 家美国和加拿大石油公司参与该国勘探，多数为陆上勘探。对较小的独立石油公司而言，新西兰是他们迈出北美的第一步。最近，有 7 家澳大利亚的勘探公司加入新西兰油气勘探开发项目。

新西兰是油气勘探开发投资非常有利的国家之一。在 IHS 能源集团 2002 年油气勘探投资吸引力排序中，新西兰从 1999 年的第 36 位，2001 年的第 19 位，上升到的第 14 位。最近，新西兰排名世界最低政治风险国家的第 3 位；在财税条款优惠程度中，新西兰排名第 19 位。

除了已证实的含油气潜力以外，新西兰是具有国际上最好的许可方式和财政条件的国家之一；已经取消管制和具有有效的商业环境；具有未勘探的远景盆地和大量未经钻探的构造和远景区；具有发现大油气田的潜力；易于获得勘探区域；具有广泛的信息和数据；具有在远景油气区获得权益的机会。因此，新西兰已成为外国石油公司投资的热点目标。

2001～2002 年国际招标

为加强塔拉纳基盆地的勘探，2001 年 11 月新西兰皇家矿产和经济发展部发布新西兰 2001～2002 年塔拉纳基盆地石油勘探许可证招标。这是新西兰 10 年来规模最大的一轮勘探许可证区块招标。共推出 26 个区块，其中 6 个海上区块，区块 A～F，位于近岸地区，水深达 1000 米；20 个陆上区块，区块 G～Z。提交标书的截止日期为 2002 年 4 月 30 日。

2002 年 8 月，新西兰向 22 家国内外公司颁发了 21 个新的许可证，其中 18 个在陆上。陆上许可证总数达到 34 个。

2002 年 11 月 28 日，新西兰政府宣布推出 5 个新的勘探招标区块。这些区块位于东部海岸的坎特伯里盆地。盆地的勘探程度很低，到目前为止仅钻了 4 口井，2 个区块获得天然气和凝析油发现。其中，发现井 Galleon-1（距北奥塔戈海岸 12 千米）测试产量为 28.3 万米^3/ 日天然气和 2300 桶 / 日凝析油。

汇　　率：1 美元 =48.679 卢比
石油消费：9770 万吨
天然气消费：282.2 亿米^3
石油储量：7.35 亿吨
天然气储量：7625 亿米^3
石油产量：3315 万吨
天然气产量：272.5 亿米^3
炼油能力：10673 万吨

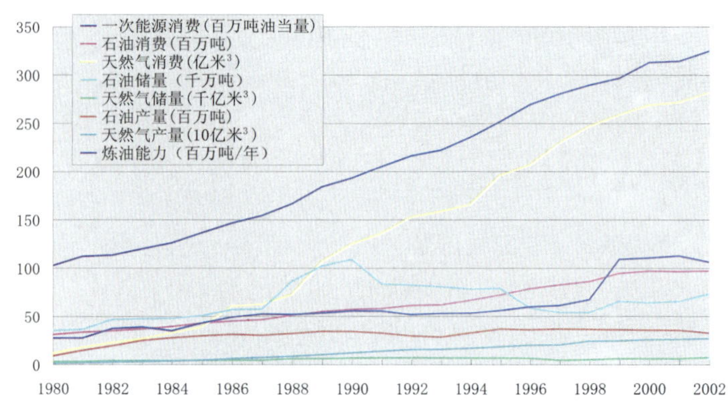

油气消费增长迅速，进口依赖程度增加

2001～2002 年度印度原油需求量为 1.07 亿吨/年，印度石油部预测 2006～2007 年度印度原油需求量将增加到 1.79 亿吨/年，2024～2025 年将超过 3.65 亿吨/年。2001～2002 年度印度天然气消费量为 8130 万米^3/日，预计 2006～2007 年度将增至 1.3 亿米^3/日，2011～2012 年度增至 1.7 亿米^3/日，2024～2025 年增至 3.91 亿米^3/日。未来 10～20 年，印度石油工业需要 1500 亿美元投资，满足国内能源需求。

印度的原油消费 70% 依靠进口，2001～2002 年度印度进口原油 7870 万吨，进口油品 100 万吨，分别花费 6039 亿卢比和 120 亿卢比。2002～2003 年度净进口原油 6000 万吨。

战略石油储备

印度政府决定 2003～2005 年投资 435 亿卢比建立可满足全国 45 天需要的战略石油储备，总储备量达 1500 万吨。

印度现有原油储备能力 570 万吨，可供国内炼油厂使用 19 天。各石油公司目前储备的石油产品可供应全国 45 天，原油可保证炼油厂 15 天需求。

印度最初提出建立战略石油储备是由于 1995 年油价急剧上涨，“9·11”事件后，这一问题再次提出。印度参照美国、德国和日本的做法制定战略石油储备方案。鉴于建立石油储备需要大量的资金，除上述投资外，每年还需要 180 亿卢比用于储备和维护，因此政府决定分阶段建设。

油气储量大幅上升，产量下降

印度的油气资源量约 290 亿～330 亿吨油当量，已探明的油气储量仅 70 亿吨油当量。

截至 2002 年底，印度剩余石油和天然气可采储量分别为 7.35 亿吨和 7625 亿米^3，比 2001 年分别增长 10.89% 和 17.83%。其中主要产区的天然气可采储量为 7500 亿米^3。

印度最大的在产油田是海上孟买高油田，2002 年日产 10.4 万吨石油。其他主要在产油田包括 B-38/Heera & S. Heera, Neelam, Lakwa-Lakhmani, Gandhar 和 Tiruvarur。

印度的天然气主要产自孟买盆地和古加拉特邦。目前正在进行的天然气开发项目包括 Tapti 气田增产项目和孟买高油田伴生气回收项目。

深水勘探与提高采收率

ONGC 计划从 2002 年开始的 5 年时间内投资 95 亿美元，将原油年产量从近期的 2400 万吨到 2007 年提高到 2529 万吨。其中，68 亿美元用于印度国内的石油勘探和生产，17 亿美元用于收购海外油田资产。

印度缺少世界级大油田，近年印度十分重视深水区油气勘探，希望有所突破。ONGC 计划每年投资 18 亿美元用于油气勘探，其中大部分用于深水勘探。Reliance 工业公司于 2002 年 4 月启动海上大型勘探计划。该计划耗时 3 年，投资 3.5 亿美元。

印度在产油田的采收率只有 30% 左右，低于世界平均水平。印度政府希望通过对外开放引进外国先进技术，提高油田采收率。目前已实施 19 个提高采收率项目，包括投资 800 亿卢比再开发孟买高油田。几年来在孟买高油田新钻 140 口井，石油和天然气产量分别提高 9% 和 4%。预计，石油采收率将由 26% 提高到 32%。

Reliance工业公司已在克里希纳—戈达瓦里盆地孟加拉湾海上发现25个气田。位于区块D6的KG-DWN98/6气田天然气储量约为1981亿米^3，含气构造区平均水深2953米，主要在1850～2200米之间。公司计划自2003年起3年内投资15亿～20亿美元进行开发。

海上重大天然气发现

2002年10月，印度Reliance工业公司和加拿大的Niko资源公司在东海克里希纳-戈达瓦里河口的三角洲盆地孟加拉湾水域发现A-1气田（KG-DWN-9813区块，又称D6区）。A-1构造距戈达瓦里河三角洲约20千米，属中新统，储层海底深度1850～2200米。根据已钻的几口井和三维地震资料，含气面积177千米^2，气柱高342米，估算气田天然气储量超过1400亿米^3。这是近30年来印度最大的天然气发现，也是2002年世界最大的天然气发现之一。预计A-1气田开发需18个月后投产，全面开发需钻20口井，每口井需投资2000万美元（包括海底完井，上岸管线）。预计4年后产量可达3962万米^3/日天然气，10年后产量可提高到9905万米^3/日。

2002年10月，Reliance工业公司在Andhra Pradesh海上发现Dhirubhai气田，可采储量超过1415亿米^3。

炼油能力亟待提高

印度共有17座炼油厂，年原油加工能力1.07亿吨。主要炼厂包括: Reliance-Jamnagar炼厂（7.4万吨/日）、Koyali-Gujarat炼厂（2.5万吨/日）、Mangalore炼厂(2.5万吨/日)、Mathura-Uttar Pradesh炼厂(2.1万吨/日)、Mahul-Bombay炼厂(Bharat石油，1.6万吨/日)、Madras炼厂（1.8万吨/日）、Mahul-Bombay (Hindustan石油，1.5万吨/日）等。

预测2024～2025年度印度油品年需求将增加到3.58亿吨。因此，印度需将炼油能力提高到3.68亿吨/年。未来25年印度石油下游部门需要510亿美元投资。

印度约有1900个加油站。

乙烯年均需求增长

过去5年，印度乙烯需求年均增长率为15%。美国化学系统公司预计2010年以前印度乙烯需求年均增长率为10%，2010年印度乙烯需求将增加到500万吨。届时印度乙烯供应短缺将达260万吨以上，需建3～4套大型乙烯装置，使现有能力翻番。印度人均聚合物消费(包括聚乙烯、聚丙烯、聚氯乙烯)为3千克，预计到2010年将增加到13千克，成为仅次于美国和中国的世界第三大聚合物市场。

印度现有7套乙烯装置，包括Reliance公司在哈吉拉的74万吨乙烯装置，Haldia石化公司(HPL)在哈吉拉的42万吨乙烯装置，印度石化公司(IPCL)在纳各塞纳的40万吨乙烯装置、印度天然气管理局(Gail)在奥雷亚的30万吨乙烯装置，各德哈的30万吨乙烯装置，巴洛德的13万吨乙烯装置，国家有机化学工业公司(Nocil)在塞纳的7.5万吨乙烯装置。

Reliance工业公司是印度最大的聚合物生产商，占市场份额52%。Reliance工业公司计划将哈吉拉74万吨乙烯装置扩建至100万吨。公司2000年生产聚丙烯90万吨，占印度聚丙烯产量的60%；生产35.2万吨聚乙烯和28.8万吨聚氯乙烯。公司最近建成亚洲最大的8万吨聚乙烯管生产装置。Reliance工业公司还计划在贾姆纳加尔建设100万吨以上能力的乙烯装置，生产聚乙烯、聚丙烯、乙二醇和线性α-烯烃等产品。公司在当地拥有炼厂和石化联合装置，对二甲苯生产能力为140万吨、聚丙烯60万吨。Reliance工业公司最近宣布，将投资1.06亿美元在哈吉拉的石化联合体修建一套45万吨的二氯乙烯装置。

IPCL公司是印度第二大石化生产商，占市场份额30%。公司计划投资70亿卢比扩建纳各塞纳40万吨乙烯装置，使年产能达到55万吨。

Gail也计划扩建其30万吨乙烯装置，使产能增加到50万吨，并建设15万吨聚乙烯装置。

2000年HPL公司在哈吉拉的42万吨石脑油裂解装置投产。2001年8月，投资11亿美元的石化联合装置建成，聚烯烃生产总能力达到63.5万吨，占印度聚合物市场份额22%，包括21万吨聚丙烯、20万吨HLDPE和22.5万吨LLDPE。

印度巨大的石化消费市场潜力不断吸引新的投资。2001年，壳牌公司率先涉足印度石化投资。其后，拜耳、巴斯夫、日本三菱化学、Schnectady国际公司先后以合资或收购方式投资印度石化项目。

LNG发展计划

印度计划将国内天然气一次能源消费所占比例从2000年的8%提高到2025年的20%。为了满足电厂及国内用户天然气需求增长，印度政府曾计划建设20多座LNG终端。但由于缺少资金，无法建设配套基础设施，目前仅保留9个终端项目，可满足天然气需求增长的56%。

Petronet LNG公司负责实施印度最大的LNG项目。ONGC、印度石油公司（IOC）、Gail、国家热电

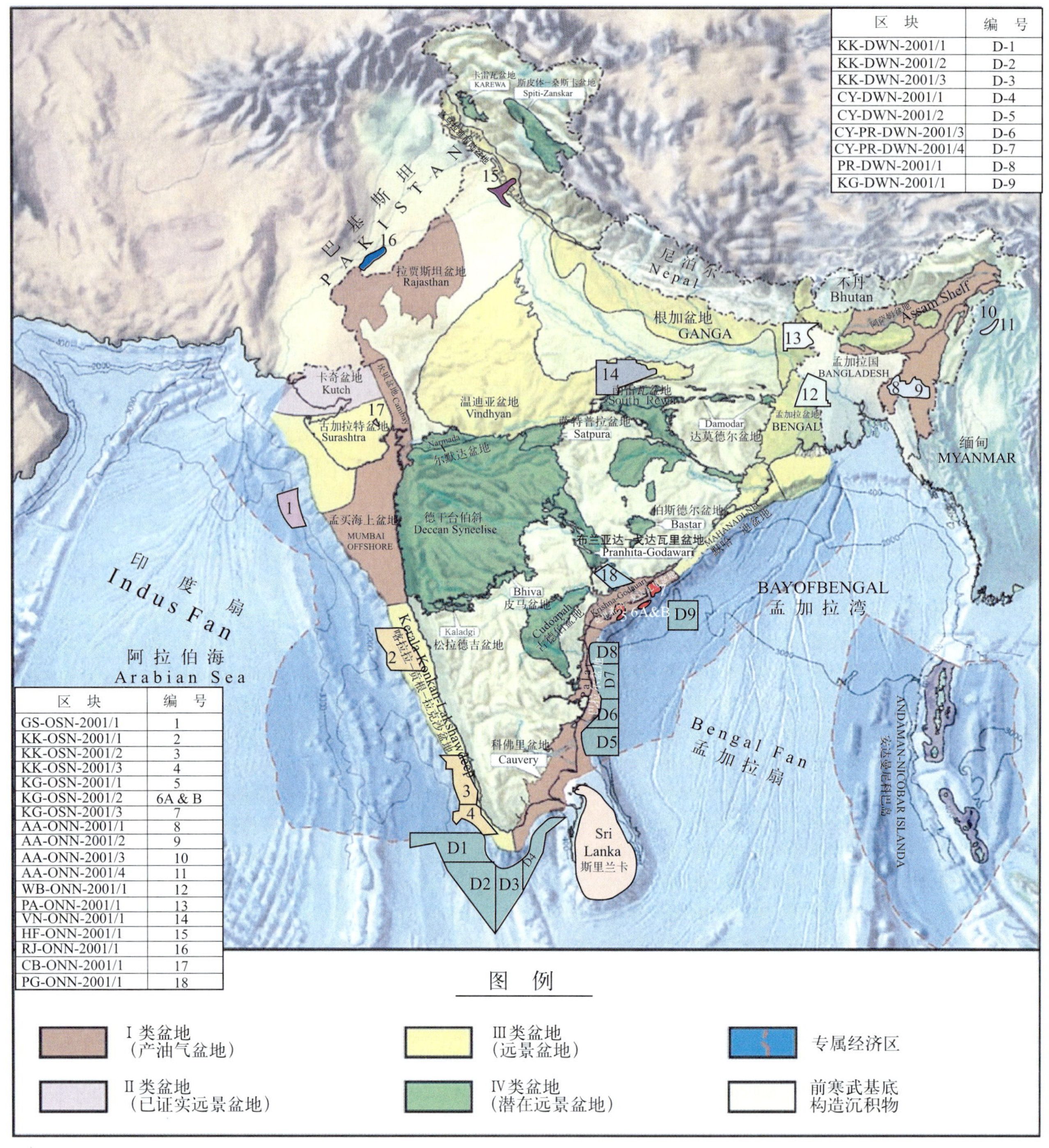

区 块	编 号
KK-DWN-2001/1	D-1
KK-DWN-2001/2	D-2
KK-DWN-2001/3	D-3
CY-DWN-2001/1	D-4
CY-DWN-2001/2	D-5
CY-PR-DWN-2001/3	D-6
CY-PR-DWN-2001/4	D-7
PR-DWN-2001/1	D-8
KG-DWN-2001/1	D-9

区 块	编 号
GS-OSN-2001/1	1
KK-OSN-2001/1	2
KK-OSN-2001/2	3
KK-OSN-2001/3	4
KG-OSN-2001/1	5
KG-OSN-2001/2	6A & B
KG-OSN-2001/3	7
AA-ONN-2001/1	8
AA-ONN-2001/2	9
AA-ONN-2001/3	10
AA-ONN-2001/4	11
WB-ONN-2001/1	12
PA-ONN-2001/1	13
VN-ONN-2001/1	14
HF-ONN-2001/1	15
RJ-ONN-2001/1	16
CB-ONN-2001/1	17
PG-ONN-2001/1	18

印度沉积盆地图

公司（NTPC）和法国天然气公司在Petronet公司各持股10%，古贾拉特邦政府持股5%，其他股份出售给私人投资者。Petronet公司计划在Dahej和Cochin各建设一座LNG终端。预计Dahej终端于2003年底建成，届时卡塔尔RasGas公司将向Petronet供应LNG。Cochin终端计划于2007年建成。

英荷壳牌集团和印度Petronet LNG公司计划2004年前建2座LNG终端。BG公司计划2005年前建设一座终端，前提条件是首先确定用户，同时要求印度政府取消天然气价格限制，在印度实行统一销售税率。

另外，BP、IOC和Petronas计划投资10亿美元在印度东部安得拉邦兴建1座LNG发电厂。该项目计划年进口250万吨LNG，150万吨供配套的电厂使用，其余的供给国内其他公司，供应合同尚待谈判确定。但印度政府认为印度2007年才能使用LNG作为燃料，因此推迟了这一项目。

第三轮 NELP 招标

2002 年 3 月 28 日，印度举行第三轮新勘探许可证（NELP）招标，提供 27 个区块。截止到 2002 年 8 月，11 家公司（包括 4 家外国公司）对 23 个区块提交 45 份标书，其中 8 个陆上区块，6 个浅海区块，9 个南部海上深海区块。东部的 3 个陆上区块和南部 1 个海上浅水区块无人投标。4 家外国公司是加拿大的 Geo 全球资源公司和英国的 Cairn 能源公司、Premier 石油公司和 Hardy 勘探和生产公司。跨国大石油公司没有参与投标。

截止到 2002 年 11 月，印度第三轮 NELP 招标共签发 23 个勘探区块。ONGC 独自获得 9 个区块，与其他公司共同获得 4 个区块；Reliance 工业公司同 Hardy 油气公司合伙获得 9 个区块，同其他 3 个公司合伙获得 1 个区块。

自 1999 年启动 NELP 招标以来，印度共授予 70 个区块的勘探许可证。

煤层气招标

2002 年 7 月，印度政府颁发 5 个煤层气勘探区块许可证，估计 5 个区块的煤层气总储量为 2350 亿米^3，约需初期投资 20 亿卢比。IOC 和 ONGC 获 2 个区块，位于 Jharkand 邦；Reliance 工业公司获 2 个区块，位于西孟加拉邦；Essar 石油公司获 1 个区块位于西孟加拉邦。

推进私有化进程

过去几年，印度未能完成其私有化目标。印度政府计划在 2002～2003 财年通过出售股权获取 24.5 亿美元资金。

2002 年 5 月，印度政府将持有的印度石化公司（IPCL）26%的股权以 3.042 亿美元售给 Reliance 集团。这是本财年印度最重要的私有化步骤之一，缓解了印度政府资金短缺的问题。Reliance 集团的收购进一步加强其在国内石化市场的优势地位。

Reliance 计划进一步收购 IPCL 公司 20%的股权。政府持有 IPCL 公司 59.75%的股权，计划出售全部股权。

1. Reliance 内部重组

2002 年 3 月 4 日，印度 Reliance 集团宣布，将 Reliance 石油公司（RPL）与 Reliance 工业公司（RIL）合并，组建新的上下游一体化公司，重组后资产达 120 亿美元。两家公司的董事会已批准此次合并，于 2002 年 4 月 1 日生效。

新公司成立后将剥离 12%的股份，出售给战略投资者。公司计划未来 3 年投资 3 亿美元开展油气勘探和生产活动。公司目前持有 25 个区块，包括浅水和深水区块。

2. ONGC 的发展动向

印度石油天然气公司（ONGC）计划发展为一体化石油公司，仍将国内外油气勘探作为重点，并参股下游公司促进经营发展。

ONGC 计划在国内投资约 1.04 亿美元开发新油气田，预计年产增加 130 万吨油气当量，还将计划在 15 个投产的大油气田投资 1200 亿卢比（24.6 亿美元）以提高油气产量，扭转石油产量下跌的局面，并实现石油出口。ONGC 正在孟买高实施再开发和提高采收率计划，增加原油产量 13%，增加天然气产量 11%。ONGC 将加速新区特别是深海区块的勘探。

ONGC 为提升公司油气市场资本，跻身全球大石油企业行列，大力收购国内外油气资产。ONGC 拥有市场资本 100 亿美元，在印度 500 强企业中名列榜首。公司净资产价值 70 亿美元，2001～2002 财年纯利润达 12.7 亿美元。

由于印度政府 2001 年起对石油工业实行开放政策，使 ONGC 可能在世界范围内购买更多的油气资产。ONGC 计划在第十个五年计划（2002～2007 年）期间每年从国外购进 2000 万吨油气资产，并将油气储量由 57.7 亿吨油当量增加到 120 亿吨油当量。

ONGC 有意购进凯恩能源公司在印度的资产。凯恩公司在印度获得 10 个油气发现，其中陆上 1 个，海上浅水区 4 个、深水区 5 个。

ONGC 斥资 7.2 亿美元收购加拿大塔利斯曼公司在苏丹大尼罗石油项目 25%的股份。ONGC 还有意收购塔利斯曼的苏丹尼罗－廿加项目，其石油储量为 1.5 亿吨。ONGC 已向俄罗斯萨哈林项目投资 17 亿美元，建立萨哈林印度公司，这也是公司迄今在国外最大的单项投资。另外，公司在缅甸、伊朗、伊拉克、哈萨克斯坦、韩国、利比亚和美国有 7 个石油收购项目，以及澳大利亚的塔斯马尼亚海上天然气区块。这些项目有的已经成交，有的接近完成。

印度尼西亚

汇　　率：1美元=9350.137印尼盾
石油消费：5120万吨
天然气消费：347.7亿米³
石油储量：6.85亿吨
天然气储量：26178亿米³
石油产量：5600万吨
天然气产量：590.3亿米³
炼油能力：4964万吨

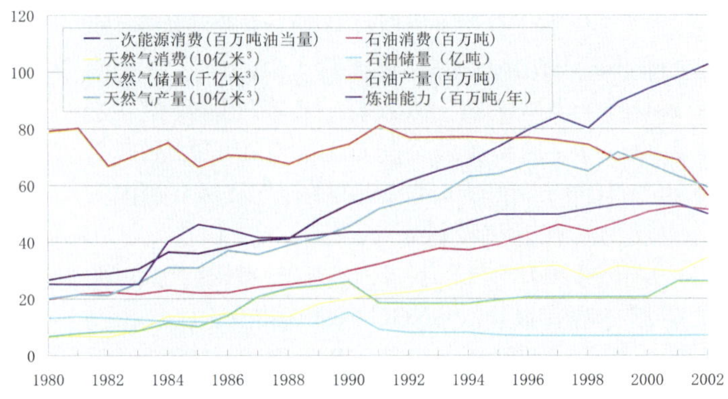

积极开拓LNG市场

印尼拥有丰富的天然气资源，出口LNG是印尼的主要经济支柱之一，也是印尼获取外汇收入的重要渠道。日本、韩国和中国台湾是印尼传统的LNG市场。

印尼正积极利用世界LNG市场格局改变的契机，努力开拓中国、美国和菲律宾市场。2002年9月，中国海洋石油公司与Pertamina签署福建LNG销售与购买协议，合同期25年，合同量260万吨LNG，合同价值约85亿美元。美国LNG供应来源主要有加拿大和墨西哥，由于两国天然气产量下降，价格上升，为印尼LNG进入美国市场提供了机会。

油气产量大幅下降

由于老油田产量自然递减，2002年印尼生产石油5600万吨，比2001年降低7.8%；天然气产量590亿米³，比2001年减产8.39%。另外，在欧佩克配额产量以外印尼生产1145.4万吨天然气液和凝析油。

评价证实两大气田

1. Gendalo—Gandang气田

2002年3月，加州联合油公司Ganal公司在印尼海上的Gendalo-3评价井测试获得85万米³/日天然气和2200桶/日凝析油，测试层段3523～3547米，测试套管压力4114磅/平方英寸，油嘴直径40/64英寸。测试结果证实Gendalo-Gandang气田是世界级的天然气—凝析油田，天然气潜在资源量至少566亿～708亿米³，伴生凝析油潜在资源量5000万～1.5亿桶。

2. Abadi气田

2002年10月，日本Inpex公司的Abadi-2和Abadi-3评价井证实Abadi气田是海上大型气田。气田位于帝　海Masela区块，西帝　古邦以东约800千米，澳大利亚达尔文市以北400千米。区块面积约700千米²，水深300～1000米。估计天然气储量超过1132亿米³。发现井Abadi-1井钻于2000年12月，水深457米。

埃克森美孚全面恢复生产

经过近一年的停产后，埃克森美孚公司2002年3月4日恢复印尼Aceh地区Pase气田的生产，3月7日天然气产量提高到283.2万米³/日。

2001年3月中旬，由于安全问题，埃克森美孚公司关闭Aceh地区的三个气田，包括Arun、南Lhoksukon和Pase)。另外两个气田已于2001年6月和12月恢复生产。

印尼成立油气总理事会

按2001年11月生效的新《石油法》，2002年11月印度尼西亚油气总理事会（Badan Pelaksana

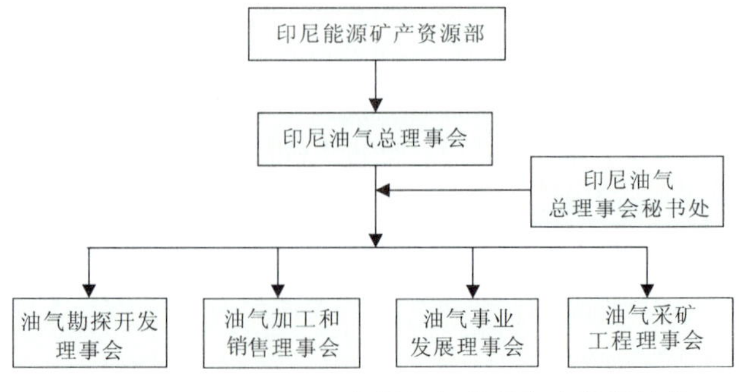

印尼油气总理事会组织结构

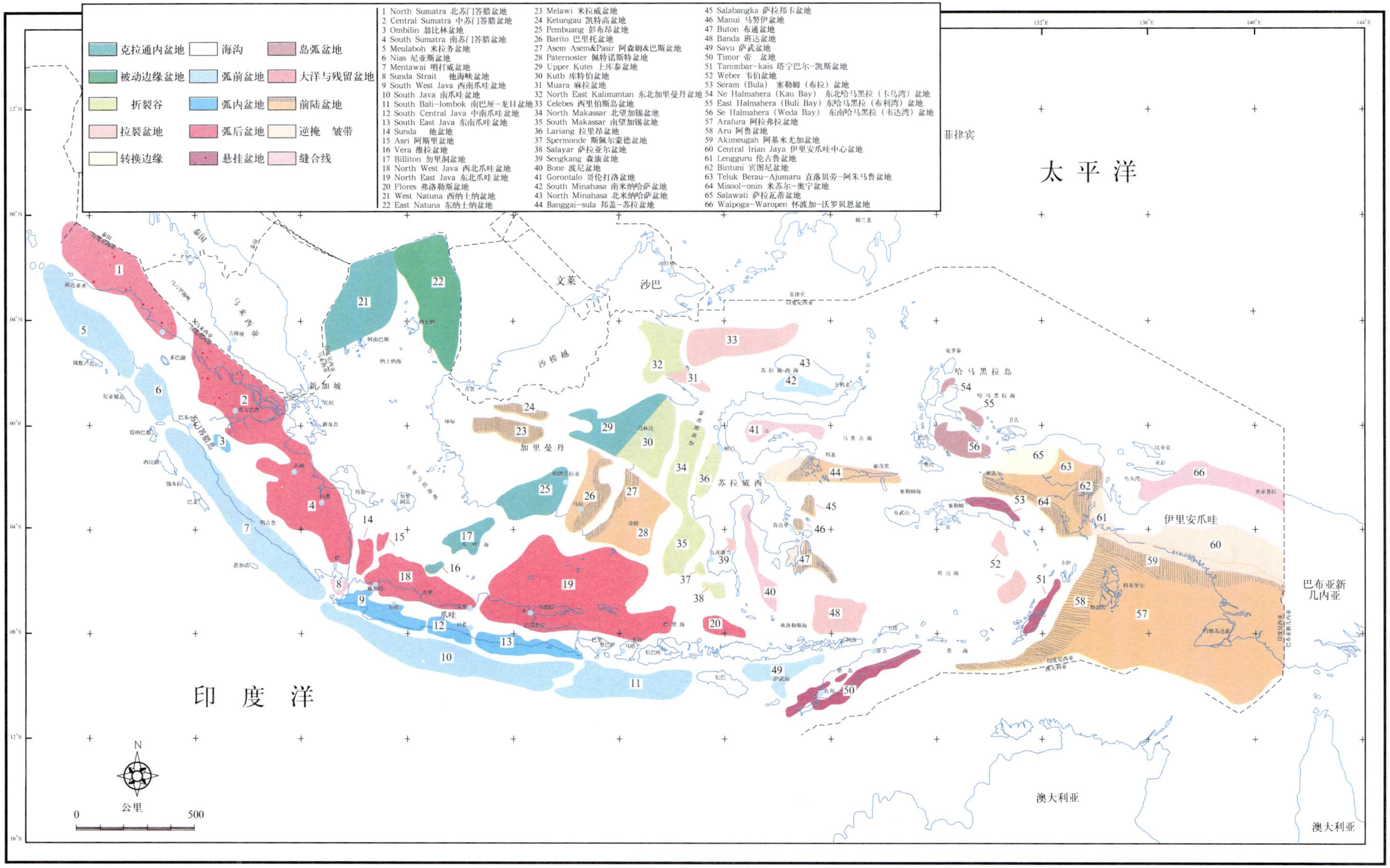

克拉通内盆地　海沟　岛弧盆地
被动边缘盆地　弧前盆地　大洋与残留盆地
折裂谷　弧内盆地　前陆盆地
拉裂盆地　弧后盆地　逆掩　皱带
转换边缘　悬挂盆地　缝合线

1 North Sumatra 北苏门答腊盆地
2 Central Sumatra 中苏门答腊盆地
3 Ombilin 翁比林盆地
4 South Sumatra 南苏门答腊盆地
5 Meulaboh 米拉务盆地
6 Nias 尼亚斯盆地
7 Mentawai 明打威盆地
8 Sunda Strait 他海峡盆地
9 South West Java 西南爪哇盆地
10 South Java 南爪哇盆地
11 South Bali-lombok 南巴厘－龙目盆地
12 South Central Java 中南爪哇盆地
13 South East Java 东南爪哇盆地
14 Sunda 他盆地
15 Asri 阿斯里盆地
16 Vera 维拉盆地
17 Billiton 勿里洞盆地
18 North West Java 西北爪哇盆地
19 North East Java 东北爪哇盆地
20 Flores 弗洛勒斯盆地
21 West Natuna 西纳土纳盆地
22 East Natuna 东纳土纳盆地
23 Melawi 米拉威盆地
24 Ketungau 凯特高盆地
25 Pembuang 彭布昂盆地
26 Barito 巴里托盆地
27 Asem Asem&Pasir 阿森姆&巴斯盆地
28 Paternoster 佩特诺斯特盆地
29 Upper Kutei 上库泰盆地
30 Kutb 库特伯盆地
31 Muara 麻拉盆地
32 North East Kalimantan 东北加里曼丹盆地
33 Celebes 西里伯斯岛盆地
34 North Makassar 北望加锡盆地
35 South Makassar 南望加锡盆地
36 Lariang 拉里昂盆地
37 Spermonde 斯佩尔蒙德盆地
38 Salayar 萨拉亚尔盆地
39 Sengkang 森康盆地
40 Bone 波尼盆地
41 Gorontalo 哥伦打洛盆地
42 South Minahasa 南米纳哈萨盆地
43 North Minahasa 北米纳哈萨盆地
44 Banggai-sula 邦盖－苏拉盆地
45 Salabangka 萨拉邦卡盆地
46 Manui 马努伊盆地
47 Buton 布通盆地
48 Banda 班达盆地
49 Savu 萨武盆地
50 Timor 帝　盆地
51 Tanimbar-kais 塔宁巴尔－凯斯盆地
52 Weber 韦伯盆地
53 Seram（Bula） 塞勒姆（布拉）盆地
54 Ne Halmahera（Kau Bay） 东北哈马黑拉（卡乌湾）盆地
55 East Halmahera（Buli Bay）东哈马黑拉（布利湾）盆地
56 Se Halmahera（Weda Bay） 东南哈马黑拉（韦达湾）盆地
57 Arafura 阿拉弗拉盆地
58 Aru 阿鲁盆地
59 Akimeugah 阿基米尤加盆地
60 Central Irian Jaya 伊里安爪哇中心盆地
61 Lengguru 伦古鲁盆地
62 Bintuni 宾图尼盆地
63 Teluk Berau-Ajumaru 直落贝劳－阿朱马鲁盆地
64 Misool-onin 米苏尔－奥宁盆地
65 Salawati 萨拉瓦蒂盆地
66 Waipoga-Waropen 怀波加－沃罗贝恩盆地

太平洋
菲律宾
印度洋
马来西亚
新加坡
文莱
沙巴
沙捞越
加里曼丹
苏拉威西
哈马黑拉岛
伊里安爪哇
巴布亚新几内亚
澳大利亚

N
0　公里　500

印度尼西亚沉积盆地分布图

Migas）成立。理事会是独立的管理机构，隶属能源矿产资源部，理事会已经开始从Pertamina公司接管勘探开发合同授予和监督权，并将逐步代表政府负责油气的销售监督权。

过去的30年，Pertamina是印尼油气工业的垄断企业，享有特权。理事会的成立标志着Pertamina垄断地位的终止，国家石油公司将转变成一家有限责任公司。按新《石油法》，Pertamina变成有限责任公司后将丧失某些特权，将按用于所有国营公司的标准公司税率纳税，因而可以保留更多的利润。

2002年Pertamina公司利润增长33%，从2001年的10.55万亿印尼盾增长到了14.1万亿印尼盾（约合16.6亿美元）。Pertamina公司将拿出60%利润（8.46万亿卢比）上缴中央政府。

2002年勘探开发招标不甚乐观

2002年，印度尼西亚共举行3轮国际招标。

首轮招标推出17个区块。其中14个海上区块，包括位于Makassar海峡2001年招标未成交的Taritip区块和Jangeru区块，以及Makassar海峡的Muara Bakau区块，Seram海的Setaf区块，Arufa的Amborip I～VI区块，加里曼丹海的Tigau和Mentana区块，纳土纳海的Anambas区块；3个陆上区块，包括苏拉威西南部的Enkarang和Polewali区块，加里曼丹中部的Bangkanai区块。首轮招标有10个区块成交，其余7个区块无人投标。

第二轮招标推出10个新的区块。大部分区块分布于印尼东部地区。由于首轮招标中只有10个售出，此轮招标的实际区块仍达到17个。

第三轮招标推出东爪哇的3个新区块。

中海油收购印尼油气资产

2002年4月19日，中海油出资约6亿美元收购西班牙瑞普索公司在印尼五大油田的部分权益。五大油田总探明储量1亿吨，探明+控制1.3亿吨；2001年的总产量是1147万吨。中海油的净油气储量权益为：探明4932万吨，探明+控制6315万吨；中海油净油气产量权益是548万吨/年。此项收购使中海油一举成为印尼目前海上最大的石油生产商，这是中国公司并购国外资产数额最大的项目之一。同时，中海油还将出任其中3个油田的作业者。这也是我国首次走出国门担当海上油田作业，从而大大提升了中海油的国际形象，增强了企业的核心竞争力。

2003年2月4日，中海油完成收购印尼东固天然气项目的储量权益。根据框架协议规定，中海油可透过收购产量分成合同权益，向BP收购东固LNG项目相当于12.5%的权益，价值约2.75亿美元。东固LNG项目包括3个产量分成合同区块：Berau区块、Muturi区块和Wiriagar区块。其合作伙伴已签订一项为期25年的LNG供应合同，从2007年起每年向中国福建提供260万吨LNG。

汇　　率：1美元=15934.266越南新盾
石油消费：930万吨
石油储量：8219万吨
天然气储量：1924 亿米^3
石油产量：1520万吨
天然气产量：20.4亿米^3

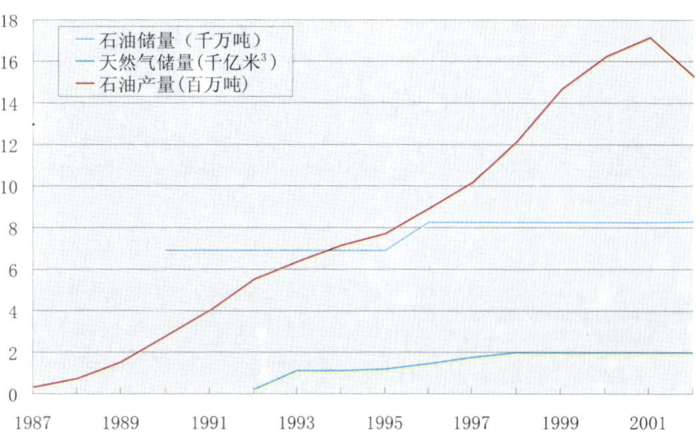

油气利用／消费

越南是亚洲人均商业能源消费最低的国家之一，但预计能源消费特别是天然气消费将显著增长。

2002年越南成为东南亚第三大原油生产国和出口国，原油出口是越南最大的外汇来源。越南没有投产运营的炼厂，所产原油几乎全部出口。出口市场包括日本、新加坡、美国、韩国，日本是越南原油的最大进口国。国内成品油需求完全依赖于进口。

越南正逐渐成为亚太地区重要的LPG消费国和出口国。越南约有70%的城市家庭使用LPG。越南国内LPG消费增长迅速，2001年估计达到40万吨，2002年升至48万吨。日本是越南LPG的主要进口国。

油气勘探

20世纪60年代初，越南在原苏联帮助下在北部红河三角洲开始油气勘探活动。到70年代后期在该区钻井约40口，但仅有一个小气田投入商业性开采。同时，一些国际石油公司，包括美孚、埃索、Pecten、马拉松石油公司和Texas Union，与政府签订租让合同在越南南部大陆架南昆山盆地和九龙盆地开展了一些区域地震测量，钻了大量有价值的探井。其中最重要的是美孚在九龙盆地白虎远景构造取得的商业性石油发现。

1975年越南统一后，越南石油天然气总公司与外国公司签订了首批石油服务合同和产量分成合同，推动在南部海域的油气勘探。但由于其油气发现或显示缺乏足够价值，所有这些合同均在20世纪70年代后期和80年代初终止。

1981年，越南石油天然气总公司与原苏联的RVO石油公司建立合资公司——越苏石油公司(Vietsovpetro)，这是越南的首个勘探和开采合资企业，主要从事九龙盆地的石油勘探。

1987年越南颁布外国投资法。在对外开放政策指引下，越南的石油工业进入崭新的历史时期。越南全部大陆架的勘探和开采活动日趋活跃。

40年来，地震勘探和钻井活动遍及越南的各个远景盆地，共采集26万千米二维地震和1.5万千米^2

■ 二维地震（公里）　■ 三维地震（平方公里）

1989～2001年的地震勘探工作量

■ 钻井数　■ 发现数

2001年勘探钻井活动

三维地震剖面，钻探井200口，总进尺50万米。在大陆架发现50个含油气远景构造，其中18个已确定为油气田，勘探成功率50%。

油气开采

越南大部分油气生产作业集中在九龙盆地和南昆山盆地海上。1986年6月越南的第一个油田白虎油田正式投产，1994年底大熊油田和龙（Rong）油田开始生产原油。目前，越南已有6个油田投产，平均日产4.8万吨原油。几年前在九龙盆地15-1区块发现的Su Tu Den-Su Tu Vang大油田，可使越南的石油产量上升到6.2万吨/日。

1989～2001年越南油气产量

油 田	盆 地	作业者	平均产量(吨/日)
白虎	九龙	Vietsovpetro	35068
龙	九龙	Vietsovpetro	1644
大熊	南昆山	Vietsovpetro	411
Rang Dong	九龙	JVPC	5890
Ruby	九龙	Petronas	2877
Bunga Kekwa*	马来—朱寿	Talisman	1918

*越南占50%份额

越南天然气工业处于发展初期，生产气田仅有陆上的天海（Tien Hai）气田和海上新近投产的Lan Tay气田和Lan Do气田。天海气田位于红河盆地河内凹陷，生产的天然气供当地消费。九龙盆地是越南最大的天然气产区，也生产大量伴生气。越南国内所需天然气大部分来自九龙盆地的白虎油田和Rang Dong油田，油田伴生气通过107千米16英寸海底管道上岸。目前伴生气平均产量为467万米^3/日，可增至566万米^3/日。

随着越南能源需求增长，天然气的作用将愈发重要。短期内南昆山盆地和马来—朱寿盆地将成为两个主要的天然气生产中心。2002年底南昆山管道系统开通，年输送能力为71亿米^3，将06-1区块Lan Tay气田和Lan Do气田的天然气输至岸上。该管道系统将与Rong Doi-Rong Doi Tay和Hai Thach-Moc Tinh等气田连接。

油气潜力

越南的油气资源在东南亚位居第三位。前不久，越南对其远景盆地和我国南海进行油气资源评价，估计石油资源为8.9亿～11.6亿吨，天然气资源为594亿～792亿米^3。其中我国南海海域诸盆地（越南称之为黄沙和常沙盆地群）的油气资源约占20%。

越南大陆架面积约100万千米^2，主要包括第三纪的红河(Song Hong)盆地、富庆(Phu Khanh)盆地、九龙(Cuu Long)盆地、南昆山(Nam Con Son)盆地和马来—朱寿(Malay-Tho Chu)盆地。其中，红河、九龙、南昆山和马来—朱寿盆地已被确认为含油气盆地。

九龙盆地是勘探成熟区，地震测网和钻井密度很高，已发现油气资源已过半。红河盆地、南昆山盆地和马来—朱寿盆地属次成熟区，地震和钻井密度较高，已发现油气资源不到总量的50%。其他盆地属含油气远景盆地，包括富庆盆地，以及已进入我国海域的黄沙盆地和常沙盆地。这些远景盆地具有很高的含油气潜力，但勘探程度很低。

1. 红河盆地

红河盆地陆区的勘探工作始于20世纪60年代初，已钻约40口井，仅有一个在产小气田。

1989～1995年是盆地勘探最活跃的时期。主要的目标是盆地北部的基底构造和盆地南部的碎屑岩和碳酸盐岩远景区。至今已签订12项合同，采集地震数据超过6万千米，钻探井28口，发现12处油气显示，两个油气田已得到评价。在盆地南区已发现数个气田，总储量达1.4万亿米^{3}气田，气田的二氧化碳含量高达60%～90%。

红河盆地油气以气为主，资源量可能达3.4亿吨油当量，约占越南总油气资源量的15%。现有17个开放区块，总面积10.8万千米^2。估计红河盆地具有越南发现的所有类型的含油气远景，有必要进行更多的勘探工作，以证实已发现和远景构造的潜力。

2. 富庆盆地

富庆盆地的油气资源占越南总油气资源量的10%。盆地处于地震勘探工作阶段，已经完成10000千米二维地震。

富庆盆地深水区勘探潜力可能较大。现有8个开放区块，总面积约5.6万千米^2。勘探工作集中在南部，其石油地质特征较为理想，已圈定大量远景构造。

3. 九龙盆地

九龙盆地是越南石油资源最丰富的盆地，资源量占越南总油气资源量的25%。现有4个在产油气田，平均日产4520吨原油，80%产自裂缝性基底。九龙盆地是越南最大的伴生天然气生产区。

1988年以来，越南石油天然气总公司已在九龙盆地颁发8项油气勘探和生产合同，现有7项合同

仍在执行中；累计采集2万千米二维和4300千米^{2}三维地震数据，钻探井和开发井42口，其中29口井获高产油流。

勘探显示，九龙盆地仍有较大的资源潜力。目前该盆地有4个开放区块，总面积约15000千米^2。广泛分布的裂缝性基底和有希望的含油气远景区表明开放区具有勘探成功的机会。

4. 南昆山盆地

南昆山盆地油气资源量高达4.1亿吨油当量，占越南总油气资源量的20%。盆地待发现油气资源潜力巨大。盆地油气资源以天然气为主，探明储量估计为2830亿米^3。除2002年底投产的Lan Tay和Lan Do气田，计划2005～2007年期间投产Rong Doi-Rong Doi Tay气田和Hai Thach气田。另外，正在评价04-3和12区块内的天然气发现。

南昆山盆地已开展大量勘探工作。过去15年间向外国石油公司授出21个合同，11个正在执行中。现已采集7.5万千米二维和7000多千米^{2}三维地震数据，已钻59口探井，获得32处油气发现，成功率为54%。盆地已开放17个区块，总面积9.1万千米^2。盆地翼部的石油生成和运移条件不很理想，含油远景构造具有一定风险。勘探工作的重点在盆地西部和北部。

5. 马来—朱寿盆地

马来—朱寿盆地油气资源占越南总油气资源量的10%。有大量具有中等风险的未钻探的中小远景构造。盆地有8个开放区块，总面积超过3.5万千米^2，已签订4项石油合同，3个正在执行中。共采集2.1万千米二维和3600千米^{2}三维地震数据。盆地大部分地区地震测线间距为20～40千米。

马来—朱寿盆地在越南的勘探成功率最高，所钻的27口探井有22口钻遇油气显示，成功率高达81%。在越南与马来西亚联合开发区的PM3-CAA区块，1991年首次发现Bunga Orkid油田后，获得多个油气发现。Bunga Kekwa油田产量约为2055吨/日，相邻的几个油田正在开发中。联合开发区北部还有大量含气远景构造正在评价中，天然气探明储量高达1698亿至2264亿米^3。已计划建设两个输气管道系统，每年向九龙三角洲地区供应62.3亿米^{3}天然气。

6. 黄沙和常沙盆地群

黄沙(Hoang Sa)盆地群和常沙（Truong Sa）盆地群大部分位于我国南海海域。据越南对这两个盆地群的初步研究，其油气资源相当丰富，占越南油气资源总量的20%。该区具有优越的地质条件和巨大的含油气潜力，必将成为油气勘探的重要地区。

重要油气发现

2002年9月24日，PTT石油勘探和生产公司（PTTEP）在九龙盆地的2口探井钻遇油气。其中，16-1区块的探井测试获得34吨/日原油；9-2区块的探井测试获得342吨/日原油和18.7万米^3/日天然气。

12月11日，BP在南昆山盆地的HT-3X井的测试证实Hai Thach气田含有巨大的天然气和凝析油储量。HT-3X井位于距越南南部海岸约370千米的5-2区块，测试获最大天然气流量201万米^3/日，最大凝析油产量7250桶/日。该井是在Hai Thach气田所钻的第三口井，1995年和1996年分别钻探了发现井HT-1X井和HT-2X井。

开发计划

1. 11–2区块

2002年4月，韩国国家石油公司（KNOC）为首的财团获准开发11–2区块气田，预计2005年10月投产。11–2区块天然气储量339.8亿米^3，可采储量254.9亿米^3，设计寿命23年。产出的油气将全部出售给越南国家石油公司（Petrovietnam）。

2. B、48/95和52/97区块

B、48/95和52/97区已发现Kim Long、Ac Quy和Ca Voi三个气田，探明天然气储量707.5亿米^3。加州联合油公司是三个区块的作业者，合作伙伴包括日本三井石油勘探公司和PTTEP。三个气田将作为整体开发。

3. 5.2和5.3区块

2002年11月，BP公司开始实施越南南部海上南昆山盆地新一轮天然气开发。开发区距离海岸360千米。项目总投资13亿美元，计划2004～2005年以前投资8亿美元，其中BP占71%。初期日产天然气270万米^3。

南昆山天然气项目

南昆山天然气项目总投资13亿美元，BP持股35%，印度ONGC持股45%，Petrovietnam持股20%。项目包括开发南昆山盆地的Lan Tay气田和Lan Do气田；建造一座海上钢结构生产平台；铺设全长400千米的输气管道（年输气能力70亿米^3）；建设一座燃气发电厂；修建一座陆上天然气处理终端。南昆

山天然气项目是越南第一个大型天然气项目，也是迄今为止越南最大的外国投资项目，预计天然气年产量达30亿米³，发电能力为120亿度，相当于越南目前电力需求的40%。2002年11月26日，南昆山天然气项目将天然气输送到位于胡志明市南部的燃气电厂，标志着越南的天然气工业向前迈出重要的一步。

勇决炼油厂推迟投产

2002年，越南第一家炼厂勇决(Dung Quat)炼油厂仍在建设之中。该厂是Petrovietnam和俄罗斯Zarubezhneft公司的合资项目，原计划2002年底前完工。由于Zarubezhneft公司缺乏炼油厂建设经验，双方未能就炼厂加工工艺和设备采购达成协议。2002年12月，Zarubezhneft公司宣布退出，作为二级承包商参与建设施工。Petrovietnam偿付Zarubezhneft在该合资项目的2.3亿美元投资。预计完工日期将推迟到2004年，2005年投入运营。

宜山炼油石化厂项目进展

2002年8月，越南政府初步批准建设该国第二座炼油石化厂，即宜山炼油石化厂，位于河内以南220千米的宜山。炼厂设计原油年加工能力700万吨，它将成为越南最大的炼油厂。采用现代深加工工艺，主要产品包括无铅汽油、运输及工业用柴油、LPG、喷气燃料、汽油、燃料油、沥青、苯和丙烯。由于越南每年要花大量外汇进口塑料和聚丙烯，宜山炼油石化厂的建设对越南发展石化工业，尤其是塑料和聚丙烯工业具有非常重要的意义。工程预算24.9亿美元，其中30%～40%的资金由Petrovietnam负担，其余资金将向国内外金融机构贷款。工程拟于2004年开工，炼油厂和塑料厂将于2008年投产，石化装置将于2010年完工。

聚氯乙烯厂投产

2002年10月，越南最大的聚氯乙烯厂在南部的巴地—头顿省投产。这座投资7000万美元的PVC厂拥有10万吨/年的初始产能，3年内产能将增加到20万吨/年。该厂的所有权和运营权归富美塑料化工公司(PMPC)。它是Petronas、Petrovietman和Tramatsuco公司的合资企业，三方持股比例分别为50%、43%和7%。

短期内该厂将从马来西亚进口氯乙烯单体(VCM)原料，今后将有计划地利用国产天然气生产VCM原料。据统计，目前越南塑料生产商每年进口80万吨PVC。

对外合作

越南将其所谓的专属经济区（EEZ）划分为100多个区块，每个区块的面积平均为5000千米²（编者注:部分区块进入我国南海海域）。

越南石油工业采用的合同形式有：产量分成合同(PSC)、商业合作合同(BCC)、联合作业合同(JOC)、非专有地震数据服务合同和联合研究合同。

截止到2002年底，Petrovietnam已与50多家外国石油公司签订38份产量分成合同、1份商务合作合同和7份联合作业合同。其中，2002年签订了3份产量分成合同，25个合同仍在执行。外国投资总额超过40亿美元。参与的外国公司有：RVO石油公司、BP、大陆石油公司、加州联合油公司、日本石油公司、Petronas、OMV、出光公司、韩国国家石油公司、Talisman、Amerada Hess、Samedan、印尼国家石油公司、PTTEP、印度国家石油公司、Maurel & Prom、ATI、Vamex、Soco、三井石油勘探公司

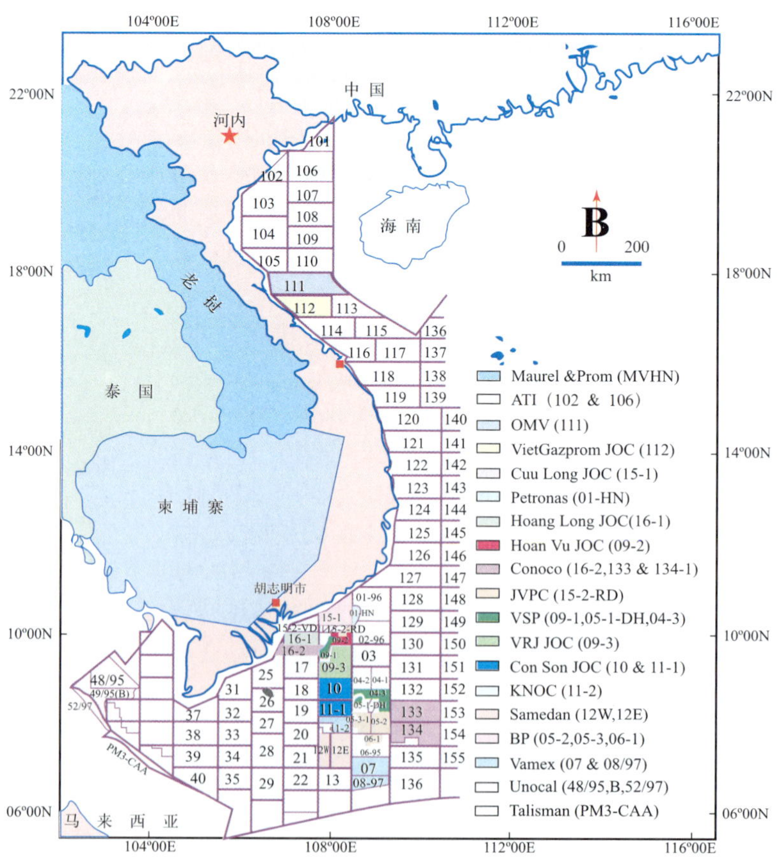

越南油气区块图

(MOECO）以及俄罗斯的OAO天然气公司。

2002年12月12日，Petrovietnam与Petrovietnam勘探开发公司(PVEP，持股40%)、加拿大Talisman公司（持股30%）和Petronas Carigali海外公司（持股30%）签订46-2区块产量分成合同。46-2区块位于越南南部大陆架的马来—朱寿盆地西南翼，距金　海岸144千米。盆地内已钻11口探井，其中5口井钻遇商业油气流。

能源政策

2002年，越南继续对能源部门实施全面改革，重点是调整体制结构、能源定价和财政制度。在开发本国能源和扩大地区能源合作的基础上，实行能源多元化政策，保证充足的能源供应，实现经济可持续发展，减少环境污染，加强节能，提高能源利用效率。具体措施包括：优先勘探和利用天然气；增加燃气发电的份额，提高电力供应效率和稳定性；通过输电网和天然气管网促进与周边国家的能源贸易；以多种形式参与能源的生产、运输和销售活动；鼓励开展能源和再生能源的研究和利用。

2010年油气工业发展战略

2000～2010年，越南油气工业的战略是促进勘探、开发、储运、炼油石化和销售等业务的全面发展，以实现政府制定的经济目标。利用现有的自然资源，逐步开发海外油气业务，保证国家能源安全。通过增强自身实力、扩大国际合作、利用现有资源和发展油气工业，使越南尽快融入国际经济并在国际竞争中站稳脚跟。将资源开采与资源保护、环境保护结合起来。

1. 具体目标

(1)2010年石油产量达到3000至3200万吨，其中国内生产1600～1800万吨，天然气产量达到1100～1300亿米^3。为实现这一宏伟目标，越南每年需新增探明储量4000万吨。2010年越油气总储量将达15～16亿吨油当量。

(2)大力发展炼油和石油化工工业。2010年前建成2座炼厂。2010年后建设第三座炼油厂，同时扩建前两座炼厂，使原油加工能力达到每年2000万吨。2010年以前炼油石化行业的总投资额将达190～200亿美元，其中吸引外资100亿美元。根据此发展计划，越南在2010年满足国内油品市场需求的60%～70%，尿素的50%～60%，塑料产品的20%～30%，合成纤维的50%。

(3)建立完善的油品储运设施。在海防、胡志明和　公河三角洲三个主要经济区各建一个油品储库，总储存能力达到15万米^3。

2. 国家石油公司采取的主要举措

(1)加速勘探越南整个大陆架，确定越南的油气探明储量，加速开发新的油气田以满足国内能源需求，同时将勘探开发活动拓展到境外。

(2)大力发展国内基础设施建设，健全和更新石油产品分销系统以协调油气产销与油气工业的稳步发展；为鼓励外国投资者参与天然气勘探开发，大力培育国内天然气市场，建设国内天然气管网和加工厂，加入东南亚天然气管网。

(3)实行多元化国际合作，为油气工业吸引更多外国投资，同时培养具有经营管理油气工业各类项目的合格人员。为进一步改善投资环境和吸引外国石油投资，继续完善石油工业法律框架，为在深水区和地质地理复杂地区作业的外国公司制定鼓励投资政策；使技术及经济实力雄厚、管理水平先进的公司获得更多的参与新区勘探的机会。

中国台湾

汇　　率：1美元=34.582新台币
石油消费：3880万吨
天然气消费：85.5亿米³
石油储量：55万吨
天然气储量：764 亿米³
石油产量：4万吨
天然气产量：7.4亿米³
炼油能力：4600万吨

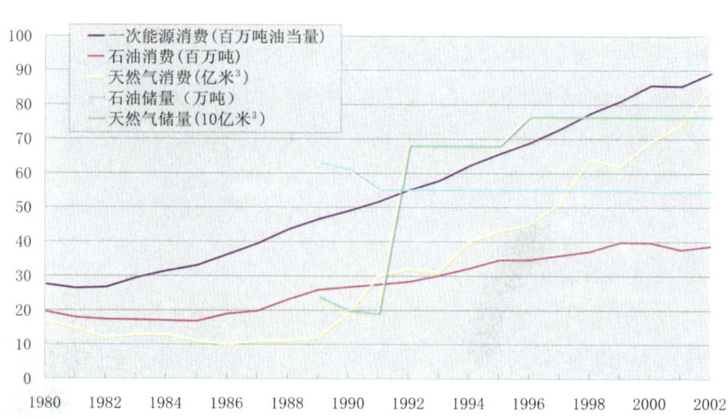

2002年，台湾经济正在复苏，已走出2001年的谷底。2001年台湾GDP降低2.2%，2002年增加3.5%，预计2003年GDP增长达3.8%。

能源消费

台湾能源结构以石油为主。2002年石油消费量为3880万吨，占一次能源消费的51%。其他能源中，煤炭占32%，核电占8%，水电占2%。2001年天然气消费量为86亿米³，占一次能源消费的6%。台湾工业部门的能源消费占能源消费总量的50%以上，交通运输占能源消费总量的1/4。

油气进口

台湾本地能源匮乏。2002年石油净进口量为13.5万吨/日，大部分原油从波斯湾地区进口，西非国家也是重要的原油供应地。

2001年，台湾进口67亿米³天然气，比2000年增加9%。天然气均以LNG形式进口。2002年，台湾正加紧建设燃气电厂，计划2010年将LNG消费量提高3倍。台湾当局正在加速放宽天然气进口管制。

合作勘探

台湾中华石油公司（中油公司，CPC）是台湾从事石油勘探开发、炼制、储运和销售，以及天然气勘探、生产和进口的主要公司。

2002年6月，CPC与中国海洋石油公司(CNOOC)签订台南盆地区块（面积15400千米²）和南海Chaoshan海槽勘探协议。协议要求采集4000千米和重新处理500千米地震资料，钻3口预探井。两公司将成立联合管理委员会，平均分摊勘探成本。

此前，台湾与祖国大陆已开展了能源领域的合作。CPC与CNOOC于1996年签订合作勘探台湾海峡台南盆地区块（面积15400千米²）协议。1998年3月，台北当局认可该协议有效，1999年10月两家公司共同完成了首次地球物理测量。

炼油石化

2000年台塑公司（FPC）位于麦　的炼厂投产，2002年炼油能力已达6.2万吨/日。该炼厂投产前，台湾每年需进口大量油品。目前岛内的炼制能力已超过消费能力，可部分出口。由于全球和亚洲经济衰退引起油品需求下降，冲击台湾炼油工业，岛内炼厂开工率严重不足。

为确保平稳的油品供应，根据亚洲标准，台湾当局要求炼油商的石油库存量不低于60天的使用量。台湾石油储备政策与日本和韩国类似。

液化天然气终端建设

目前，台湾仅在高雄市永安有一座LNG接收站，由CPC经营。台湾和日本的私营公司组建的合资公司Tung Ting天然气公司，于2001年开工建设桃园LNG接收站，2006年建成。目前该公司已与卡塔尔RasGas公司草签LNG供销协议，进口天然气主要用于发电。CPC计划2010年以前修建新的LNG接收站，以满足天然气需求增长。

出售中油公司

2001年9月，台湾通过石油管理法，解除CPC的部分政府职能，允许CPC出售50%以上股份。2003年1月，台湾当局宣布将在2004年完成CPC的股权转让。

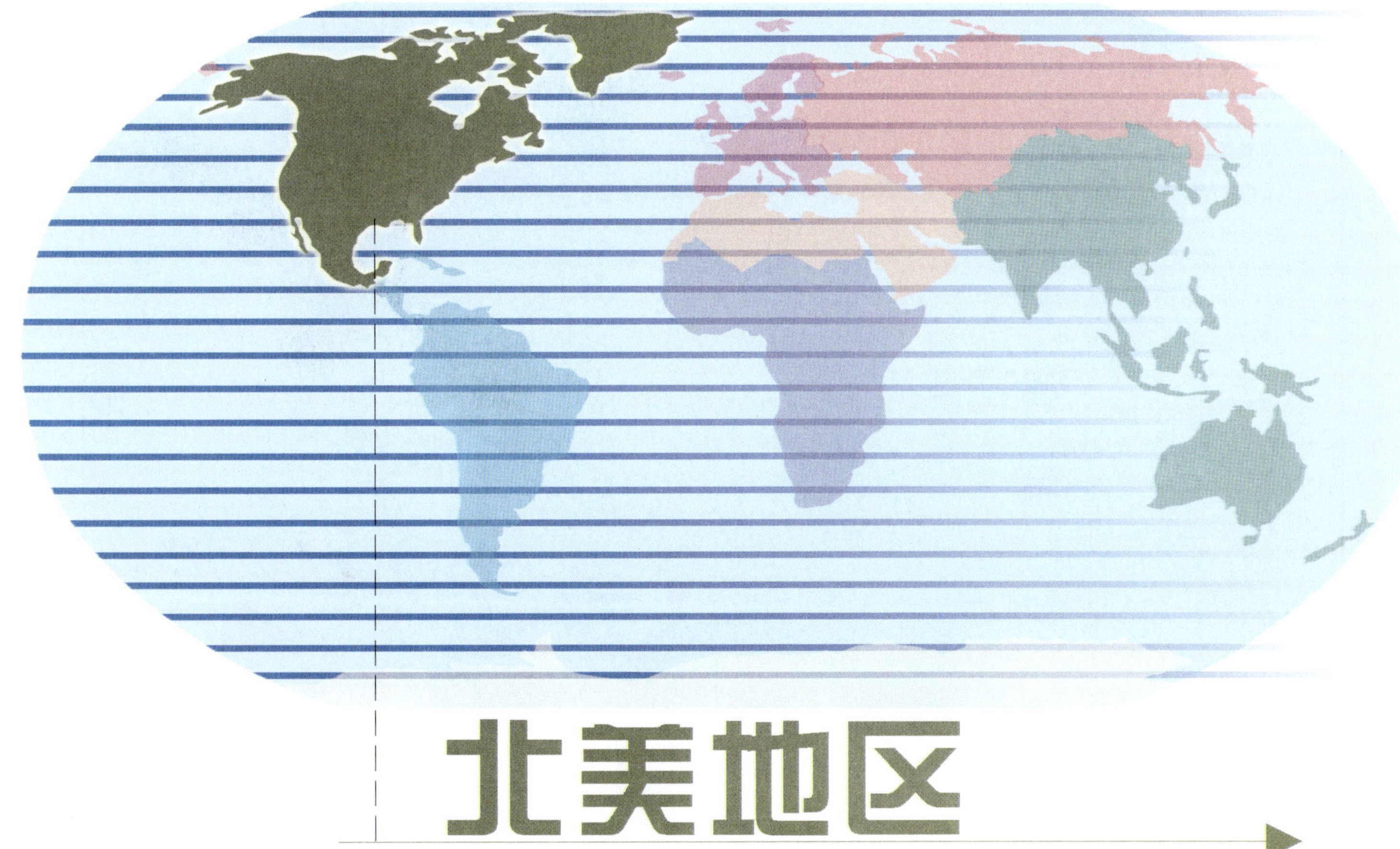

北美地区

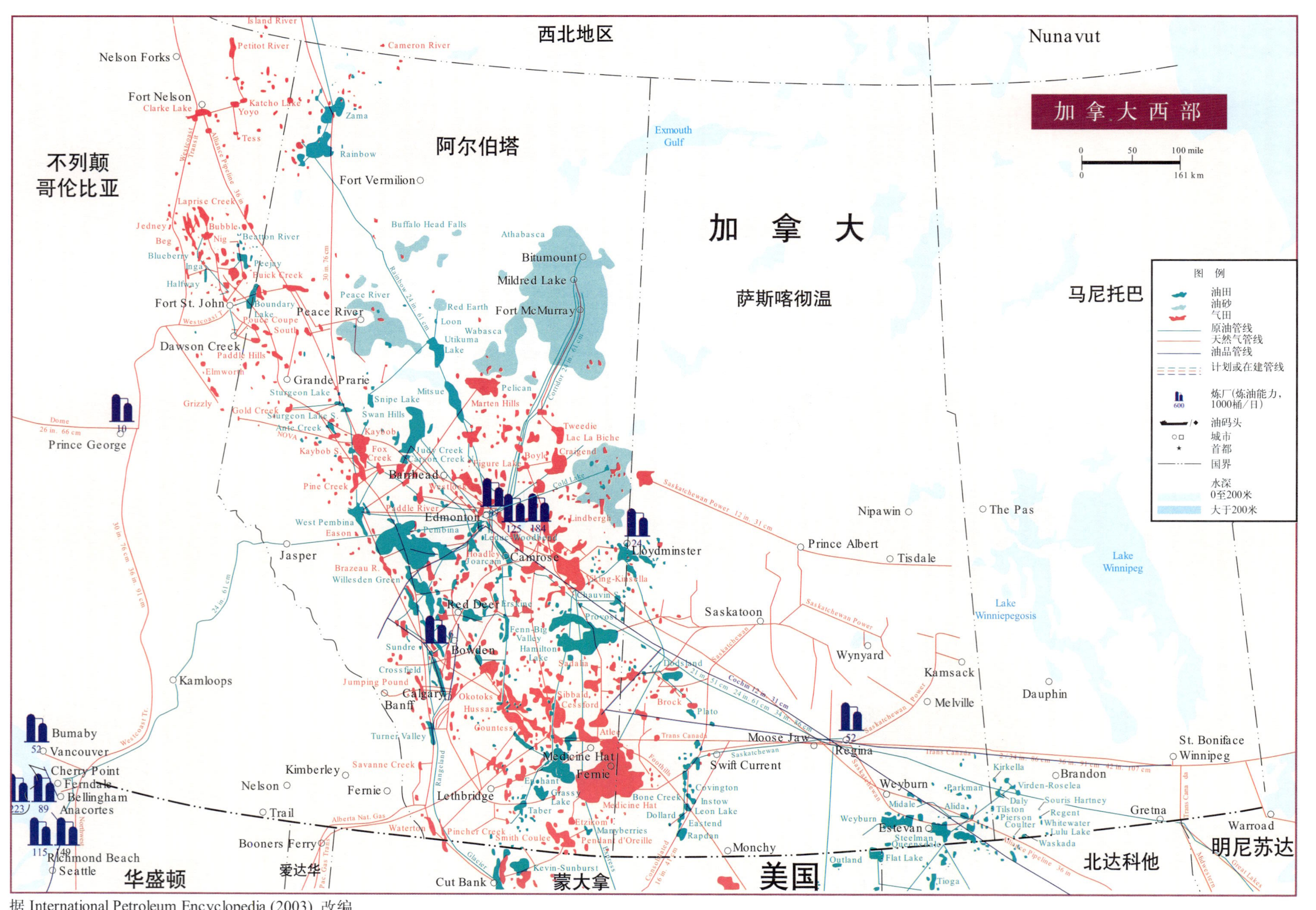

据 International Petroleum Encyclopedia (2003) 改编

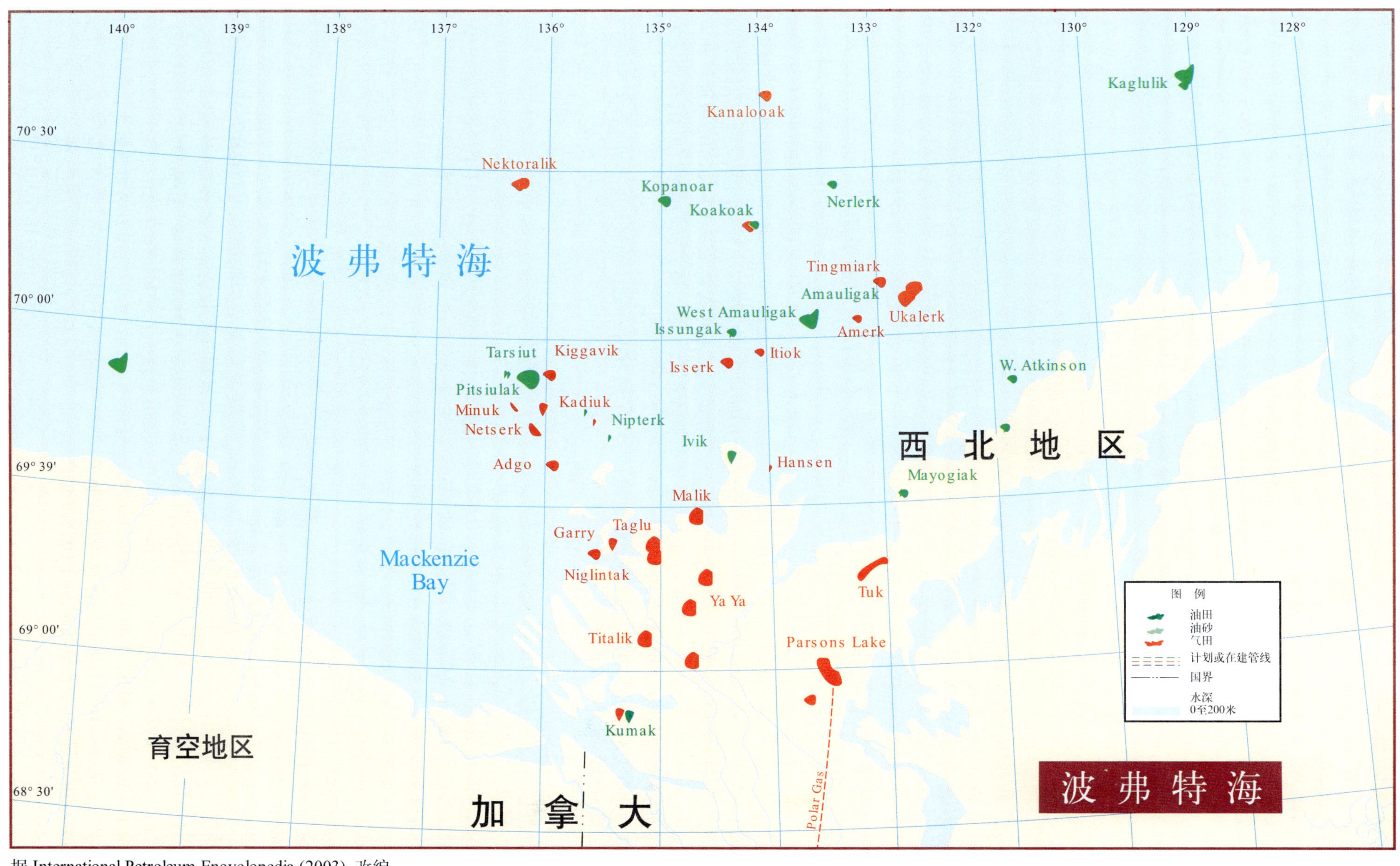

据 International Petroleum Encyclopedia (2003) 改编

汇　　率：1美元=1.570加元
石油消费：8970万吨
天然气消费：806.6亿米^3
石油储量：246.60亿吨
天然气储量：17013 亿米^3
石油产量：1.10 亿吨
天然气产量：2074.2亿米^3
炼油能力：9917万吨

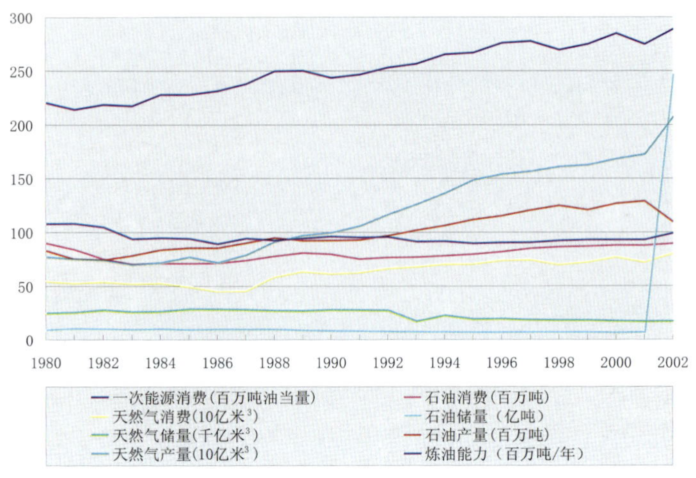

2002年加拿大的实际国内生产总值可望达到7246亿美元（EIA），增长率为3.4%，而2001年的GDP增长率仅为1.5%，这反映了加拿大的国民经济正在复苏。加拿大的经济形势与美国的经济状况息息相关，因为加美两国互为最大的贸易伙伴。2002年加拿大总出口量的85%出口至美国。

油气消费继续减少，出口增加

2002年加拿大石油消费8970万吨，比2001年减少0.1%；天然气消费807亿米^3，比2001年减少了2.6%。

加拿大是油气出口大国，在北美能源供应市场一直发挥重要作用，尤其是美国为了减少对中东的依赖，2002年增加了自加拿大在内的经合组织国家的油气进口。2002年美国天然气消费的18%及原油和油品消费的10%来自加拿大。然而由于加拿大油气生产主要集中在中、西部地区，因此一方面加拿大向美国大量出口油气，另一方面加拿大东部城市依靠进口。

2002年加拿大出口原油和油品共计9650万吨，比2001年增加8.5%；其中绝大部分（9550万吨）出口到美国，其余少量出口到中南美洲、欧洲和亚太地区。同时加拿大进口石油5150万吨，其中从美国进口490万吨，欧洲2460万吨，中东690万吨，非洲610万吨，墨西哥120万吨，亚太及其他地区260万吨。2002年加拿大天然气出口1088亿米^3，全部出口到美国。同时从美国管输进口天然气59.7亿米^3，天然气净出口1028.3亿米^3。

石油储量大幅增加

2002年加拿大石油剩余探明储量猛增，达到246.6亿吨，比2001年的6.65亿吨增长了36倍；天然气储量达到1.70万亿米^3，比2001年略有增长。石油储量大幅度增长主要是因为将阿尔伯塔省的油砂储量记入探明储量。据阿尔伯塔省能源和公用事业部的数据，该省油砂蕴藏的沥青探明储量高达239.45亿吨。

到2001年底，加拿大在产油井数为54061口，2002年产油10975万吨，比2001年增加713万吨，增长6.9%。2002年加拿大天然气产量为2074亿米^3，比2001年略有提高。

勘探开发投资萎缩，工作量明显减少

受2001年下半年到2002年初低油价形势影响，2002年加拿大资本性勘探开发投资明显减少。根据加拿大石油生产者协会（CAPP）的估计，2002年约235亿加元，比2001年减少了16.1%。美国《油气杂志》每年对加拿大的投资计划调查则显示，2002年加拿大的勘探开发资本性投资计划为139.34亿美元，比2001年减少11%；其中用于勘探和钻井的投资99.18亿美元，用于油气生产的投资40.16亿美元。

勘探开发投资减少势必影响钻井工作量。据CAPP估计，2002年加拿大完钻井数约15000口，比2001年减少了24%。2001年完钻的井中包括油井4732口，气井10757口，干井和各类服务井共计4263口。

另据阿尔伯塔省统计，2002年全省共完钻12817口井，占加拿大总钻井数的85%以上。其中开发井8564口，成功率97.6%；探井3013口，成功率86.2%；

2001～2002 年加拿大石油工业资本投资计划

项 目	2001 年资本投资（亿美元）	2002 年资本投资（亿美元）	2002 年增长率（%）
勘探和开发			
勘探和钻井	111.44	99.18	-11.0%
生产	45.12	40.16	-11.0%
小计	156.56	139.34	-11.0%
其 他			
炼油	4.25	4.2	-1.2%
石化	1.77	1.86	5.1%
销售	5.57	6.68	19.9%
原油和成品油管线	4.4	13.31	202.5%
天然气管线	9.17	11.11	21.2%
其他运输	1	1	-
矿业和其他能源	28.74	29.68	3.3%
其他	4	2.88	-28.0%
小计	58.9	70.71	20.1%
总 计	215.46	210.05	-2.5%

加拿大阿尔伯塔省 2002 年钻井工作量

项 目		开发井	探井	油砂评价井	试验井	总钻井数	总钻井进尺(万米)
成功井	气	5917	2246	—	—	—	—
	油	1316	345	—	—	—	—
	沥青	1056	4	—	—	—	—
	其他	71	2	—	—	—	—
	合计	8360	2597	227	13	11197	1201.1
干井		204	416	991	9	1620	108.5
总计		8564	3013	1218	22	12817	1309.6
成功率		97.6%	86.2%	18.6%	59.1%	87.4%	

资料来源：加拿大石油生产商协会

油砂评价井 1218 口，成功率 18.6%；沥青和天然气试验井 22 口，成功率 59.1%。

沥青开发是目前阿省的重要项目。2002 年阿省完钻的开发井中，钻探成功的沥青生产井共计 1056 口，占总开发井的 12.3%，此外还钻探了 227 口油砂评价井。

重要油气发现

近年来加拿大最大的气田发现当属 Ladyfern 气田，气田位于与阿尔伯塔省交界的不列颠哥伦比亚省东北部，地质上属于西加拿大盆地西北角，估计天然气储量可达 283 亿米^3，是加拿大近 15 年来最大的气田发现。

西北地区北极部分和育空地区被认为具有较大的气田发现潜力。随着阿尔伯塔省开发生产不断成熟，该地区无疑将成为一个新的天然气资源接替基地。马更些三角洲地区现有 3 个已发现、待开发的气田：Taglu 气田（估计储量850亿米^3）、Parsons Lake 气田（估计储量 510 亿米^3）和 Niglintgak 气田（估计储量 283 亿米^3）。2002 年马更些三角洲油气勘探又取得新进展，在 Tuktoyaktuk 以南 25 千米的 Tuk M-18 井获得天然气发现，估计可采储量在 57 亿～85 亿米^3。

2002 年在新斯科舍海上的 Annapolis G-24 井天然气发现是加拿大东部地区的一个勘探突破，发现井在钻进过程中钻遇多套气层，净气层总厚约 30.5 米。发现井位于 Halifax 以南 350 千米的深水地区，水深 1710 米。此次发现首次证明了这一地区深水域的储积岩发育和油气存在。

此外在西加拿大盆地中勘探程度相对较低的 Monkman 地区，首次钻获古生界深层天然气发现。发现井 West Sukunka b-79-J/93-P-4 的钻探深度 4801 米，在二叠系和宾夕法尼亚系储层钻遇大量低含硫（6%）天然气，初步估计储量在 280 亿米^{3}以上。由于这一发现是该地区的新气藏发现，为该地区深层勘探开辟了新领域。

东海岸油气开发

在过去的 50 多年里，加拿大油气生产一直主要集中在西加拿大盆地。近年来东部地区勘探开发活动增加、石油产量提高，使得西部地区常规石油产量在加拿大总产量中的比例有所下降。

1．Hibernia 油田

加拿大东海岸的勘探开发主要在纽芬兰 Jeanne d'Arc 海上盆地。该地区第一个投产的油田是 Hibernia 油田（1997 年），2002 年平均日产原油 2.1 万吨，预计高峰产量可达到 2.5 万吨 / 日。Hibernia 油田投产因资金问题几度推迟延期，联邦政府同意承担 6.25 亿美元的资金才最终使得项目得以完成。从目前的生产情况来看，油田操作费已降至 1.5 美元 / 桶。

2．Terra Nova 油田

Terra Nova 油田与 Hibernia 油田相距 50 千米，原计划 2000 年 12 月投产，因工程和施工质量问题而使油田投产反复延期，最终于 2002 年 1 月出油，是 2002 年度加拿大新投产的最大油田。由于项目延期及其他因素，油田开发成本从 1998 年预算的 20 亿加元增至 28.8 亿加元左右。

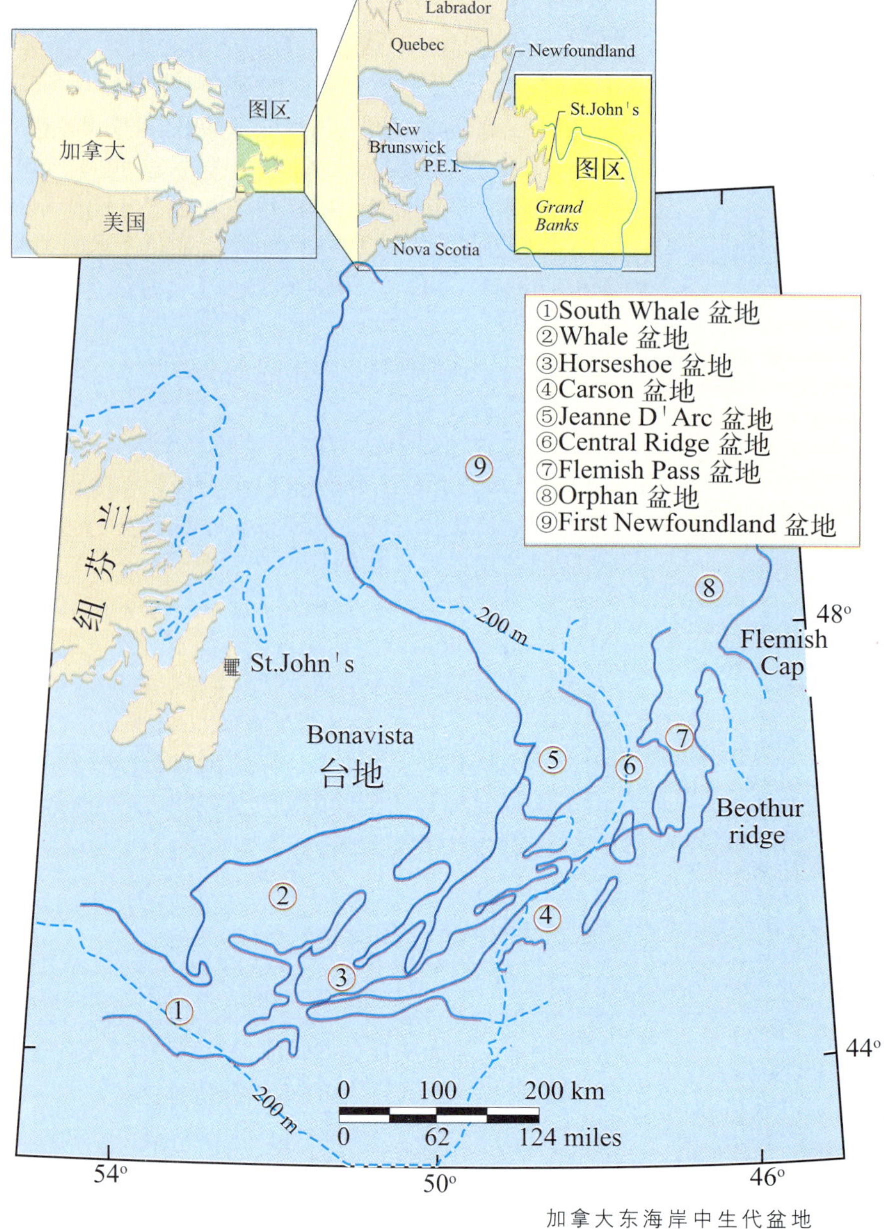

加拿大东海岸中生代盆地

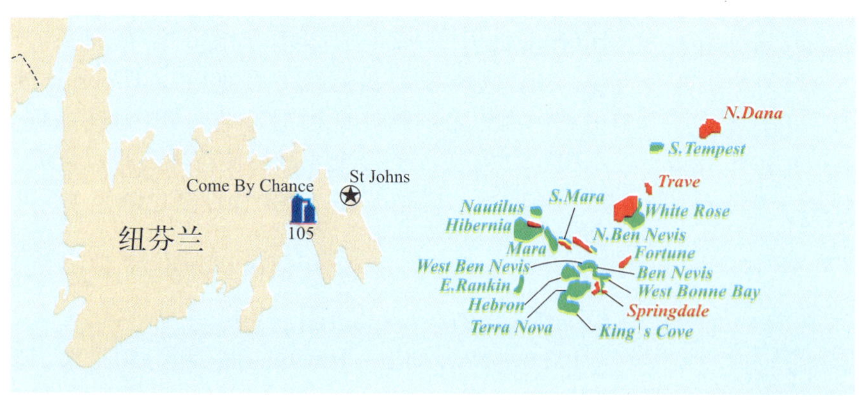

加拿大纽芬兰海上油气田位置图

该油田由3个断块组成，其中两个断块（地堑和东翼断块）已落实探明加控制可采储量5070万吨。2001年11月在另一独立断块（东端断块）成功完钻一口探井，钻前估计该断块的资源潜力是1370万吨。油田一期开发工程针对地堑和东翼断块，计划打24口开发井，包括14口产油井、7口注水井和3口注气井。东端断块的开发可能需要钻5口产油井和5口注水井。

投产初期Terra Nova油田仅2口产油井，产能1.0万吨/日，一期工程完工后将达1.7万吨/日。整个油田设计高峰产量为2.1万吨/日，生产期15～18年。生产的原油输送到Terra Nova FPSO，这是针对纽芬兰海上特殊环境而专门设计制造，具有抗冰能力，可承受10万吨冰山的撞击，并可在20分钟内避开重达200万吨的冰山；在9米海浪条件下可锚定100年，拥有750万吨的处理能力和13万吨原油的储罐，是世界上最先进的FPSO之一。

3．其他油田

White Rose和Hebron油气田尚未投入开发。White Rose的可采储量约3150万吨，初步估算开发成本高达23亿加元，2004年可望开始生产，2005年达到设计高峰产量450万吨。

Hebron和Ben Nevis油田的总可采储量约9041万吨，其中一半以上的原油为22°API左右的重油。2002年2月由于资金问题作业者决定推迟开发计划。

4．新斯科舍海上油气田

在东部新斯科舍海上地区主要开展天然气勘探开发活动。新斯科舍省Sable气田于2000年1月投产，日产气约1556.5万米^3。根据2002年1月的最新评价结果，Sable气田可采储量为227米^3。另外周边地区还有3个气田开发正等待政府审批。

在斯科舍海上的另一个气田——Deep Panuke，

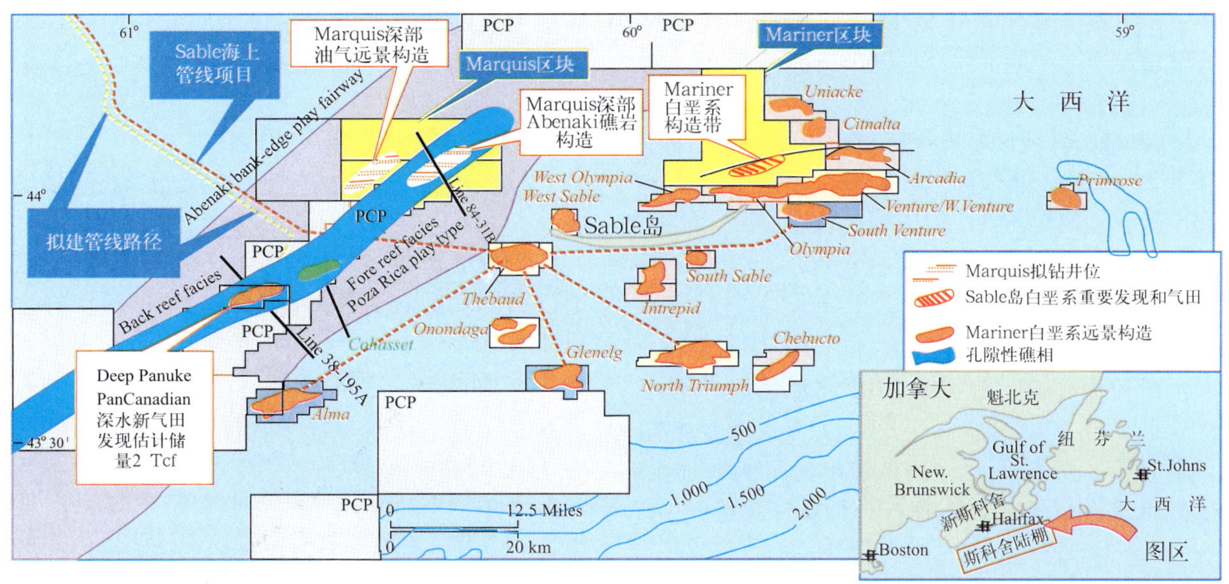

新斯科舍Sable岛地区油气田分布

目前正在开发建设产能中。该气田可采储量255亿米^3，到2005年可建成1133万米^3/日的产能。

油砂开发

加拿大拥有世界上最丰富的重油沥青资源，目前油砂产量已达4000万吨，占加拿大石油总产量的30%左右。预计到2010年油砂产量比例可望达到50%以上。

在过去的5年中（1997～2001年），用于油砂开发的投资迅速增加，5年总计达到150亿加元。目前一些新油砂项目正处在开发施工阶段，老油砂项目也在积极开展增产扩建，这些项目的实施可使油砂产量到2003年提高5000万吨。此外还有一些新项目正处在计划和筹备阶段，若能实施，可望使油砂产量在10年后翻番。

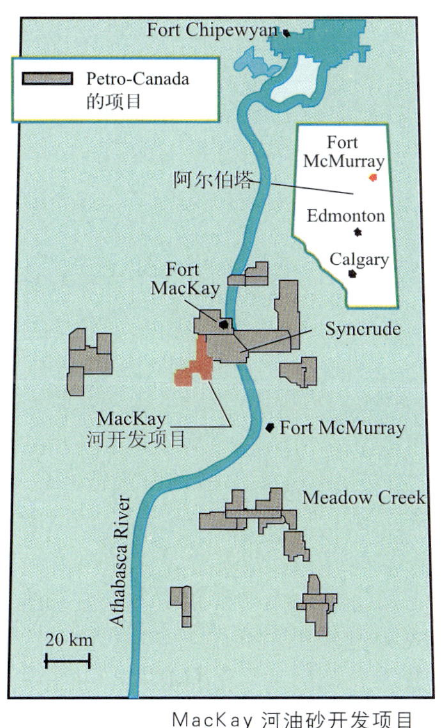

MacKay河油砂开发项目

2002年加拿大主要油砂项目的进展情况如下：

(1)千禧油砂项目（Project Millennium）：2001年12月Suncor公司千禧露天油砂扩建项目竣工。该项目使Suncor公司2002年合成原油产量翻番，达到1050万吨，2003年预计可达到1125万吨。项目的总可采储量约2.7亿吨。

(2)Muskeg河油砂开发项目：2002年12月建成投产，按计划2003年初达到设计产能755万吨。该项目是近年来世界上最大的开发项目之一，由壳牌加拿大、雪佛龙加拿大和西部油砂公司组成的阿萨巴斯卡油砂项目（AOSP）合资公司联合作业。除了Muskeg河矿之外，合资公司还开始考虑Jackpine油砂矿的开发计划。

(3)MacKay河油砂开发项目：是PetroCanada公司（100%）的一个地下钻井沥青开发项目。MacKay河加工厂于2002年10月完工，按计划MacKay河油砂矿于2002年底投产，2003年底达到设计产能150万吨。

(4)Foster溪油砂开发项目：位于阿萨巴斯卡地区Fort McMurray附近，是一个SAGD地下沥青开采项目。按计划2002年初开始生产，全额产能目标是100万吨，以后通过扩建和后续工程可在2006～2007年达到500万吨。

(5)Syncrude21项目：Syncrude集团是加拿大最大的石油生产商之一，也是加拿大主要的油砂生产商，目前日产油砂原油1050万吨。2002年公司开始筹划41亿加元的Syncrude三期油砂开发工程，按计划2005年完工，可使公司油砂产量提高到1600万吨。

(6)Christina湖油砂SAGD地下沥青开采项目：

位于阿萨巴斯卡地区 Fort McMurray 附近。目前正在开发建设中，一期工程计划2003年全额投产，产量预计可达到50万吨。

(7)Mahkeses 项目：为冷湖11～13期扩建工程，按计划2002年末开始生产，到2003年底达到设计全额产能，届时可增产150万吨，使冷湖矿区的沥青产量达到750万吨。

炼油厂改造抓紧进行

加拿大共有炼厂21座，2002年原油加工能力9917万吨，比2001年提高了2%。近年来随着加拿大油砂生产不断扩大，一些炼油厂为了能够加工成本较低的合成原油，正积极进行炼厂改造。

油气管线建设

加拿大油气主要分布在西部，而消费市场主要集中在中部和东部地区。因此加拿大阿尔伯塔省原油主要供出口，东部沿海地区的原油和油品消费部分依靠进口。

1. 原油管线

目前加拿大有两大最重要的输油管线——Enbridge 管线和跨山脉管线，其中的 Enbridge 管线目前正在进行扩建施工。2002年1月已完成了第一和第二阶段扩建工程，新增运营能力1050万吨，并使萨斯喀彻温省 Kerrobert 到明尼苏达州 Clearbrook 之间的管线得以贯通。第三阶段扩建工程于2002年开工，按计划到2003年中期完工，可新增运营能力700万吨。

2. 沥青管线

为满足阿尔伯塔省油砂资源开发需要，加拿大正铺设可输送稀释沥青的新型管道。目前加拿大管道公司主要开展从阿萨巴斯卡油砂矿区向南至埃得蒙顿地区各加工处理厂的沥青管道施工建设。1999年4月完成了第一条沥青管道，即 Enbridge 公司的阿萨巴斯卡管线（547千米）。TransMountain 公司目前正在铺设另一条相似的管线——Corridor 沥青管线，拟将 Muskeg River 沥青矿区与埃得蒙顿 Scotford 炼厂连通。2003年上半年 Corridor 管线可望投入运营。

2002年1月不列颠哥伦比亚天然气公司（BCG）宣布，将投资8亿加元铺设一条全长516千米的沥青管道。这条被喻为“工业溶解管道”的比森管道，初期运营能力为1.59万米^3/日，全部完工后达到7.15万米^3/日。整个比森项目的资本支出近10亿加元，预计2005年建成并投入运营。比森项目将采用一种隔热管道，尽可能保持采出沥青的温度。该管线最主要的特点是它仅用极少的稀释剂，甚至不用稀释剂就可以对沥青进行管输。

3. 天然气管线

2002年加拿大天然气管线建设也取得了新的进展。

2000年1月已投入使用 M&NE 管线，2002年正进行第三期扩建工程，同时提交了第四期扩建工程计划申请，按计划于2005年全部完工，届时可使加拿大 Panuke 气田的天然气出口到美国，并可承担大西洋沿岸各海上新气田的出口管输任务。

另一条输气管线——千禧（Millennium）管线仍处于待批阶段。管线审批已历时整整6个年头，2002年9月美方已通过了最后审批，但还需加方政府审批。计划铺设的新管线将取代目前正在运营的一条老而小的输气管线，把加拿大的天然气资源与美国纽约州南部和宾州的市场连接起来。

由于马更些三角洲、波弗特海和阿拉斯加北坡油气勘探和生产步伐的加快，北极管线建设问题越来越引人注目。美国阿拉斯加和加拿大在这一地区的油气探明储量可达1130亿米^3。阿拉斯加政府、加拿大有关省政府以及国际投资商提出了各种不同走向的管道建设方案，其中两个方案逐渐显现出来：一条路线是从普鲁德何湾油气田沿阿拉斯加高速公路到加拿大的不列颠哥伦比亚和育空省，从这里将天然气并入到加拿大西部地区的配气网；另一条路线由两个独立的项目组成，一个是从普鲁德何湾油气田向南经波弗特海至加拿大西北省，在这里与第二个管道项目会合，即马更些三角洲管线，后者继续向南进入不列颠哥伦比亚。2003年由马更些三角洲油气生产商组成的集团公司向加拿大国家能源局提交正式项目施工申请，若审批通过，可能在2007～2010年之间建成并投入运营。

公司并购

2001年美国石油公司在加拿大收购油气资产达到350亿美元。大陆菲利普斯以89亿美元收购了海湾加拿大，这是加拿大石油工业史上最大的交易。9月份美国戴文能源公司以71亿美元收购了加拿大 Anderson 勘探公司；12月份美国 Burlington 资源公司以34亿美元购买了加拿大亨特资源公司。

与此同时，加拿大本国石油公司也在积极开展重组。2002年4月，加拿大最大的两家石油公司阿尔伯塔能源公司和泛加拿大公司合并组建 EnCana 公司，成为世界上最大的独立油气生产商。公司90%的资产分布在4个北美地区：西加拿大、加拿大东海岸海上、美国落基山地区和墨西哥湾地区。

阿尔伯塔省油气资源及产储量

阿尔伯塔省是加拿大最重要的能源供应基地，2002 年油、气产量分别占加拿大油气产量的约 68% 和 66%。

阿尔伯塔省油气资源量及产储量

项目	沥青（亿米^3）	原油（亿米^3）	天然气（万亿米^3）
初始地质储量	2592.05	98.52	7.344
初始探明储量	283.3	26.03	4.314
累计产量	6.10	23.43	3.14
2002 年剩余探明储量	277.2	2.6	1.171
2002 年产量	0.481	0.380	0.136

2002 年阿尔伯塔省原油新增探明储量

项 目	轻—中质油（万吨）	重油（万吨）	合计（万吨）
新发现	534	69	603
探边和加密	422	276	698
提高采收率	17	26	52
储量复算	95	293	396
合 计	1068	664	1749

2002 年阿尔伯塔省常规原油新增储量 1749 万吨，比 2001 年减少了近 30%。其中新油藏发现（269 个）储量 603 万吨（2001 年为 784 万吨），平均每个新油藏的储量规模为 2.24 万吨，探边和加密钻井新增储量 698 万吨，提高采收率带来的新增储量 52 万吨。储量复算增加了 396 万吨。由于勘探开发活动带来的新增储量总计 1344 万吨，比 2001 年的 2025 万吨减少了 33.6%，对 2002 年阿尔伯塔省的常规原油产量（3330 万吨）的储量置换率 41%。

阿尔伯塔省油藏分布

油藏分类（万立方米）	油气藏（个数）	(%)	最终探明储量（万米^3）	(%)	剩余探明储量（万米^3）	(%)
≥100	289	3	215100	83	17000	65
10～99.9	1070	11	32800	12	6100	23
3～9.9	1391	14	7600	3	1700	7
1～2.9	7184	72	4800	2	1200	5
合 计	9934	100	260300	100	26000	100

到 2002 年底阿尔伯塔省共有约 7500 个轻—中质油藏和 2500 个重油藏。油藏中 61% 为单井小油藏。全省剩余探明储量约 89% 分布在 10 万米^3 以上的油藏（1300 多个，约占总油藏数的 14%），而储量不到 3 万米^3 的小油藏个数占总油藏数的 72%，所拥有的剩余探明储量仅 5%。

北美地区

石油消费：89430万吨
天然气消费：6673.8亿米^3
石油储量：30.75亿吨
天然气储量：51919 亿米^3
石油产量：2.89 亿吨
天然气产量：5703.9亿米^3
炼油能力：83117万吨

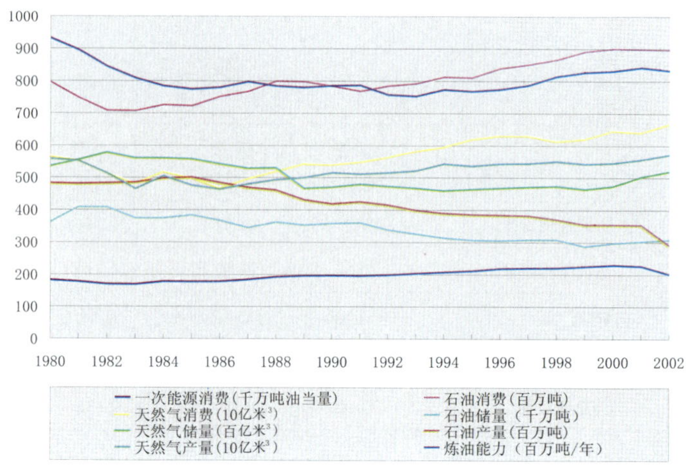

2002年美国国内经济发展继续呈缓慢增长局面。为了促进经济发展，美联储于2002年11月6日宣布将银行隔夜拆借利率下调到1.25%，这是2002年美联储首次降低利率，创40年来美国利率最低纪录。2001年美联储曾连续11次降低利率，但并未能够扭转经济衰退的局面。2002年不断增加的美伊战争威胁也是降息的重要缘由。

近年来美一直面临基础建设投资不足、人口老化、巨额贸易赤字、低收入人群进一步贫困化等状况。2002年美国失业率达5%，估计实际GDP年增长率为2.3%。2002年度美联邦预算估计有1800亿美元的赤字，主要原因包括经济放缓、税收减免以及政府开支增加。2002年美国贸易逆差达4780亿美元。

能源政策

2001年5月布什总统公布了美国新能源政策建议书；8月美国众议院通过了一项题为“美国未来的能源安全”（SAFE）的能源议案，其中包含布什总统提出的多项新能源政策建议；2002年4月美参议院也通过了一项与之配套的能源议案。

布什政府的能源政策强调提高国内能源产量（如国内油气产量）、发展国内能源基础设施、提高能效、鼓励使用可再生能源并加强国际合作。尤其强调了能源供应多渠道的必要性。

油气消费保持增长势头

1. 石油

美国国内石油生产仅能够满足需求的40%，其余依靠进口。

美国石油总需求量（国内需求加出口）2000年达9.2亿吨，2001年达9.79亿吨，预计2002年达9.9[illegible]亿吨。

2. 天然气

美国天然气消费量从1990年到2001年增长了14%，估计今后几年还将继续保持这一增长势头。天然气成本降低主要是因为市场竞争和天然气工业解除管制，现有完善而发达的配气网络也有助于扩大天然气的应用范围。

2002年美国天然气消费估计为6674亿米^3，比2001年增长了3.9%，占全球天然气消费的26.3%。在美国一次能源消费中石油约占39%，天然气占26.2%，煤炭占24.2%，核能8.1%，水电2.5%。

2002年美国天然气消费增长与气价下降密切相关。2002年美国天然气价格比2001年低，尽管2002年10月冷冬早到，尤其是美国中西部地区和东北地区，使得气价一度上涨，10月底天然气库存水平也提高到8500万米^{3}的较高水平。然而总体而言2002年平均天然气井口价格估计为2.92美元/千英尺^3，比2001年降低了1.08美元。

天然气消费的82%来自国内干气生产，其余依靠天然气进口。

油气进出口

1. 石油

美国是一个石油进口大国，2002年进口石油共计5.61亿吨，比2001年减少了2.2%，占世界总石油进口贸易量的26%。

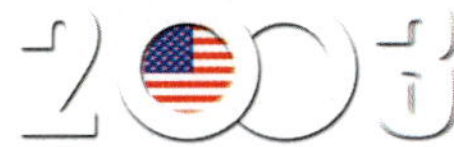

2001～2002 年美国石油进口来源和进口量

进口来源	石油进口量(万吨)		增幅(%)
	2001 年	2002 年	
加拿大	8800	9550	8.5
墨西哥	7080	7620	7.6
中南美洲	12630	11920	−5.6
欧　洲	4620	5700	23.4
前苏联	430	980	127.9
中　东	13800	11470	−16.9
非　洲	8180	6910	−15.5
亚　太	1310	1280	−2.3
其　他	520	670	28.8
合　计	57370	56100	−2.2

石油进口来源包括20多个国家，其中主要进口国家是加拿大和墨西哥以及中南美洲、中东和非洲等地区。中东地区一直是美国石油进口的主要来源，由于中东局势的不稳定性，美国开始寻求多元化的石油进口渠道，增加北美、欧洲等政治经济稳定地区的石油进口，减少中东地区的石油进口(2002 年减少了近 17%)，以减少美国石油供应对中东的依赖。俄罗斯 / 中亚地区以及非洲地区也是美国正在积极努力发展的新的进口来源。2002 年尽管俄罗斯 / 中亚地区的石油进口仅占美国总进口量的 1.7%，但是与 2001 年相比增加了一倍多。

2002 年非洲地区的石油进口也有明显的减少，全年进口仅 6910 万吨，比 2001 年减少了近 16%，占美国石油进口总量的 12.3%。但是由于非洲有着丰富的石油资源，尤其是西非近海的石油资源具有易于运送到美国的相对便利条件，2002 年布什政府正在逐步加强与非洲的外交关系：2002 年美国国务卿鲍威尔访问了两个非洲产油大国——安哥拉和加蓬。据美国国家情报委员会预计，到 2015 年，西非地区对美国的原油供应将占美国进口原油总量的 25%，超过海湾地区的原油进口。

2002 年美国向墨西哥、加拿大、中南美洲、欧洲、亚太等国家和地区出口石油达 433 万吨。

2. 天然气

美国天然气进口主要来自加拿大的管道天然气。2002 年全年进口天然气 1154 亿米^3，其中来自加拿大的管道进口 1088 亿米^3，墨西哥管道进口 1 亿米^3，来自特立尼达和多巴哥、卡塔尔、阿尔及利亚等国家的液化天然气进口 65 亿米^3。

2002 年美国向墨西哥和加拿大管道出口天然气共计 134 亿米^3，向日本出口液化天然气 17 亿米^3。

战略石油储备

美国自1975年开始实行战略石油储备(SPR)，在得克萨斯和路易斯安那州拥有四个战略石油储备库。“9 · 11 事件”后，美国加强了储备库的安全保卫，确保在石油供应中断时能够应急。

2002 年由于伊拉克危机，美国石油战略储备不断提高。2002 年底美国宣布石油战略储备达到 5.989 亿桶，其中包括 2.224 亿桶的“甜油”（低硫原油）和 3.765 亿桶的“酸油”（含硫原油）。这是自 1977 年以来的最高水平。美国总统布什在“9 · 11”事件后，特别重视战略储油，决定逐步将战略储油量提高到 7 亿桶。

油气产储量

1. 石油

截至 2002 年底，美国剩余石油探明储量总计达到30.75亿吨，比2001年的30.20亿吨增加1.82%。储量增长与墨西哥湾地区不断取得勘探发现密切相关，尤其是墨西哥湾深水地区。美国 80% 以上的剩余石油探明储量分布在 4 个州：得克萨斯州(24%)、阿拉斯加州(22%)、路易斯安那州(20%)和加利福尼亚州(19%)。

2002 年美国石油公司为了进一步降低操作成本，关闭了一些低产油井，2002 年底的产油井数比2001年减少了2.0%，即10843口，总产油井数为518805口，其中自流井 16640 口，人工举升井 502165 口。然而由于美国墨西哥湾深水地区新油田的开发投产，2002 年原油和凝析油产量基本与 2001 年持平，估计全年产量达到 28850 万吨，比 2001 年的实际原油产量（29006 万吨）仅减少了 0.5%。

2002 年上半年原油产量最高的 7 个地区分别是：墨西哥湾(21.9 万吨 / 日)、得克萨斯陆上(16.4 万吨 / 日)、阿拉斯加北坡(13.5 万吨 / 日)、加利福尼亚(9.8 万吨 / 日)、路易斯安那陆上(3.7 万吨 / 日)、俄克拉何马(2.5 万吨 / 日)和怀俄明(2.1 万吨 / 日)。

2. 天然气

美国剩余天然气探明储量达到 51919 亿米^3，比 2001 年的 50212 亿米^3 增加 3.59%。分析认为由于未来 20 年美国天然气需求强劲、天然气储量丰富、非常规天然气技术和海上天然气技术的不断完善和进步，美国天然气产量可能还将大幅度增长。天然气产量增长主要来自美国陆上，尤其是本土 48 州，因为市场、基础建设等使得这里的天然气供应成本较低。但墨西哥湾深水区和阿拉斯加北坡的天然气产量增长潜力也很大。目前天然气产量最高的地区依次是得克萨斯、路易斯安那、俄克拉何马、新墨西哥、怀俄明、科罗拉多、堪萨斯、阿拉斯加、加利福尼亚和阿拉巴马州。

勘探开发投资锐减

2002年美国石油天然气工业的资本性投入达到475亿美元，比2001年减少15.3%。减少部分主要来自上游工业，2002年美国油气勘探开发投入比2001年减少了24%，用于支付大陆架区块租赁的费用也减少26%。投资的减少主要是由于2001年油价水平较低、石油公司现金流减少所致。此外由于美国国内油气勘探潜力不断下降、勘探开发成本相对较高，许多公司纷纷把资金投向海外。

2001～2002年美国石油天然气工业的资本投资计划

	2001年资本投资(亿美元)	2002年资本投资(亿美元)	2002年增长率(%)
勘探和开发			
勘探和钻井	320.98	242.97	－24.3
生产	61.00	46.20	－24.3
美国大陆架区块签字费	10.04	7.42	－26.1
小计	392.02	296.59	－24.3
其他			
炼油	39.30	36.00	－8.4
石化	9.17	9.25	0.9
销售	33.00	35.12	6.4
原油和成品油管线	5.70	8.87	55.6
天然气管线	30.08	46.06	53.1
其他运输	7.06	7.20	2.0
矿业和其他能源	5.50	5.70	3.6
其他	39.00	30.00	－23.1
小计	168.81	178.21	5.6
总 计	560.83	474.80	－15.3

资料来源：美国《油气杂志》

勘探开发工作量减少

投资预算的减少势必导致勘探开发工作量相应地有所减少。2002年美国平均在施工的地震队为40个，比2001年减少了19个；平均在用钻机831台，比2001年减少了324台；总完井数26710口，比2001年减少了10102口，下降幅度达到27.4%；其中完钻探井数2411口，比2001年减少了312口，下降的幅度为11.5%。

据MMS资料，尽管2002年美国钻井活动比2001年下降，但墨西哥湾地区仍保持活跃。2002年墨西哥湾地区共钻获12个新的深水发现，其中3个位于水深在2438米以上的海域。

2001～2002年美国勘探开发工作量统计

	2000年	2001年	2002年
美国平均原油价格(美元/桶)	27.49	22.85	25.51
平均施工地震队*(个)	60	59	40
平均在用钻机**(台)	916	1155	831

* 来自SEG统计；

** 来自贝克休斯统计

墨西哥湾地区深水油气田开发正在快速进行，2002年投产的14个项目中有11个项目采用海底生产系统回接方式，另外3个深水油气田采用简易平台生产系统。加上已有的51个项目，目前墨西哥湾地区共有65个项目生产油气。预计2003年还将有19个深水新项目投产。

近年来墨西哥湾一直是全球勘探开发热点，随着深水技术的不断进步和完善，钻探作业有不断向更深水域发展之势。2002年在美国墨西哥湾又创2项世界深水钻井新纪录：探井水深创2970米新纪录，生产井水深创2197米新纪录。

重大油气发现

据美国IHS能源集团统计，2002年美国完钻新油田预探井977口，比2001年减少了24%；预探井成功率则从2001年的39%下降到35%。然而由于美国勘探程度高，勘探发现的规模普遍较小，尤其是在美国本土陆上地区。规模较大的发现主要来自墨西哥湾，包括Alaminos Canyon 857深水区块的Great White油气田、Mississippi Canyon 806深水区块Deimos油田、Green Canyon 640深水区块Tahiti油田等。

自1975年首次获得勘探突破以来，墨西哥湾深水区已累计钻获287个油气发现，其中20世纪70年代发现18个油气田，最大水深450米；80年代发现123个油气田，最大水深2303米；90年代发现115个油气田，最大水深2323米；进入21世纪后3年钻获31个油气田（2002年的统计尚不完全），最大水深已达到2423米（位于G21826 AT 37区块，科麦奇公司2001年11月发现）。

新油气田投产

2002年美国勘探开发投资减少对油气开发的影响比勘探更明显。全年完钻开发井24299口，比2001年减少了9790口，减少幅度达28.7%。

2002年美国重要开发项目同样集中在墨西哥湾

海上。2002年新投油气田中最重要的包括墨西哥湾Crosby油田、Aconcagua气田、Nansen油气田、Boomvang油气田、Horn Mountain油气田等以及库克湾Redoubt Shoal油田。

墨西哥湾Canyon Express处理中心以及所连接的King扭 Peak和Aconcagua深水气田于2002年8月投产，2个月之后与中心连接的另一个深水气田Camden Hills也建成投产，后者水深2197米，创目前世界生产井和管线水深的最高记录。

BP公司在墨西哥湾深水区的Horn Mountain油气田水深1646米，距新奥尔良岸线160千米，总可采储量估计为2055万吨油当量，是美国近年来最大的开发项目之一，开发投资达到6亿美元，设计高峰产量原油8904吨/日和天然气193万米^3/日。2002年油气田顺利投产创下目前浮式简易平台干型采油树生产系统水深世界记录。

Kerr-McGee公司墨西哥湾深水区的Nansen油气田开发投产也是美国的一项大工程，该油气田水深1128米，估计总可采储量1918万～2466万吨油当量，设计高峰产量原油5480吨/日和天然气227万米^3/日。

阿拉斯加州库克湾盆地的Redoubt Shoal油田是2002年墨西哥湾以外地区开发投产的惟一的大油田。由于处理能力的限制，已完钻的4口生产井仅开2口，日产量570多吨。估计该油田的最终可采储量为3010万吨。

炼油石化投资

近年来美国炼油业资本投资有逐年减少之势，2001年较2000年减少5%，2002年又减少8%，仅为36亿美元。石化工业2002年的资本投资预算比2001年略有增加(0.9%)，达到9.25亿美元。

2002年底美国在产炼厂133家，比2001年减少10家，但由于部分老炼厂扩建和升级改造，总的原油加工能力不降反升，达到8.31亿吨。

2002年关闭的炼厂包括：Premcor公司(美炼油业最大的独立公司之一)关闭伊利诺依州Hartford炼厂和Blue Island炼厂，Tricor公司关闭加利福尼亚州Bakersfield炼厂、Berry公司关闭阿肯色州Stephens炼厂，此外加利弗尼亚州还有5座沥青加工厂关闭。

目前美国汽、柴油燃料正面临低硫、超低硫环保标准的挑战。20世纪90年代汽油平均含硫340毫克/升，2000年实施新配方汽油复杂模型第二阶段标准后，许多炼油厂将汽油含硫减少到150毫克/升以下。进入新世纪，美国环保局提出2005年汽油含硫30毫克/升规范要求。按照美国加州空气资源局第三阶段（CARB-III）汽油标准，加州汽油含硫将从第二阶段（CARB-II）的30毫克/升进一步减小到15毫克/升。这些新标准的推行将对美国炼油工业的调整、改造产生深刻影响。

另外，由于汽油中掺合的MTBE（甲基叔丁基醚）被疑为可能的致癌物质，它对地下水的污染已引起非议。美国加州定于2003年禁用MTBE（最近宣布推迟到2004年），亚利桑那州、康涅狄格州和纽约州也将于2003年禁用MTBE，明尼苏达州和内布拉斯加州则通过法案减少汽油中MTBE的加入量。预计美国2010年前可能全面禁用MTBE。乙醇作为替代MTBE的惟一含氧化合物，其替代进程正在加快。2001年MTBE产量减少近2%。分析认为今后5年美国乙醇生产能力将每年增长10%。

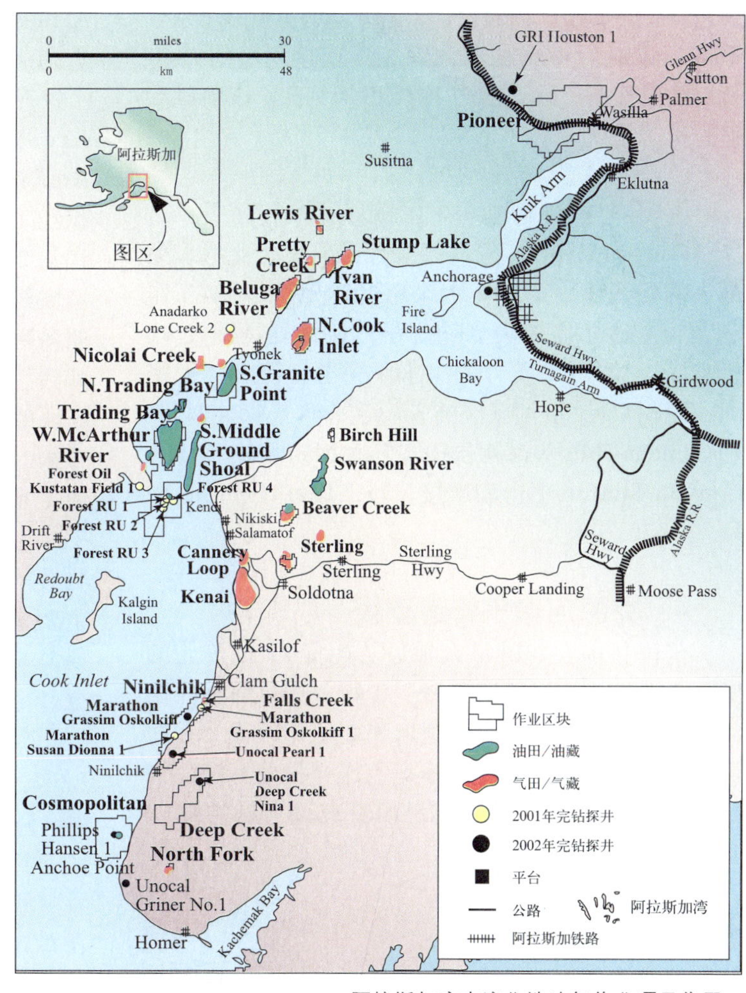

阿拉斯加库克湾盆地油气作业项目位置

油气输送

2002年美国计划建成的天然气管线6016千米，油品管线1419千米，没有原油管线建设计划。计划在2002年以后建成的天然气管线6924千米，原油管线515千米，油品管线193千米。

美国油气管线施工主要围绕墨西哥湾地区新油气田的开发建设、美国本土天然气管线扩建以及加拿大天然气进口管线建设等进行。其中最重要的管线建设工程包括：

1. Gulfstream天然气系统

2002年5月Gulfstream天然气系统开通运营，每日可向佛罗里达送气3115万米^3。该管线是墨西哥湾地区最大的输气管线，总长935千米。管线起自密西西比州和阿拉巴马州产气区，横穿墨西哥湾到达佛罗里达州的天然气消费市场。整个工程建设用了约1年时间。

2. 哥伦比亚天然气系统

这是一条加拿大天然气进口管线。2002年9月哥伦比亚天然气系统的Millennium管线建设项目得到FERC的批准。按照设计，Millennium管线长887千米，建成后可将加拿大天然气连接到美纽约和宾夕法尼亚州，输送能力1980万米^3/日。该项目工程总价7亿美元。

3. Canyon Express管线系统

Canyon Express管线系统是目前墨西哥湾水深最大的管线建设工程，水深超过2130米。施工作业者为道达尔埃尔夫菲纳公司，按计划将铺设88千米长、管径12英寸的深水双管平行管线，把密西西比州Canyon油气区的King's Peak、Aconcagua和Camden Hills等深水气田与East Main Pass 261的Canyon Station平台相连接，竣工后每日可向平台输气1420万米^3。

4. 克恩河输气管道复线

美国目前在建的最大项目是耗资12亿美元的“2003克恩河输气管道复线”工程。克恩河复线全线长1147千米、直径914毫米和直径1067毫米，在现有管道系统附近新建3座压气站并扩建6座压气站。项目建成后，可使克恩河管道输气能力翻一番，达4814万米^3/日。

港口和码头

美国的主要石油港口和码头有：巴尔的摩、芝加哥、Hampton Roads、休斯敦、洛杉　、新奥尔良、纽约和费城。

2002年8月18日一艘装载约30000加仑燃料油品的油轮在休斯敦港口主航道内发生爆炸，燃烧后产生的黑雾遮天蔽日。由于抢救和疏散及时，无人员伤亡。

勘探开发招标

美联邦政府和州政府每年定期或不定期地举行各级区块租赁招标。2002年最重要的招标活动是联邦政府举行的墨西哥湾区块招标和阿拉斯加州举行的Areawide区块招标。

2002年3月份举行的中墨西哥湾区块租赁招标得到很好的反应，共收到投标租金3.63亿美元，投标公司包括Dominion、Spinnaker、BP、雪佛龙、科麦奇、BHP石油公司、Nexen和大陆公司等。

2002年8月份举行的西墨西哥湾区块租赁招标也取得成功。40家石油公司参与投标，323个区块收到391个标书，标的达到18155.2万美元，有效标的15130万美元。对于竞标的323个区块，39%位于水深在800米以上的深水区块，壳牌公司中标的Alaminos Canyon 902区块是此次招标区块中水深最大的区块，水深达2996米。

2002年10月份阿拉斯加州举行了北坡Areawide 2002陆上区块租赁招标和波弗特海Areawide 2002区块租赁招标。北坡Areawide总面积约2.06万千米^2，分成1225个区块，每个区块面积从2.6到23.3千米^{2}不等。招标地区向东到北极国家野生动物保护区（ANWR），向西到国家石油储备阿拉斯加（NPRA）基地，向南到Umiat Meridion基线。此次招标包括Alpine油田附近地区的区块。区块的租期为7年。波弗特海Areawide总面积8090千米^2，分称573个租赁区块，区块位于北坡州属海上地区。

这两项租赁招标共收到定金260万美金。其中北坡的12个区块收到160万美元的定金，投标者主要是加州联合油公司、大陆菲利普斯和阿纳达科公司等；波弗特海15个区块收到97.45万美元定金。

今后两年阿拉斯加区块租赁招标计划见下图。

公司并购

与过去两年相比，2002年美石油公司并购活动有所减少，除2001年已宣布的菲利普斯和大陆的公司合并外，阿纳达科收购Howell、壳牌收购Pennzoil成为2002年公司收购的亮点。

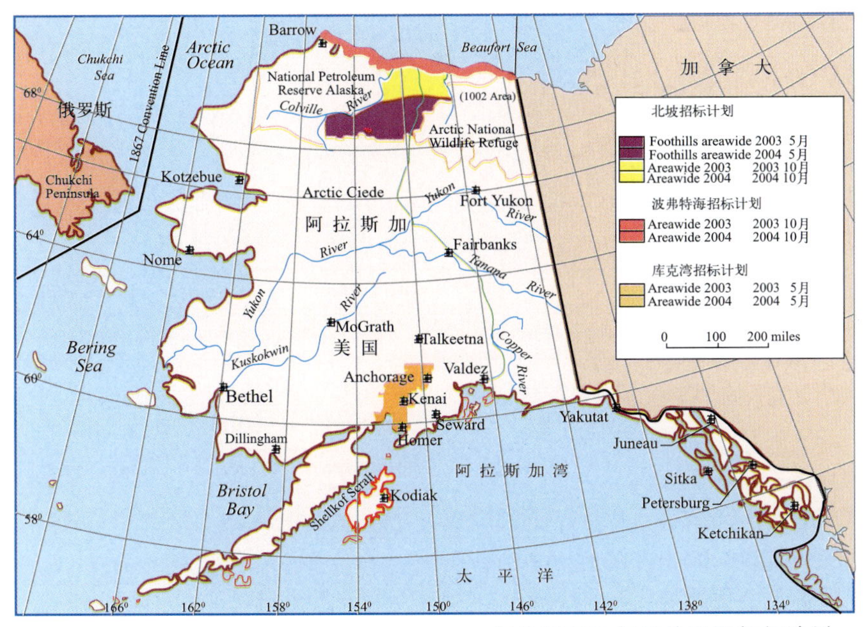

阿拉斯加油气区块租赁招标计划

1．菲利普斯和大陆的合并

2002年8月，美菲利普斯石油公司和大陆石油公司的合并计划获美反垄断组织——联邦贸易委员会的正式批准。两家公司合并后将组成全美最大的炼油公司和第三大能源公司。

此前菲利普斯公司是仅次于埃克森美孚和雪佛龙德士古的美国第三大石油公司。为应对并购大潮、降低成本、增加公司竞争力，2001年11月菲利普斯与大陆公司决定联姻。为保持当地汽油炼制和销售的竞争格局，美联邦贸易委员会要求两家公司必须剥离在落基山地区的资产。为此，大陆公司和菲利普斯公司在2002年6月提出资产出售计划：大陆出售位于科罗拉多州科默斯城的炼厂（加工能力300万吨），菲利普斯出售盐湖城附近的炼厂（加工能力125万吨）。尽管如此，合并后的新公司仍是美国最大的炼油公司，加工能力1.3亿吨，占全美13%；并拥有约2万个加油站，占全美12%。

合并后的新公司将拥有750亿美元的资产，是世界第六大公共持股的石油天然气公司和全球第五大炼油公司。预计公司合并后每年将节省7.5亿美元的成本。

2.阿纳达科收购Howell

阿纳达科石油公司收购Howell油气开发生产公司是美国又一重要并购活动。2002年9月阿纳达科宣布以2.65亿美元收购Howell，收购有助于加强阿纳达科在怀俄明州的原油生产。

Howell公司2001年底的石油探明储量为547万吨，天然气探明储量9.3亿米^3，探明储量的98%为动用储量；权益油气产量为60万吨油当量。产储量主要分布在怀俄明州。阿纳达科计划在未来4年向Howell的Salt Creek油田（公司主力油田）投入2亿美元资金来开展EOR项目，使该油气田新增原油储量2050万吨。预计到2006年该油气田的产量将从目前每天726吨油当量提高到4795吨油当量的水平。

3．壳牌公司收购Pennzoil

2002年3月壳牌宣布收购计划，4月壳牌石油公司与Pennzoil签署协议，以每股22美元现金收购Pennzoil-Quaker State Co.，交易的资产总价值为18亿美元，另承担Pennzoil-Quaker的未偿债务（截至2001年底为11亿美元）。壳牌预计到2004年，这项交易每年可为公司带来税前利润约1.4亿美元，而这项交易一次性成本及实现上述利润的成本估计为1亿美元。

Pennzoil-Quaker 2001财政年度收入21.3亿美元，该公司将与壳牌石油在美国的润滑油业务部门合并，总部将设在休斯敦。通过收购可望使壳牌成为美国乃至世界的润滑油之王。

壳牌公司于2002年2月份还收购了雪佛龙德士古在Equilon和Motiva中所持股份。这两家合资企业在美国拥有8个炼油厂、3万英里的管道、一个能源交易公司以及2.3万个加油站。

Canyon Express生产系统

Canyon Express是目前世界上最先进的深水边际油气田开发系统，主体平台距离阿拉巴马岸线92千米，可对3家作业者经营的King's Peak，Aconcagua和Camden Hills等3个不同气田进行天然气处理，设计的高峰处理能力为1416万米^3/日天然气、1500桶/日凝析油。

King's Peak气田由BP公司1993年发现，水深1994米；Aconcagua气田由道达尔菲纳埃尔夫公司于1999年发现，水深2169米；Camden Hills气田由马拉松石油公司发现于1999年，水深2197米，是这3个气田中水深最大的气田，距离新奥尔良岸线约240千米，距离Canyon Express主体平台88千米。3个气田的总可采储量为255亿米^3，但各气田的储量规模都不具备独立开发条件。

3个气田的基础参数

气　田	King's Peak	Aconcagua	Camden Hills
流体性质	干气	干气	干气
产层测量深度(米)	3660～4234	3658～3978	4221～4648
水深(米)	1890～2073	2167	2197
产层压力(psi)	6200～6800	6600	7100～7500
产层温度(°F)	131～163	170	150～160
生产井数(口)		4	2

Canyon Express天然气项目于2001年9月得到美国内务部矿管局批准后进入施工建设。整个系统涉及的水深范围为100～2200米，由Canyon Express处理平台和与平台连接的两条12英寸、88千米管线组成，该管线由32段管道组成，连接3个深水气田，使得3个气田可共用一个处理中心，从而可有效降低成本。

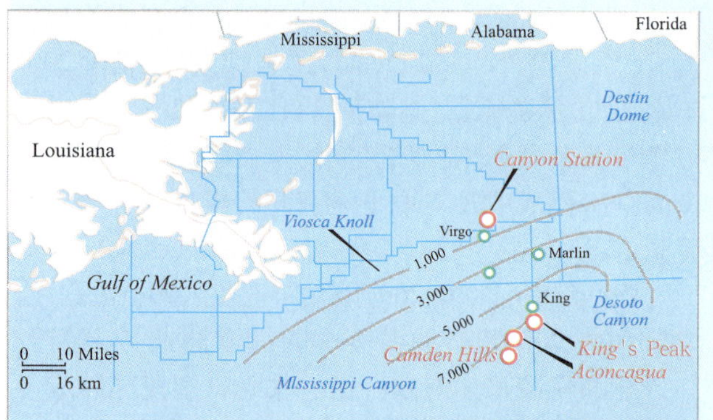

Canyon Epress主体平台及临近气田位置

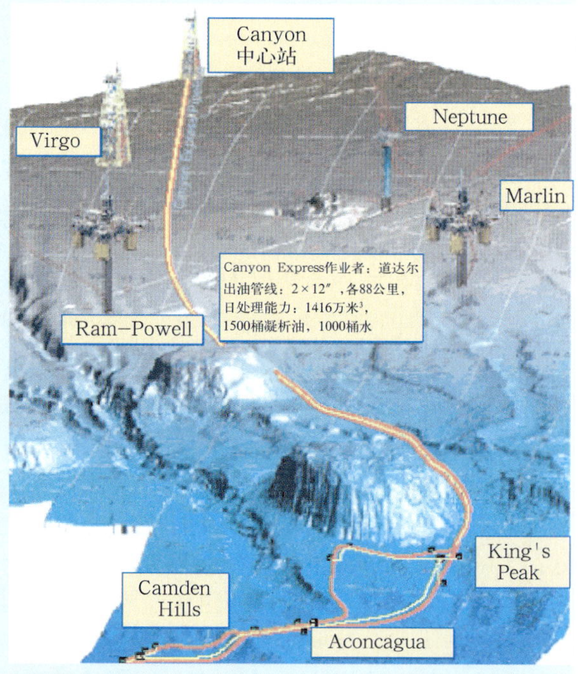

Canyon Epress系统以及临近气田开发模式

在整个Canyon Express平台及集输系统建设和气田开发过程中，采用了一系列世界上最先进的技术，包括：防腐技术、深水钻井技术和管道施工技术（创下目前世界生产井水深和铺设管道水深的最高记录，即2197米）、智能完井技术、综合气田开发模拟技术、深水多相计量技术等。

汇　　率：1美元=9.682墨西哥比索
石油消费：8090万吨
天然气消费：421.1亿米^3
石油储量：17.29亿吨
天然气储量：2484 亿米^3
石油产量：1.59 亿吨
天然气产量：456.9亿米^3
炼油能力：8420万吨

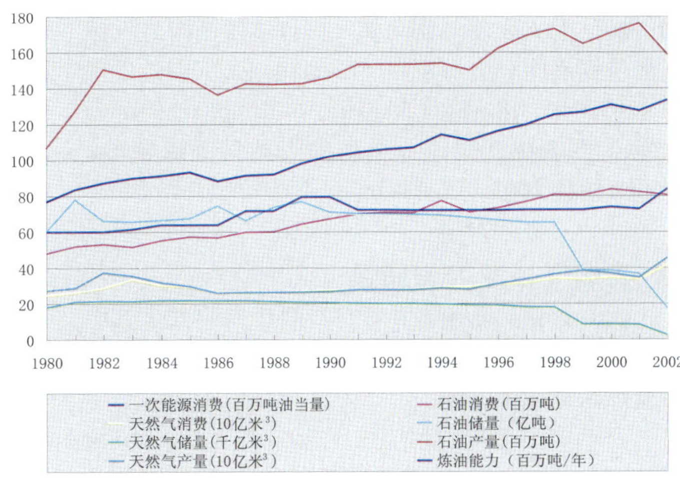

墨西哥是一个重要的非欧佩克产油国家。2002年墨西哥石油产量为1.59吨，本国石油消费8090万吨，其余用于出口。2002年墨西哥出口油品450万吨，进口油品1210万吨。原油出口的87%至北美地区，10.5%至欧洲地区，其余至亚太地区。

2002年墨西哥国内天然气消费421亿米^3，比2001年增长了8%，预计今后还将保持增长势头。由于国内天然气生产不能满足消费，墨西哥需要从美国管输进口。2002年从美国进口天然气74.5亿米^3，比2001年增加了74%，占2002年国内天然气消费的18%。为了减少进口，墨西哥政府正积极采取措施提高本国天然气产量，包括加大天然气勘探开发投资力度、Burgos盆地天然气项目对外开放、采用多种服务合同模式吸引外国公司投资天然气生产等。

墨西哥虽然不是欧佩克成员国，但是与欧佩克联系甚为密切。2002年初为配合欧佩克限产保价行动，承诺2002年上半年原油出口限制在166万桶/日以下，相当于削减10万桶/日的原油出口。承诺到期后墨西哥原油出口开始增加，2002年11月墨西哥成为当月美国最大的原油进口国。

油气储量大幅下降

美国《油气杂志》对2002年墨西哥油气剩余探明储量均大幅度调低。截至2002年底，墨西哥剩余石油探明储量为17.29亿吨，比2001年减少了53.1%；天然气储量2485.4亿米^3，比2001年减少了70.3%。

储量下降一方面是由于墨西哥油气勘探开发一直处于国家垄断状态，缺乏资金使得勘探开发工作跟不上，石油生产必然受到严重影响。另一方面是墨西哥国家石油公司2002年9月按照美国证券交易委员会的标准对油气储量进行复算和调整，而此前墨西哥是按照世界石油大会和SPE的标准进行计算的。此次根据证券交易委员会“探明储量”定义将2001年墨西哥石油探明储量下调了25%、天然气探明储量下调了41%。

总的来说，由于墨西哥勘探开发投资不足、油气田进入成熟期等因素，1998年至2002年石油探明储量减少了9%。为了扭转储量递减的局面，政府正在考虑石油工业对外开放问题，同时着手深水技术的研究工作，以期在未来的几年能够在墨西哥湾2000米以上的深水区开展油气勘探、开发和生产。

由于墨西哥立法规定和限制，目前仅部分地区的天然气项目已对外开放。

勘探开发投资预算超历史记录

政府批准的2002年度墨西哥国家石油公司(Pemex)的勘探开发预算为140亿美元，这是Pemex近20年的最高水平。

目前Pemex正逐步加强新区勘探，以期发现更多的新油气田。2002年8月公司宣布计划在Coatzacoalcos附近钻5口探井。Coatzacoalcos位于Vera Cruz以南海上，处在墨西哥湾陆台上。另外Pemex还计划在墨西哥东南部Grijalva河三角洲的西岸开展油气勘探活动。

2001年新发现的Sihil大油田目前正在进行详探评价工作。

油气勘探取得重大突破

2001～2002年度墨西哥最重要的勘探成果是

Veracruz州的3个大气田发现：海上Lankahuasa气田、陆上Playuela气田以及海上Hap气田。

尽管新发现气田的储量规模还有待于进一步的勘探评价，但Pemex表示这是"一二十年才能经历一次"的大发现，认为新气田可望使墨西哥天然气储量提高四分之一左右。Lankahuasa气田的发现井水深20米，钻达深度3670米，在Tampico Misantla盆地上中新统开辟了一个新的天然气勘探领域。Pemex估计2003年Lankahuasa气田可望开始生产。

天然气开发得到加强

2001年底，墨西哥共有在产油井3494口，其中自流井1146口，人工举升井2348口。总体平均单井日产量高达140吨。

墨西哥原油产量约三分之二来自坎佩切湾（Yucatan半岛以西的墨西哥湾海上），所产原油为22 °API的Maya-22原油。产量主要来自Cantarell大油田，目前该油田产量约8500万吨。Cantarell油田实际上是包括4个油田（Akal、Nohoch、Chac和Kutz）的复合油田，1976年发现，近年来产量开始递减。1997年在该油田实施注氮气工程，2001年11月完工。为了配合欧佩克限产保价行动计划，注氮气工程的增产作用直到2002年下半年才得以发挥，2002年11月油田产量比2001年提高了近5.1万吨/日。目前Pemex仍在Cantarell油田进行开发增产活动，计划到2004年将油田产量提高到11150万吨。此外Pemex对于在Cantarell深部发现的Sihil新油田还寄予厚望，估计Sihil拥有1.9亿吨原油和伴生气，目前尚未投入开发。

由于墨西哥天然气开发活动加强，2001年墨西哥钻井工作量有较大幅度的增加，全年完钻450口井，其中油井47口，气井364口，干井31口。随着气田开发继续深入，估计2002年墨西哥钻井总数可与2001年持平，保持在450口。

墨西哥政府还积极推动东北部Burgos盆地气田的增产改造活动。Burgos盆地位于与美国得克萨斯州交界地区，天然气储量丰富。该盆地1945年就开始了天然气生产，目前大约日产干气2800万米^3，相当于墨西哥天然气产量的1/4。福克斯政府计划到2006年使盆地天然气产量翻番，为此该地区天然气项目采取对外开放政策。2002年6月，福克斯总统颁布了用于外资项目管理的标准合同模式。

油气管线

2002年墨西哥的3个管道建设项目在施工建设之中：

(1) 从Nuevo Teapa至Cadereyta的原油管线，长1022千米，管径24英寸。

(2) 从Cadereyta至Reynosa/Matamoros的油品管线，长270千米，管径12英寸。

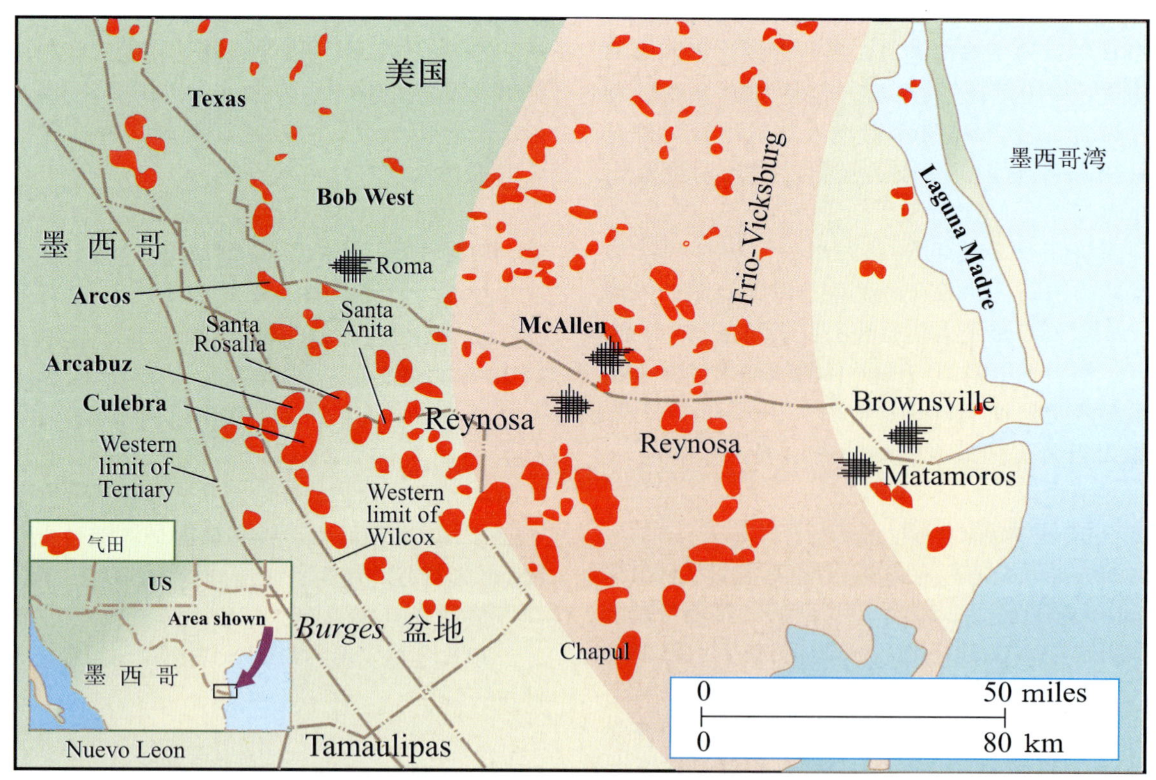

墨西哥东北部及美国南得克萨斯州气田分布

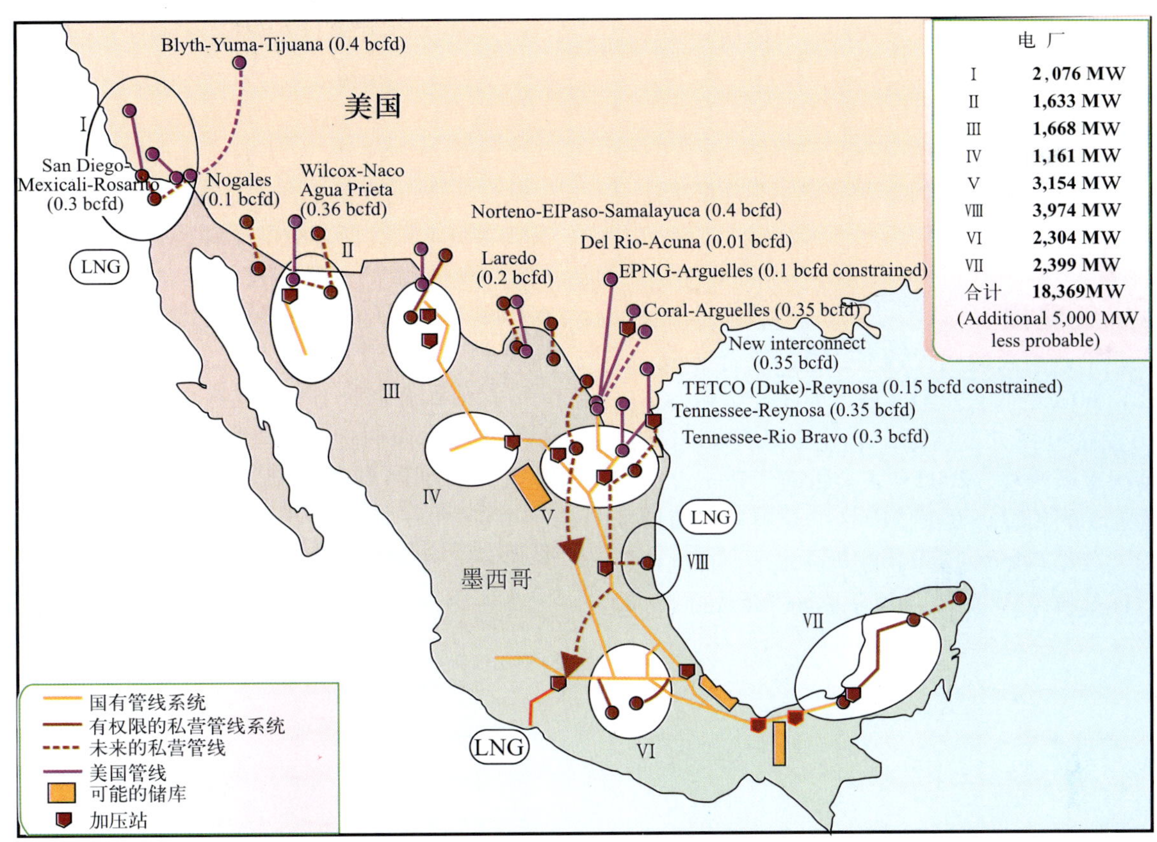

墨西哥边境地区未来天然气基础设施概图

（3）北部巴加输气管线从美国亚利桑那州Ehrenburg至墨西哥西北城市提华纳，与Rosarito管线连接，全长217千米，管径30/36英寸。

原计划前两个项目2002年完工，第三个项目于2003年1月完工，但是目前这3个项目均仍在施工建设之中。

炼厂改造完成，炼油能力得到提高

目前墨西哥有6个炼厂，2002年总加工能力8420万吨，比2001年提高了11.5%，主要归功于Ciudad Madero和Cadereyta两个炼厂的改造。Ciudad Madero炼厂改造从1999年开始，由Sunkyong工程建设公司牵头的联合公司负责施工，2002年完工后加工能力增加了625万吨。另据报道Tula Hidalgo（1600万吨）和Salamanca（1225万吨）炼厂也将进行改造。2001年政府开始实施一项炼厂改造计划，目标是到2006年新增加工能力1750万吨，为此政府计划投资39亿美元。

油品零售业改革

自从20世纪50年代实行国有化之后，墨西哥下游工业一直由政府垄断，但政府允许私有公司在墨西哥从事炼油产品的零售业务。

墨西哥的汽油零售价是中美洲地区最高的国家。因此许多边境居民纷纷到美国或伯里兹购买汽车汽油。2002年5月，墨西哥政府开始在部分边境试点试行低价汽油，取得成功，例如在北部边境城市Ciudad Juarez在汽油降价后销售量增加了40%。为此，从2002年12月1日起政府宣布降低墨—美边境沿线500个国有加油站的汽油零售价。

液化天然气计划

目前墨西哥计划在沿海兴建LNG进口接受终端。2002年12月墨西哥联邦电力委员会举行了在Tamaulipas州Altamira市兴建LNG进口装置的工程建设招标。电力委员会表示将通过拟建的LNG汽化装置，每日购买天然气1204万米^3，共计15年。天然气主要供给该地区独立电力生产商做燃料使用。

天然气领域对外合作

按照墨西哥宪法，Pemex对墨西哥天然气勘探开发实行垄断。但是为了满足天然气消费不断增长的需要，福克斯政府在天然气生产的对外合作方面进行了重大改革，鼓励外国公司进入墨西哥天然气生产领域，例如Burgos盆地气田开发。政府正在开发制定一套适用于 Pemex 和私有公司合作的新合同模式，称为多种服务合同（Multiple Service Contract，MSC）。2002 年 6 月政府公布了 MSC 原型的草本，然而不论是墨西哥议会还是私有公司均对它表示不满。经过修改后于 2002 年 9 月再次提交审议。

Pemex 现状

墨西哥政府财政收入的三分之一来自 Pemex，估计公司 60% 的收入上缴政府，因此近年来公司没有能力投资勘探开发活动。福克斯就任墨西哥总统后情况有所改观。2002 年议会批准了 Pemex 公司 239 亿美元的预算，其中 147 亿美元用于新项目勘探投资，这是 Pemex 近 20 年的最高水平。福克斯总统的目标是从 2001 年到 2006 年原油产量提高 34%。

但是资金不足只是影响墨西哥石油工业发展的一个因素。公司冗员、在产油田进入成熟期等问题也是 Pemex 所面临的严重挑战。目前 Pemex 公司员工多达 13.9 万人，是委内瑞拉国家石油公司的 3.5 倍，但 Pemex 的油气产量仅略微高于后者。为了扭转困境，福克斯总统做了种种努力，包括提议增加公司对外资的开放程度、任命前杜邦公司执行官 Raul Munoz Leos 为 Pemex 总裁、起草新的标准合同模式、对外资开放部分油气区等等。

目前私有企业主要通过参与投资 Pidiregas 项目的形式进入墨西哥，Pidiregas 项目是为政府所有的、具有战略意义的项目，包括上游勘探项目。Pidiregas 最早于 1995 年启动，旨在为墨西哥能源工业吸引外国资本。2002 年 Pemex 在 Pidiregas 投入 15.4 亿美元，其中约 10 亿美元用于勘探开发。

欧洲地区

据 International Petroleum Encyclopedia (2003) 改编

据 International Petroleum Encyclopedia (2003) 改编

据 International Petroleum Encyclopedia (2003) 改编

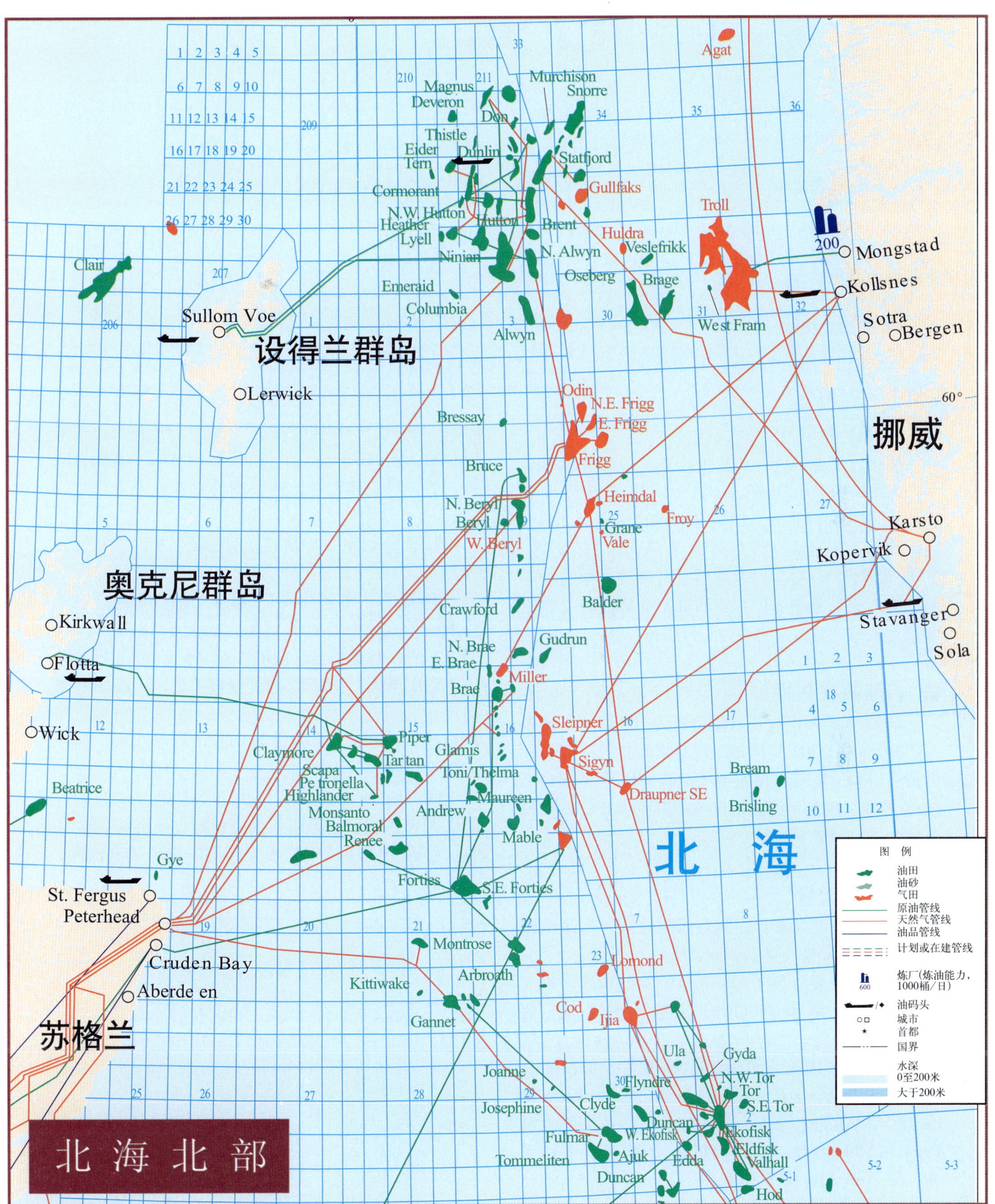

据 International Petroleum Encyclopedia (2003) 改编

阿尔巴尼亚

汇　　率：1 美元 =145.44 列克
石油消费：103 万吨
石油储量：2260 万吨
天然气储量：28 亿米^3
石油产量：31 万吨
炼油能力：132 万吨

石油工业简史

阿尔巴尼亚石油工业起步较早，1918 年发现第一个油田——Drashovicë，1928 年又相继发现 Kuçovë 和 Patos 油田。1974 年石油产量达到 220 万吨，此后逐年递减，到 1990 年下降到约 110 万吨，2001 年仅 35 万吨。技术落后、基础设施和装备陈旧、资金匮乏是阿尔巴尼亚石油工业衰退的主要原因。

石油消费和进口

2002 年阿尔巴尼亚石油消费为 103 万吨，基本与 2000 年和 2001 年持平。近年来阿尔巴尼亚石油消费对进口的依赖程度有递增之势。1999 年进口石油 66 万吨，占当年消费的 66%；2001 年进口石油 73 万吨，占消费的 72%。

油气产储量

自 1997 年以来石油剩余探明储量一直保持在 2260 万吨，天然气储量 28 亿米^3。

天然气主要分布在 Kucove 和 Patos 地区，稍大的气田有 Diviak 和 Bubuline。天然气产量很低，每年约 0.3 亿米^3。

原油是该国的主要能源，油田均分布在陆上地区，油田设备多是来自罗马尼亚、中国和俄罗斯的 35 年以上的老设备。目前的石油产量主要来自 Patos 和 Morinza 地区的 2 个油田。2002 年产油 31 万吨，比 2001 年减少了 14%。

勘探活动

20 世纪 90 年代阿尔巴尼亚石油工业对外开放以来，吸引了一些外国公司，如英国 Preimer、瑞典 Lundin、德国 Preussag、澳大利亚 OMV、希腊石油公司等。但总体而言，阿目前的勘探开发工作量较少。

目前 Lundin 和 OMV 分别在陆上和海上开展油气勘探。

2002 年下半年瑞典 Lundin 石油公司通过资产收购的形式获得 D 和 E 区块（总面积 1391 千米^2）33.3% 的权益并担当区块的作业者。Lundin 已在区块内完成 300 千米的 2D 地震资料采集，计划 2003 年对南地拉那远景构造进行钻探。该构造的圈闭面积超过 35 千米^2，目的层为 Ionian 碳酸盐岩，估计埋深 4500 米。

OMV 公司是西部海上 4/5 区块的作业者，拥有区块 51% 的权益，希腊石油公司拥有剩余 49% 的权益。这两个区块位于爱奥尼亚海的奥特朗托海峡，

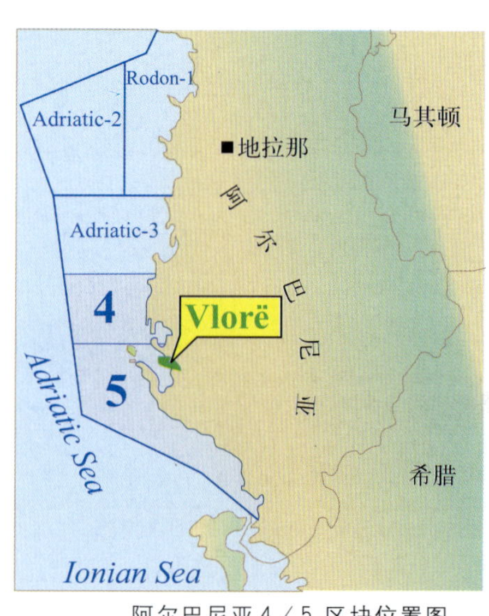

阿尔巴尼亚 4／5 区块位置图

区块面积约 4365 千米²。按照计划 2002 年底在区块内钻 1 口预探井（Paleokastra-1），钻探目的是了解 Gjirokastra 地区 Picari Ionian 碳酸盐岩构造发育情况，钻井费用约 1300 万美元。

Patos Marinza 油田二次开发

目前阿尔巴尼亚最大的开发项目是 Patos Marinza 重油油田的二次开发，这一项目将使阿原油日产量从 820 吨提高到 3400～6800 吨。

Patos-Marinza 油田位于阿尔巴尼亚南部，是欧洲陆上最大的重油油田之一。原始地质储量约 2.8 亿吨。油田发现于 1932 年，已有 2500 多口井，但目前累计采收率还不到 7%。油田主要有 2 个产层：Driza（产出 7°～18°API 原油）和 Marinza（产出 13°～35°API 原油），产层深度约 1650 米，净产层厚度超过 100 米。过去一直采用常规泵抽的办法进行生产，仅在局部地区对 Marinza 组开展注水采油。现有生产井的平均日产量不到 0.7 吨油当量。

1994 年英国 Premier 石油公司与阿尔巴尼亚国家石油公司（Albpetrol）签订油田二次开发协议，随后 Preussag 能源公司和国际财务公司（IFC）加入该项目。四方联合组成 Anglo-Albanian 石油合资公司（AAP），作为 Patos-Marinza 油田的作业者。近年来 AAP 一直在进行研究和先导试验，包括热力“吞吐”采油技术。按照计划，为了了解有关采油、油藏和成本等方面的生产指标，要在 2003 年 4 月完钻 2 组共 20 口新井、修复 8 口老井等先导工作量，到 2003 年 9 月可望达到 480 吨油当量 / 日的设计产量。通过对这些井的实际生产情况进行评价分析，调整、实施整个油田的开发方案。预计 2004 年开始实施，包括完钻 200 多口新井、兴建原油处理、管线运输和出口的有关设施。

炼油工业

阿尔巴尼亚现有 2 座炼油厂，均为阿尔巴尼亚国家石油公司所有，炼油能力为 132 万吨。其中 Ballshi 炼厂较大，可进行蒸馏、裂化、催化重整、催化加氢等；Fieri 炼厂较小，只能进行蒸馏加工。

管理体制

阿尔巴尼亚的石油天然气工业在业务上由新成立的工业和能源部（MoIE）领导。MoIE 下设的国家石油局（NPA）代表政府负责阿油气项目的对外招标活动；MoIE 直属的油气科学研究中心和国家能源局负责国家能源政策的研究和制定。

阿尔巴尼亚石油业分三大公司：Albpetrol 负责油气勘探和开发，ARMO 负责炼油生产以及燃料的批发和零售业务，SERVCOM 负责为 Albpetrol 的油气田开发和钻井作业提供服务和支持。阿尔巴尼亚石油总公司（APC）是这三大公司的母公司，目前正在根据政府的有关政策进行重组和私有化改革。

汇　　率：1美元=1.061爱尔兰镑
石油消费：870万吨
天然气消费：41.1亿米^3
天然气储量：198 亿米^3
天然气产量：8.5亿米^3
炼油能力：356万吨

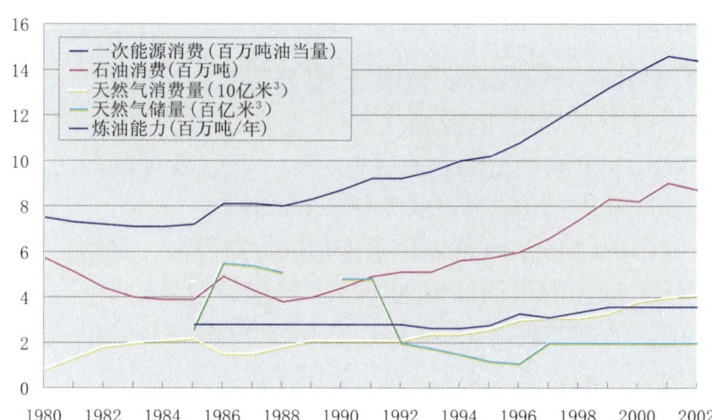

爱尔兰位于欧洲西部爱尔兰岛西南部，东北与北爱尔兰接壤，东部与英国隔海相望；国土总面积为70283千米^2，人口392.4万(2003年7月)。爱尔兰是欧共体成员国，经济较发达。农牧业、电子工业和旅游业是该国三大支柱产业。2002年人均国民生产总值31190美元，属世界高收入国家之一。

爱尔兰泥煤储量丰富，是世界上泥煤产量最高的国家之一，泥煤开采技术一直居世界领先地位。

油气消费与进出口

爱尔兰能源消费严重依赖进口，进口能源所占总能源消费比例由1990年的65%上升至2001年的87%。在一次能源消费构成中，原油所占比例由1990年的46%上升至2002年的60%；天然气由15%上升至25%。

2002年爱尔兰石油消费870万吨，比2001年减少了3.5%；天然气消费略有增加，达到41亿米^3。爱尔兰的石油消费完全依赖进口，天然气消费对进口的依赖也高达85%，主要来自英国天然气管道进口（2001年进口35亿米^3）。爱尔兰正在积极增加本国天然气消费，从而降低石油在一次能源结构中的比例。估计2005年天然气消费水平将提高到50亿米^3。

油气产储量

2002年，爱尔兰天然气产量为8.5亿米^3，天然气剩余探明储量为198亿米^3。

爱尔兰陆上天然气探明储量主要分布在Kinsale Head气田（1973年发现），国内天然气供应也主要来自该气田。目前气田开采进入最后阶段。

由Enterprise公司于1996年发现的Corrib气田，是爱尔兰继Kinsale Head气田之后取得的第一个商业天然气发现。该气田位于爱尔兰梅奥郡海岸，离Mullet半岛约80千米，属于大西洋三叠纪生油构造。气田控制加探明储量预计为283亿米^3。

Corrib气田和东南海岸的Seven Heads气田将有潜力弥补Kinsale Head气田枯竭带来的缺口。

勘探开发

爱尔兰拥有开放的油气勘探开发市场。目前在爱尔兰开展油气勘探开发活动的公司主要有雪佛龙、挪威国家石油公司、埃尼、道达尔菲纳埃尔夫、Enterprise、Ramco和马拉松等跨国石油公司和当地的中小石油公司，主要上游项目是Seven Heads海上气田开发。

Seven Heads气田位于北凯尔特海盆地，1974年发现，水深104米，为背斜构造气田，储层主要为上Wealden地层，埋深915米，估计探明和控制储量达85亿米^3。由于爱尔兰长期严重依赖英国天然气进口，Seven Heads气田的开发投产意义重大，据称气田投产后可望满足爱尔兰目前天然气需求的10%。根据气田的开发方案，2003年将打6口开发井。

壳牌公司目前正在爱尔兰西北海上Rockall盆地Dooish 12/2区块进行钻井作业。2002年10月钻探作业曾因天气恶劣而中断。该探井离Donegal海岸约125千米，中途测试获油气显示。

近年来由于原油价格的浮动、爱尔兰基础设施的缺乏再加上作业条件恶劣，爱尔兰海域勘探开发活动显著减少。为了推动爱尔兰海上油气勘探和生产的发展，2002年9月爱尔兰宣布将对西部和西南部的整个Porcupine盆地进行许可证招标

(属于边际许可证)，招标时间为2003年3月至2004年10月，中间有6个月的间隔期。为了确保Porcupine盆地许可证招标顺利举行，行业联合会与爱尔兰政府将进一步完善勘探数据的发布机制，并建立新的相关数据库。

油气集输

爱尔兰共有天然气管道7927千米，由燃气供应局统一负责经营。爱尔兰国内天然气管道通过一条海底中继管道与科克海岸的Kinsale Head和北海油田相连从而获得稳定的气源。

2002年2月至9月，爱尔兰与国外公司合作投资4亿英镑铺设了一条长为335千米的天然气管道。该管道起点为都柏林，终点为Limerick，途经Athlone、Galway、Ennis和Foynes等城市。该管道的建成将大大促进爱尔兰西部和中西部地区天然气的使用以及推动西海岸天然气资源的开发。

2002年2月爱尔兰政府还与英国达成协议，将铺设一条连接爱尔兰米斯郡与北爱兰安特里姆郡的跨国天然气管道。预计，该管道的铺设将于今后5年内完成。

炼油工业

位于科克海港的Whitegate炼厂是爱尔兰惟一的炼厂，炼厂生产满足了爱尔兰40%的燃料供应。1997年该炼厂进行了设备升级改造，原油加工能力达到了75000桶/日。

2001年夏，爱尔兰国家石油公司将Whitegate炼厂以及位于Whiddy岛的输油终端以1亿美元的价格出售给了Tosco公司（现为大陆菲利普斯的子公司）。Tosco公司计划投资3400万美元用于炼厂经营。

2002年，该炼厂处理原油71250桶/日。

政策法规

爱尔兰为促进国内天然气工业的发展，于1992年颁布了勘探开发许可证竞标条例。该条例规定任何公司都可竞标本国的任何油气发现，任何油气发现都可在符合规定的情况下进行商业开发，但作业公司必须有技术和资金来源，并且不能对环境造成污染。爱尔兰的勘探开发许可证共有四种类型：

（1）石油勘探许可证：规定作业者独家享有区块的油气勘探权。

（2）标准勘探许可证：针对水深不超过200米的海上区块，有效期为6年。

（3） 深水勘探许可证：针对水深超过200米的区域，有效期为12年。

（4）边际勘探许可证：针对自然环境特殊、存在地质和技术困难的区块，有效期不低于15年。

奥地利

汇　　率：1美元=1.061欧元
石油消费：1300万吨
天然气消费：81.1亿米^3
石油储量：1174万吨
天然气储量：239 亿米^3
石油产量：92万吨
天然气产量：19.4亿米^3
炼油能力：1043万吨

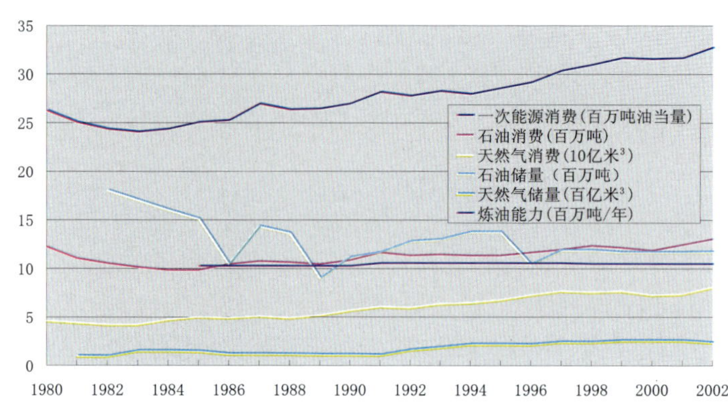

油气消费和进口

2002年石油消费1300万吨，比2001年增加了1.2%；天然气消费81亿米^3，比2001年提高了4.4%。油气消费很大程度上依赖进口。2001年石油和油品进口1309万吨，天然气进口65.5亿米^3。天然气进口主要来自俄罗斯管输进口（51.5亿米^3），其余来自挪威和德国。

油气储产量

2002年剩余石油探明储量1174万吨，与2001年持平；天然气储量239亿米^3，比2001年减少8.3%。石油凝析油产量110万吨，比2001年提高了4.8%；天然气产量19.4亿米^3，比2001年减少了4.0%。

勘探活动

德国采矿技术GmbH公司2002年中期在奥地利西北部Salzburg与Linz之间、Voecklabruck以东的阿尔卑斯山脉北缘，进行530千米^{2}三维地震数据采集。

炼油

为了保证未来发动机燃料的产品规格，维也纳Schwechat炼厂正在建设一座30000米^3/时的制氢装置，项目投资为3000万美元，包括一座重整装置、高温转化和高回收压力摆动吸附装置，预计于2003年6月完工。

该炼厂另一项目是纯柴油和汽油生产装置的升级改造，将改进两个主塔和压缩机，优化石脑油处理装置，并建一个新的反应器和乙烷馏塔。项目投资为1500万美元。

维也纳Schwechat炼厂

OMV公司

奥地利OMV石油公司正对扩大市场份额（向波兰以及其他中欧和东欧国家）的机会进行评估，并实施战略购并和兼并。

保加利亚

汇　　率：1 美元 =2.070 列弗
石油消费：420 万吨
天然气消费：28.9 亿米^3
石油储量：205 万吨
天然气储量：59 亿米^3
石油产量：5 万吨
炼油能力：576 万吨

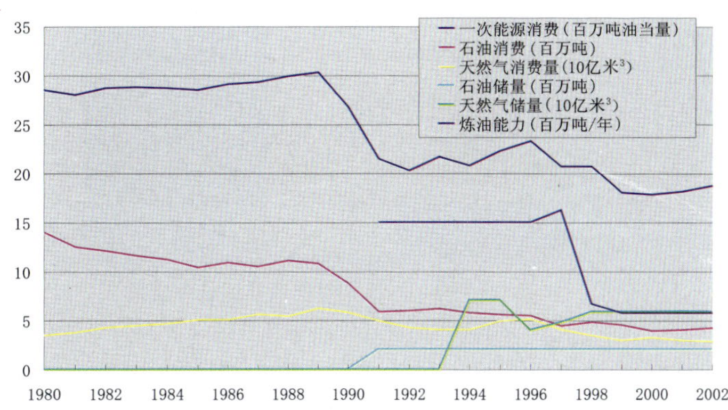

2002 年保加利亚被邀请加入北大西洋公约组织，2004 年可望成为正式成员国。同时保加利亚政府正为加入欧盟积极努力。

消费和供应

2002 年保加利亚石油消费比上年增长了 3.8%，达到 420 万吨。石油消费主要依赖进口。2001 年保加利亚石油和油品进口达 591 万吨，出口 200 万吨，净进口为 391 万吨。

2002 年天然气消费减少 3.4%，为 29 亿米^3，几乎完全依靠俄罗斯管输进口。

为了能够成为北约正式成员国，2002 年政府正为天然气市场开放做准备，计划到年底达到 10% 的市场开放程度。在世界银行的帮助下，将有一些公司获得天然气分销许可证，开始兴建配气网络。保加利亚国家能源管理委员会宣布在 2002 年下半年举行城市气化工程的首次公开招标。

同时能源部对长期垄断的保加利亚天然气公司（Bulgargaz）进行改革：保留其在天然气运输和批发供应中的作用，但天然气零售分销业务由地方和地区公司承担。到 2010 年 Bulgargaz 将全部私有化，保加利亚天然气市场也将完全与欧洲其他国家融为一体。

油气勘探

保加利亚石油资源较为贫乏，近年来储、产量一直在 205 万吨和 5 万吨的水平。尽管目前尚无气田投产，但天然气资源形势相对较好，2002 年底已拥有剩余可采储量为 59 亿米^3。

过去保加利亚在本国油气勘探上投入大量资金，但收效甚微。保加利亚缺乏现代勘探生产技术，包括地震解释和海上钻井。自 20 世纪 90 年代对外开放以来，开始逐渐引进外资和国外先进技术，迄今至少已签订了 12 个勘探开发协议，其中 2002 年签订了 4 个协议。目前在保加利亚开展上游业务的公司主要有英国 BG、Melrose 和 Enterprise 公司、美国德士古、Anschutz 和 Vintage 公司、澳大利亚 OMV 等。

2002 年 7 月保加利亚水域与环境部举行了一轮黑海海上区块招标，8 月正式授出西黑海盆地的 3 个区块，总面积 1.168 万千米^2。其中勘探程度最低的Varna区块授予OMV公司，Burgas区块授予Vintage公司，Emine 区块授予 GX 技术公司。

另外 Anschutz 公司获得了北部陆上 Vrastsa West 区块的勘探生产许可证。该区块在首都索非亚附近，面积 2172 千米^2，合同期 3 年，最低义务投资 30 万美元。保加利亚政府认为这一项目对本国的经济发展具有重要意义。

气田开发

2001 年 5 月英国 Melrose 资源公司与保加利亚政府签订黑海 3 区块的 25 年期勘探开发协议，区块包括 Galata 气田。目前 Galata 气田的开发方案已获政府批准。预计气田开发投资为 5200 万美元，2004 年可望开始产气。该气田距岸线 20 千米，水深 35 米，气田生产区块面积 19 千米^2，探明可采储量 13 亿米^3，控制储量 8 亿米^3，储层主要为上白垩统—古新统高孔高渗碳酸盐岩。

炼油工业

Neftochim 负责经营 Burgas 炼油厂，炼油能力 576 万吨，并拥有本国 85% 的油品市场。1999 年 10

保加利亚

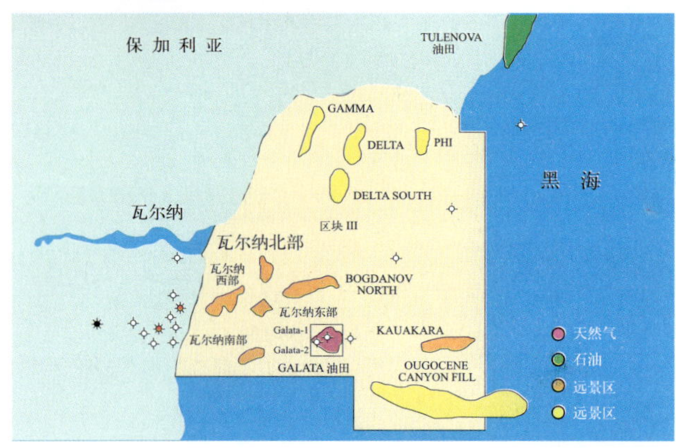

Galata 气田及其所在区块位置图

月以后俄罗斯的鲁克石油公司以 1.01 亿美元的价格收购了该炼厂 58% 的股份，按照合同到 2005 年将累计投资 4.083 亿美元，用于炼厂升级改造。

油气运输

目前保加利亚只有 525 千米的油品管线，尚无原油管线。计划与俄罗斯和希腊联合兴建巴尔干地区原油管线，使俄罗斯原油经过黑海船运到保加利亚 Burgas 港后可管输到希腊亚历山大港。计划最初的管线运营能力为 1500 万吨 / 年，最后逐渐达到 3500 万吨 / 年。

同时保加利亚也在考虑另一条从 Burgas 经马其顿到阿尔巴尼亚 Vlore 港的原油管线。目前已完成管道项目的可行性研究，并由有关三国成立原油管道公司，原计划 2001 年开工，因马其顿政变而推迟。目前该项目的资金尚待落实。

保加利亚天然气管输系统总体从东向西展布。保加利亚天然气公司（Bulgargaz）经营管理着 2500 千米的天然气管网。计划通过管网扩建和兴建新泵站而不断扩大管网的运营能力，从而可向希腊、土耳其、马其顿和塞尔维亚转运出口。目前天然气均从俄罗斯进口，但 2002 年土库曼斯坦正在考虑将保加利亚作为其天然气出口管线的终端，这样管线将从伊朗和土耳其到达保加利亚，2005 年可供气 230 亿米^3，2010 年可供气 300 亿米^3。

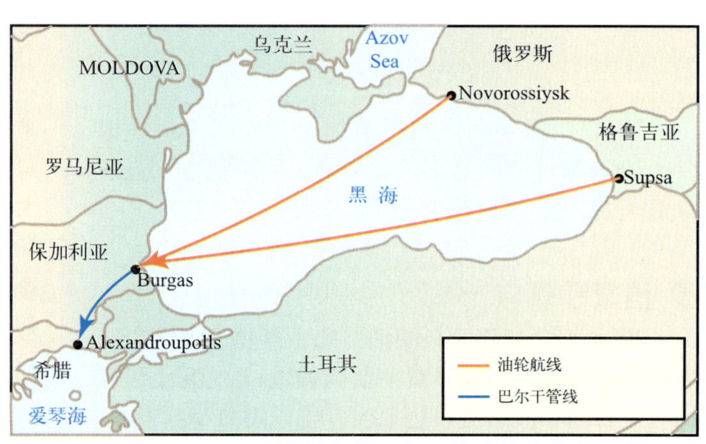

计划中的巴尔干输油管线走向示意图

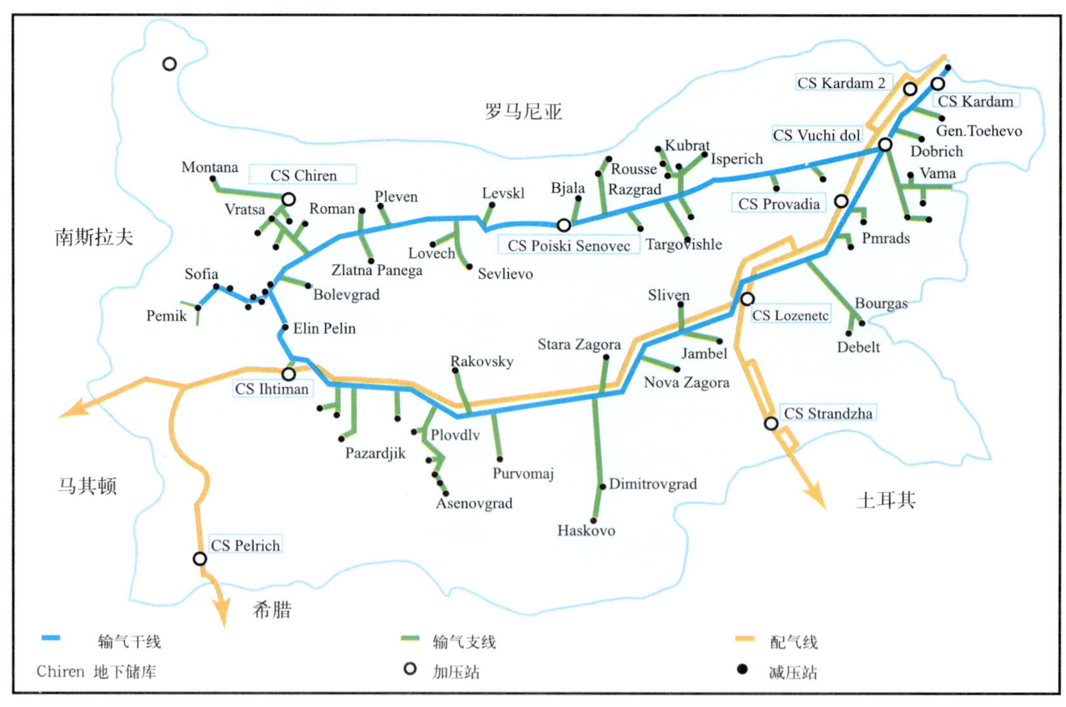

保加利亚天然气管网示意图

波兰

汇　　率：1美元=4.072兹罗提
石油消费：1970万吨
天然气消费：112.2亿米³
石油储量：1320万吨
天然气储量：1650亿米³
石油产量：82.5万吨
天然气产量：55.6亿米³
炼油能力：1750万吨

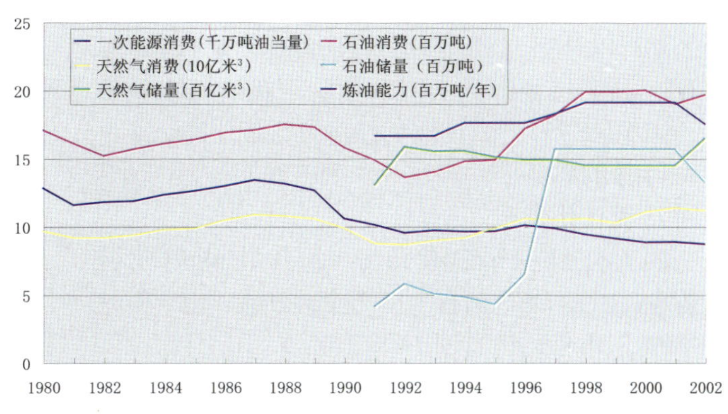

油气消费与进口

2002年波兰的石油消费比2001年增长了2.4%，达到1970万吨。随着波兰国民经济的不断发展，石油需求还将继续增长。目前石油消费的98%依赖进口，其中一半左右来自俄罗斯，其余来自英国、伊朗、挪威等国。

2002年波兰的天然气消费比2001年下降了2.6%，为112亿米³。国内天然气生产可满足需求的30%以上。2002年通过管道进口天然气80亿米³，其中94%来自俄罗斯，其余来自挪威和德国。

油气储量

波兰的石油资源贫乏，储产量水平很低。2002年剩余探明储量为1320万吨，比2001年减少了16.5%。与此相比，天然气资源基础相对较好，而且近年来还有不断发展的良好势头，2002年剩余探明储量比2001年增长了13.8%，达到1650亿米³。

波兰还有丰富的煤层气资源，但是开发成本较高，其经济生产潜力还有待评价。估计上志留盆地的煤层气可采储量为960亿米³，而全国煤层气可采储量总计可能高达9910亿米³。

油气产量

波兰的石油主要产自南部和西部的油田，2002年生产原油和凝析油83万吨（《世界石油》），与2001年基本持平。目前南部油田的石油储量已接近枯竭，一些老井产量递减，但是由于靠近德国边境的BMB和Miedzychod等新油田部分井投产，波罗的海海上油气开发不断取得进展，近两年来波兰石油产量有所提高，随着这些项目全面投产，波兰产量可望继续提高。

天然气生产形势较好，2002年产量达到55.6亿米³，比2001年有所增长。

外国公司勘探进展

近年来外国公司在波兰的油气勘探未能取得预期的成果。目前欧洲天然气公司正在开展二维地震采集，计划在2003年上半年钻探井；RWE-DEA正在波兰进行钻探。

下游工业

目前波兰拥有2座较大的炼油厂和5个小炼厂。2002年的原油加工能力为1750万吨。波兰炼油厂大多数是有着20～40年历史的老炼厂，当初建厂时是以重质燃料油为主要加工产品，然而目前的实际消费需要以汽油和柴油为主，且消费量还在不断增加。因此炼厂一方面需要进行现代化改造，另一方面也需要进行增产扩容。PKN Orlen的Plock炼油厂（原油加工能力26万桶/日），现已完成部分升级改造工程，炼制产品可望逐渐达到欧盟标准。其他炼油厂为了达到欧盟的标准也在积极准备实施炼厂改造。

波兰政府通过Nafta Polska参股国有石油公司来实现对这些公司的控制。Nafta Polska曾计划向匈牙利MOL公司和奥地利OMV公司出售Plock Orlen炼厂17.6%的股份，价值4亿美元。但由于需要等待波兰政府出台新的石化行业相关政策，2002年5月这一交易被暂缓。2001年9月宣布的另一项交易也未能成交。按照当时签订的协议，波兰第二大炼厂Gdansk炼厂的75%股份以2.5亿美元出售给英国

Rotch能源公司。

石油储运

波兰油品管道和原油储存由国有石油管道开发公司（PERN）经营管理。政府曾计划对PERN私有化，如果计划得到实施，估计可吸引许多投资者，因为PERN是目前波兰经济效益最佳的企业之一。目前PERN正每年投入4～5千万美元对石油管道进行现代化改造。

波兰的铁路石油运输由另一家公司（DEC）经营管理。目前DEC拥有1.15万个运油罐，总容量达64万吨，每年运送石油1400万吨。

为加入欧盟，波兰按照欧盟的要求正在考虑于2008年建成90天的石油战略储备。

天然气管线

波兰现行天然气进口计划是过去制定的。由于近年来国内天然气供应能力提高，天然气需求基本稳定，因此需要减少部分进口。为此波兰政府逐步修改了过去签订的天然气进口合同：2002年2月PGNiG和Gazprom经过重新谈判将2003～2022年的每年天然气合同进口量压缩了三分之一；2001年曾与丹麦和挪威签订天然气进口协议，为此需建的两条管线均已推迟。

波兰输气管线和配气管线的施工建设和经营管理由PGNiG负责。近30年来，波兰的天然气居民用户和商业用户增长了2倍，从1970年的230万个增加到目前的680万个，同时输气和配气网络扩大了5倍，目前总长达到10.7万千米。波兰计划进一步加快配气系统的建设步伐，到2010年新增4.3～5.8万千米的配气管线。

石油工业私有化

由于本国一些贸易联盟和组织的反对，波兰能源领域的私有化改革进展缓慢。部分国有企业转变成为国有联合股份公司。按照波兰的法律，外国公司可拥有大多数公司的100%的股权，但波兰政府表示在部分“核心领域”政府应保留控制权，如能源、运输等。

波兰的下游工业改革始于1994年，成立了Nafta Polska，波兰的石油和天然气领域的私有化改革由Nafta Polska负责。Nafta Polska由波兰的两家大炼厂、5家小炼厂以及中心分配公司（CPN）组成。1996年底CPN分成3个公司：CPN（加油站公司）、DEC有限公司（铁路油罐运输公司）和Naftobazy有限公司（储油公司）。

1996年是波兰油气勘探领域私有化取得突破进展的一年。美国独立石油公司Frontier获得波兰北部区块（面积为200万英亩）的勘探许可证，德士古和Tenneco能源公司获得波兰中部区块（180万英亩）的勘探许可证。同时，埃克森和壳牌同意联合组建波兰石油开发公司。

2002年波兰石油天然气总公司（POGC，也称PGNiG）的私有化改革也开始加快步伐，估计在今后的几年将逐步完成。私有化改革的主要目的一是要确保国家能源安全，创造良好的技术经济条件，以合理的气价保证国内的天然气持续稳定供应；二是致力于波兰长期稳定的经济发展，在波兰天然气领域提供更好的市场竞争环境，为波兰进入欧盟创造条件。

2002年8月，政府通过了“POGC的改革和私有化计划”，根据计划POGC将分解成8个独立的公司：6个区域性天然气公司，负责当地的天然气分配和零售贸易；1个上游公司，负责天然气和石油的勘探开发业务；新的POGC，继续统管天然气运输、储备和批发贸易。所有公司均需要有战略投资者，其他投资者有可能获得公司50%以上的股权。投资资金可用于改善波兰基础设施，使得波兰进入欧盟后这些公司具有一定的竞争力。

POGC改革和私有化的主要原则：

（1）在具备条件的地区发展地方天然气消费网；

（2）为扩大天然气销售创造条件；

（3）以具有竞争力的气价为能源和化工领域供气；

（4）在天然气各个领域形成自主经营自负盈亏的环境，包括勘探开发、储集运输、天然气分销和贸易等；

（5）通过改革和私有化尽可能降低社会负担（成本）；

（6）使天然气作业满足各项环保要求；

（7）继续保持国家对天然气领域基础设施的控制；

（8）确保国防和国家安全领域的天然气供应安全；

（9）根据国有企业商业化和私有化的有关法律，确保雇员获得红利分成的权利。

丹麦

汇　　率：1美元=7.885克朗
石油消费：980万吨
天然气消费：51.1亿米^3
石油储量：1.85亿吨
天然气储量：842亿米^3
石油产量：1825万吨
天然气产量：76.9亿米^3
炼油能力：882万吨

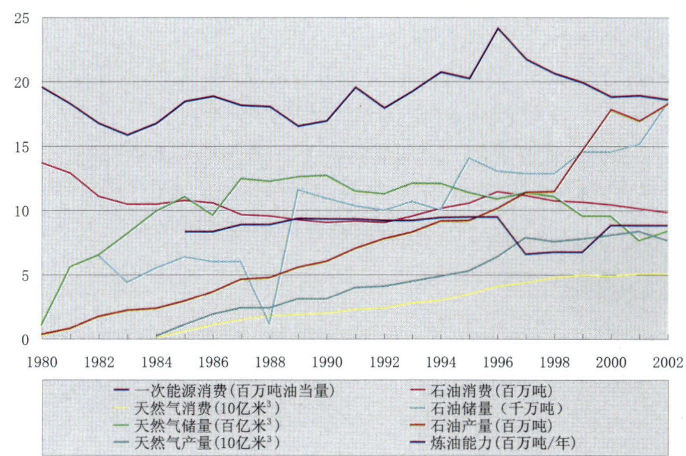

自1997年丹麦在能源需求上一直能够自给自足，主要归功于丹麦北海地区的油气生产。油气生产对丹麦的经济发展产生了积极影响。结合全年国际油价情况估计2002年丹麦油气生产总值达到326亿丹麦克朗，比2001年增加了4%。其中石油生产265亿丹麦克朗，天然气生产61亿丹麦克朗。

1998－2002年政府的油气收入　　单位：丹麦克朗

项　目	1998年	1999年	2000年	2001年	2002年（估计）
油气税	0	0	0	0	0.65
公司税	17.21	20.82	61.7	62.73	67.94
矿　费	10.98	8.54	11.53	22.47	21.09
石油管输费	3.1	6.19	14.01	11.14	9.3
总　计	31.29	35.56	87.24	96.33	98.98

油气消费

丹麦是一个油气净出口国。2002年丹麦油气消费分别为980万吨和51亿米^3，基本上与2001年持平。而目前丹麦油气以及可再生能源的总供应量超过其消费量的43%，其中仅本国的油气供应就超过丹麦能源需求的30%、油气需求的85%。因此丹麦的能源安全比较有保障。

2001年丹麦石油和油品出口共计1580万吨，比2000年（出口高峰年）减少了约12%，同时进口石油和油品938万吨，比2000年减少了8%；天然气管输出口35.9亿米^3，比2000年增加了18%。天然气主要出口到德国，其次是瑞典。最近丹麦与波兰签订了为期8年的天然气出口协议。

油气储量

丹麦能源局每年对本国的油气储量进行一次评估。根据其最新评价结果，2002年丹麦石油、天然气剩余探明储量分别为2.9亿米^{3}和842亿米^3，比2001年分别减少了7%和9%。目前丹麦总体石油采收率为22%，石油储采比为13。

丹麦的油气储量均分布在丹麦北海海上。1980年曾在陆上发现油气，但后来证明无经济开采价值。1993年以后便停止了丹麦陆上地区的钻探活动。目前丹麦大多数油气田既产油又产气，具有较高的气油比。

勘探开发投资

1963～2002年，在丹麦油气勘探、开发和生产的累计投资分别为231、880和490亿丹麦克朗，而这一期间油气生产累计产值为2790亿丹麦克朗（按照2002年丹麦克朗）。

根据丹麦能源局的初步估计，2002年丹麦油气勘探支出为10亿丹麦克朗，其中第五轮区块招标约占一半；油气开发支出估计为55亿丹麦克朗，比2001年增加了15亿丹麦克朗，开发投资主要用于2个油田开发项目。预计2003年丹麦油气开发投资还将继续增加到83亿丹麦克朗。

近年来丹麦油气田每年的作业费和行政管理费用大约在20亿克朗左右。2002年略有增加，达到23亿丹麦克朗。

油气勘探

2002年丹麦油气勘探钻井工作量比2001年减

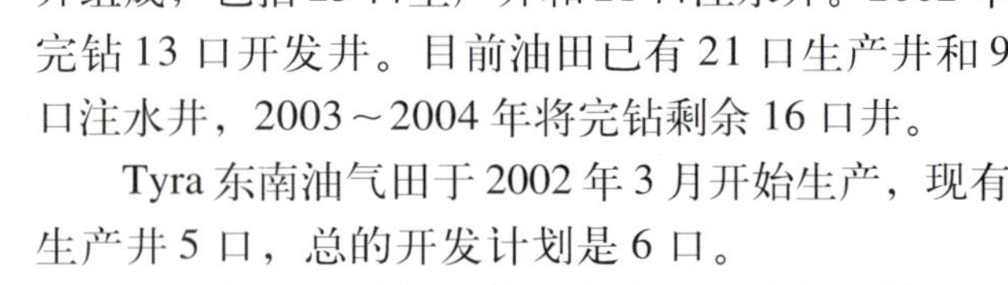

少，地震工作量则有所增加。

2002年丹麦共钻1口新油田预探井和8口评价井，与2001年（6口探井和9口评价井）相比有所减少。菲利普斯公司钻探的Svane－1井钻至海平面下5867米，是迄今丹麦最深的探井。这口井从侏罗系多套砂岩测试获凝析气流，从而揭示了丹麦北海中央地堑深部地层的油气勘探潜力。

2002年丹麦的地震勘探主要包括在中央地堑南部以及Nini油气田附近完成的三维地震采集以及在Horn地堑完成的二维地震采集。2000年以前，丹麦地震勘探以二维为主，近几年以三维为主。

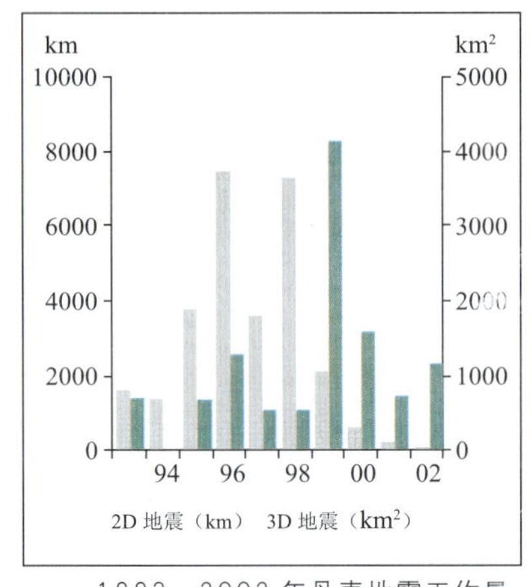

1993～2002年丹麦地震工作量

油气开发

近年来丹麦的油气开发活跃，2001年新钻开发井29口，是丹麦历史上开发钻井最多的一年。2002年开发活动仍保持活跃，在Tyra东南油气田和Halfdan油气田建成两座生产平台，新钻开发井27口。

Halfdan发现于1999年，2000年开始生产，但是油田开发作业一直在进行。整个开发方案由46口井组成，包括25口生产井和21口注水井。2002年完钻13口开发井。目前油田已有21口生产井和9口注水井，2003～2004年将完钻剩余16口井。

Tyra东南油气田于2002年3月开始生产，现有生产井5口，总的开发计划是6口。

2002年Siri油气区的几个小卫星油气田的开发方案得到批准，包括：Nini和Cecilie、Stine第一和第二断块油气田等。由于这些油气田规模小，计划作为Siri平台的卫星油气田进行开发生产。

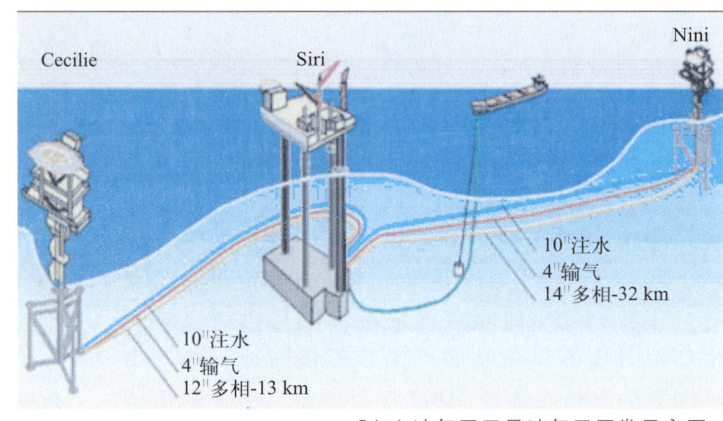

Siri油气区卫星油气田开发示意图

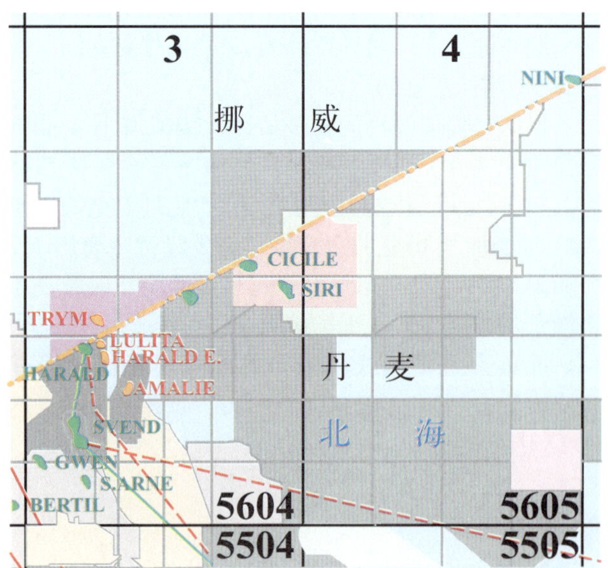

Siri油气区卫星油气田位置图

油气生产

丹麦的油气生产始于1972年（Dan油气田）。到2002年共有17个生产油气田，全部位于北海。本国的Mærsk油气公司负责其中15个油气田的生产经营，另外2个油气田分别由挪威国家石油公司和阿美拉达赫斯经营管理。到2002年底丹麦共有44个生产平台，244口生产井，103口注水/气井。

近年来丹麦石油产量总体呈递增趋势，近5年（1998～2002年）提高了61%。2002年丹麦的石油产量达到2150万米^3，比2001年增长了6%，是丹麦历史最高水平。石油增产主要归因于Haldan油田投产以及其他油田全年维持正常生产。2002年丹麦产量最大的6个油田是Dan, Gorm, Halfdan, Siri, Skjold和South Arne，这6个油田的石油产量占丹麦石油总产量的86%。

目前有9家石油公司拥有丹麦在产油田的权益，根据各公司总的份额产量排序如下：壳牌、A.P. Møller、德士古、阿美拉达赫斯、DONG、Paladin、Deneroo、挪威国家石油公司和Danoil。其中壳牌、A.P. Møller和德士古公司2002年石油产量占丹麦石油产量的82%。

2002年丹麦天然气产量108.4亿米^3，其中26.8亿米^{3}用于回注（主要是Tyra油田）。

目前丹麦油田含水不断上升，油田总产液中

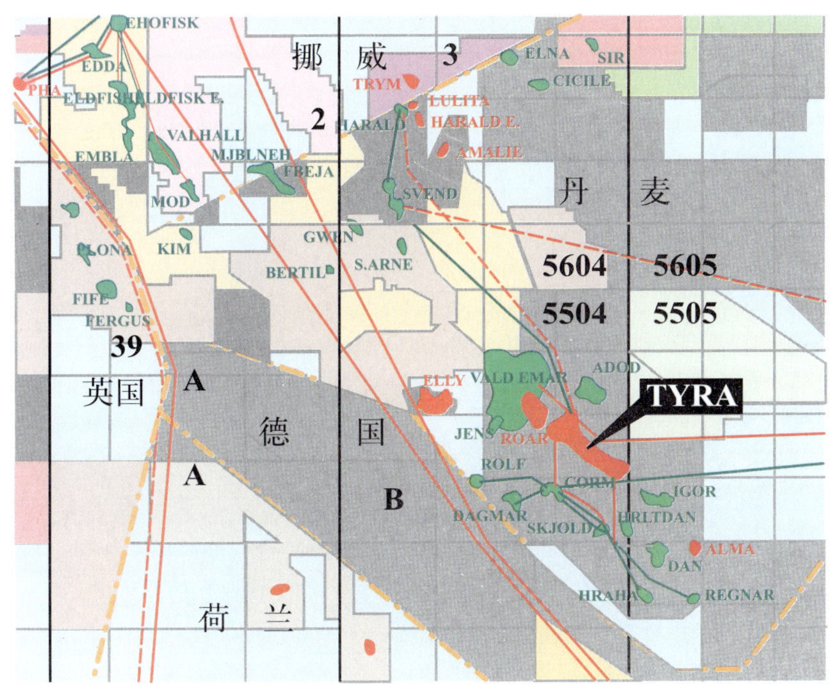

丹麦北海油气田分布

水占51%。丹麦近年来还广泛开展注水增产活动，目前各油气田的总注水量接近总产液量。

炼油

目前丹麦拥有2座炼厂：壳牌公司下属的Fredericia炼厂，原油加工能力350万吨；挪威国家石油公司下属的Kalundborg炼厂，原油加工能力532万吨。

管理体制

丹麦能源局成立于1976年，主要负责处理本国的油气勘探生产活动以及平台钻机作业安全和环保等方面的问题。

Marsk Oil and Gas AS公司是丹麦Marsk集团公司下属的油气勘探生产公司，成立于1962年。最初的生产活动主要集中在本国，目前已发展到海外其他国家，如阿尔及利亚、卡塔尔和哈萨克斯坦等。

油气招标

自1984年以来丹麦开始实行定期油气招标制，每3～5年举行一轮勘探开发招标。目前丹麦已开始筹备将在2004年的招标工作，招标范围是东经6°5'以西区块。

丹麦实行的另一种招标形式就是所谓的“开门”式招标，这种形式适用于东经6°5'以东的所有开放区块。2002年7月丹麦的经济商务部将Zealand东北部1/02区块油气勘探生产许可证授予瑞典的Tethys石油公司。

汇　　率：1美元=1.061欧元

石油消费：12720万吨

天然气消费：825.5亿米^3

石油储量：4689万吨

天然气储量：3196 亿米^3

石油产量：358.5万吨

天然气产量：202.3亿米^3

炼油能力：11336万吨

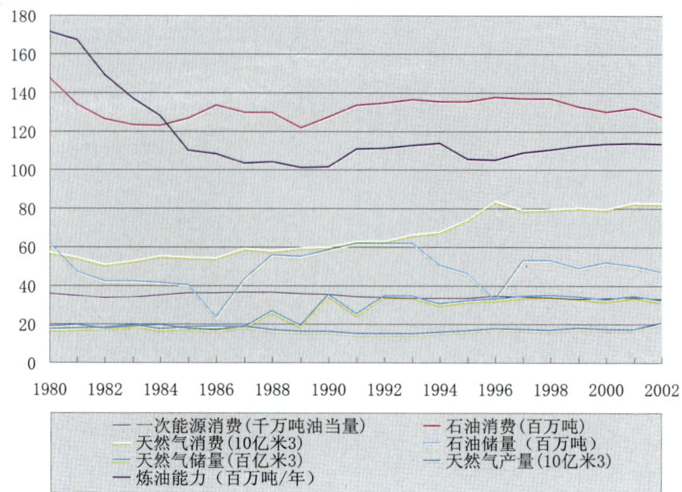

油气消费和进出口

德国是西欧最大的石油和天然气消费国，也是世界最大能源消费国之一。自从20世纪90年代以来，石油消费在全国一次能源消费结构中的比重已经上升到41%。2002年石油消费约1.27亿吨，比2001年减少3.3%，但是预计到2005年，德国的石油消费将从2001年的1.31亿吨增加到1.55亿吨。德国石油消费量的增长速度取决于：①煤炭及核能的替代情况；②提高能源效率；③石油税制的改革，目前的汽油税是美国的两倍多。

2002年德国天然气消费约826亿米^3，比2001年略有下降。

德国油气消费在很大程度上依赖进口。2001年进口石油和油品14885万吨，同时也有少量出口(1952万吨)；通过管道进口天然气782亿米^3，主要来自俄罗斯（328亿米^3）、荷兰（202亿米^3）和挪威（193亿米^3），同时出口天然气约41.4亿米^3，包括向瑞士、匈牙利、奥地利、卢森堡、比利时等国家的出口。

石油储产量

德国剩余探明石油储量约4689万吨，比2001年下降了6.0%。不过，据2002年11月公布的资料，Mitteplate油田德国海域的储量，因三维地震最新勘探结果而从原来的3500万吨增加到6000万吨以上，因此德国石油储量将作相应上调。

2002年德国原油产量约359万吨。主力油田为德国北海Mitteplate油田，产量约为170万吨；其余石油产量来自德国北部和东北部的陆上小油田。Mitteplate油田生产包括海上平台生产（90万吨）和陆上水平井生产（80万吨），因为该油田边缘地区靠近陆地，陆地水平井可降低油田开发生产成本。

天然气储产量

2002年德国剩余探明天然气储量约3196亿米^3，比2001年下降了7.0%。大部分天然气储量分布在德国北部的易北河与威悉河之间。惟一海上气田位于距岸306千米的北海海域，于2000年9月开始生产，日产天然气330万米^3，预期生产16年。

油气运输

2001年4月Ruhrgas公司、芬兰Fortum公司、Wingas公司达成协议，共同规划修建一条从俄罗斯亚马尔，经波罗的海，至德国和波兰的新输气管线。2002年经讨论初步决定新管线于2007年开始运营，2009年达到满负荷运营能力。

公司转让

2002年2月德国E. On石油公司将其子公司Veba石油公司的51%股份出售给英国BP公司，Veba石油公司在世界各地拥有相当多的石油上游资产，在本国石油零售业方面通过其零售商Aral公司也居于举足轻重的地位。BP在控制了Veba石油公司后，随即将Veba石油公司的上游资产出售给加拿大石油公司，同时还出售了一些加油站和Veba在德国Beyernoil炼厂的股份，以满足德国的相关市场竞争的法律规定。Veba在Beyernoil炼厂的股份出售给了澳大利亚OMV公司，Veba的部分零售业分别出售给了俄罗斯鲁克、德国Beckmann-Mineraloel和波兰Pknorlen。

汇　　　率：1 美元 =1.061 欧元
石 油 消 费：9280 万吨
天然气消费：427.7 亿米^3
石 油 储 量：2034 万吨
天然气储量：143 亿米^3
石 油 产 量：131 万吨
天然气产量：18.2 亿米^3
炼 油 能 力：9517 万吨

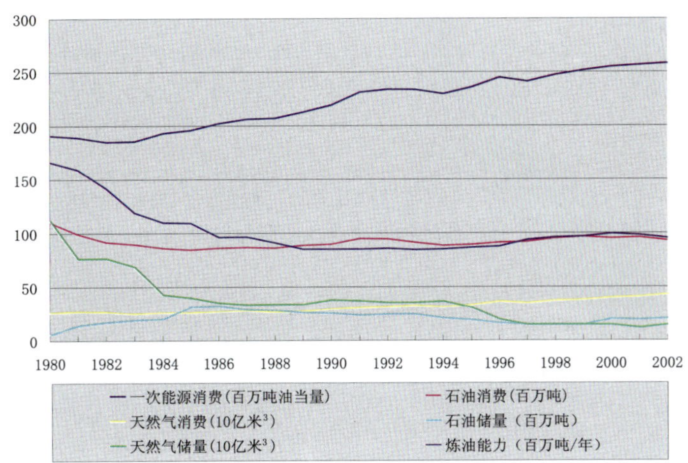

2002 年法国经济整体上与欧元区一致，欧元区经济增长率估计为 1.4%。

油气消费和进出口

法国油、气消费均位居西欧第二。2002 年石油消费 9280 万吨，比 2001 年下降了 2.7%，石油消费下降与天然气消费增长不无关系。2002 年天然气消费 428 亿米^3，比 2001 年增长了 2.2%。

法国石油消费对进口的依赖程度在 95%以上，2001 年进口石油和油品 11046 万吨，同时出口 2196 万吨，净进口 8850 万吨。

同时法国是西欧第二大天然气进口国、世界最大LNG进口国。2001 年进口天然气 405.2 亿米^3，其中管输进口 300.7 亿米^3（挪威 118 亿米^3，俄罗斯 111.8 亿米^3，荷兰 58 亿米^3，英国 12.9 亿米^3），从阿尔及利亚、尼日利亚和卡塔尔的LNG进口 104.5 亿米^3，同时向匈牙利和瑞士管道出口 7.8 亿米^3。2002 年 LNG 进口继续增加，达到 115.4 亿米^3，其中阿尔及利亚和阿曼各新增 5 亿米^3，尼日利亚新增 3 亿米^3。

油气储产量

2002 年剩余石油探明储量 2034 万吨，比 2001 年增长了 5.7%，全年产油 131 万吨；天然气储量 143 米^3，增长 30%，全年产气 18.2 亿米^3，增长 5.2%。目前法国最大的石油生产商埃索 Rep 正计划对比斯开湾海上进行勘探。

炼油化工

法国现有 13 座炼油厂，原油加工能力 9517 万吨。近年来随着炼油厂的不断升级改造，法国的炼油能力也不断递增，10 年增长了 17.8%。

2002~2003 年道达尔菲纳埃尔夫计划对其在法国东部 Rhone 河谷的 Feyzin 炼厂(570 万吨)进行改造，拟将催化裂化能力由 150 万吨提高到 160 万吨，改进加氢脱硫装置，减少燃烧，新增一个控制室。

法国 Riviera 的 Lavera 联合企业将继续实行炼油和石化产品的一体化发展，在 2010 年前投资 2.5 亿欧元进行升级改造，包括 Lavera 蒸气裂化装置的现代化改造，年产量从目前的 72 万吨提高到 110 万吨。

LNG 终端计划

2002 年 7 月欧洲最大的 LNG 购买者法国天然气公司（GdF）批准了在法国东南部地中海 Foss-sur-Mer 建设第二座 LNG 接收终端的计划，整个项目总投资约 3～4.3 亿欧元，包括港口、储存和再气化设施的建设，按计划于 2006 年完工。

该终端的最大天然气输出能力为 82.5 亿米^3，可接受容量为 16 万米^{3}的 LNG 船。现有 Fos I 终端（输出能力 45 亿米^3）可为法国提供总天然气进口量的 11%。此外在 Montoir-de-Bredagne 还有一个 LNG 接收终端。

新终端有助于埃及和其他地中海国家的天然气向欧洲供应。2002 年 2 月英国 BG 集团和意大利 Edison 公司达成销售协议，拟从 2006～2007 年起向 GdF 出售 360 万吨 LNG，为期 20 年，气源是埃及海上西三角洲深水气田。GdF 从 2002 年开始其 Les Marches du Nord-Est 管道第二段(长 300 千米)的施工。2002 下半年 GdF 表示将购并 Preussag 能源公司在德国的资产，这将使公司天然气总产量增长近 50%，达到 46 亿米^3。

芬兰

汇　　率：1 美元 =1.061 欧元
石油消费：1090 万吨
天然气消费：41.1 亿米^3
炼油能力：1259 万吨

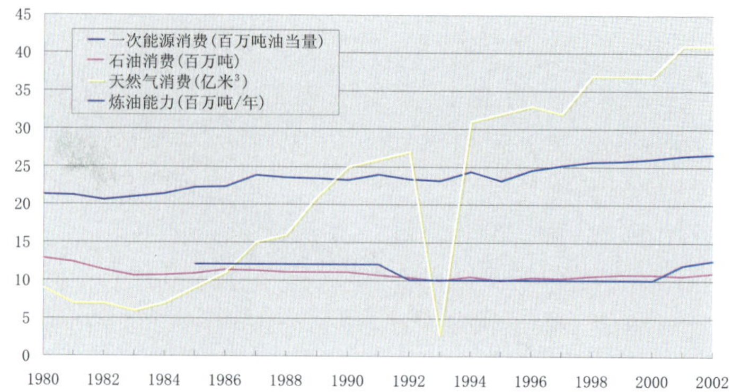

芬兰本土没有石油和天然气资源，石油消费全部依赖进口，包括进口成品油及进口原油到炼油厂加工。

石油消费和进口

2002年芬兰石油消费增长了3.4%，达到1090万吨，所需石油全部来自进口。油品消费量约800万吨，主要由本国炼油厂提供。

天然气消费和进口

芬兰本国不产天然气，天然气消费依赖俄罗斯进口，拥有俄芬管输天然气进口的长期合同。芬兰天然气消费在一次能源消费中的比重为11%，其中75%用于热电联合的工业及城市燃气电厂，民用水平尚不如中欧国家。

鉴于俄罗斯考虑以29亿美元的投资修建北欧输气管道（NEGP）需要穿过波罗的海芬兰水域通往瑞典、挪威和德国，2002年11月德国宣布以15~20亿美元购买芬兰的天然气干线管网资产。

1993～2001 年芬兰天然气消费　　单位：亿米^3

年份	消费量	年份	消费量
1993	28	1998	37
1994	31	1999	37
1995	32	2000	37
1996	33	2001	41
1997	32	2002	41

炼油

芬兰有两个炼油厂，分别在芬兰南部海边的Porvoo和Naantali，原油从北海和阿曼等地船运进口。两炼厂均有Fortum Oyj公司经营。

芬兰炼油产品除满足本国在运输、供热、工业、农业、发电等领域的需求之外，还有相当数量出口。2002年Fortum Oyj公司向国外出口油品约520万吨。

芬兰炼油厂装置组成　　单位：万吨

炼厂名称	所属公司	原油加工能力	催化裂化能力	催化重整能力
Porvoo	Fortum Oyj	1000	155	180
Naantali	Fortum Oyj	259	71	34

芬兰炼油产品历年产量情况　　单位：万吨

产品名称	1997 年	1998 年	1999 年	2000 年	2001 年
车用汽油	370.7	405.9	426.8	392.2	378.3
柴油及轻燃料油	431.5	512.5	503.3	524.8	501.5
重燃料油及沥青	139.4	157.9	154.4	164.7	154.9
液化石油气	34.6	38	24.8	26.7	19.1
其他产品	107.5	139	129	109.5	80.8
总　计	1083.7	1253.3	1238.3	1217.8	1134.6

Fortum Oyj公司由芬兰国家控股71%，负责本国原油进口、炼油生产及油品销售，并经营1000余个以“Neste”命名的加油站，大约占本国零售市场的40%；同时还在俄罗斯、爱沙尼亚、拉托维亚、立陶宛和波兰经营加油站业务。不过，目前该公司在经营方向上有所变化，2002年11月将其挪威的

荷兰

汇　　率：1 美元 =1.061 欧元
石油消费：4380 万吨
天然气消费：393.3 亿米^3
石油储量：1452 万吨
天然气储量：17546 亿米^3
石油产量：210 万吨
天然气产量：710.6 亿米^3
炼油能力：6034 万吨

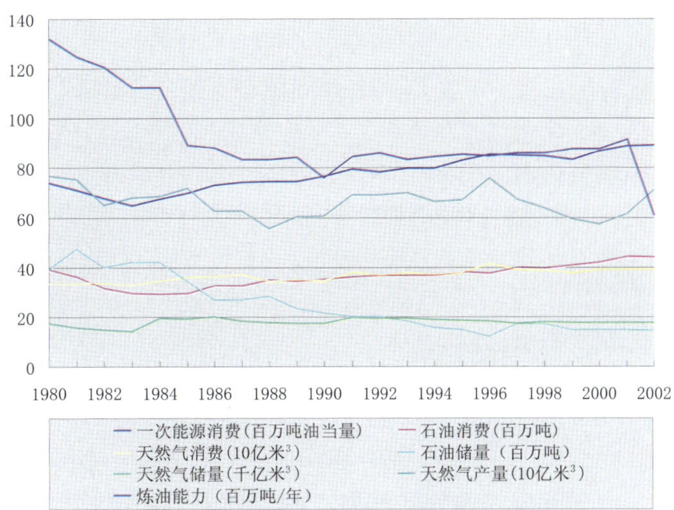

油气消费和进出口

2002 年荷兰的油气消费分别为 4380 万吨和 393 亿米^3，比 2001 相比变化不大。从进出口额度上看，荷兰是一个石油净进口和天然气净出口国家，2001 年石油和油品进口 10767 万吨，出口 6607 万吨；天然气进口 85.3 亿米^3，出口 424 亿米^3。天然气进口主要来自挪威和英国北海，同时通过管道出口到德国、比利时和法国等国家。

勘探与开发

2002 年荷兰新签发 2 个勘探许可证、5 个生产许可证，所有许可证区均位于海上。共计完成三维地震采集 1778 千米^2、二维地震采集 495 千米；完钻各类井 42 口，比 2001 年增加 2 口，其中预探井 20 口、评价井 4 口、开发井 18 口。所钻的 20 口探井中，陆上 4 口，其中 1 口井钻遇天然气，3 口井为干井；海上 16 口，其中 6 口井钻遇天然气，地质成功率 37.5%。初步估计新发现气田的储量共计 234 亿米^3，其中海上 231 亿米^3。

荷兰气田开发迅速，10 个新的海上气田项目正在施工中，涉及总储量 566 亿米^3；12 个气田项目将在 2 年后启动，涉及总储量超过 425 亿米^3。另有两个潜在项目，即 2001 年的 K/15-FK 和 Q/1-A 天然气发现。同时成熟气田的生产挖潜工作仍在继续。

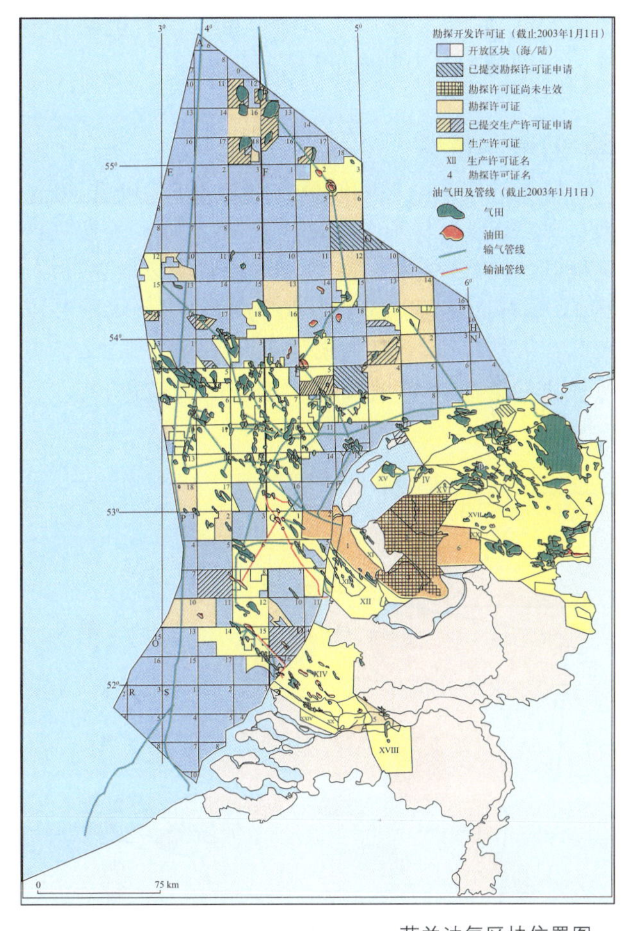

荷兰油气区块位置图

油气资产以 4.2 亿美元卖给意大利埃尼集团；2003 年 1 月签署初步协议将其在爱沙尼亚的油库出售，开始转向北欧电力市场。

开拓海外市场

芬兰积极以合资经营方式投资国外的资源勘探开发，其合作领域主要是在俄罗斯西北部的油田。

捷克

汇　　率：1美元=32.806捷克克朗
石油消费：820万吨
天然气消费：88.9亿米³
石油储量：205万吨
天然气储量：40 亿米³
石油产量：25万吨
天然气产量：1.3亿米³
炼油能力：990万吨

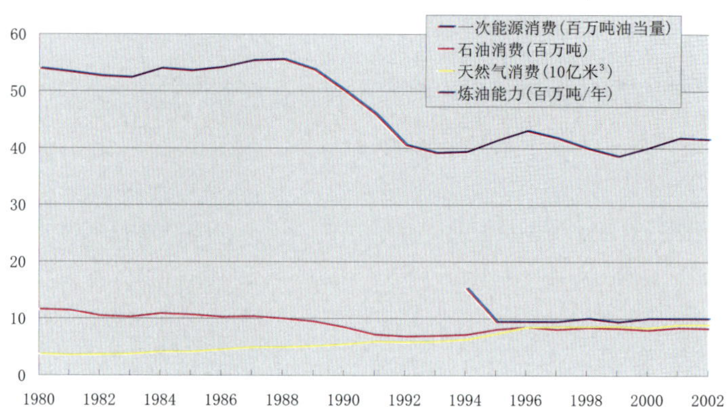

由于欧盟经济增长缓慢，捷克向欧盟的出口连续降低，致使2002年捷克共和国GDP增长率降至3.3%。由于经济增长放缓，油气消费也略有下降，分别为820万吨和89亿米³。

需求与供应

捷克油气剩余探明储量分别为205万吨和40亿米³，与2001年持平。石油产量25万吨；天然气产量极低，仅1.3亿米³。国内油气消费主要依靠进口。2001年石油和油品进口940万吨，比上年增长近10%；天然气进口97亿米³，比上年增长3.2%，天然气进口主要来自俄罗斯和挪威的管道进口。

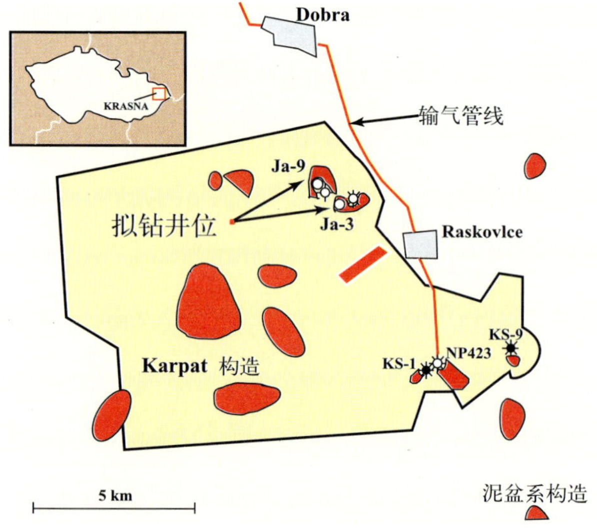

Krasna 油气田及井位

勘探开发

2002年捷克油气勘探有所突破，Carpathian公司的Postorna 1井在捷克维也纳盆地钻遇石油。过去在维也纳盆地捷克境内未曾钻探，此次钻遇了11米优质砂岩储层，裸眼测井孔隙度25%～30%，在1450米井段获油气显示，射孔测试获17米³/日油流。

2002年Carpathian资源公司与Unigeo的组成的合资公司正在开发Moravia北部的Krasna油气田。该油气田原油可采储量近2.9万吨，储层埋深1600米，十几年前发现后因规模太小一直未投入开发。过去曾钻有4口井，其中的KS8井已于2003年4月投产。

下游工业

2001年捷克国家天然气公用事业公司Transgas完成了97%股权出售工作，2002年继续进行炼油领域的私有化。捷克炼油总公司拥有并经营着国家的两座炼厂，政府在该公司的控股公司Unipetrol中拥有63%股权，计划在2002年底完成政府股权私有化。

在2002年中期，Kralupy炼厂（炼油能力340万吨）的残余流体催化裂化装置投入运行，这套产能140万吨的装置能够满足对汽油出产率及质量的要求，对轻循环油、丙烯、丁烯和主塔底脚的质量要求，以及对催化剂消耗量等的全部要求。

克罗地亚

汇　　率：1美元=8.43库纳
石油储量：1263万吨
天然气储量：350亿米^3
石油产量：105万吨
天然气产量：15.3亿米^3

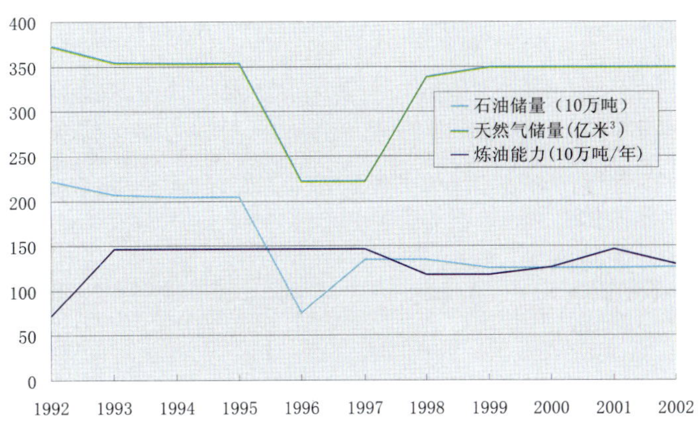

油气消费

2002年克罗地亚石油产量比上年减少6.9%，为105万吨；天然气产量15.3亿米^3，比上年略有减少。

石油消费492万吨，比上年略有提高。近年来克罗地亚的天然气消费呈逐年小步递增之势，2001年为27.7亿米^3。克罗地亚油气消费均在较大程度上依赖进口。2001年石油进口442万吨，同时出口石油171万吨，净进口达271万吨。进口天然气10.8亿米^3，均为俄罗斯管道进口。

亚得里亚海天然气开发

除运输俄罗斯原油之外，克罗地亚还将参与开发亚得里亚海北部所取得的天然气发现，其中包括铺设一条Ivana气田至Pola的全长43千米的海底管道。该项目完成后，意大利天然气可直接运至克罗地亚。

Ivana气田附近的Ika、Ida、Annamaria和Marica等4个气田总储量达190亿米^3，克罗地亚国有公司——INA集团与埃尼SpA（罗马）集团的一家子公司将投资3.13亿美元进行开发作业，共钻8口定向井、建9座海上生产平台并铺设120千米的海底输气管道。预计到2005年，这一地区的天然气日产量将由2001年底的67万米^{3}提高到190万米^3。

原油运输

2002年末，克罗地亚亚得里亚海岸Omisalj港深水终端开始出口俄罗斯原油。俄罗斯生产的原油经友谊和Adria管道系统运至克罗地亚Sisak内陆终端，然后通过新建成的178千米、36英寸管径的双向输油管线输送到克罗地亚奥米沙利港。

奥米沙利港可接受载重达50万吨的油轮，通过油轮，俄罗斯原油从亚得里亚海、爱奥尼亚和地中海可直接出口到美国和亚洲市场，从而使俄罗斯的原油出口得以绕过黑海以及日趋拥堵的博斯普鲁斯海峡。

根据英国伦敦的全球能源研究中心的估计，这条双向管道及相关配套基础设施的修建共耗资1.2亿美元，设计运营能力1500万吨。该管道不仅可以运送俄罗斯原油，还可为本地炼厂供油。

奥米沙利原油终端目前共有两个泊位，水深30米，研究表明奥米沙利港还可增加两个泊位，吨位分别为50万和15万吨。目前奥米沙利港原油储存能力为68万米^3，通过新建储油设施，可提高到150万米^3。采用大型和超大型油轮向美国和亚太地区出口俄罗斯石油，有助于降低出口成本。

炼油和销售

克罗地亚现有炼油厂3座，原油加工能力1300万吨。

INA集团计划在Rijeka炼厂和Sisak炼厂分别新建加工能力2万吨/日与1.5万吨/日的硫回收装置，以辅助生产硫含量极低的汽油和柴油燃料。Rijeka炼厂的原油加工能力将由原来的660万吨压缩到500万吨。

克罗地亚的石油加工和销售由俄罗斯秋明石油公司和斯洛文尼亚石油公司负责，秋明公司负责原油供应与加工，斯洛文尼亚公司负责成品油销售工作。

罗马尼亚

汇　　率：1 美元 =34098.173 列伊
石油消费：1090 万吨
天然气消费：173.3 亿米^3
石油储量：1.31 亿吨
天然气储量：1006 亿米^3
石油产量：590 万吨
天然气产量：50.4 亿米^3
炼油能力：2506 万吨

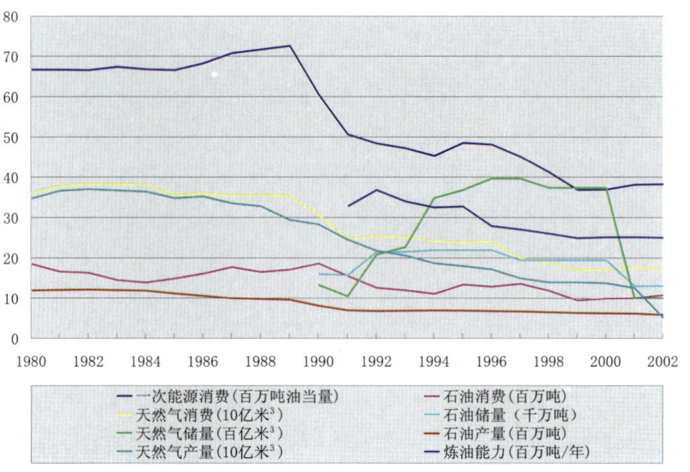

2002 年在布拉格峰会上罗马尼亚等东欧和原苏联国家被正是邀请加入北大西洋公约组织(NATO)。同时罗马尼亚也在积极争取加入欧盟，2006 年可望正式成为欧盟成员国。

油气消费和进出口

2002 年罗马尼亚石油消费为 1090 万吨，比 2001 年增加了 2.8%；天然气消费 173 亿米^3，比 2001 年增加了 4.7%。油气消费均不同程度依靠进口。2001 年石油和油品进口 675 万吨，同时出口 265 万吨，净进口达 410 万吨；天然气进口 30 亿米^3，主要来自俄罗斯，少量来自德国。

油气储产量

2002 年罗马尼亚油气剩余探明储量分别为 1.31 亿吨和 1006 亿米^3，基本与 2001 年持平。

油气产量继续下降。2002 年产原油和凝析油 690 万吨，比 2001 年下降了 2.3%；产气 50 亿米^3。

勘探与发现

2002 年 4 月英国 Tullow 石油公司完成二维地震采集 557 千米、地面地化资料采集 1400 千米^2，并对新老资料进行处理和评价。目前 Tallow 公司在罗马尼亚拥有 2 个勘探区块：EPI-3（Brates）和 EPI-8(Valeni de Munte)。此次进行的地震勘探项目位于 EPI-3 区块，计划 2002 年下半年在 EPI-8 区块钻 1 口探井。

2002 年 8 月，德国 Wintershall 能源公司在罗马尼亚 Saros-Sighisoara 地区 Transylvanian South 区块钻获天然气发现，这可能是 10 年来外国公司在罗马尼亚发现的第一个气田。根据构造圈闭初步计算，其储量可能在 60 亿米^3 左右。如果进展顺利的话，这一气田将从 2003 年开始生产天然气。2002 年 8 月底，温特斯哈尔公司最终决定投资金额。根据温特斯哈尔公司同罗马尼亚国家矿藏资源局于 1997 年签订的协议，温特斯哈尔公司将同罗马尼亚天然气公司(Romgaz Medias)联合开发这一气田，各持股 50%。

开发与生产

美国 Galaxy 能源公司正在考虑开发罗马尼亚煤层气资源。Galaxy 计划初期工作主要集中在 Jiu Valley 的一个开采 30 多年的老煤矿区，面积 87.16 千米^2，煤层多达 18 个，埋深 300~1000 米，开采的目的层单层平均厚 22 米。计划在 2003 年春季完钻 2 口煤层气井。

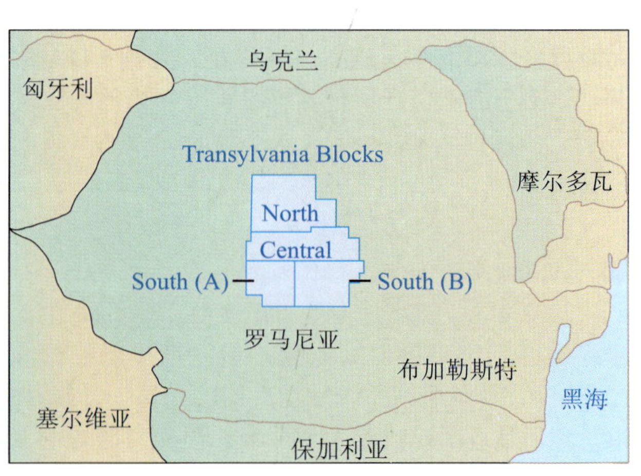

Transylvanian South 区块位置图

海外开采业务

据估计，罗马尼亚目前的石油产量将维持到2005年，2010年下降到550万吨。为满足石油需求，罗马尼亚将增加境外原油开采量。2002年，罗马尼亚通过在境外投资获得的原油产量达到20万吨。该国还计划到2010年使境外原油产量增加到200万吨，届时境外原油产量将占该国石油产量的1/3左右。罗马尼亚还将在哈萨克斯坦、印度、卡塔尔和伊朗等国进行石油投资。

天然气运输和储存

2002年3月，罗马尼亚开通了连接乌克兰和保加利亚边界的一条200千米的输气管线，从而使俄罗斯至东南欧的天然气运输长廊全部完工。这条管线的开通运营使罗马尼亚输气能力从过去的95亿米^{3}提高到275亿米^3。

到2004年，罗马尼亚地下储气库的存储能力也将由目前的15亿米^{3}增长到45亿米^{3}左右。

2002年12月罗马尼亚梅迪亚什天然气公司宣布拟在2010年建造两个大型储气库，设计能力25亿米^3，投资额在3.3亿美元以上。其中一个储气库库存能力6亿米^3，一家德国公司已对这一储气库项目做了可行性研究。梅迪亚什位于罗马尼亚中部，是罗马尼亚天然气开发中心。所产的天然气供应罗马尼亚中部、南部和西部。

输油管线

作为东南欧输油管线的一部分，罗马尼亚提出了一条从罗马尼亚的康斯坦萨到意大利的里雅斯特的南线方案，输送能力3300万吨，但管线路径尚未确定。南线亦称东—南欧线，即SEEL，将穿过塞尔维亚和克罗地亚后连通到现有跨阿尔卑斯管线（TAP）。2002年11月罗马尼亚、克罗地亚和塞尔维亚已签署SEEL协议，但资金问题尚未解决。

2002年9月28日，罗马尼亚阿尔杰什县的一条输油管线因盗油导致泄漏，溢出20多吨原油，严重污染了当地生态环境。

炼油化工

罗马尼亚现有炼厂10座，2002年原油加工能力为2506万吨。

罗马尼亚拥有东南欧地区最大的炼化工业，其炼厂加工能力远远超过了国内油品消费能力，可出口各类石油和石化产品，如润滑油、沥青和化肥等。然而由于原油供应短缺，几乎所有炼厂都处于吃不饱的状态，加之炼厂多由政府控制，炼厂总体开工率仅约50%。另外多年来投资不足导致炼厂设备老化和效率低下，需大量资金进行设备维修和现代化改造。

2002年4月俄罗斯鲁克石油公司开始对Petrotel炼油厂（鲁克公司持51%股份）进行改造，计划到2004年使炼厂产品达到欧盟要求和欧－3标准。鲁克石油公司还将在罗投入3000万美元新建加油站，到2004年其在罗加油站将由目前的30个增至150个。

汇　　率：1 美元 =7.984 挪威克朗
石油消费：940 万吨
天然气消费：38.9 亿米^3
石油储量：14.06 亿吨
天然气储量：21876 亿米^3
石油产量：1.58 亿吨
天然气产量：650.2 亿米^3
炼油能力：1550 万吨

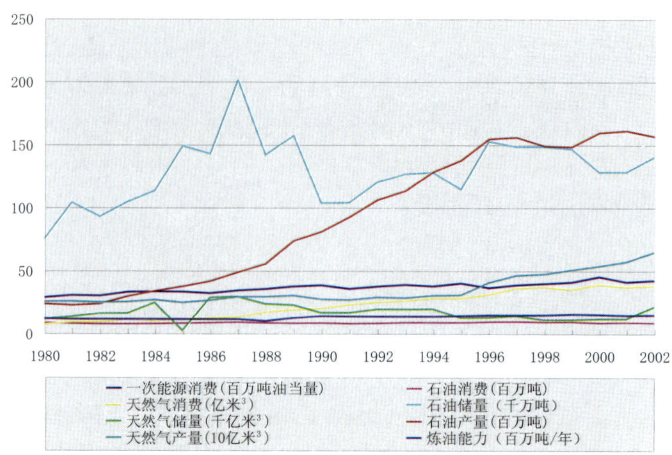

2002 年挪威的 GDP 增长率约 2.3%，预测 2003 年为 1.9%。

油气进出口

挪威是世界第三大石油出口国，是西欧市场的第二大天然气出口国。

近年挪威已进入世界石油生产国和出口国前 10 位，而挪威的石油消费却位于世界 50 名左右。2002 年挪威的石油产量是 1.58 亿吨，比上年减少 3.0%，占世界的 4.4%。

鉴于挪威在世界石油市场中的重要地位，挪威积极配合欧佩克石油产量配额的变化而调整本国产量。例如，2002 年 1 月 1 日至 6 月 30 日，挪威为配合欧佩克的减产保价行动将石油产量减少了 15 万桶 / 日。

油气勘探

挪威油气资源全部分布在海上，主要在北海，仅少量分布在挪威海。挪威是北海最大的石油生产国。尽管目前北海地区油气产量递减率较高，油田规模不断减小，但未来北海仍将是世界主要油气产区。北海地区目前的油气勘探形势与当年美国墨西哥湾十分相似，即在浅海地区拥有大量小型远景构造，深水区则为勘探新区。随着开发生产从大油气田转向小油气田，北海地区越来越吸引独立石油勘探开发公司的兴趣。

1. 新油气发现

2002 年挪威获得 4 个重要油气发现。一个是在靠近 Norne 油田的 Staer 构造发现石油，目前正在进行评价工作。其余位于 Tampen 地区，Gullfaks 和 Statfjord 油田附近的 Dole 和 Ole 构造中分别发现凝析油和轻油，计划 2004 年投产；另外在 Dolly 构造发现了油气。

此外在 Tyrihans 南部气田又探明落实了更多的油气储量。

2. 其他勘探项目

2002 年 9 月 Fugro Survey AS 公司开始处理挪威中部地区海上 More 和 Voring 盆地深水区域 22000 千米^2 的地震数据。此项地震采集和处理是《挪威深水规划海底项目》的工作任务，目的在于评价大陆斜坡带稳定性和海底钻井风险。

2002 年初挪威国家石油公司与埃克森美孚公司交换资产，挪威国家石油公司借此进入巴伦支海的 F 远景区和北海的 Tampen 地区，而埃克森美公司获得 Grane 油田附近勘探区域的权益。

油气田开发

1. Kristin 气田开发项目

2002 年 Kristin 凝析气田的开发工程一直在进行之中，总投资约 170 亿挪威克朗（19 亿美元），2003～2004 年还将建设一条 30 千米的双向天然气出口管道和一条 23 千米的石油出口管道，预计气田在 2005 年秋投产，2016 年之前将累计供气 350 亿米^3，产凝析油 2.2 亿桶，产天然气液 850 万吨。Aker Maritime 公司将于 2003 年开始建设一个浮式生产平台。

2. Mikkel气田开发项目

为了Mikkel气田开发投产，2002年开始扩建挪威南部的Kårstø天然气处理厂，扩建后可于2003年10月开始接收和处理Mikkel气田生产的天然气。按计划气田将于2003年秋季投产。

3. Ormen Lange开发项目

6305/5-1深水区块中的Ormen Lange气田是挪威大陆架上最大的未开发气田，水深800～1000米，拥有3750亿米^{3}干气和1.38亿桶凝析油。2002年12月，其许可证持有者同意使用海底生产设施开发该气田，这些海底生产设施与挪威Møre郡的陆上Nyhamna天然气加工厂相连。开发工程包括新建挪威大陆架上最大的管道，所产天然气将通过现有管线从Sleipner东油田Sleipner R平台向欧洲大陆出口。

Ormen Lange气田计划于2007年后期投产，该气田可生产30～40年，设计高峰产量至少在200亿米^3/年，相当于预测的2010年挪威天然气总产量的20%。

4. Sleipner卫星气田开发

Sleipner West的Alpha北卫星气田将回接到Sleipner A平台进行开发生产，计划2004年底开始产出天然气和凝析油。

另外一个卫星气田——Sigyn已于2002年12月投产，生产的天然气和凝析油在Sleipner A平台加工处理。Sigyn气田探明储量为56亿米^{3}天然气和2050万桶天然气液。

5. Visund气田开发项目

气田位于北海Tampen复合油气区，挪威国家石油公司计划在Kollsnes新建一个天然气加工厂，天然气处理能力2600万米^3/日，2005年开始加工处理Visund气田的天然气。估计Visund气田可采储量为550亿米^3。已提出建设一条34千米长的管道将Visund气田连接到Kvitebjørn输气管道，管道运营能力为85亿米^3。

6. Troll油气田

挪威主力油气田Troll产量一直较平稳，但2002年5月创下了44万桶/日的高峰纪录。位于Bergen西北100千米的水深315～340米的Troll Olje油田仍在继续开发作业，通过多边完井可增加1210万吨石油储量。在Troll油田范围内开发油气带还可望增加640万吨石油储量。

2002年5月挪威国家石油公司表示计划投资约30亿挪威克郎（3.7亿美元），用于增加其北海Troll天然气平台的处理能力，计划在2005年秋季完成。

Snøhvit LNG项目

2002年3月，挪威政府批准了挪威国家石油公司发展巴伦支海Snøhvit LNG项目，这是世界上最大的海底LNG项目，也是欧洲第一个LNG出口设施。所需天然气将来自水深250～345米的海底设施。

该项目的加工处理装置于2002年开始施工建设。Snøhvit是挪威大陆架第一个没有固定或浮式表面设施的大项目。天然气将通过管道输送到岸上进行液化，然后用4艘新的LNG船（容量14万米^3）进行运输。该项目的开发成本估计为400亿克朗（53亿美元），不包括LNG运输船的成本（58亿克朗）。

该项目包括Snøhvit气田的海底开发工程，通过管道回接到Melkøya小岛上的接收终端和有一条生产线的LNG厂。由于Snøhvit气田位于北极圈以北地区的环境敏感地带，挪威国家石油公司将积极采取措施，尽可能减少有害物质的排放。

Snøhvit气田计划钻21口天然气和凝析油井，1口二氧化碳回注井，这些井都将在陆上进行遥控。陆上控制站与海底设施之间的距离将是世界上最长的。

除了Snøhvit气田，在挪威Hammerfest盆地的Albatross和Askeladd气田也已发现数量可观的天然气储量。估计3个气田的天然气可采储量为1930亿米^3，凝析油1.13亿桶。计划在这些气田中钻18口水平井，其中Snøhvit气田5口，Askeladd气田5口，Albatross气田8口。利用一条长160千米的多相管道将凝析油和天然气从气田输送到LNG厂。计划2005年铺设该管道。

按照分期开发的计划，Snøhvit气田首先投产，8年后Askeladd气田投产，14年后Albatross气田投产。天然气年产量可达到45亿～56亿米^3，凝析油2万桶/日。

对外合作

挪威与英国已达成协议，将加强在油气工业方面的合作，共同努力削减成本、提高油气产量，尤其是老油气田的产量。然而，两国在税率问题上仍然存在分歧。

1. 挪威向英国出口天然气

2002年6月挪威国家石油公司与英国天然气公司（BG）签署了一项天然气协议，从2005年10月份开始每年向BG子公司Centrica出售50亿米^{3}天然气，这将是英国天然气总需求的10%，合同期10年。此项交易将进一步推动挪威至英国的输气管道建设。

目前，挪威国家石油公司是英国最大的天然气出口商。一年前，该公司与英国石油公司签署了15年内每年供应16亿米^{3}天然气的合同。挪威国家石油公司表示其目标是每年向英国销售100亿米^{3}的天然气。

2. 挪威／英国北海合作区的油气开发

2002年8月，英国和挪威政府呼吁在进一步开发北海油气资源方面加强两国间的合作。英国和挪威共同拥有北海子午线两侧37.5英里宽的地带，估计蕴藏有17.8亿吨油当量的油气资源(其中2/3为石油)，两国旨在共享这里的基础设施和开发技术。虽然两国已同意签订一个协议，但是因法律问题而推迟。其中包括使用英国的管道设施进口挪威天然气，特别是进口挪威海巨型Ormen Lange气田的天然气。

英国和挪威还计划合作拆除横跨两国的北海Frigg海上大气田的混凝土基座。如果政府批准，2003年初Frigg气田停止生产，拆除工作将延续8年。

3. 新签约合同

2002年6月，挪威政府公布了第十七轮勘探许可证招标的结果，其中包括几个深水区块。Norsk Hydro公司获得在Ormen Lange、Fles Nord和Solsikke等远景区勘探的权利，Fles Nord区块（水深900米）位于Voring盆地中心，距Åsgard油田150千米。Statoil公司将在水深700～900米的Grip Ridge作业，并且获得PL281和PL282区块（水深1000米）的权益。

4. 许可证制度

为了鼓励在挪威大陆架成熟区进行更加有效的油气勘探，挪威政府改变了许可证制度。从2004年起，石油公司可以每年从1月1日到10月1日这一较长时间段内对预选区域进行选择。预计这个新程序可以使石油公司对开发区块有更多的了解，从而保证成熟地区不断得到开发。

葡萄牙

汇　　率：1 美元＝1.061 欧元
石油消费：1490 万吨
天然气消费：30.0 亿米^3
炼油能力：1521 万吨

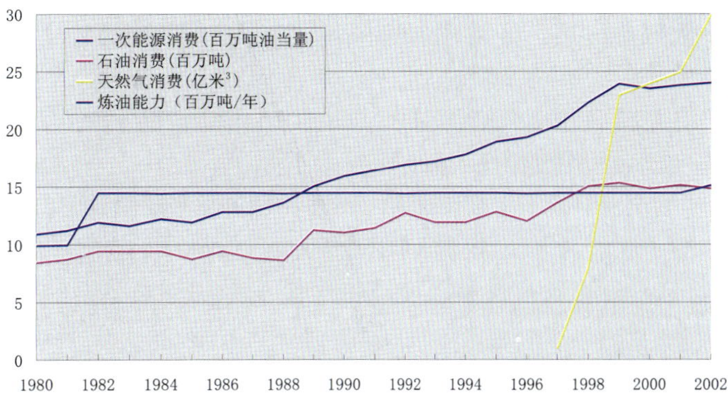

葡萄牙是伊比利亚半岛的一个小国，人口只有邻国西班牙的1/4。葡萄牙是欧盟成员国，也是一个欧元国家。相对其他欧盟国家葡萄牙较为贫穷，需要欧盟援助。但是自从加入欧盟之后葡萄牙的经济发展速度加快，与欧盟其他国家的差距正在缩小。

油气消费和进口

葡萄牙能源资源贫乏，能源需求的90%左右依赖进口。随着葡萄牙国民经济的稳步发展，油气消费也在逐年上升。2002年葡萄牙的石油消费为1490万吨，比2001年增长了1.5%；天然气消费30亿米^3，比2001年增长了21%。油气消费几乎全部依赖进口。葡萄牙的煤和天然气消费水平低于大多数欧盟国家，其石油消费的25%以上用于发电。但是近年来天然气消费正在快速增长，2002年在葡萄牙一次能源消费中石油占62%，天然气占11%。

由于葡萄牙的地理特征使得其能源进口大多通过西班牙进口。2002年3月西班牙Capsa公司和葡萄牙Galp公司宣布为了削减成本将联合经营燃料运输业务。2001年11月两国政府签订协议，到2003年两国的电力市场将完全相互自由开放。未来的发展趋势是葡萄牙在能源领域里和西班牙越来越融为一体。

1996年马格里布—欧洲天然气管线开通后，葡萄牙才开始有天然气消费。目前伊比利亚半岛连通葡、西两国的天然气网络已十分发达，天然气由阿尔及利亚途经摩洛哥进入葡萄牙。2001年葡萄牙从阿尔及利亚进口管输天然气约22亿米^3，尼日利亚LNG进口约2.6亿米^3。葡萄牙自1998年开始购买尼日利亚LNG，LNG在西班牙气化后管输到葡萄牙，因为葡萄牙尚无自己的气化终端。计划2004年开始在Sines兴建LNG气化终端。目前来自尼日利亚的LNG进口正在增加，2002年已达到4.3亿米^3。

油气勘探

葡萄牙至今尚未获得任何商业油气发现。目前瑞典Taurus公司、美国Mohave公司正在葡萄牙开展少量油气勘探活动，而本国的Galp集团公司主要在海外进行油气勘探开发，重点是葡语国家。

2002年7月～12月葡萄牙举行了首轮海上勘探招标，共提供14个深水区块，其中包括Estremadura/South Peniche的4个区块、Alentejo/Sagres的6个区块以及Algarve盆地的4个区块，各区块面积约

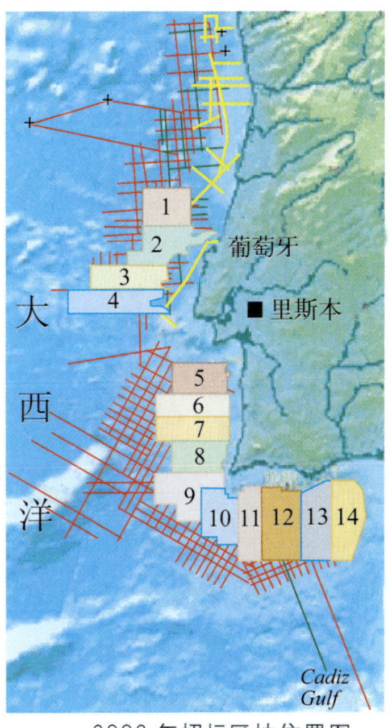

2002年招标区块位置图

2100～3200千米²。在这些区块中，14区块最具吸引力，因其水体最浅，且靠近西班牙的Poseidon气田，具有一定的勘探潜力。

由于葡萄牙资源潜力有限，政府提供的合同条款相对优惠。区块勘探期8年，其中头3年无义务工作量，但在第四、六、八年各需打1口探井。获得发现后的生产期为30年，并有15年延长期。仅征收公司税和地方税（净收入的33%）。

此次招标只有雷普索尔-YPF和德国RWE公司参与了联合投标，获得13和14区块。此外瑞典的Taurus石油公司目前还拥有一个海上勘探许可证。

私有化

1975年，葡萄牙石油工业实行了国有化。1992年，开始私有化。Galp集团公司是按照西班牙雷普索尔集团公司的模式于2000年组建的。意大利埃尼公司和Iberdrola作为战略合作伙伴与政府签订协议，分别获得Galp公司11%和4%的股份。随后葡Petrocontrol（拥有Petrogal 45%的股份）将所持Galp集团股份分别出售给埃尼和葡萄牙电力公司。目前政府对Galp集团拥有34.805%的控股，其余股东包括埃尼（33.340%）、葡萄牙电力公司（14.268%）、Caixa（13.5%）等。

Galp能源集团由100多家公司组成，主要业务包括三大板块：天然气供应、汽化、储运和分销；油气勘探、生产、炼制、贸易、地勤和零售；联合发电和可替代能源领域。Galp集团的主要下属公司包括国家石油公司Petrogal、Transgas和Gas de Portugal。

目前葡萄牙天然气运输和销售领域基本上由Galp能源集团控制。但是按照欧盟的要求，到2003年成员国市场开放程度必须至少达到28%。

斯洛伐克

汇　　率：1美元=45.311斯洛伐克克郎
石油消费：330万吨
天然气消费：76.7亿米^3
石油储量：123万吨
天然气储量：150 亿米^3
石油产量：5万吨
天然气产量：1.9亿米^3
炼油能力：575万吨

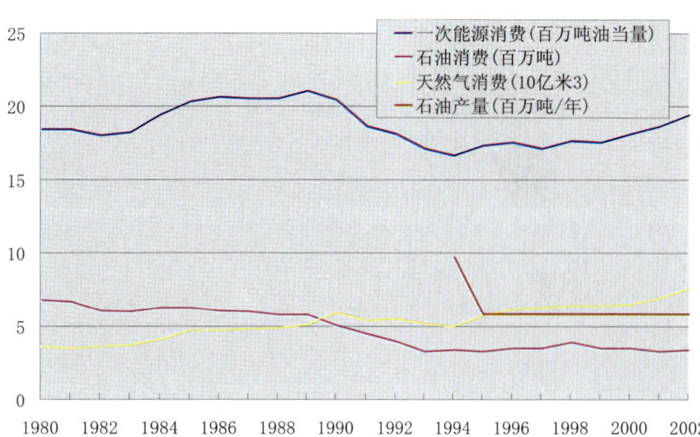

油气消费

2002年斯洛伐克油气消费分别为330万吨和77米^3，比上年增长2.7%和10.2%。油气消费很大程度上依赖进口。2001年斯洛伐克进口石油和油品共计586万吨，同时出口283万吨，净进口为303万吨。天然气进口来自俄罗斯，2001年从俄罗斯管输进口79亿米^3。

产储量

斯洛伐克油气资源较为贫乏，2002年斯洛伐克油气剩余探明储量分别为123万吨和150亿米^3，油气产量分别为5万吨和1.9亿米^3。国内生产无法满足日益增长的油气消费。

私有化改造

斯洛伐克的石油天然气领域目前正逐步实行私有化。2002年初，斯洛伐克国有管道公司Transpetrol的49%股份出售给俄罗斯尤科斯公司，后者同时还获得优先购买剩余51%股份的期权；此外斯洛伐克天然气公司Plynarensky Priemysel（SPP）的49%股份出售给由GdF、Gazprom和Ruhrgas组成的联合公司。

SPP掌握着斯洛伐克天然气工业的各个领域，并拥有一条连通俄罗斯产气区的输气管线。斯洛伐克天然气市场正在逐步放开。年消费水平在2500万米^{3}以上的用户自2002年7月起、年消费在1500万米^{3}以上自2003年起、年消费在500万米^{3}的用户自2008年起具有选择天然气供应商的自主权。

土耳其

汇　　率：1美元=1542022.099土耳其里拉

石油消费：2990万吨

天然气消费：173.3亿米^3

石油储量：4110万吨

天然气储量：85 亿米^3

石油产量：235万吨

天然气产量：3.3亿米^3

炼油能力：3596万吨

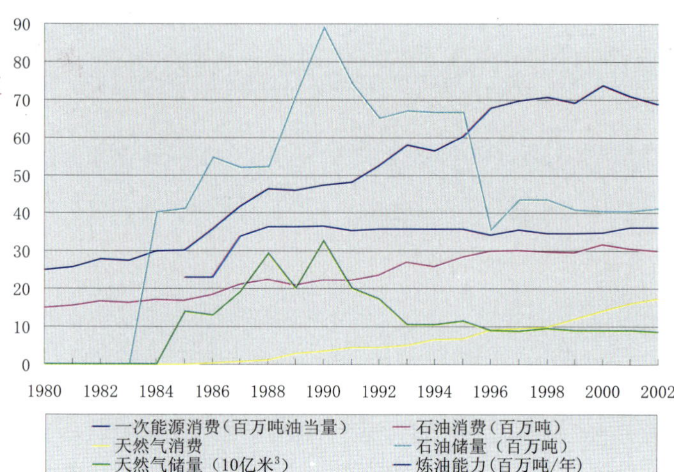

土耳其是地处油气资源丰富的中东/中亚地区与西方消费市场之间的战略要地。土耳其对地区合作与稳定发挥着重要作用。

石油消费与进口

经济衰退和1999年6月政府解除油价管制，导致价格不断上涨，这对土耳其不断增长的石油消费产生了一定的抑制作用。2002年石油消费为2990万吨。原油和天然气在一次能源消费中的比例分别为44%和12%。

土耳其原油消费的82%来自进口，2002年进口原油2366万吨，比2001年略有增长。进口主要来自中东（沙特阿拉伯、伊朗、伊拉克和叙利亚）及俄罗斯。南部港口城市杰伊汉即是土耳其进口原油的主要港口，也是伊拉克石油出口外运的重要通道，从伊拉克到土耳其的管输原油能力为120万桶/日。

近年来通过油罐车的边境石油走私活动猖　，走私量可高达10万桶/日。为了确保国家利益以及国有企业Poas（土耳其最大的燃料零售商）和Tupras（拥有土85%的炼油能力）正常经营，2000年3月土耳其国家安全委员会开始严打自伊拉克北部库尔德地区、伊朗、格鲁吉亚、阿塞拜疆、叙利亚和保加利亚等地区的石油走私活动。

天然气需求与进口

土耳其自1986年开始天然气消费，此后消费水平逐年递增，到2002年已达到173亿米^3，比2001年增长了8.4%，比10年前（1993年）增长了近2.5倍。天然气主要用于发电和工业燃料。

近年来土耳其天然气价格不断上涨，遭到本国用户的普遍反对。为此，2002年土耳其政府出台对民用气价降低6%、商业用气降低10%的气价政策。

土耳其的天然气消费几乎完全依赖进口。2001年进口163亿米^3，其中来自伊朗和俄罗斯的管道天然气进口110.5亿米^3，来自阿尔及利亚、澳大利亚、尼日利亚和卡塔尔的LNG进口53.3亿米^3。2002年LNG进口略有增加，为53.5亿米^3。

过去土耳其国家天然气和管道公司Botas曾预测未来土耳其天然气消费将大幅度增长。然而由于国内经济发展变缓，天然气消费预测被调低。例如Botas最初预测到2005年天然气需求将达450亿米^3，近期的预测则为310亿米^3，调低了37%。过去为满足可能的天然气需求增长而签订的进口协议以及相应的输气管线建设项目可能面临调整。

油气产储量

2002年土耳其石油剩余探明储量4110万吨，天然气剩余探明储量85亿米^3。当年产油235万吨、产气3.3亿米^3，储采比分别为17、11年。

土耳其探明原油储量的99%分布于安纳托尼亚东南部地区；天然气探明储量则主要分布于色雷斯地区，安纳托尼亚东南地区也有少量分布。

勘探开发活动

2002年土耳其地质和地球物理勘探活动比去年骤减，全年平均在施工的地质队13.57队/月、地球物理勘探队40.17队/月，而2001年分别为53.47和

49.37 队 / 月。2002 年完钻各类井 40 口，总进尺 5.51 万米，比 2001 年分别增长了 29% 和 7.5%。所钻 40 口井中，18 口为 TPAO 钻探（其中 13 口为探井 / 评价井），3 口为 TPAO 和其他公司联合钻探（其中 2 口为探井）。2002 年获得 2 个石油发现（Diyarbakir 和Özlüce）。

2002 年 3 月位于 Tekirdag 省 Thrace 盆地的 Gocerle 气田在发现 16 个月后投产，产层为第三系 Danismen 组砂岩，估计年生产能力可达 28（Amity 资料：2 亿）亿米³。

生产现状

土耳其主要石油生产公司包括土耳其国家石油公司（TPAO）、壳牌和埃克森美孚等三大公司，其中 TPAO 的石油产量占土耳其总产量的 70%；其他还有罗马尼亚石油公司（Selmo 区块、年产 13 万吨）和阿拉丁中东公司（Siirt 和 Gaziantep 区块，年产 2.4 万吨）。

主要天然气生产公司包括阿科、TPAO 和壳牌。目前最大的非伴生生产气田是 1997 年投产的北 Marmara 气田，位于 Marmara 海 Thrace-Gallipoli 盆地海上。产出的伴生气大都用于老油田回注。

总体而言，土耳其的油田规模小，分布零散。东南部多为老油田，尤其是土耳其主要产区 Hakkari 盆地的油田，生产成本高。此外在黑海大陆架等地区也有油气分布。

由于与希腊之间的海上边界之争，目前爱琴海的油气勘探尚未展开。

炼油工业

土耳其共有 6 座炼油厂，总原油加工能力 3600 万吨，2002 年共加工处理原油 2614 万吨。

土耳其炼厂一览表

炼 厂	所属公司	所在位置（省）	原油加工能力（万吨）	2002 年加工原油（万吨）
Izmit	Tupras	Kocaeli	1132	983
Izmir	Tupras	Aliaga	1132	907
Kirikkale	Tupras	Kirikkale	566	341
Mersin	ATAS	I□el	500	n/a
Batman	Tupras	Batman	110	100
Narli	Narli 石油炼油公司	n/a	30	n/a

土耳其炼油总公司（Tupras）拥有 4 个较大的炼厂：土耳其东南部的 Batman 炼厂、Aliaga 的 Izmir 炼厂、伊斯坦布尔附近的 Izmit 炼厂（土最大的炼厂，1999 年因地震受损）和首都安卡拉附近的 Kirikkale 炼厂，Tupras 计划对炼厂进行现代化改造，使炼制产品向轻质倾斜。Tupras 还计划投资 7～8 亿美元在西部 Yarimca 市附近兴建其第五座炼厂，按照计划 2007 年完工。

土耳其惟一的私有炼厂为 ATAS 所有，位于地中海沿岸的 Mersin 市，是美孚、壳牌、BP 阿莫科和本国 Marmara 炼油公司联合组成的合资企业。

2002 年 Tupras 拥有本国燃料和润滑油市场约 78% 的份额，其他较大的零售商包括 BP、埃克森美孚、道达尔菲纳埃尔夫、阿吉普和大陆菲利普斯。

输油管线

目前土耳其主要输油管线包括：伊拉克 - 土耳其原油管线，运营能力 7090 万吨；Batman-D鍵 tyol 管线，运营能力 350 万吨；YumurtalIk-KirIkkale 管线，运营能力 500 万吨。

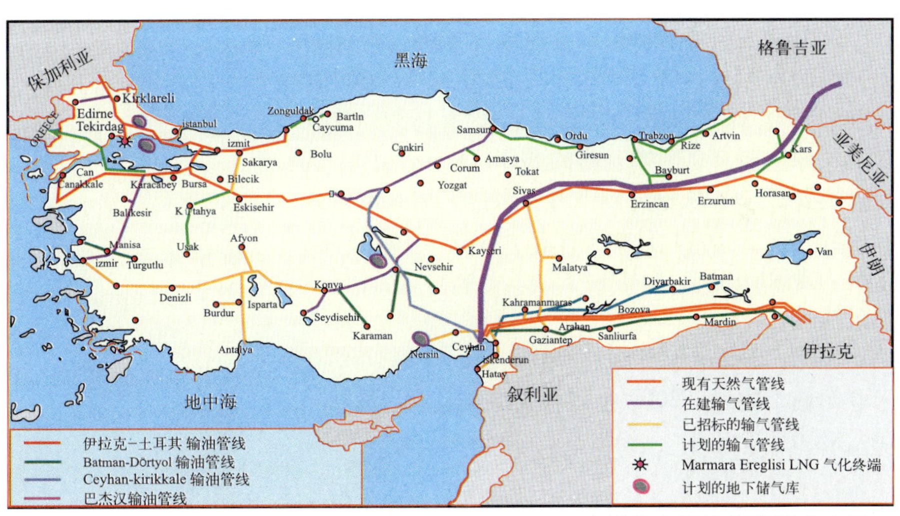

土耳其主要油气管线分布图

里海原油出口管线是近年来的一个热门而又有争议的话题。土耳其和美国一直在努力促成的巴库—第比利斯—杰伊汉管线土耳其段已于 2002 年 6 月开工，预计全部管线将在 2004 年末完成。

输气管线和天然气进口

1. 伊朗—土耳其天然气进口贸易

1996 年签署价值 200 亿美元的伊朗天然气进口

协议，按照协议伊朗应从1999年开始向土耳其供气，22年共计2270亿米^3。由于美国制裁、土耳其管线建设项目资金问题、伊方计量站推迟完工等诸多因素，使得项目一再推迟。2002年1月伊、土双方的管线终于接通，估计2002年伊朗将通过该管线向土供气30亿米^3，到2007年增加到100亿米^3。

目前的问题是土耳其今后可能无力消化已签订的天然气进口量，因此土耳其可能将成为一个重要的天然气出口转运站。事实上，2002年3月希腊与土耳其已签订了伊—土输气管线向希腊扩建的协议，据悉该管线长285千米，从安卡拉至希腊的Alexandroupolis，项目成本3亿美元。

2. 土库曼斯坦－土耳其输气管线

1999年Botas签订了兴建1690千米的土库曼斯坦天然气进口管线，按照计划该管线经里海海底、阿塞拜疆和格鲁吉亚抵达土耳其，计划投资20～24亿美元。通过这条管线可每年向土耳其供气160～300亿米^3，同时还有富裕运营能力可向欧洲转运。然而这一曾被土耳其政府称之为“顶级重点工程”的项目目前已处于停滞状态。

3. 阿塞拜疆—土耳其天然气进口协议

2001年3月签署协议，按照协议2005年阿塞拜疆开始向土耳其供气，当年供气20亿米^3，2007年增加到50亿米^3，2008年达到65亿米^{3}并持续到2020年。气源主要来自阿塞拜疆的Shah Deniz气田，为此需要铺设一条从巴库到土耳其东部Erzurum的输气管线，全长1014千米（阿塞拜疆境内467千米、格鲁吉亚和土耳其境内各约273千米），估计耗资10亿美元。

巴库—Erzurum管线联合作业公司计划2002年末开始施工建设，2004年底可望投入运营，最初年运营能力220亿米^3，逐渐提高到300亿米^3。

4. 埃及—土耳其天然气进口协议

1996年签订LNG进出口初步协议，为此需要在土耳其的地中海港口城市Said耗资12亿美元兴建LNG进口的相关设施。由于项目的经济可行性受到质疑，以及土耳其目前已签订的天然气购买协议状况，估计此项目将搁浅。

国家石油公司

土耳其有4家国家石油公司：

土耳其国家石油公司（TPAO）：1954年成立，全面负责本国油气勘探、开发、生产等上游业务，1997年以后开始与外国公司开展对外合作，同时积极向海外拓展，目前在哈萨克斯坦、阿塞拜疆、土库曼斯坦等国以及北非和中东地区已拥有勘探开发项目。

土耳其炼油总公司（Tupras）：是一个具有部分国有性质的公司，拥有本国85%的炼油能力。

天然气运销公司（Botas）：负责本国天然气销售和管线经营。

国有企业Poas：土耳其最大的燃料零售商。

石油工业私有化

2001年土耳其通过了取消Botas垄断本国天然气销售市场的法令，并计划在2009年之前将该公司分成天然气进口、运输、储备和销售等若干公司。除了天然气运输以外，其他各部门都将进行私有化改造。同时，Botas每年向市场出售其10%的股份，使其持股比例减少到20%。

2002年5月一项有关石油市场改革的重大议案提交土耳其议会。根据该议案，土耳其原油和油品价格体系以及管道、炼油和销售领域将发生重大变革；Tupras和Poas也将进行私有化。

2002年7月政府宣布将其在Poas公司的25.8%权益出售给其最大的股东Is Dogan Petrol Yatirimlari AS。

西班牙

汇　　率：1美元=1.061欧元
石油消费：7350万吨
天然气消费：208.9亿米³
石油储量：2159万吨
天然气储量：27亿米³
石油产量：32.5万吨
天然气产量：5.4亿米³
炼油能力：6608万吨

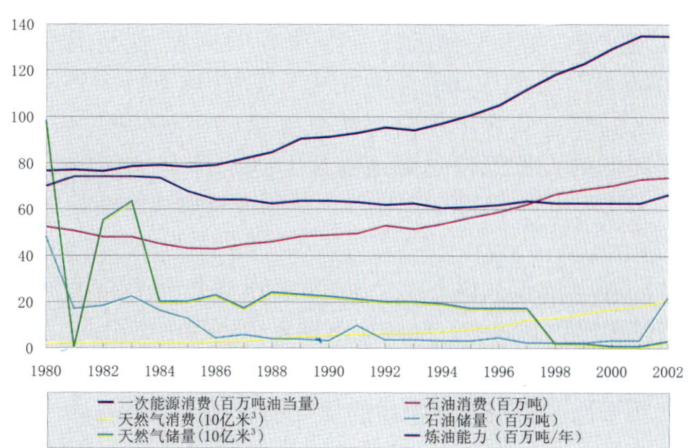

西班牙于1986年加入欧盟，是近十几年来经济发展最快的欧洲国家之一，尽管最近有所放缓，预计2002年GDP实际增长率1.9%，是1993年以来最低水平，但是仍然超过欧元区的增长率。

油气消费与进口

随着西班牙经济不断发展，油气消费也逐年递增，2002年石油消费达7350万吨，比1993年增长了43%；天然气消费达209亿米³，比1993年增长了两倍多，预计未来几年还将以10%左右的速度递增。天然气消费的快速增长与政府大力提倡能源消费以气代油密切相关，2002年天然气消费在一次能源消费中的比例已达到18.8%。

西班牙国内油气储、产量都很低，油气消费很大程度上依赖进口，2001年进口石油和油品共计7903万吨（同时出口石油和油品622万吨），其中99%来自尼日利亚、墨西哥、利比亚和沙特阿拉伯。

2001年西班牙天然气进口187.7亿米³，其中LNG进口98.7亿米³，主要来自阿尔及利亚(43.5亿米³)和尼日利亚(24.3亿米³)；管输进口89亿米³，分别来自阿尔及利亚(65亿米³)和挪威(24亿米³)。

2002年LNG进口具有两个特点：

LNG进口量继续增加。2002年达到122.6亿米³，比2001年增加了24%。预计2005年LNG进口量将达260亿米³，2010年达310亿米³。

进口渠道进一步扩大。2002年LNG进口来源除了以往的阿尔及利亚、尼日利亚、利比亚、阿曼、卡塔尔、特立尼达和多巴哥以及阿联酋等国以外，另从澳大利亚和文莱进口少量LNG。

油气储产量

2002年西班牙剩余油气探明储量有大幅度提高：石油储量从2001年的288万吨增长到2159万吨，增长7.5倍；天然气储量从4.83亿米³增至27亿米³，增长5.6倍。油气储量增长的原因不详。

2002年石油产量仅33万吨，比1990年的生产水平下降了76%。目前西班牙有5个主要生产油田：Lora，Casablanca-Montanazo，Rodabello，Chipirón和Angula-Casablanca。最大的产区是地中海卡萨布兰卡复合油田，年产量约20万吨，其中Chipir﨟油田产量最高，2002年产油15万吨。

2002年天然气产量5.4亿米³，比2001提高了6%。西班牙本国最大的气田已在1995年停产，目前只有两个小气田产气，即Valle de Guadalquivir和Poseid﨟气田。

勘探开发活动

2001年10月，西班牙授予大陆公司在南地中海海上地区6年的油气勘探作业权。2002年下半年雷普索尔公司-YPF获得Canary群岛附近区块的油气勘探许可证，Canarias-1至Canarias-9等9个区块的总面积为6160千米²，水深1000～1500米。雷普索尔正进行3000千米²的三维地震数据采集和处理，并将于2004年开始钻井。

下游工业

西班牙现有9个炼油厂，总原油加工能力6607.5万吨。

位于Plana的Castellon炼厂（炼油能力600万吨）正在进行升级改造，投资规模在1亿美元左右，包括新增柴油加氢处理装置、制氢装置和石脑油加氢处理装置等，从而能够生产超低硫燃料。升级改造工程将于2004年完成。

西班牙还在进行Pedro Duran Farell天然气管线泵站扩建，拟将管线的输送能力从76亿米^{3}提高到104亿米^3，计划在2003年完成施工任务。这条长1400千米的管道从直布罗陀海峡底部穿过，可将阿尔及利亚的天然气输送到西班牙。西班牙与法国的连通管线也将于2003年完成，此管道将通至巴斯克的Irun。

道达尔菲纳埃尔夫在西班牙的整个汽油经销系统和零售站网络，经政府审批于2002年中期出售给Galp和阿吉普。这一交易包括186个加油站以及仅次于地中海西班牙海岸的储存能力为1亿公升的储油站。

溢油事件

2002年11月，满载73000吨原油的“威信”号单壳船体油轮在西班牙北部加里西亚岸外270千米的大西洋（水深3500米）断裂成两半，沉入海底。事故地点处在船只失事频发、历史上被称为死亡海滨的区域。

这次事故与海上风暴天气有关。当时，油轮的一个储罐发生破裂，约5000吨原油从船内溢出，其中4000吨原油漂向Ginisterre角与Seixo Branco之间的加里西亚海岸，而那里是一个大渔场。由于溢油，西班牙当局已禁止在该区进行商业捕捞。所幸的是，大部分燃料油仍保留在沉船内。

有专家主张，在剩余燃料油溢向西班牙、葡萄牙和法国沿海之前，可在海底保留一段时间。但世界野生动物基金组织认为，如果这样，加里西亚可能面临历史上最严重的油轮溢油问题，其规模为1989年埃克森Valdez在阿拉斯加海上溢油的两倍。

该单壳船体油轮于1976年由日本制造，是世界上服役时间最长的油轮之一。

希腊

汇　　率：1美元=1.061欧元
石油消费：2180万吨
天然气消费：20.0亿米^3
石油储量：123万吨
天然气储量：5亿米^3
石油产量：16万吨
炼油能力：2033万吨

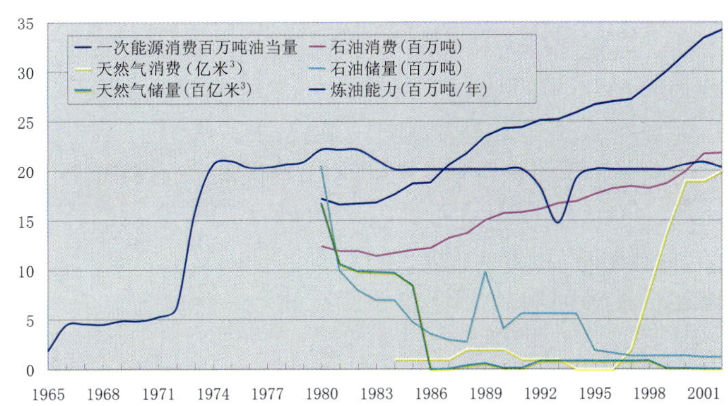

希腊的石油蕴藏量很少，但其地理位置十分重要，是里海和高加索地区石油出口的主要通道。

石油消费量

2002年希腊石油和天然气消费分别为2180万吨和20亿米^3，均比2001年略有提高。油气消费基本依靠进口。

自20世纪80年代以来，石油消费在希腊一次能源消费结构中的比重始终保持在61%的水平。希腊进口石油主要来自伊朗、沙特、俄罗斯、利比亚和埃及。随着俄罗斯出口管道的建成，从俄的进口份额有望提高，但中东仍将为主流。

近年来希腊天然气消费增长迅速，1996年仅0.28亿米^3，2001年进口天然气20亿米^3，其中俄罗斯管输天然气14.8亿米^3，阿尔及利亚液化天然气5.2亿米^3。预计今后10年还可增长3倍以上。希腊政府希望进口国家多元化，正积极寻求进口伊朗、阿塞拜疆等国的天然气。

LNG进口

希腊从1999年11月开始进口阿尔及利亚的LNG，购买合同到2020年。希腊在雅典附近的Revithoussa拥有一座LNG接收站，处理能力6.5亿米^3。阿尔及利亚的LNG船运到接收站经过气化后管输到用户。2002年接收站处理能力已趋于饱和。目前正在开展一项增加供气能力的可行性研究，拟建设一条连接意大利至希腊的海底输气管线，如不能实施，可能在希腊再建一座LNG接收站或扩建现有接收站的处理能力。

勘探与生产

希腊的海上石油生产主要来自Prinos油田，位于爱琴海近Kavala海域，1996年开始生产，由美国、希腊、加拿大公司联合组成的北爱琴海石油公司（NAPC）合资经营。

2001年2月在爱琴海Thasos岛附近海上又有新油田发现。由于存在与土耳其的边界争议，爱琴海的勘探受到一定程度的困扰。

希腊2003年举行的第二轮勘探招标地区主要位于西部陆上和海上，以及爱奥尼亚海。

管道建设

希腊石油公司（HP）投资1亿美元兴建的原油管道仍在施工中。该管线从北部港口城市Thessaloniki到Okta炼油厂（原属于南斯拉夫，现为HP所有），距离230千米，输送能力250万吨，可代替目前的铁路运输。管道由HP所属EI Pet Balkaniki公司承建，1999年11月动工。

在1997年1月，希腊和保加利亚、俄罗斯达成初步协议，共同建设一条连接保加利亚黑海港口城市Burgas与希腊地中海沿岸城市Alexandropoulis的原油输送管线，总长约286千米。这条贯通巴尔干半岛的管道使俄罗斯有望从黑海跨地中海出口石油，穿过土耳其的海峡航运则作为辅助路线。由于管道投资巨大，约需6~7亿美元，因此在经济和技术上还存在着很多争议，但俄方对此项目已基本确认，并提出管道运营能力应按照3000～4000万吨设计，并保证输量至少可保持在50%以上。同时希腊和哈萨克斯坦也在洽商利用该管道的可能性。目前该项目协议尚未最后签订落实。

炼油

目前希腊共有4座炼油厂，原油加工能力2033万吨，HP拥有其中50%的炼油能力，包括Aspropyrgos炼厂的60万吨和Thessaloniki炼厂的333万吨，其他炼厂为私人公司所有，包括Motor石油公司的Aghii Theidori炼厂和Petrola公司的Elefsis炼厂，各有原油加工能力1000万吨左右。

目前HP还积极扩大在巴尔干地区的石油销售市场，2002年12月宣布将在该地区收购200个加油站，在阿尔巴尼亚、保加利亚、马其顿、罗马尼亚、塞尔维亚等国均以“EKO希腊石油”品牌命名。

天然气工业

为了实现希腊天然气进口多元化，2002年3月希腊与土耳其政府签署了伊朗—土耳其输气管线至希腊的延长扩建协议备忘录，并于2003年2月正式签订合同。计划投资3亿美元，使伊土管线从土耳其延长到希腊北部的Komotini，全长280千米（土耳其境内200千米，希腊境内80千米），2005年建成。最初每年输气5亿米^3，今后随着阿塞拜疆天然气进入管线，输气量还将增加。

国家公司

1．希腊石油公司

希腊石油公司（Hellenic Petroleum，简称HP）是1998年在其前身公共石油公司（DEP）的基础上成立的，全面负责本国石油勘探以及原油和油品的进口、销售业务；拥有3座炼油厂，油品生产占希腊总产量的56%；拥有公共天然气公司30%的股份。目前HP已完成部分私有化，41.6%的股份为私人所有。HP与本国一家私有炼油公司Petrola可望在2003年10月完成公司合并，新公司将拥有希腊炼油市场的80%。

2001年5月希腊政府宣布欲出售政府所持HP股份的23.17%。奥地利的OMV、尤科斯和鲁克公司曾有意投标，鲁克与希腊Latsis集团的合资公司投标4.54亿欧元。但是2003年希腊政府宣布此项投标不符合国家利益而不予接受，并将继续寻求新的收购者。

2．希腊公共天然气公司

为了促进希腊天然气消费、实现一次能源供应多样化，1988年成立了国有的希腊公共天然气公司（Greek Public Gas Company，简称DEPA），其中HP持股35%，其余股份为政府所有。

希腊天然气工业一直由DEPA控制，包括天然气进口及销售。其他公司如果进口天然气，只能出售给出口电力的燃气电厂。但是按照欧盟要求，希腊应在2006年开放天然气市场。因此DEPA也正面临私有化改革。

2002年9月希腊政府宣布出售35%的DEPA股份，最初吸引了9家公司竞标，包括道达尔、埃尼、法国电力、法国天然气、Edison、Enel、阿尔及利亚国家石油公司、Gazprom和Ruhrgas，2003年4月道达尔、法国电力、法国天然气和Edison退出投标，西班牙天然气公司则在2003年6月出价2.6亿欧元参与竞标。按照希腊的私有化进程，政府将保留少数DEPA股份，新的大股东公司将协助建设一条天然气管线网络，管网起自里海，经土耳其进入希腊并向欧洲大陆其他地区延伸。

意大利

汇　　率：1美元=1.061欧元
石油消费：9290万吨
天然气消费：635.5亿米³
石油储量：8516万吨
天然气储量：2264 亿米³
石油产量：435万吨
天然气产量：146.7亿米³
炼油能力：11504万吨

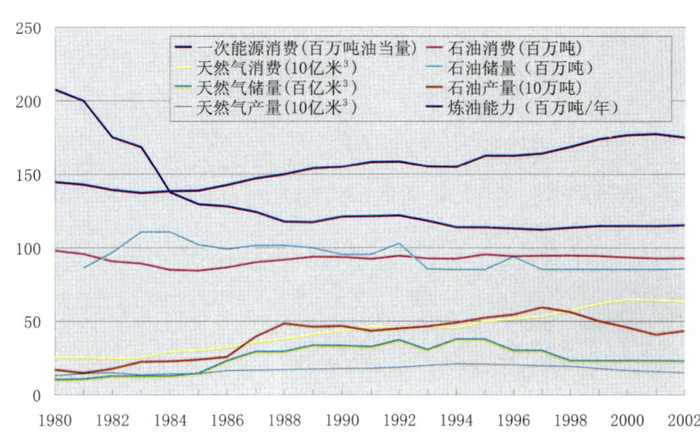

油气消费

2002年意大利石油消费为9290万吨，超过法国居西欧第三。多年以来意大利石油需求对进口的依赖程度一直在90%以上，是西欧第三大石油进口国。2002年进口石油和油品10681万吨，同时出口2207万吨，净进口达8474万吨。石油进口总量的50%来自中东和北非国家，尤其是利比亚、伊朗、沙特阿拉伯、阿尔及利亚等国家。

意大利天然气消费量近年来增长很快，亦位居西欧第三。在一次能源消费结构中，天然气消费占34%，预计到2010年可增加到44%。意大利天然气利用情况大体是：民用及商业用占35%，工业用占30%，发电用占32%，其他3%。估计到2010年在整个发电行业中，燃气发电将占48%，燃油发电仅占7%。

天然气进口

意大利对天然气进口的依赖程度不断增大，目前已接近80%。2001年天然气553.1亿米³，其中45%来自阿尔及利亚，36%来自俄罗斯，13%德国，2%挪威。为拓宽天然气进口资源和进口地区多元化，意大利采取多方面措施，包括：

(1)利比亚共同投资45亿美元进行“西利比亚输气工程”项目建设，将利比亚天然气穿越地中海到达西西里，管道全长600千米，年输气量80亿米³，计划2004年开始运营。

(2)2002年末，阿尔及利亚与意大利及德国公司合作组建“Galsi”公司，着手对一条1500千米、需要投资20亿美元的输气管道进行可行性研究，首站为阿尔及利亚东部的Skikda，末站到意大利的撒丁。

(3)2002年11月BG集团获准在意大利东南部Brindisi港以3.3亿欧元建设一座液化天然气接收站，计划于2006年末开始运营，接收站规模第一阶段为300万吨（40亿米³），第二阶段达到600万吨（80亿米³）。该接收站位于发电区附近，同时在附近5千米之内有天然气管网可以连通。

(4)2002年8月Edison公司获准与美国埃克森美孚公司合资在亚得里亚海北部Rovigo港建设一座液化天然气接收站，规模为300万吨（40亿米³），并与卡达尔签订了购气合同。

(5)除了现有的位于Panigaglia液化天然气接收站（处理能力35亿米³）从阿尔及利亚购买天然气外，2002年意大利签订的液化天然气购气合同还包括：从2006~2007年开始从埃及深海气田购买48亿米³，为期20年；从尼日利亚进口35亿米³。

油气储产量

2002年意大利剩余石油探明储量分别为8516万吨，与上年持平，但是石油产量有大幅度提高，达435万吨，比2001年提高30.8%。

2002年意大利天然气储产量均有下降。剩余探明储量2264亿米³；产量147亿米³，比2001年下降4%。

勘探开发

2002年4月意大利西西里海峡钻探发现了天然气，发现井距岸20千米，水深460米，分两个阶段试气获日产51万米³气流，初步估计储量为80亿~100亿米³。计划气田于2004年底开始生产。气田开发建设中包括建一条通往克罗地亚的海底管线，全长47千米。

2002年9月法国道达尔菲纳埃尔夫公司宣布，

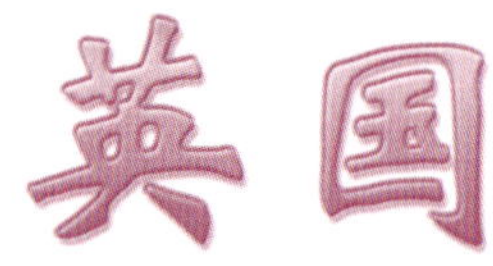

汇　　率：1 美元 =0.666 英镑
石油消费：7720 万吨
天然气消费：945.5 亿米^3
石油储量：6.46 亿吨
天然气储量：6962 亿米^3
石油产量：1.13 亿吨
天然气产量：1081.1 亿米^3
炼油能力：8943 万吨

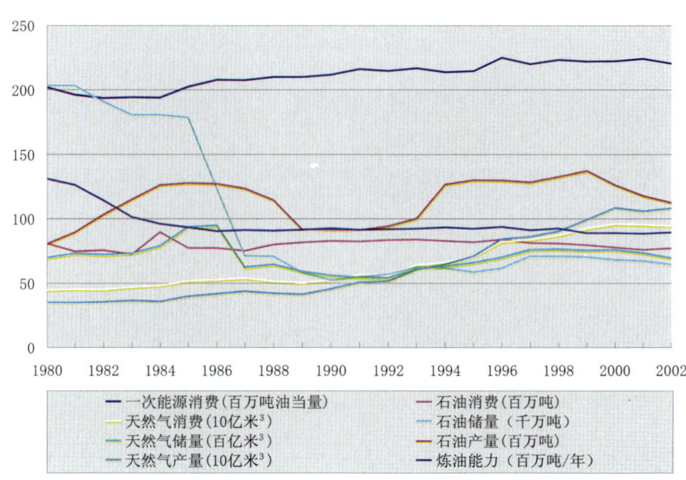

英国海上作业者协会（UKOOA）认为，英国海上油气工业界急需提高其在世界其他油气生产区域的竞争力，并把注意力集中在增加资本投资和作业效率方面，从而挖掘北海地区未来的发展潜力。UKOOA在发布的2002年经济报告“全球经济形势竞争”中对英国大陆架(UKCS)的油气工业活动做出回顾与评价，特别强调指出目前应尽力提高北海的竞争力，对本土油气资源实施最大化开采，这些举措都有助于满足英国未来40年的能源需求供应。

该报告研究分析了英国海上油气工业对英国经济产生的影响。根据这一报告，2002年英国海上油气工业主要情况如下：

（1）约一半油气储量（相当于31亿～44亿吨油当量）尚未开采。

（2）油气产量略有下降，日产量约57.5万吨油当量，价值210亿英镑。

（3）已经投产或正在开发即将投产的油气田260个。

（4）资本支出近35亿英镑，18个新项目获得投资约13亿英镑。

（5）伍德麦肯锡咨询公司对世界57个国家或地区的勘探投资吸引力分析中，将英国大陆架列在第31位。

（6）油气资产交易和转让的总价达51亿英镑。

（7）2002年政府收入中约49亿英镑来自该行业。自20世纪60年代中期北海地区开始油气生产以来，英国海上油气生产累计上缴利税近1900亿英镑。

油气消费与进出口

英国是世界第十五大石油消费国，也是欧盟成员国中少有的能源出口国。2002年英国石油净出口量为85万桶/日。

2003年开始意大利南部Tempa Rossa油田的开发作业，计划打7口生产井，2006年投产。该油田探明储量约5800万吨油当量，其中约7%为油田伴生气；预期原油的最高稳定产量为5250万吨，所产原油将利用通过Val d'Agri油田的136千米输油管线送往Taranto炼油厂。

炼油

阿吉普公司在帕维亚地区的Sannazzaro炼油厂催化裂化装置将新建一套再生烟气吸收系统，这是在欧洲首次建设工业规模的催化剂再生烟气处理设备，计划于2003年内完成。

资产转让

2002年中期阿吉普公司向道达尔菲纳埃尔夫公司出售195个加油站，这些年加油站的销售总量为2.7亿升，并申请政府批准。

油气产储量

英国已探明的石油储量约为7亿吨，几乎全部位于北海地区。大部分石油产自北海中部苏格兰以东盆地，北海北部（设得兰群岛以东）也拥有相当多的石油储量，另有少部分储量位于设得兰群岛以西的北大西洋海域。

北海地区现有100多个油气田已投入生产，数百家公司在该地区作业。2002年英国原油产量降至1.13亿吨，与1999年1.48亿吨的历史高峰年相比有所下降。英国原油的重度一般在30～40°API，品质较高，多数用于出口，同时进口价格低廉、品质略逊的原油（主要产自中东）进行加工处理。

根据英国贸工部统计的数据，2001年英国油气田的平均生产成本超过17美元/桶。随着英国油气田逐渐进入成熟期，油气勘探的重点已转移到在老油气田发现新储量上，使老油气田的开发期延长。

勘探开发政策

1. 鼓励独立石油公司开发小油田

北海作为一个“成熟”的开采区域，获得重大油气发现的可能性已经不大，仅有少数边远海域有大油气田勘探潜力。Simmons国际公司认为，虽然北海的油气生产递减率较高，油田规模不断减小，但是北海在未来一段时间内将继续是主要的石油产区。

随着开发从大油田转向小油田，北海地区正越来越引起独立石油公司的关注。分析认为，欧洲海上油气田的许多特点与当年的墨西哥湾很相似，目前北海的油气公司在开发小油田中有诸多机会。

2002年3月英国有关鼓励开发北海剩余储量（约48亿吨油当量）的计划得到业界广泛认同。预计独立石油公司的石油产量份额将不断增加。英国北海地区有250个未开发的油气田和200个尚未使用的许可证。新规定对已有的许可证规定了更加严格的投资最后期限，为有投资意向的公司提供了更多机会。

2. 取消矿区使用费

2002年4月英国宣布对海上油气生产商的油气收益新征收10%的附加税，此举一度打击了生产商的积极性。为了鼓励石油公司继续投资，允许大多数第一年在北海上游的资本支出全部用于缴纳该年度的公司税与附加税，目前这些税收的税率为25%。

2002年11月，政府宣布取消英国北海30个最老油气田的矿区使用费，从2003年1月1日起，对北海油气免征全部的矿区使用费，但是油气生产公司的收益也要支付30%的公司税。此项政策的实施旨在提高北海对小公司的吸引力。

勘探开发招标

2002年7月，英国政府授出了25个海上生产许可证。许可证不仅授予大型知名公司，同时也有名不见经传的小公司，6家公司是首次获得英国海上生产许可证。

许可证分2年期和4年期两种形式。1年之后，许可证区块面积的一半需退还政府。

勘探开发动态

1. Buzzard油田

2002年完成305千米^{2}的三维地震采集、完钻3口评价井，并将投入开发。估计该油田的原油可采储量可达6850万吨。

2. Blake Flank油田

英国北海Blake Flank油田在钻完最后一口评价井之后仅1年就于2002年底获准开发，计划于2003年底投产。Blake Flank油田距阿伯丁103千米，与Blake油田相邻。计划打2口生产井和1口连接现有Blake油田生产设施的注水井。Blake油田于2001年投产，总储量约960万吨，2001年平均产量为4万桶/日（相当于200万吨/年）。由于合并开发使生产率提高，Blake油田的经济寿命可延长2年。

3. Caister Murdoch System III气田群的开发

该气田群包括Hawksley，McAdam，Murdoch K，Boulton H和Watt等气田，通过海底装置与现有的Murdoch平台相连。Hawksley和Murdoch K气田分别于2002年9月和12月投产，产量分别为460万米^3/日和548万米^3/日。McAdam气田于2003年初投产。估计Caister Murdoch气田群的总可采储量为5000亿米^3。

4. Helvellyn气田

2002年8月，Helvellyn气田获得政府的开发许可证，计划打1口开发井，通过16千米长的海底管线回接到Amethyst平台。气田将在2003年投产。

5. Tullich和Maclure油田投产

2002年Tullich和Maclure油田投产。这两个油田都通过海底管线回接到Gryphon A浮式生产、储存和卸载船(FPSO)进行开发生产。Tullich油田位于Gryphon东南5千米，水深110米，储量550万吨油当量，共有4口生产井，预计2003年初可达到1.5万桶/日的设计高峰产量。Maclure油田只有1口井投产，产量为1.2万桶/日。

6. Halley和Hannay油田投产

Talisman能源公司作业的Halley油田于2002年7月投产，设计高峰产量100万吨。Halley油田储量150万吨油当量,油田寿命为5年。2002年初，Talisman的另一油田Hannay也投入生产,产量75万吨，估计储量137万吨油当量，油田寿命为8年。

7. Otter油田投产

道达尔菲纳埃尔夫公司的Otter油田于2002年10月投产,年底产量可达3万桶/日。该油田位于设得兰群岛东北150千米,水深183米。2002年8月,设得兰地区西部的第一个永久性管道系统开通,这是Magnus油田提高采收率(EOR)项目的一部分。该管道系统将Foinaven、Schiehallion和Loyal气田的天然气输送到设得兰的Sullom Voe终端。另一条管道将天然气输送到Magnus平台用于回注。BP预计这个投资5亿美元的EOR项目将使Magnus油田增加685万吨石油储量,油田寿命延长到2015年以后。

8. Jade油气田投产

2002年初Jade油气田投产,设计高峰产量是19.7亿米^{3}天然气、80万吨石油。

9. 阿德莫尔油田恢复生产

2002年10月，阿德莫尔油田（过去叫做阿盖尔油田，已停产10年）获准重新开发，预计可开采约288万吨石油。这是英国重新开采的第一个北海油田。业内人士说，新的钻井技术有助于采出过去无法开采的储量。

天然气工业

英国北海的天然气储量预计为7561亿米^3。多数非伴生气田在英吉利海峡沿岸，邻近荷兰北海区域。但由于产量的不断下降以及气田的成熟开采，未来3年内英国将成为天然气进口国。主要生产气田有：1614亿米^{3}的Leman气田（BPAmoco公司）、850亿米^{3}的Brittania气田（雪佛龙和大陆公司）、481亿米^{3}的Indefatigable气田（壳牌）和227亿米^{3}的Clipper气田（壳牌）。

目前，英国天然气工业自由化进程进入最后阶段。整个进程开始于1986年，即从国家天然气垄断集团——英国燃气公司的私有化开始。英国天然气工业私有化进程走在了欧盟的前列。英国天然气工业的私有化导致天然气供应量的增加和天然气价格的降低，这有利于英国用天然气替代燃煤发电。1988年，天然气在燃料利用中所占比例为1%，预计2010年将增加到50%。

输气管线

英国主要天然气管线包括苏格兰地区天然气集输（SAGE）系统及圣佛格斯终端，该终端处理大量的产自北海气田的天然气，这些气田包括Britannia、Beryl和Brae以及位于北海中、北部的其他气田。

中部地区运输系统（CATS）也延伸至北海中部，运送产自Everest，Judy，Jade和其他气田的天然气。

远北液化气及联合天然气系统（FLAGS）则运送北海北部的Brent，Magnus，Cormorant，Ninian和Hutton气田的天然气。

专题综述篇

世界油气消费与贸易分析

一、2002年一次能源消费继续增长，亚太地区位居增幅榜首

2002年，世界一次能源消费稳步增长，消费总量达94.05亿吨油当量，同比增长2.6%。其中，欧洲（含原苏联）一次能源消费量为28.30亿吨油当量，占全球消费总量的30.1%，继续居各地区之首；亚太与北美地区一次能源消费量基本相同，分别为27.18和27.15亿吨油当量，各占全球总量的28.9%。以上三个地区占据全球一次能源消费总量的绝大部分，比例高达87.8%；而拉丁美洲、中东和非洲地区仅占12.2%。

在这六大能源消费区中，2002年亚太地区一次能源消费量增长幅度最大，为7.9%；其次是非洲、北美和中东地区，增幅分别为2.2%、1.7%和1.6%；欧洲（含原苏联）和拉丁美洲则略有下降。

2002年，全球范围内一次能源消费量超过1亿吨油当量的国家共有20个。其中，美国能源消费量达22.93亿吨，占全球能源消费总量的24.4%，位居首位；其次是中国（未包括香港、澳门特区和台湾地区，下同），能源消费量为9.98亿吨油当量，占10.6%；然后是俄罗斯和日本等国。这20个国家的一次能源消费总量达74亿吨，占全球总消费量的78%以上。

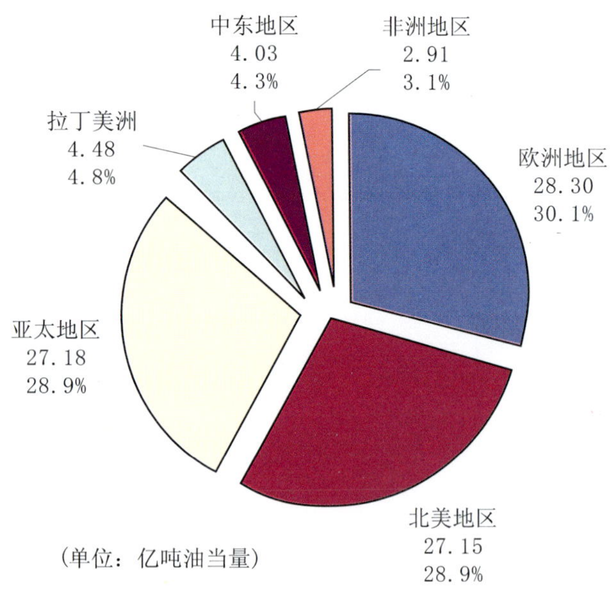

2002年世界一次能源消费地区分布

与2001年相比，世界范围内能源消费增长最快的10个国家和地区分别是中国（增幅19.7%）、中国香港（9.0%）、泰国（8.2%）、立陶宛（8.1%）、马来西亚（7.7%）、韩国（5.0%）、挪威（4.5%）、爱尔兰（4.5%）、斯洛伐克（4.2%）和土库曼斯坦（3.8%）；能源消费下降幅度最大的10个国家分别是阿根廷(－7.4%)、瑞典(－6.9%)、哥伦比亚(－6.5%)、瑞士(6.1%)、葡萄牙(－3.6%)、哈萨克斯坦(－3.1%)、土耳其(－3.0%)、科威特(－2.7%)、英国(－2.5%)和德国(－1.9%)；其他国家的能源消费变化幅度均不是很大。

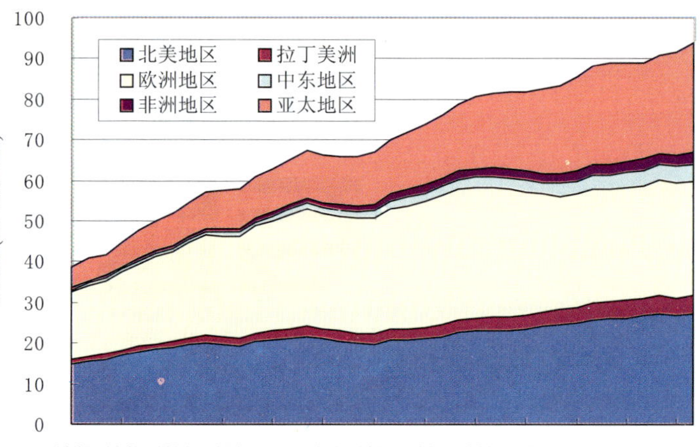

1965～2002年世界一次能源消费趋势

1993～2002年的十年间，世界一次能源消费总量由原来的82.4亿吨油当量增至94.05亿吨油当量，增长14.2%。中东地区由1993年的2.94亿吨油当量增至4.03亿吨油当量，增幅最大，高达37.3%；亚太地区由原来的20.50亿吨油当量增至27.18亿吨油当量，增长32.6%；拉丁美洲和非洲地区的能源消费量也有不同程度的增长。欧洲（含原苏联）能源消费略有减少。

二、石油消费继续增长，但消费比重正在下降

2002年世界石油消费量为35.2亿吨，较上年上升0.1%。北美、亚太和欧洲（含原苏联）地区为世界主要的石油消费区，这三个地区的石油消费量约占世界的84.6%。其中，北美地区为10.6亿吨，占世界消费总量的30.2%；亚太地区为9.9亿吨，占世

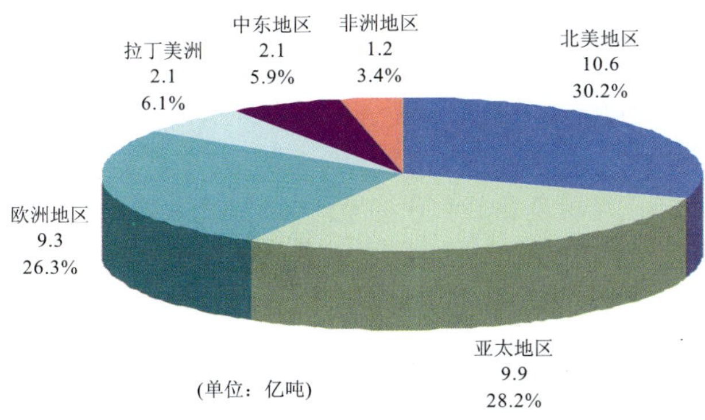

2002 年世界石油消费地区分布

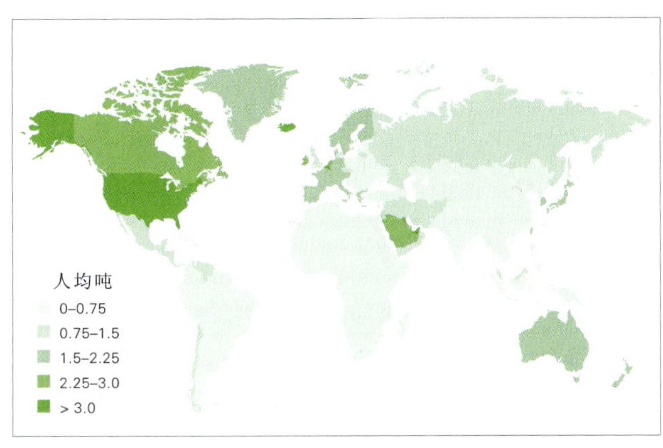

世界各地区人均石油消费量

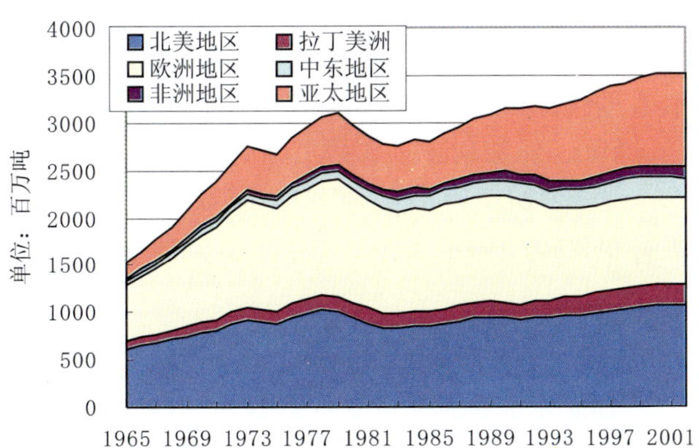

1965～2002 年世界石油消费趋势

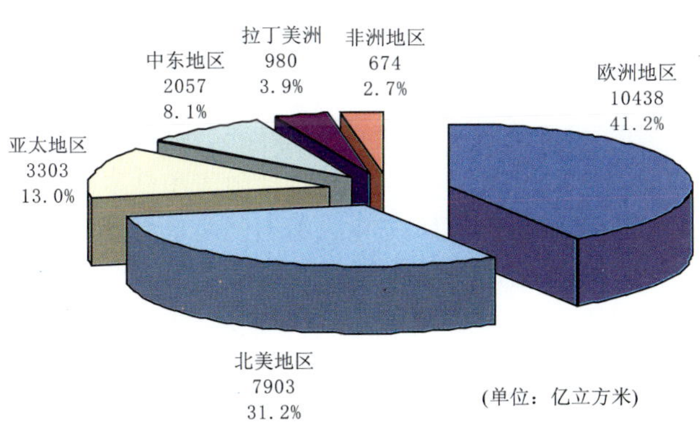

2002 年世界天然气消费地区分布

界总消费量 28.1%；欧洲（含原苏联）9.3 亿吨，占世界总消费量 26.3%。

2002 年，非洲和亚太地区的石油消费量仍以较快的速度保持增长，其中非洲地区的石油消费较上一年增长 1.8%，亚太地区增长 1.5%。与之相反，拉美地区降幅最大，达 1.9%。

2002 年石油消费量最多的国家仍为美国，消费量为 8.94 亿吨，占世界总量 25.4%；中国石油消费量为 2.457 亿吨，超过日本，跃居世界第二位；日本消费量为 2.42 亿吨，降至第三位。2002 年石油消费量在 1 亿吨以上的国家还有：德国（1.27 亿吨）、俄罗斯（1.23 亿吨）和韩国（1.05 亿吨）。

与 2001 年相比，石油消费增幅最大的 10 个国家和地区分别是卡塔尔（47.4%）、中国香港（11.8%）、马来西亚（9.1%）、阿尔及利亚（8.4%）、土库曼斯坦（8.3%）、泰国（6.7%）、中国（5.8%）、新西兰（5.6%）、保加利亚（3.8%）和芬兰（3.4%）；石油消费减少最多的 10 个国家分别是阿根廷（－11.7%）、哥伦比亚（－9.6%）、瑞士（－5.2%）、菲律宾（－5.2%）、哈萨克斯坦（－5.0%）、匈牙利（－4.0%）、爱尔兰（－3.5%）、德国（－3.3%）、墨西哥（－3.0%）和法国（－2.7%）；其他国家石油消费变化幅度均不大。

1993～2002 年的 10 年间，世界石油消费量保持稳定增长，由 31.40 亿吨增至 35.23 亿吨，增长幅度为 12.2%。除欧洲（包括原苏联）地区石油消费量略有下降外，其他地区均有所增加，尤其是亚太地区，石油消费量由 7.61 亿吨增至 9.92 亿吨，增幅高达 30.4%。

这 10 年中，除 1998 年由于受金融危机的影响而使亚太地区的石油消费量略有回落之外，该地区石油消费量一直以较高的速度保持增长。

1993～2002 年期间，世界一次能源消费结构中石油仍居主导地位，但其比重却在缓慢下降；煤炭也呈持续下降趋势；天然气、水电及核能则上升较快。

同 1993 年相比，2002 年能源消费构成具体变化情况如下：石油由 38.1% 降至 37.5%，下降 0.6%；天然气由 22.7% 升至 24.3 %，上升 1.6%；煤炭由 26.7% 降至 25.5%，下降 1.2%；核能与水电由 12.5% 升至 12.8%；上升 0.3%。

三、天然气消费增长较快，但地区差异很大

2002 年世界天然气总消费量为 25355 亿米^3，较 2001 年增长 2.8%。欧洲（含原苏联）和北美两地区天然气消费量在全球所占比例高达 72.4%。其中，欧

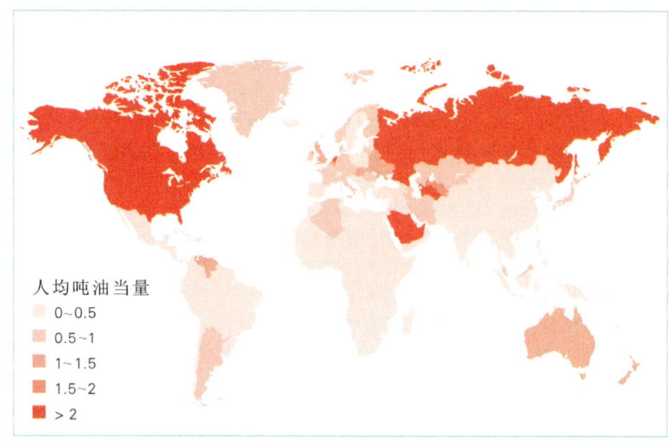

世界各地区人均天然气消费量

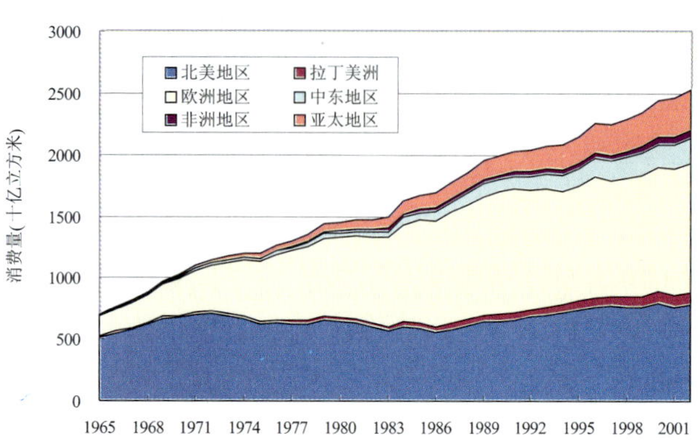

1965～2002年世界天然气消费趋势

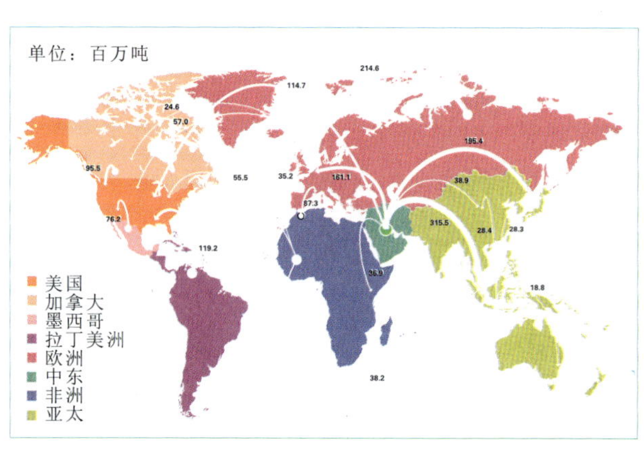

世界石油贸易流向

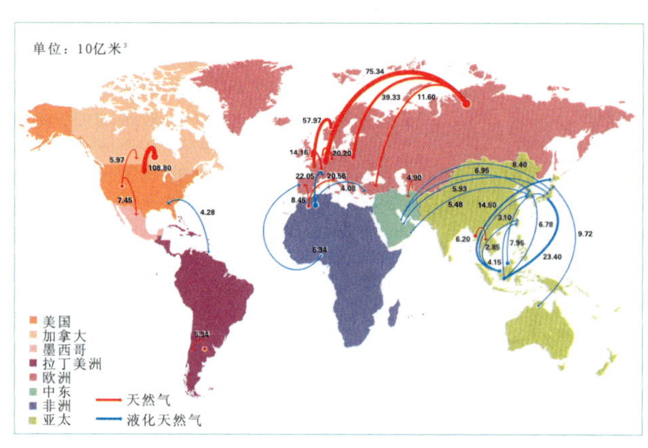

世界天然气贸易流向

洲（含原苏联）为10438亿米³，占世界总量的41.2%；北美地区为7903亿米³，占世界总量的31.2%。

2002年，世界五大地区的天然气消费均有不同程度的增长，其中增幅最大的是亚太地区，达4.8%，其次是北美和非洲地区，分别为3.4%和3.3%。

1993～2002年，世界天然气消费量整体上保持了较快增长，由20756亿米³增至25355亿米³，增长幅度高达22.2%，欧洲（包括原苏联）和北美地区一直是世界上主要的天然气消费区；亚太、中东、拉丁美洲和非洲地区的天然气消费量也保持了较快的增长态势，尤其是亚太和中东地区，天然气消费增长幅度均超过70%。

2002年美国仍是世界上最大的天然气消费国，消费量达6675亿米³，占全球消费总量的26.3%；俄罗斯位居第二，消费量3884亿米³，占全球的15.3%；其次是英国、德国、加拿大等国家。2002年中国天然气消费量为301亿米³，在全球仅排第18位。

与2001年相比，天然气消费量增加最多的国家和地区是菲律宾，增幅超过100%，增长幅度排在前10位的国家和地区还有新加坡（38.6%）、葡萄牙（21.0%）、秘鲁（19.5%）、巴西（16.7%）、泰国（14.9%）、中国台湾（14.7%）、西班牙（14.4%）、韩国（13.4%）和斯洛伐克（10.2%）；天然气消费量下降幅度最大的10个国家和地区分别是科威特（－8.3%）、委内瑞拉(－6.0%)、卡塔尔(－5.7%)、中国香港(5.0%)、哈萨克斯坦(－3.7%)、新西兰(－3.5%)、保加利亚(－3.4%)、阿根廷(－3.0%)、波兰(－2.6%)和加拿大(－2.6%)；其他国家天然气消费量变化幅度均不大。

四、世界石油与天然气贸易

1. 石油贸易格局基本不变

2002年世界石油贸易总量为21.53亿吨，同去年21.88亿吨相比，下降0.3%。中东仍是世界上最大的石油输出地区，石油出口量达8.95亿吨，约占世界石油贸易总量的41.6%；原苏联是世界第二大石油出口地区，出口量为2.64亿吨；其次是西非、拉丁美洲和北非等地区，石油出口量分别为1.56亿、1.46亿和1.29亿吨。

欧洲是世界上最大的石油输入地区，石油进口量为5.87亿吨；亚太（不包括中国和日本）地区的石油进口量为4.25亿吨。美国仍是世界第一大石油进口国，进口量达5.61亿吨，占世界石油贸易总量的26%；其次是日本，进口量为2.51亿吨；中国的石油进口量约为1亿吨。

2. LNG贸易增长迅速

2002年全球管道天然气贸易总量（不含原苏联

2002 年世界石油贸易量统计　　　　单位：百万吨

出口方	进口方												出口总量
	美国	加拿大	墨西哥	拉丁美洲	欧洲	非洲	大洋洲	中国	日本	亚太其他国家	世界其他国家	不明部分	
美　国	-	4.9	7.7	8.2	10.7	0.5	0.8	1.1	4.0	4.4	1.0	-	43.3
加拿大	95.5	-	-	0.2	0.5	-	-	-	0.2	0.1	-	-	96.5
墨西哥	76.2	1.2	-	7.8	9.7	-	-	-	0.6	2.0	0.2	-	97.7
拉丁美洲	119.2	5.2	0.6	-	13.5	0.6	-	0.9	0.3	5.6	-	-	145.9
欧　洲	57.0	24.6	0.7	2.8	-	10.0	-	3.6	0.7	5.4	4.7	-	109.5
前苏联	9.8	-	-	7.4	214.6	0.5	-	8.1	1.2	10.4	2.3	10.0	264.3
中　东	114.7	6.9	0.9	13.6	161.1	36.9	8.6	38.9	195.4	315.5	2.5	-	895.0
北　非	13.6	5.1	1.7	4.5	87.3	4.0	-	0.3	3.6	5.7	3.2	-	129.0
西　非	55.5	1.0	-	9.9	35.2	2.7	0.1	9.5	3.8	38.2	-	-	155.9
东非和南非	-	-	-	-	-	-	-	6.4	1.5	0.8	-	-	8.7
大洋洲	2.9	-	-	-	-	-	-	1.6	4.4	11.6	-	-	20.5
中　国	1.3	-	-	0.5	0.3	-	0.4	-	4.1	9.9	0.3	-	16.8
日　本	0.3	-	-	-	0.1	-	-	1.6	-	2.2	-	-	4.2
亚太其他国家	8.3	0.1	-	-	4.5	0.3	18.8	28.4	28.3	13.2	0.6	-	102.5
不明部分	6.7	2.5	-	-	49.9	-	1.0	-	2.4	0.3	-	-	62.8
进口总量	561.0	51.5	11.6	54.9	587.4	55.5	29.7	100.4	250.5	425.3	14.8	10.0	2152.6

注：表中数字包括原油和油品；也包括石油在运输和加工过程中的增减部分和无法统计的军队消耗的原油

2002 年世界液化天然气贸易统计　　　　单位：亿米^3

进口方	美国	特立尼达和多巴哥	阿曼	卡塔尔	阿联酋	阿尔及利亚	利比亚	尼日利亚	澳大利亚	文莱	印度尼西亚	日本	马来西亚	韩国	进口总量
日　本	17.0		10.9	84.0	59.3				97.2	79.5	234.0		145.0	0.5	727.4
韩　国			54.8	69.5	3.2				2.4	10.4	67.8	1.5	31.0		240.6
西班牙		4.6	7.6	22.0	5.0	59.5	6.3	16.1	0.7	0.8					122.6
法　国			5.4			102.0		8.0							115.4
中国台湾											41.5		28.5		70.0
美　国		42.8	0.9	9.9		7.5		2.3		0.7			0.7		64.8
意大利						22.0		35.0							57.0
土耳其						40.8		12.7							53.5
比利时					1.0	32.0									33.0
波多黎各		5.8		0.5											6.3
希　腊						5.0									5.0
葡萄牙								4.3							4.3
出口总量	17.0	53.2	79.6	185.9	68.5	268.8	6.3	78.4	100.3	91.4	343.3	1.5	205.2	0.5	1499.9

国家之间的贸易）为 4313.5 亿米^3。俄罗斯联邦是世界第一大管道天然气出口国，天然气出口量达 1282.2 亿米^3，出口地区主要面向德国、意大利、土耳其、法国等国；加拿大管道天然气出口量为 1088 亿米^3，居世界第二位，主要面向美国出口；管道天然气出口量较大的国家还有挪威、荷兰和阿尔及利亚等国。

2002 年世界液化天然气（LNG）贸易总量 1499.9 亿米^3，较上年 1411.6 亿米^3 增长 6.3%。

亚太地区是世界上进口液化天然气最多的地区。日本为世界第一大液化天然气进口国，进口量达 727.4 亿米^3；韩国液化天然气进口量为 240.6 亿米^3，居世界第二位。西班牙、法国两国的液化天然气进口量也超过了 100 亿米^3，分别为 122.6 亿和 115.4 亿米^3，美国 LNG 进口量为 64.8 亿米^3。

世界油气勘探开发形势分析

一、世界油气产储量

1．剩余石油探明储量

据美国《油气杂志》报道，截至2002年年底，全球剩余石油探明储量为1661.5亿吨，较上年增长17.6%；其中中东拥有939亿吨，占全球的56.5%。

世界剩余石油探明储量的地区分布与比例

地　区	2001年		2002年		
	储量(亿吨)	占世界比例(%)	储量(亿吨)	占世界比例(%)	同2001年相比增减(%)
中　东	939.2	66.46	939.2	56.53	0.01
西半球	205.2	14.52	429.6	25.86	109.40
东欧和独联体	80.2	5.68	108.7	6.54	35.53
非　洲	105.0	7.43	106.1	6.39	0.98
亚　太	60.0	4.25	53.0	3.19	－11.57
西　欧	23.5	1.66	24.8	1.49	5.62
总　计	1413		1661		17.6

2002年全球石油储量增长幅度在历史上罕见，其主要原因是加拿大将240亿吨的油砂沥青计入储量，使得仅西半球的探明储量一举增加109%。此外，东欧和俄罗斯的总石油探明储量也提高了35%，亚太地区下降12%。

从国家分布上看，2002年全球剩余石油探明储量主要分布于25个国家和地区，占全球总储量的96%。与2001年相比，加拿大、西班牙、阿塞拜疆、苏里南和厄瓜多尔的石油储量增幅最大，分别达3605%、650%、494%和119%。加拿大由于将油砂沥青储量计入其中，石油剩余探明储量由2001年底的6.6亿吨猛增到达246.6亿吨，仅次于沙特阿拉伯，跃居世界第二。

储量下降最多的国家包括墨西哥、中国、波兰和菲律宾，分别下降了53%、24%、16%和15%，其中墨西哥和中国的储量变化与计算方法改变有关。

2．剩余天然气探明储量

2002年全球剩余天然气探明储量为155.7万亿米^3，主要分布于中东地区和独联体地区，两个地区各占全球天然气储量的36%左右。其他地区的天然气储量较少，亚太地区和非洲地区占全球天然气储量的比例各为8%，西半球为9%，西欧只有3%。

从国家分布上看，世界天然气剩余探明储量的92%分布于25个国家，其中俄罗斯占31%，居世界第一，其次是伊朗，占15%。

3．世界石油产量

2002年全球石油产量为33.02亿吨，比2001年减少1.05%。石油产量的下降与2002年初欧佩克以及墨西哥等主要产油国联合采取限产保价行动密切相关。以中东地区为例，尽管其石油产量继续保持各地区之首，但同2001年的石油产量相比减少了6.4%。墨西哥作为一个准欧佩克成员国，一直积极响应欧佩克的号召，2002年上半年采取限产措施，限产期过后产量全面提速，全年石油产量比上一年度仍提高了1.7%。尽管俄罗斯承诺在2002年上半年将限制石油出口，但实际上几乎没有兑现，石油产量一直保持增长，全年增加近9个百分点，超过沙特阿拉伯，一跃成为世界头号产油大国。

4．世界天然气产量

2002年世界天然气产量达到24981亿米^3，比2001年提高了0.73%。世界天然气主要产自西半球（9280亿米^3）和独联体地区（7055亿米^3），分别占世界产量的37.4%和28.4%。其他地区的天然气产量比例相对较小。2002年世界天然气产量的近93%来自前30个主要产气国家。

二、世界油气勘探热点领域与地区

近年来，世界油气勘探有向海上勘探（尤其是

2002年剩余石油探明储量前25位国家

位次	国家或地区	储量(亿吨)	位次	国家或地区	储量(亿吨)
1	沙特阿拉伯	355.2	14	墨西哥	17.3
2	加拿大	246.6	15	挪　威	14.1
3	伊拉克	154.1	16	阿尔及利亚	12.6
4	科威特	128.8	17	哈萨克斯坦	12.3
5	阿布扎比	126.3	18	巴　西	11.4
6	伊　朗	122.9	19	阿塞拜疆	9.6
7	委内瑞拉	106.6	20	阿　曼	7.5
8	俄罗斯	82.2	21	安哥拉	7.4
9	利比亚	40.4	22	印　度	7.3
10	尼日利亚	32.9	23	印度尼西亚	6.9
11	美　国	30.8	24	中东中立区	6.9
12	中　国	25.0	25	英　国	6.5
13	卡塔尔	20.8			

2002 年剩余天然气探明储量前 25 位国家

位次	国 家	储量（万亿立方米）	占世界的比例（%）
1	俄罗斯	47.544	30.52
2	伊 朗	22.988	14.76
3	卡塔尔	14.392	9.24
4	沙 特	6.345	4.07
5	阿布扎比	5.550	3.56
6	美 国	5.192	3.33
7	阿尔及利亚	4.520	2.90
8	委内瑞拉	4.188	2.69
9	尼日利亚	3.509	2.25
10	伊拉克	3.107	1.99
11	印度尼西亚	2.618	1.68
12	澳大利亚	2.547	1.63
13	挪 威	2.188	1.40
14	马来西亚	2.123	1.36
15	土库曼斯坦	2.009	1.29
16	乌兹别克斯坦	1.874	1.20
17	哈萨克斯坦	1.840	1.18
18	荷 兰	1.755	1.13
19	加拿大	1.701	1.09
20	埃 及	1.656	1.06
21	中 国	1.509	0.97
22	科威特	1.477	0.95
23	利比亚	1.313	0.84
24	乌克兰	1.121	0.72
25	阿塞拜疆	0.849	0.54

1993～2002 年世界各地区石油产量　　单位：万吨

年份	亚太	西欧	东欧－独联体	中东	非洲	西半球	世界	比上一年增减（%）
1993	32562	23675	40656	91809	30856	79348	298904	－0.37
1994	33456	28197	36640	92943	31110	80258	302606	1.24
1995	34682	29599	36813	94245	31909	82032	309279	2.21
1996	34966	31127	34966	95413	34436	85541	316448	2.32
1997	35851	31418	36229	100288	35331	88087	327203	3.40
1998	35259	31274	36153	104939	34523	88673	330819	1.10
1999	35836	31822	36675	101850	32932	84437	323551	－2.20
2000	36591	31922	39481	107347	34858	85971	336170	3.90
2001	36564	30955	42110	104286	34507	85314	333734	－0.72
2002	36884	30335	45692	97643	34088	85572	330214	－1.05

深海地区）和天然气勘探方向发展的趋势，2002 年仍保持这一趋势。随着深海技术不断取得突破性进展，勘探领域还在继续向更深的海域挺进。世界几个热点勘探地区如下。

2002 年世界各地区天然气产量

地 区	2001 年（亿立方米）	2002 年（亿立方米）	2002 年比 2001 年增减（%）	占世界比例（%）
西半球	9279.60	9265.5	－0.15	37.1
东欧和独联体	7054.75	7160.1	1.49	28.7
西 欧	2855.93	2928.2	2.53	11.7
亚 太	2731.4	2770.7	1.44	11.1
中 东	1711.18	1744.0	1.92	7.0
非 洲	1166.07	1112.7	－4.58	4.5
欧佩克	3323.04	3205.4	－3.54	12.8
世界总计	**24798.89**	**24981.1**	**0.73**	**100.0**

1．美国墨西哥湾深水区

近年来，美国墨西哥湾地区油气勘探开发非常活跃，钻井数持续增加，2001 年达到了 968 口。其中，钻井最活跃的公司是雪佛龙和 BP。由于墨西哥湾深水地区勘探程度较低以及深水技术的提高，该地区的勘探钻井成功率一直保持较高水平，频频获得重大油气发现。2001 年美国墨西哥湾深水地区获得了 17 个油气发现，其中较大的发现有 2 个：北雷马（Thunder Horse North）大油田，估计储量为 6850 万吨；盐下公主（Sub-Salt Princess）油气田，估计储量在 2740 万吨油当量以上。2002 年继续钻获新发现，最引人注目的包括 Great White 深水油气田、Deimos 深水油田、Tahiti 深水油田等。

迄今墨西哥湾深水地区已累计获得油气发现 287 个，水深最大的发现是科麦奇公司 2001 年 11 月在 G21826 AT 37 区块发现的油气田，水深达到 2423 米。

2．西非深海地区

主要包括安哥拉、刚果、赤道几内亚、尼日利亚、加蓬等国家的深海地区，其中安哥拉的深海勘探成果最为显著。

自 1996 年安哥拉深水勘探取得突破以来，已累计获得 20 多个油气发现，石油储量直线上升。到 2001 年底，安哥拉剩余石油探明储量在非洲已排到第 4 位。2002 年除了深水地区又有 2 个新油气发现以外，水深超过 2000 米的超深水区取得突破性进展：BP 公司在连续打了 3 口干井之后，2002 年 8 月 Plutao 1A 井终于在 31 超深水区块发现石油，测试获油流 5357 桶/日（734 吨/日），使得安哥拉的超深水区勘探再次升温。

3．北非地区

地处北非的埃及、利比亚、阿尔及利亚、摩洛哥和突尼斯等 5 国在资源和地理位置方面具有得天独厚的条件。近年来，北非各国积极调整石油政

2002 年世界天然气产量前 30 位国家排名

位次	国 家	产量（亿立方米）	位次	国 家	产量（亿立方米）
1	俄罗斯	5957.2	16	中 国	328.1
2	美 国	5703.9	17	印 度	272.5
3	加拿大	2074.2	18	巴基斯坦	262.5
4	英国	1081.1	19	委内瑞拉	245.6
5	阿尔及利亚	750.8	20	卡塔尔	221.8
6	荷 兰	710.6	21	泰 国	211.0
7	挪 威	650.2	22	德 国	202.3
8	印度尼西亚	590.3	23	特立尼达和多巴哥	171.2
9	墨西哥	456.9	24	埃 及	149.0
10	伊 朗	441.8	25	意大利	146.7
11	沙特阿拉伯	423.4	26	亚太其他	141.5
12	马来西亚	416.0	27	哈萨克斯坦	136.7
13	阿根廷	382.2	28	文 莱	111.3
14	阿联酋	375.4	29	阿塞拜疆	101.9
15	澳大利亚	338.1	30	尼日利亚	85.5

策，出台各种鼓励措施，改善投资环境，提供多方面的投资机会。在2002年3月英国罗伯逊研究咨询公司进行的全球石油勘探开发投资热点国家排名中，北非两个国家入选前十名，其中利比亚连续3年排名第一。业内权威人士预测，北非将成为与中东海湾、中亚里海齐名的世界第三大石油、天然气产地。

4．亚太地区天然气勘探

主要是澳大利亚和印度的天然气勘探取得重大进展。澳大利亚2002年获得18个新的油气发现，是各国勘探发现最多的国家。印度也因其不断推出油气招标和在海上钻获大气田发现而一跃成为各大石油公司关注的焦点。

1997年印度颁布新的勘探开采许可证政策(NELP)，曾引起国际领域的广泛关注和兴趣。印度按照这一政策已累计举行三轮国际招标，共推出70多个油气区块或许可证，吸引投资43亿美元，2003年还将举行第四轮招标。吸引国际石油公司的不仅是印度的新石油政策，还在于近两年来印度不断获得勘探发现，其中最重要的发现是私营Reliance石油公司在印度东部Andhra Pradesh沿岸Krisha-Godavari深水区块的大气田，初步估计原始天然气可采储量可达1400亿米^3，是2002年度世界最大的油气发现。

5．滨里海地区

滨里海地区是近年来的一个国际风险勘探热点地区，该地区丰富的油气资源吸引各大石油公司的油气勘探为全球瞩目。继2000年成功钻探Kashagan 1井后，2001年又打了Kashagan West 1野猫井，同样取得可喜结果。根据2002年评价井钻探结果，初步估计Kashangan油田的可采储量在9.6亿~12.3亿吨左右。从哈萨克斯坦至黑海港口的CPC管线开通，将有利于该区油气田的开发。

三、2002年世界油气发现的特点

2002年全球油气勘探又取得新的突破，主要表现在钻获了几个高质量的油气发现，尽管从油气发现的数量上看比2001年略有下降。美国石油地质学家协会《勘探家》杂志2003年1月号公布了美国IHS能源公司对2002年世界油气钻探成果的统计结果，表明除美国和加拿大以外，2002年全球共获得191个油气发现，比2001年减少了12个。2002年世界油气发现的主要特点如下：

（1）从发现的数量上看，2002年世界油气发现仍然以陆上地区为主，但与2001年比，油气勘探有继续向海上转移的趋势，而且几个具有重要意义的高质量油气发现均来自海上。2002年陆上油气发现共115个，约占全年总油气发现的60%；浅海66个，占总发现的35%；深海10个，占总发现的5%。而2001年陆上、浅海和深海油气发现在同年油气发现中所占比例分别为66%、29%和6%。

（2）从油气发现的类型看，2002年仍然以石油发现为主，共119个，占总油气发现的62%；天然气70个，占38%。这一比例与2001年相当。

（3）2002年亚太地区的油气发现数量继续保持第一，共有76个，仅比2001年略有下降。非洲和南美地区处在并列第二的位置，各获得36个油气发现。与2001年同比，非洲地区发现数量减少了11个，南美地区仅减少了2个。欧洲和独联体地区勘探形势比2001年均有所好转，分别获得20和16个发现（2001年同比分别为17和9个）。中东地区2002年仅获得7个发现。2002年获得油气发现最多的国家是澳大利亚和中国，各18个。其次是埃及（17个）、阿根廷（16个）和印度尼西亚（10个）。

（4）2002年全球最引人注目的油气发现是印度Andhra Pradesh沿岸Krisha-Godavari深水区块的天然气发现。该发现主要有两方面的意义：第一，资

2002 年世界 16 个重大油气发现

序号	发现井	所在盆地	陆上/海上	油气类型	备　注
1	Dhirubhai 1	印度 Krishna Godavri 盆地海上	深海	气	是 2002 年全球最引人注目的油气发现。测试日产气 111.5 万立方米，估计原始天然气地质储量可达 1400 亿立方米
2	Plutao 1A	安哥拉刚果河盆地	深海	油	测试日产油 734 吨。这是安哥拉超深水地区的第一个石油发现，此前该区已累计打了 3 口干井
3	Diffra West 1	苏丹穆拉德盆地	陆上	油	测试日产油 822 吨
4	Bolia 1	尼日利亚尼日尔三角洲	深海	油	2002 年尼日利亚尼日尔三角洲接连喜获勘探发现，尤其是深海地区。Bolia 1 井测试日产油 822 吨，Usan 1 井日产油 625 吨
5	Usan 1	尼日利亚尼日尔三角洲	深海	油	
6	Selkit 1	埃及 Shoushan 盆地	陆上	油	2002 年埃及频频钻获高产油流，尤其是陆上地区。Selkit 1 井测试日产油 772 吨，Razzak 29 井测试日产油 712 吨
7	Razzak 29	埃及 Alamein 子盆地	陆上	油	
8	2012-2-1	爱尔兰 Rockall 盆地	深海	油	目前尚无测试结果，但首次证实了在大西洋边缘 Rockall 盆地中存在一个有效的含油气系统
9	33/12-8A	挪威北海	浅海	油气	估计该发现的可采储量约 242 万吨原油和 6 亿立方米天然气
10	15/22-16	英国北海	浅海	油气	2002 年在勘探成熟的北海屡有发现。15/22-16 井测试日产油 860 吨。21/1A-19 井测试日产油 904 吨
11	21/1A-19	英国北海	浅海	油气	
12	3/15-9A	英国东设得兰盆地 East Shetlands	浅海	凝析气	测试日产气 99 万立方米，凝析油 192 吨
13	Lankahuasa 1	墨西哥 Tampico-Mis.盆地	浅海	气	该区是墨西哥的一个勘探新区，发现井是探区部署的系列天然气井的第一口，测试日产气 105 万立方米
14	Yomoporo 9	委内瑞拉马拉开波盆地	陆上	油气	近几年来委内瑞拉油气勘探一直缺乏重大发现，2002 年在马拉开波湖接连钻遇高产油气流，从而扭转了委内瑞拉油气勘探局面。Yomoporo 9 井测试日产 1900 吨油和 14 万立方米天然气，Lago 3047X 井测试日产 1826 吨油和 6.5 万立方米天然气
15	Lago 3047X	委内瑞拉马拉开波盆地	陆上	油气	
16	Dorado 1	委内瑞拉特立尼达盆地	浅海	气	为委内瑞拉的重要天然气发现，测试日产气 175 万立方米

资料来源：AAPG Explorer，2003 年 1 月

源量大，初步估计原始天然气地质储量可达 1400 亿米^3，是 2002 年度世界最大的油气发现；第二，为印度私有公司首次在深水地区获得的发现。作业者Reliance 石油公司是印度最大的私有公司Reliance 集团的分公司，3 年前成立勘探开发子公司，是印度第一至三轮招标中最活跃的投标者。该发现是 Reliance 石油公司近 30 年来最大的油气发现。

其他重要油气发现还包括：

BP 公司在安哥拉的 Plutao 1A 井发现。此前在安哥拉超深水区已累计打了 3 口干井，使外国公司对该区的勘探热情降温。由于连续勘探失利，迫使作业公司不得不再次进行研究和评价，总结失利的原因。在地质评价过程中，一改过去急于求成和贪大图快，在地震图上只关注大构造的做法，而是改变勘探思路，将评价的重点放在直接烃显示上，尤其是平点，最终取得安哥拉超深水区的勘探突破。由于 Plutao 1A 井的发现，一度暗淡下去的安哥拉超深水区勘探再次活跃起来。

爱尔兰西部海上 Dooish 深水区块 12/2-1 井的石油发现。该井打在一个掀斜断块上，钻遇巨厚油气柱。尽管目前还没有测试，但它首次证实了在大西洋边缘 Rockall 盆地中存在一个有效的含油气系统。

墨西哥的海上 Lankahuasa 1 井的天然气发现，测试日产天然气 105 万米^3。Lankahuasa 1 井是墨西哥国家石油公司在韦拉克鲁斯和 Tamaulipas 州浅海天然气勘探所部署的一系列探井的第一口井。该地区面积大约 500 千米^2，勘探程度低。Lankahuasa 1 井的钻探成功为墨西哥国家石油公司今后的油气

2001～2002 年世界平均在用钻机统计

国家或地区	2001 年（台）	2002 年（台）	2002 年比 2001 年增减(%)
拉丁美洲	262	214	−18.3
欧　洲	95	88	−7.4
非　洲	53	58	9.4
中　东	179	201	12.3
远　东	157	171	8.9
小　计	746	732	−1.9
加拿大	342	266	−22.2
美　国	1155	831	−28.1
北美小计	1497	1097	−26.7
世界合计	2243	1829	−18.5

勘探开辟了一个新的场面。

挪威北海 Ole 区块 33/12-8A 井油气发现。估计该发现的可采储量约 242 万吨原油和 6 亿米^{3}天然气，这在勘探程度较高的北海地区是十分值得称道的勘探成就。同时在英国北海地区也获得了重要油气发现。

四、勘探开发工作量

总体而言，2002 年全球油气勘探开发活动比 2001 年有所压缩。根据 SEG 对每个月全球施工地震队的统计，2002 年平均在施工的地震队 298 个，比 2001 年的 394 个，减少了 24%。除了非洲地区地震勘探活动比 2001 年有所增加外，其他国家或地区均有较大幅度的减少。2002 年的钻井活动也比 2001 年减少。全年平均在用钻机数从 2001 年的 2243 台减少到 1829 台。中东、非洲和远东地区的在用钻机数比上一年度各增加了 12.3%、9.4% 和 8.9%，其他地区则呈不同程度的减少。

2001～2002 年世界地震勘探工作量

国家或地区	2001 年（队/月）	2002 年（队/月）	2002 年比 2001 年增减（%）
非　洲	27	28	5.0
独联体	68	46	−32.1
欧　洲	27	17	−36.5
远　东	92	62	−32.6
中　东	44	36	−18.1
拉丁美洲	47	37	−22.4
美　国	59	51	−12.9
加拿大	29	20	−32.6
全球总计	394	298	−24.4

世界炼油和乙烯工业形势分析

一、炼油工业

对炼油商来说，2002年又是难熬的一年。原油供应因欧佩克限产而吃紧，价格节节上涨，油品市场却因世界经济增长减缓引发的需求减弱而表现疲软。2002年，世界炼油能力3年来首次增加，而炼油商毛利低下的状况并没有改善；委内瑞拉供应中断曾使美国炼油厂在年底陷入原油短缺的境地，而炼油能力过剩始终困扰着亚洲的炼油业。

1. 原油加工量9年来首次下降

2002年世界炼油厂原油加工量下降0.7%，这是自1993年以来首次出现下降。BP统计显示，2002年全球原油加工量从2001年的34.92亿吨降到34.68亿吨。加工量下降主要是因为拥有世界最大规模炼油系统的美国原油加工量减少1.3%。世界其他地区加工量也有不同程度下降，只有原苏联和中国有明显增加。

油品需求停滞、原油供应不稳以及油价的震荡波动，是炼油厂加工量下降的基本原因。美国炼油厂加工量在“9·11”事件后曾于2002年初因油品需求减少而大幅削减，四季度又因9月份的两场热带风暴和飓风严重影响墨西哥湾地区油气生产、加工和进口而显著下降。

2002年美国炼油厂原油加工量从2001年的7.56亿吨降低到7.46亿吨，减幅为1.3%。原苏联炼油厂的加工量上升6.0%，达到2.57亿吨。这是原苏联在1990年解体后加工量首次出现明显增加。原苏联炼油厂的加工量高峰是1987年的4.86亿吨。中国的加工量2002年达到2.20亿吨，比2001年增长4.6%。

1992～2002年世界主要国家和地区原油加工量　　单位：万吨／年

	1992年	1997年	2000年	2001年	2002年	增减
美　国	67055	73310	75335	75640	74630	－1.3%
加拿大	7290	8470	8825	9060	9090	0.3%
墨西哥	7485	7190	6820	6990	6935	－0.8%
中南美	22665	24600	26675	26765	25315	－5.4%
欧　洲	68793	73206	73898	73715	72575	－1.5%
前苏联	36440	23805	22780	24235	25690	6.0%
中　东	22205	27440	27920	29480	30340	2.9%
非　洲	10735	11590	11505	12020	12100	0.7%
大洋洲	3735	4360	4405	4390	4110	－6.4%
中　国	12130	15420	21090	21075	22045	4.6%
日　本	19410	21595	20725	20535	19930	－2.9%
亚太地区其它国家	28585	40915	44570	45270	44040	－2.7%
全世界	**306528**	**331901**	**344548**	**349175**	**346800**	**－0.7%**
其中：欧盟15国	58970	61755	62640	62435	61470	－1.5%
经合组织	178336	197274	199276	199310	195200	－2.1%
其它新兴经济国家	91751	110822	122492	125630	125910	0.2%

资料来源:《BP能源统计》2003年

2. 炼油能力达到历史最高水平

美国《油气杂志》统计分析了2002年世界炼油能力。在油品需求停滞不前，炼油加工量下降的情况下，2002年全球炼油能力却有所上升。在连续两年的下降后，2002年世界炼油能力从2001年的40.58亿吨增加到40.94亿吨，增加3560万吨。这使得2002年底的炼油能力达到历史最高水平。炼油能力增长主要来自现有炼油厂的改造和扩建。

2002年全世界有722座炼厂，其中新增1座。该炼厂由巴克—阿拉伯炼油公司(Parco)经营，年加工能力475万吨，位于巴基斯坦旁遮普省马哈茂德库特。Parco是巴基斯坦、阿联酋和奥地利的三方合资公司，巴基斯坦政府持股60%，阿布扎比石油投资公司和奥地利OMV公司分享剩余的40%股份。

北美和中东是2002年炼油能力增长最快的两个地区，分别增加1287万吨和1228万吨，达到10.15亿吨和3.16亿吨。在中东地区，科威特和卡塔尔炼厂的扩建，促使该地区炼油能力不断增加。北美炼油能力的增加是因为北美地区的三个国家美

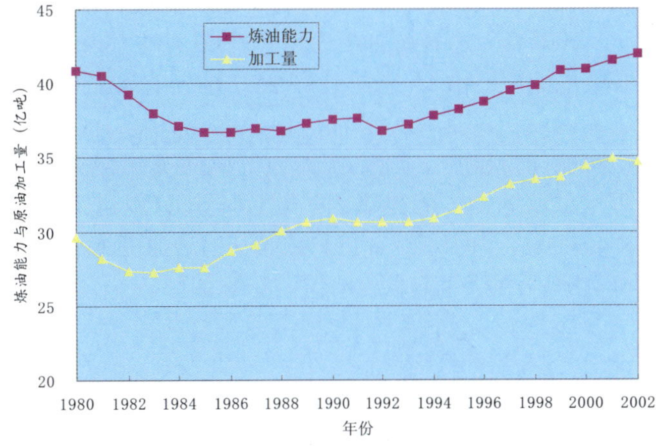

1980～2002年世界炼油能力与原油加工量

国、加拿大和墨西哥都扩建了炼油厂。

南美地区炼油能力增长速度位居第三，净增800万吨，达到3.33亿吨/年。西欧、亚太地区以及非洲炼油能力都有小幅上升。东欧地区是全球惟一炼油能力下降的地区，减少317万吨，降到5.09亿吨/年，原因主要是波兰和克罗地亚的炼油能力减少。

过去五六年里，亚洲地区的炼油能力增长迅速。新增炼油能力主要来自中国、中国台湾和印度，它们的炼油增能达1.33亿吨，增长40.8%。这使得亚太地区的炼油能力成为全球增长最快的地区，增长幅度达15.7%，而世界平均增幅只有6.2%。亚太地区已成为规模仅次于美国的全球第二大炼油中心。但炼油能力的大规模扩建投产恰恰赶上这段时间亚洲国家石油需求增长减弱。结果，油品市场的供需平衡被打破，能力过剩使炼厂效益降低。

2002 年末全球各地区原油蒸馏和二次加工能力

地 区	炼厂数	原油蒸馏(万吨/年)	催化裂化(万吨/年)	催化重整(万吨/年)	加氢裂化(万吨/年)	加氢精制(万吨/年)
非 洲	45	16066	1053	1665	155	3927
亚 洲	202	101024	14690	8683	4224	38748
东 欧	95	53085	4829	6350	1145	19088
中 东	46	31593	2006	2576	3261	8710
北 美	160	101454	35353	17825	9474	61132
南 美	69	33252	7026	1800	891	8589
西 欧	105	72914	11699	9199	4812	39983
全世界	722	409388	76656	48099	23961	180175

资料来源：美国《油气杂志》2002 年 12 月 23 日

3．炼油公司排位

在全球炼油能力排名前25位的大石油公司中，位居前3位的仍是埃克森美孚、英荷壳牌集团和英国石油公司（BP）。中国石油化工集团公司和委内瑞拉国家石油公司（PDVSA）分别由第5和第6位上升到第4和第5位，中国石油天然气集团公司位居第12位。

变化最大的是雪弗龙德士古、大陆菲利普斯和瓦莱罗能源公司（Valero）。大陆石油和菲利普斯石油在2002年8月底完成了150亿美元的并购，一跃成为世界第六大炼油公司，并成为全美第三大炼油公司。

瓦莱罗能源2001年12月31日兼并了奥特拉马大祥公司（Ultramar Diamond Shamrock），跃升为世界第十三大炼油公司。雪弗龙德士古公司由于在2月份出售了两家公司的股权，排位从第四降至第八位。

2002 年全球最大的 25 家炼油公司

排名 2002 年	排名 2001 年	公 司 名 称	原油加工能力
1	1	埃克森美 公司	26800
2	2	英荷壳牌	22685
3	3	BP 公司	15975
4	5	中国石化集团公司	13325
5	6	委内瑞拉国家石油公司	13325
6	11,20	科诺克菲利普斯公司	13065
7	7	道达尔菲纳埃尔夫	12545
8	4	雪弗龙德士古公司	11900
9	8	沙特阿美石油公司	10640
10	9	巴西国家石油公司	9535
11	12	墨西哥国家石油公司	9255
12	10	中国石油天然气集团公司	8940
13	25,26	瓦莱罗能源公司	7445
14	13	伊朗国家石油公司	7370
15	14	日本石油公司	5835
16	15	莱普索尔-YPF 公司	5765
17	18	科威特国家石油公司	5425
18	16	阿吉普石油	4970
19	17	印度尼西亚国家石油公司	4965
20	19	马拉松阿希兰石油	4675
21	22	鲜京公司	4085
22	24	台湾中油公司	3850
23	21	太阳油公司	3650
24	30	印度石油公司	3540
25	27	Bashneftekhimzavody 公司	3520

资料来源：美国《油气杂志》2002 年 12 月 23 日

4．炼厂排位

2002年，全球炼油能力超过2000万吨/年的世界级炼油厂已由15座增至17座。排名前3位的仍是委内瑞拉胡迪瓦纳炼油厂以及韩国的蔚山炼油厂和丽川炼油厂。埃克森美 下属的美国得克萨斯州贝敦炼油厂的排名因扩建而上升。新进入前25位的是2214万吨/年的科威特艾哈迈迪港炼油厂和2000万吨/年的荷兰欧罗波特炼油厂。

二、乙烯工业

1．乙烯工业产能扩展速度减慢

根据美国《油气杂志》所做的调查，2002年底全球乙烯生产能力从2001年前的1.07亿吨增加到

2002 年全球最大的炼油厂

排名	所属公司	炼油厂所在地	原油加工能力（万吨/年）
1	帕拉瓜纳炼油中心	委内瑞拉胡迪瓦纳	4700
2	鲜京公司	韩国蔚山	4085
3	LG—加德士公司	韩国丽川	3168
4	埃克森美孚炼油供应公司	新加坡亚逸查湾岛裕廊	2843
5	信赖石油公司	印度贾姆纳格尔	2700
6	豪文萨公司	维尔金群岛圣克罗伊岛	2625
7	埃克森美孚炼油供应公司	美国得克萨斯州贝敦	2615
8	S—石油公司	韩国温山	2600
9	埃克森美孚炼油供应公司	美国路易斯安那州巴吞鲁日	2458
10	科威特国家石油公司	科威特艾哈迈迪港	2214
11	俄罗斯投资公司	俄罗斯安加尔斯克	2204
12	BP 公司	美国得克萨斯州得克萨斯城	2185
13	BP 公司	美国印第安那州怀廷	2050
14	壳牌东方石油公司	新加坡武公岛	2025
15	伊朗国家石油公司	伊朗阿巴丹	2000
16	沙特阿美石油公司	沙特阿拉伯拉比格	2000
17	荷兰炼油公司	荷兰欧罗波特	2000

资料来源：美国《油气杂志》2002 年 12 月 23 日

1.09 亿吨/年，新增产能 240 万吨，同时大约有 47 万吨产能关闭。世界乙烯生产能力在 2001 年增加 620 万吨后，2002 年仅上升 240 万吨，这是自 1993 年以来生产能力净增幅度最小的一年。

2002 年 1 月，阿布扎比国家石油公司和Borealis 公司的合资企业 Borogue 公司在科威特的乙烯厂投产，年产能 60 万吨。

2002 年世界乙烯工业与2001 年的情形类似，也遭遇产品供过于求和毛利继续下降的局面。由于原料价格上涨，生产能力过剩，一些乙烯生产厂商被迫削减产量。

2002 年乙烯生产能力增加最多的是亚太地区，增加 120 万吨，其次是中东和北美地区。阿联酋一座乙烯装置建成投产，产能扩大 60 万吨，是产能增加最多的国家。美国通过对现有装置的改扩建，产能提高 53.7 万吨，产能增加排名世界第二。

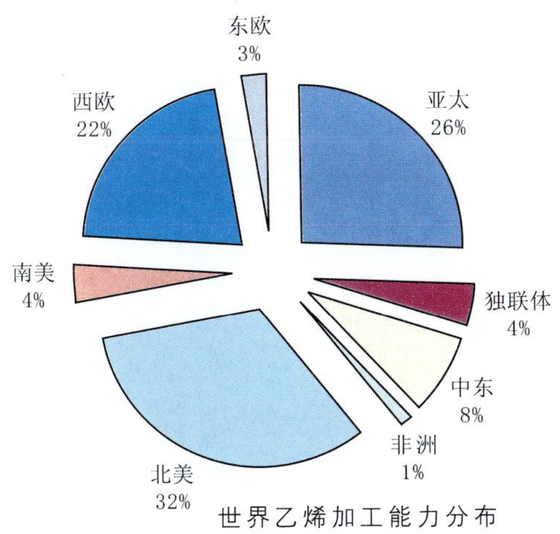

世界乙烯加工能力分布

全球有 3 座乙烯生产装置关闭。墨西哥国家石油公司（Pemex）因乙烷原料供应不上，被迫关闭了设在维拉克鲁兹的一座 18.2 万吨/年的生产装置。该国还关闭了另一处 2.7 万吨/年的装置。同年，罗马尼亚阿尔比化学公司（Arpichem）关闭了位于皮特斯提的 10 万吨/年乙烯生产装置。

2. 乙烯生产能力分布

2002 年，乙烯生产能力增强的仍是北美地区，该地区的乙烯生产能力占全球的 32%，但据朗曼兄弟公司的预测，北美地区占全球乙烯加工市场的份额将由目前的 32%，缩减到 2005 年的 29%。中东地区和亚洲（不包括日本）占全球乙烯市场的份额将从 2000 年的 24%扩大到 28%。

2002 年，美国的乙烯生产能力达 2930 万吨，远远大于位居第二的日本(706 万吨)和沙特阿拉伯(565 万吨)。美国作为世界头号乙烯供应国的地位在相当长一段时间内不会改变。

2002 年全球最大的 10 家乙烯生产联合企业

排名	公司名称	联合企业所在地	生产能力（万吨/年）
1	诺瓦化学品公司	加拿大艾伯塔省若夫尔	281.20
2	阿拉伯石化公司	沙特阿拉伯朱拜勒	225.00
3	埃克森美孚化学公司	美国得克萨斯州贝敦	215.00
4	雪弗龙菲利普斯化学公司	美国得克萨斯州斯威尼	190.50
5	埃奎斯塔化学品公司	美国得克萨斯州钱纳尔维尤	175.00
6	道化学公司	荷兰泰尔纽曾	175.00
7	延布石化公司	沙特阿拉伯延布	160.00
8	壳牌化学品公司	美国路易斯安那州诺科	155.60
9	道化学公司	美国得克萨斯州弗里波特	154.00
10	台塑美国公司	美国得克萨斯州波因特康福特	153.00

资料来源：美国《油气杂志》2003 年 3 月 31 日

3. 最大乙烯生产企业

2002 年全球最大的10家乙烯联合企业与2001 年相比变化不大，只是乙烯加工能力的增减使几家公司的排名有所改变。加拿大诺瓦化学品公司依然保持着榜首的地位。埃克森美 公司的“去瓶颈”项目使该公司从 2001 年的第四位升为第三位。

国际管道工程建设和油轮运输

一、世界油气管道里程分析

从1948年有管道建设里程统计到2000年，全世界已建管道总里程达174万余千米，其中天然气管道94万千米，原油和油品管道69万千米，海上油气管道11万余千米。

从1956～2000年的45年间，全世界已建压气站和泵站功率5200多万千瓦。

二、世界在建和拟建管道

据国际权威机构美国Oildom出版公司2003年8月份公布的最新调查，全球在建和拟建油气管道总里程为75504千米，其中拟建管道58581千米，在建管道16923。这个数字较Oildom出版公司上年同期公布的数字减少了2800多千米。而另据美国HART出版公司2003年4～5月份公布的最新调查，全球在建和拟建油气管道总里程为151745千米，其中在建管道27785千米，拟建管道123960千米。

两家公司对全球在建和拟建油气管道总里程数的调查结果相差近一倍，除下马的和其他暂缓的项目外，Oildom公司主要考虑了三个特别令管道经营者感到不安的负面因素，即伊拉克战争、中东持续的不稳定以及中、南美洲和其他地区的政治和经济动荡，从而大大减少了新建项目开工数量和计划扩建项目。另一个因素是Oildom公司未将北美的管道建设统计在内，而北美的在建管道和拟建管道长度是相当可观的数字。过去3年间，北美在建、待开工、拟建或可研中的管道项目里程有26000千米；而未来3年将超过19700千米。

1．东欧和独联体地区

东欧和独联体地区的新建和拟建管道约12741千米。该地区目前呈现的一个积极趋势是对外投资环境的改善和资源国对油气出口多元化的强烈要求。

（1）北欧管道项目耗资57亿美元，波罗的海和德国、英国的重要拟建管道，工程计划于2009年建成。

（2）亚马尔—欧洲输气管道是目前正在建设中的跨国大型输气管道工程。该管道将开辟俄罗斯向欧洲出口天然气的新通道，改变90%的俄罗斯天然气出口到欧洲必须经过乌克兰的被动局面。该管道项目由3条平行敷设的口径1020～1420毫米管道组成，单条全长5100千米，线路工程的总投资约300亿美元。计划输气量为900亿米^3/年，每条管道的输气能力为280亿～320亿米^3/年。

（3）巴库—第比利斯—杰伊汉（BTC）原油输

全世界已建管道里程统计　　　　单位：千米

年　份	天然气管道	油管道	其他管道	海上气管道	海上油管道	总　计
1948	10067.2	1427.2				11494.4
1949～1950	20704.0	10412.8				31116.8
1951～1955	65859.2	17966.4	262.4			84088.0
1956～1960	110320.0	54918.4				165238.4
1961～1965	81628.8	71481.6	1243.2			154353.6
1966～1970	104819.2	67883.2		3908.8	2755.2	179366.4
1971～1975	87696.0	87313.6		7142.4	5612.8	187764.8
1976～1980	104977.6	135665.6		9673.6	7057.6	257374.4
1981～1985	110580.8	98134.4		14116.8	7614.4	230446.4
1986～1990	90539.2	53899.2	6380.8	7019.2	2779.2	160617.6
1991～1995	75563.2	40257.6	608	9083.2	2526.4	128038.4
1996～2000	76000.0	54137.6		16529	5848	152514.6
总　计	938755.2	693497.6	8494.4	67473	34193.6	1742414

注：1948～1956年间的统计数字是美国的管道建设千米数，约为14.8万千米，而其他地区的统计数字为零

全世界已建压气站和泵站功率统计　　单位：万千瓦

年　份	压气站	泵　站	总　计
1956～1960	2279063	459227	2738290
1961～1965	1876383	994234	2870617
1966～1970	3468361	2118454	5586815
1971～1975	4914973	2786491	7701464
1976～1980	6465429	5193921	11659350
1981～1985	6872657	3922706	10795363
1986～1990	3499455	1174537	4673992
1991～1995	2720635	962763	3683398
1996～2000	2129148	525357	2654505
总　计	34226104	18137690	52363794

送管道是独联体地区新开辟的原油出口通道，将里海地区的原油经阿塞拜疆、格鲁吉亚输送到土耳其的地中海杰伊汉港，再从杰伊汉输送到欧洲和世界市场。该管道长1760千米、口径1066～1168毫米（42～46英寸），耗资29.5亿美元，已于2003年一季度开工；设计日输油量15.8万吨。

（4）俄罗斯堪察加半岛输气管道位于俄罗斯远东地区。该管道项目全长400千米，将堪察加半岛中部Krugskoye气田的天然气输送到3个电厂。该管道原定于2002年9月竣工，因技术原因而延期，现计划2004年6月竣工。

（5）康斯坦察—奥米沙利管道是另一条重要的拟建管道，全长1192千米，连接罗马尼亚、南斯拉夫和克罗地亚三国。该管道将打开一条从中亚通往西欧的石油路线。三国已就建设该管道签约，拟建路线从罗马尼亚康斯坦察经南斯拉夫至克罗地亚奥米沙利附近的亚得里亚海石油终端，还可能延伸到意大利的里雅斯特，甚至继续向西延伸。

（6）俄罗斯萨哈林管道项目是该岛多个大型油气开发项目的配套工程。埃克森美　公司将投资4000万美元建设一条长960千米的向西穿过　海峡至伯力凯（Khabarovsk Krai）的De-Kastri输油管道，将鄂霍次克海上的Chayvo、Odoptu和Arkuntun-Dagj三个油气田的原油运送到伯力凯，并由此出口。二期工程计划建设一条到日本的2286千米海上输气管道，计划2006年开始输气，到2010年达到2832万米^3/日。

（7）俄中方案与远东方案是俄罗斯向远东地区出口原油的两个方案。俄中方案是将俄罗斯东西伯利亚的安加尔斯克石油运到中国大庆，全长2384千米，投资预算25亿美元，年输油量一期为2000万吨，最终达到3000万吨。远东方案是修建一条从安加尔斯克到远东太平洋港口纳霍德卡（Nakhodka）的石油管道，向日本出口原油。该管线总长度为3800千米，年输油5000万吨，投资约50亿美元。

（8）土巴输气管道由土库曼斯坦、阿富汗和巴基斯坦三国参与，正在进行可行性研究。该管道是横贯阿富汗的输气管道，全长1460千米，可将土库曼斯坦Dauletabad-Donmez气田的天然气经阿富汗输送到巴基斯坦。

2．西欧地区

西欧油气管道市场已相当成熟，对新管道的需求并不特别强劲。

（1）挪威海域海底管道项目是该地区最重要的一个建设项目。该项目将连接挪威和英国，全长1210千米，是世界上最长的海底管道。该管道的建设和运行计划已上报政府机构审批。整个项目计划于2007年建成，届时，挪威可向英国提供的天然气不低于每日1700万米^3。

（2）Symphony天然气管道是马拉松公司计划投资13亿美元建设的由挪威到英国的北海输气管线，全长669千米，该管道将可能在2005年投产。

3．亚太地区

亚洲许多国家正在积极筹划未来的管道建设。目前，亚太地区新建和计划建设的管道约为34.23万千米。中国和印度是该地区的两个能源消费大国，一直在努力提高其天然气供应和建设基础设施。

中国正在与独联体国家探讨通向中国的油气管道，包括从哈萨克斯坦和土库曼斯坦至鄯善；从西伯利亚西部油田至　善；从伊尔库斯克盆地油田经满洲里至大庆（俄中方案）；从库页岛至沈阳；从伊尔库斯克经蒙古至北京。

（1）中国西气东输项目，途经新疆、甘肃、宁夏、陕西、山西、河南、安徽、江苏、上海、浙江十个省市。管道全长4000千米，口径1016毫米。该工程于2002年7月4日全线开工，分两段铺设，2004年春建成陕西靖边至上海区段（1537千米），并率先供气；2005年夏天建成轮南至靖边区段，实现全线贯通。

（2）在印度尼西亚，Perum Gas Negara（PGN）正在建设1条连接苏门答腊岛和新加坡的640千米天然气出口管道，还计划在2007年之前新建4条输气管道，全长2560千米。

（3）印度，有几个管线项目处于考虑之中，其中包括1条从卡基纳达至果阿的1432千米管道，1条连接贾姆纳格尔、博帕尔和克塔克的2480千米管道和1条198千米的天然气上岸海底管道。

（4）泰马输气管道项目，投资7亿美元，将泰国湾天然气输送到马来西亚。这条近400千米长的陆上和海底管道已经断断续续建设了约4年，将于2004年年底投入商业运营。

（5）澳大利亚，是亚太地区管道建设的热点地区，新建和计划建设的管道里程达8707千米。近年来，接连不断的油气发现拉动了管道建设的发展。重要的管道建设项目有8个，包括SEA输气管道，博纳帕特—戈夫天然气管道，Central Ranges天然气管道，汤斯维尔发电厂管道，Gorgon输气管道，丹皮尔—班伯里天然气管道（DBNGP），Hedland港至Telfer的管道，以及澳巴跨国输气管道。

4．中东地区

在中东，伊拉克战争和恐怖活动严重影响了整个地区的管道建设。中东地区在建和拟建管道仅有5176千米。

中东地区最重大的项目是海　能源公司的卡塔尔北方气田天然气项目。该项目需要建数条配套管道，包括2条将北方气田的天然气输送到Ras Laffa天然气处理厂的77千米海底管道，投资15亿美元建设的一条从卡塔尔处理厂至阿布扎比的416千米、管径1219毫米海底输气管道。该项目预计2006年完工。

5．非洲

非洲新建和计划建设管道约1.31万千米。过去2年来，非洲是管道项目建设增长为数不多的几个地区之一，目前涉及几项世界级建设项目。

乍得/喀麦隆开发项目是非洲地区几个重大开发项目之一，由埃索勘探乍得公司经营。与之配套的是2002年开工建设的1040千米乍得—喀麦隆输油管道，用于将乍得原油输送到喀麦隆海岸，然后出口到世界其他市场。

雪佛龙德士古公司的西非输气管道项目计划于2005年初完工。该管道投资5亿美元，长800千米，计划将尼日尔的天然气输送到加纳、贝宁和多哥。

阿尔及利亚的天然气管道建设与几个大型开发项目同步进行，这包括该国最大的因阿迈纳斯湿气联合开发项目和因萨拉赫气田开发项目。

南非计划从邻国莫桑比克进口天然气，为此将建设一条从莫桑比克气田至Secunda的858千米输气管道并计划于2004年上半年开始输气。

6．北美

预计未来3年北美新建管道项目投资将超过52亿美元，总里程超过2万千米。

美国油气管线施工主要围绕墨西哥湾地区新油气田的开发建设、美国本土天然气管线扩建以及加拿大天然气进口管线建设等进行。其中最重要的管线建设工程包括：Gulfstream天然气系统，哥伦比亚天然气系统，Canyon Express管线系统和克恩河输气管道复线。

在加拿大，除正在扩建几条重要油气管线外，计划建设的油气管线包括BC Gas Utility公司的内陆太平洋管道工程，Mackenzie Delta Producers集团的麦肯齐输气管道工程和TransCanada Pipelines公司的北风管道。另外，Bison管道正在建设投资8亿美元的5140千米沥青输送管道。

7、中、南美洲

中、南美洲的政治和经济动荡严重阻碍了油气工程和管道建设，新建和拟建管道总里程仅为6648千米。

巴西已开始兴建第二条玻巴输气管线，管线长450千米，设计运营能力80亿米^3，预计耗资3亿美元。还将投资11亿美元铺设一条自坎波斯盆地至圣保罗市的新输油管道，长725千米，计划2005年投入运营。

特立尼达和多巴哥的“跨岛工程”（Cross Island Project）是管道建设的一个亮点，用于满足加勒比岛对天然气的需求。

三、世界油轮运输

1．油轮载重吨位

2002年全世界运油船队的载重吨位增长了1.5%，达到3.103亿吨,其中油轮2.966亿吨,兼用货船0.137亿吨。除巴拿马型（载重吨位6～8万吨）船只的载重吨位下降了6%，降到1400万吨外，其他级别船只的载重能力都有所增长。

全世界2002年中期油轮运输统计　　单位：百万吨

油　轮	全世界运油船队			闲置的油轮吨位	用作浮式储油设施的油轮
	油轮	兼用货船	所有船只		
载重吨位1～6万吨的油轮	62.3	1.4	63.7	0.1	0.23
载重吨位6～8万吨的油轮	14.0	2.2	16.2	0.0	0.53
载重吨位8～12万吨的油轮	52.6	5.3	57.9	0.0	2.01
载重吨位12～20万吨的油轮	41.3	3.5	44.8	0.2	3.85
载重吨位20万吨以上的油轮	126.4	3.5	127.7	1.7	7.45
总　计	296.6	13.7	310.3	2.0	14.15

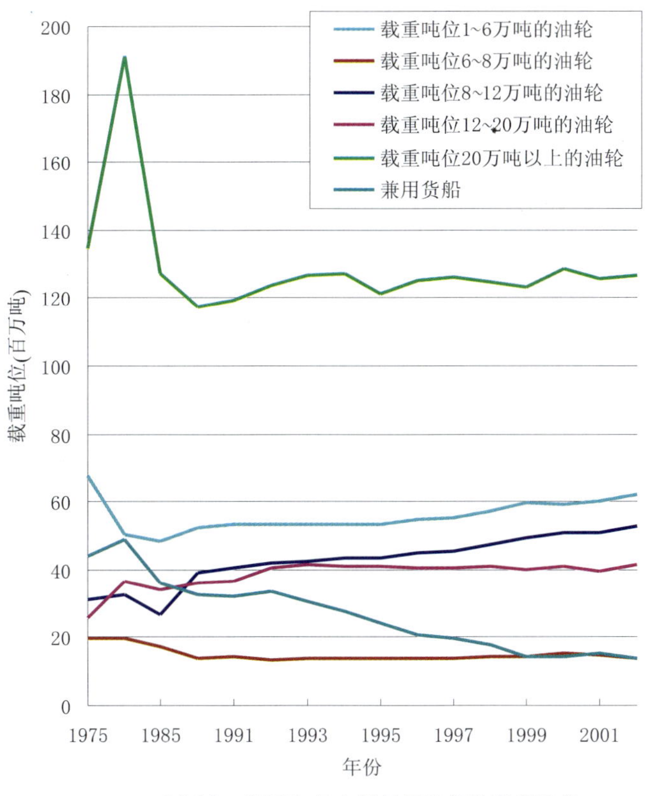

1975～2002 年全世界运油舰队载重吨位

2．拆船业

尽管2002年是拆船业经营兴旺的一年，大约总共分拆了总载重吨位相当于1720万吨的油轮船只，但由于新油轮的投入使用使得全世界运油船队总载重吨位取得了净增长。然而，兼用船只（既可以载油也可以装载散装材料的船只）的载油吨位总体上降低了140万吨，降到1370万吨。

3．长途运输量减少，短途运输量增长

世界经济的总体疲软导致海运石油贸易量几乎没有出现增长。但由于OPEC组织对石油生产的限制，2002年中东原油出口对长途运输的需求量有所下降，特别是以大西洋盆地为目的地的运输量。相反，由于俄罗斯和里海地区原油和油品产量的提高，导致对短途船运能力需求的增加。

4．闲置油轮

2002年全世界闲置油轮载重吨位增加了大约120万吨，由2002年处于较低水平的80万吨增长到了200万吨。其中，几乎所有的增长量都来自载重吨位在20万吨以上的特大型油轮（VLCC）。2002年世界原油海运需求增长的减缓可能是闲置油轮载重吨位出现少量增长的主要原因。当然，“Prestige”号成品油运输船的沉没，导致欧洲立法机构和公众关注老式单体船存在的事故隐患，也在一定程度上迫使老式油轮退出运输队伍。

5．浮式储油设施

2002年全世界用作浮式储油设施的油轮载重吨位达到1415万吨，在上年基础上增长了39万吨。这是1991年海湾战争以来的最高水平。1991年，大量油轮被用作储油设施，对剧烈震荡的市场条件起到缓冲的作用。“9·11”事件带给海湾国家的紧张局势，以及美英两国对伊拉克进攻的预测可能是导致这一增长的主要原因。另外，2002年油轮盈利水平的急剧下降也可能导致运营商更愿意将油轮用于储油而不是运输。

（上接第244页）

下降到2.77亿桶，只相当于2001年同期的10%。

六、石油期货中的投机因素异常活跃

近几年原油期货市场投机商的炒作加剧了原油价格的波动。据美国商品期货交易委员会（CFTC）的统计报告表明，在2001年的大部分时间里，非商业性交易商在NYMEX石油期货交易中的空仓量均大于多仓量。而今年大多数时间里纽约商品交易所非商业性交易商在原油、取暖油和汽油交易中的头寸均由净空仓转为净多仓。其中原油的变化最为明显，2001年12月非商业性交易商的原油持仓量为创纪录的7万余手净空仓，而到2002年3月底它们的净多仓量已高达5万余手；10月初非商业性交易商的原油持仓量为4万手净多仓，但到10月底它们的净空仓量已达到2万余手。12月份净多仓量的局面再次出现。短短几个月内如此大幅度地改变仓位，在历史上实属罕见，这反映了市场的极不确定性。由此可以看出，在石油市场形势发生重大变化的时候，期货市场上的投机活动非常踊跃，大投机商预期油价看涨看跌，大量买进或卖出期货合约，这必然会对石油价格的上升或下降起到推波助澜的作用。

国际石油市场分析

2002年，世界石油市场呈现以下特点。

一、油价高于预期和2001年水平，先后出现三波高峰

路透社曾预测2002年的布伦特油价将下降到19美元左右。一年过去了，油价不但没有下降，反而高于2001年。2002年，欧佩克一揽子原油价格、美国西得克萨斯中油（WTI）、欧洲布伦特油和亚洲迪拜油的现货平均价格分别为24.31、26.26、25.10和23.73美元/桶，分别比2001年高出1.15、0.37、0.64和0.92美元/桶。

国际市场原油现货平均价格　　单位：美元/桶

油　品	2000年	2001年	2002年
OPEC一揽子	27.6	23.12	24.27
WTI	30.32	25.89	26.26
布伦特	28.41	24.46	25.10
迪　拜	26.16	22.81	23.73
塔皮斯油	29.74	25.33	25.72
米纳斯油	28.75	24.06	25.68
辛塔油	28.07	23.21	24.67
杜里油	27.44	22.27	23.90
大庆油	28.76	23.98	25.50
胜利油	27.25	22.17	23.78

资料来源：路透社普氏报价

油价高峰基本上在二、三、四季度各出现了一次。

第一波油价高峰（四、五月份）：4月初巴以冲突骤然升级。伊拉克呼吁阿拉伯国家运用石油武器并且宣布从4月8日起暂停石油出口一个月，从而使WTI原油价格月初一度攀升到27美元/桶以上。5月中旬巴勒斯坦人自杀性爆炸导致中东局势再度紧张，刺激油价迅速止跌回升。5月14日WTI原油期货价格冲破29美元/桶。

第二波油价高峰（八九月份）：8月上旬美国攻打伊拉克喧嚣尘上，油价一路攀升，21日WTI原油现货价格甚至超过了30美元/桶。9月下旬伊西多尔热带风暴(Tropical Storm Isidore)对美国原油供应造成影响，使油价上扬。9月23日布伦特原油价格上涨到29.13美元/桶；而美国西得克萨斯原油也涨破30美元，达到30.71美元。欧佩克一揽子油价则涨破该组织22～28美元目标范围上限。

第三波油价高峰（11月中旬以来）：随着联合国武器核查小组重返伊拉克搜寻大规模杀伤性武器工作的开始，原油市场对美伊之间可能爆发战争的担忧再度升级。11月18日纽约商业期货交易所(NYMEX)最近一个月西得克萨斯中油（WTI）上升1.20美元/桶达到26.71美元/桶，创下近7个月以来的最大单日升幅。此后在美国和英国对伊拉克发出战争警告、以色列发生自杀性袭击事件、欧佩克宣称要加强产量控制，以及委内瑞拉石油工人发出罢工威胁等事件和下旬美国原油库存下降等作用下，原油价格屡屡回升。12月27日，WTI和布伦特油价分别回升到32.62和31.85美元，比年初上升60%。

二、原油价格走高带动油品价格上扬、炼厂开工率上升、炼油毛利改善

纽约、西北欧和新加坡三地油品价格走势基本与原油相类似。全年价格也将高于去年的平均水平。2002年1月18日美国炼油厂的开工率只有88.4%，为23个月以来的最低水平。4月份在原油价格带动下，美国炼厂开工率开始超过90%，这种水平保持至今。

六七月份在美国汽油需求的带动下，三大中心炼油毛利上升。原油价格的持续上扬，加之欧美、新加坡三地市场供需面的支撑，汽油和馏分油价格上升。亚洲市场高硫燃料油供应的吃紧也给予油品价格支撑。8月份鹿特丹市场汽油价格继续上

2002年国际市场原油现货价格走势

炼厂炼油毛利　　　　单位：美元／桶

炼　厂	1月	2月	3月	4月	5月	6月	7月	8月	9月	10月	11月	12月
西北欧												
布伦特(加氢拔顶)	−1.27	−2.47	−2.48	−2.31	−2.14	−1.16	−1.69	−1.51	−0.61	−0.28	0.34	−1.11
布伦特(裂化)	−0.87	−1.63	−1.34	−0.93	−0.92	−0.02	−0.31	−0.17	0.53	0.85	1.31	0.11
地中海												
乌拉尔(加氢拔顶)	0.46	−0.4	−0.67	−0.49	−0.62	0.01	−0.72	−0.53	0.85	0.74	0.88	−0.88
乌拉尔(裂化)	1.16	0.53	0.65	1.03	0.68	1.28	0.79	0.93	2.01	1.95	2.02	0.63
美国墨西哥湾												
WTI(裂化)	0.98	−0.12	2.36	2.79	0.81	2.01	1.9	0.73	1.11	3.07	1.90	1.65
布伦特(裂化)	−0.22	−0.82	1.51	1.8	1.01	1.88	1.41	1.07	1.12	2.75	2.07	−0.24
新加坡												
迪拜(加氢拔顶)	−0.19	0.4	−0.76	−0.08	0.3	0.16	−0.04	0.18	0.61	0.59	1.38	−0.07
迪拜(裂化)	0.73	1.73	0.9	1.68	1.68	1.58	1.11	1.09	1.72	2.25	2.80	2.78

资料来源：国际能源机构（IEA）2003年1月份市场月报

升，美国和新加坡市场则有所回落。馏分油价格开始成为欧美油品市场的主导价格。与此同时原油价格的高涨，也使同期油品价格大幅攀升。

10月份，由于美国墨西哥湾炼厂不定期的检修，以及 风的影响，导致大西洋盆地原油和油品库存反季节性下降。这使得油品价格下跌步伐减缓，同期欧美炼油毛利开始有所改善，并带动世界的毛利水平上升。

三、欧佩克冻结产量配额给予油价支撑作用

“9·11”事件后，世界经济衰退，石油需求减少，导致国际原油价格下跌至10年来最低水平。为防止油价进一步下跌，欧佩克国家达成一致意见，从2002年1月1日开始进一步减产150万桶/日。减产后欧佩克的产量限额已降至2170万桶/日，较2001年年初减少500万桶/日，这是10年以来最低的配额水平。并且，欧佩克先后于2002年3月、6月和9月三次会议上维持目前的产量限额，即今年欧佩克的产量限额一直保持在2170万桶/日。

在这一年多的时间里，欧佩克成功地实行了它的市场政策，通过连续减产维系了石油市场的平衡，防止了因经济衰退和需求下降可能引发的油价暴跌，同时也造成了发生供应紧张、油价暴涨的可能性。2002年上半年欧佩克各国较好的履约情况是促使油价上涨的原因之一。但是从下半年开始欧佩克的超产数量一直在增加，不论其超产出于何种动机，在客观上对缓解石油供需矛盾起到了一定的作用。并且在下半年油价一度高涨的情况下，欧佩克的超产也在一定程度上起了稳定油价的作用。

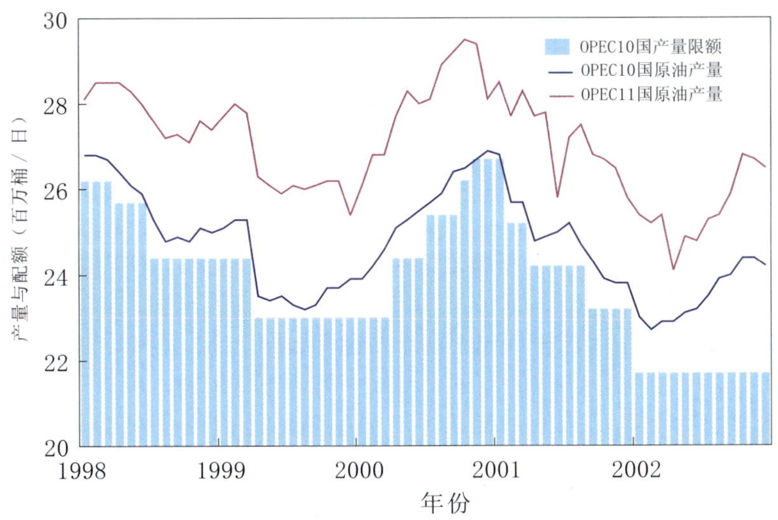

欧佩克产量与配额
（资料来源：路透社能源2000年）

四、产生5美元的“溢价现象”

中东紧张局势，特别是美伊战争的阴影以及频繁的恐怖事件，产生5美元左右的“溢价现象”。

从2002年3月份开始巴以冲突恶化，以军大规模进攻巴勒斯坦控制的城市，从而导致油价一度走高。为声援巴勒斯坦，伊拉克上半年一度停止石油出口，也使原油市场上减少100万桶/日以上的供应量。随后受联合国改变伊拉克原油出口作价公式和伊拉克政

1998～2002年伊拉克月均原油产量　　单位：万桶／日

年月	1	2	3	4	5	6	7	8	9	10	11	12
1998	125.7	170.0	182.0	208.0	224.0	208.0	228.0	242.0	239.0	228.0	246.0	237.0
1999	258.0	268.0	245.0	278.0	271.0	237.0	284.0	277.0	283.0	251.0	248.0	150.0
2000	218.0	259.0	216.0	263.0	303.0	254.0	244.0	300.0	281.0	296.0	270.0	120.0
2001	170.0	197.0	260.0	285.0	287.0	84.0	203.0	282.0	254.0	280.0	280.0	202.0
2002	231.0	254.0	253.0	130.0	176.0	152.0	183.0	150.0	182.0	242.0	237.0	227.0

资料来源：中东经济调查

府征收附加费的不利影响，促使伊拉克原油生产和出口大受影响。

随着美伊局势的日渐紧张，担心美国对伊拉克发动军事打击促使油价大幅攀升，战争溢价高达5美元/桶左右。10月份以后美国对伊拉克的强硬态度有所缓和，但是由于美国推翻萨达姆政权已成必然，因此尽管伊拉克接受了联合国有关武器核查的新决议，伊拉克的任何不合作或违法行为仍都可能导致美国及其盟国对其发动军事打击。伊拉克因素已成为当前石油市场上最关键的不确定因素。在伊拉克危机彻底解决之前，该因素将支撑油价继续在高位波动。

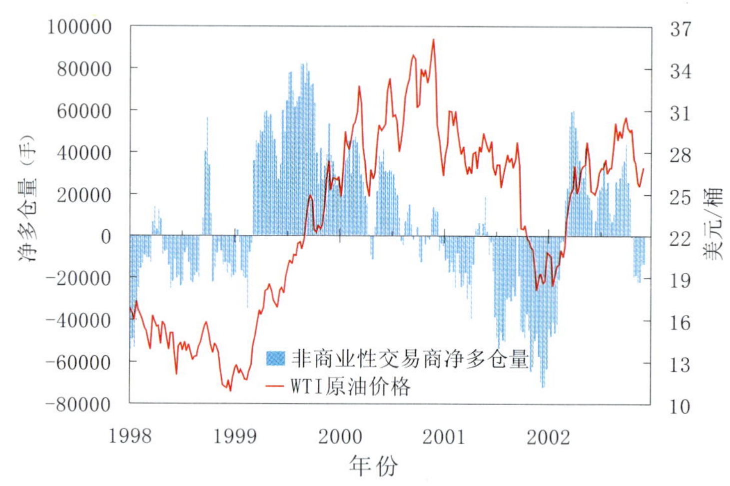

美国NYMEX投机交易与WTI油价的关系

近期的恐怖袭击事件平添了几多石油供应的担心。

由于恐怖分子袭击油轮事件的发生以及对美伊战争殃及中东油轮运输的担心，原油海运市场陷入混乱，船运保险费开始急剧上涨，加大石油的物流成本。据美联社报道，10月开始中东至亚洲的石油海运保险费已上涨了两倍，200万桶油轮的保费由15万美元上涨至45万美元，每桶石油的保费增加了15美分。从国际海事组织、海洋物流研究所和FEARNLEYS咨询公司的数据来看，12月份油轮租费又继续上升，达到今年最高。

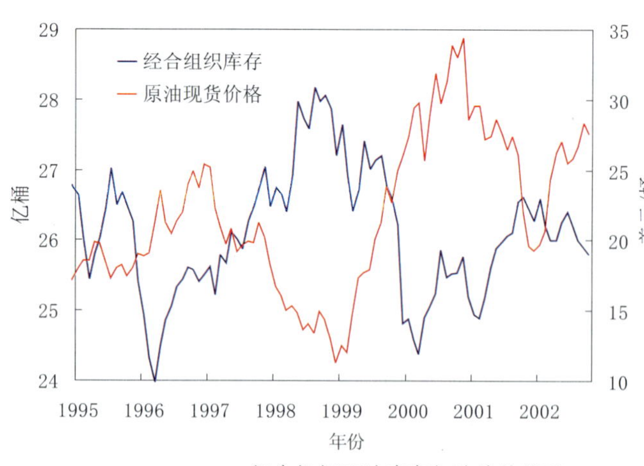

经合组织石油库存与油价的关系

五、主要石油消费国的库存水平较低促使油价走高

近几年的石油市场表明，经合组织（OECD）与美国的石油库存水平和短期变动对石油价格的影响非常之大。2001年年底OECD的库存水平为26.2亿桶，基本恢复到历史正常水平。但长时间的欧佩克限产政策使得主要消费地区的石油库存不断下降，甚至在2002年三季度出现了反季节性下降，只有25.7亿桶，较2001年同期明显下降0.9亿桶，接近或低于过去10年的平均水平。同时，库存可满足未来石油需求的天数也相应减少到53天左右，低于正常的55天的水平。库存水平低于历史正常水平促使油价走高。此外，10月初美国的原油库存水平降至2.73亿桶，为1976年以来的最低水平。虽然随后美国库存水平有所上升，但是美国石油学会（API）的报告表明，截止到2002年12月27日美国的当周原油库存再次

（下转第241页）

统计数据篇

2001～2002 年世界各国一次能源消费

单位：百万吨油当量

国家或地区	2001年						2002年					
	石油	天然气	煤炭	核能	水电	总计	石油	天然气	煤炭	核能	水电	总计
美国	896.1	578.2	545.9	183.2	47.6	2250.9	894.3	600.7	553.8	185.8	58.2	2293.0
加拿大	88.7	74.5	30.3	17.4	75.0	285.9	89.7	72.6	30.7	17.0	78.6	288.7
墨西哥	83.4	35.1	6.8	2.0	6.4	133.7	80.9	37.9	7.0	2.2	5.6	133.7
北美	1068.2	687.8	583.0	202.6	129.0	2670.5	1064.9	711.2	591.5	205.0	142.4	2715.4
阿根廷	19.0	28.1	0.7	1.6	8.4	57.8	16.8	27.2	0.6	1.3	7.6	53.5
巴西	87.5	10.5	12.2	3.5	60.7	174.5	85.4	12.3	12.0	3.4	64.4	177.5
厄瓜多尔	5.9	0.1	–	–	1.6	7.7	5.9	0.1	–	–	1.7	7.7
哥伦比亚	11.1	5.5	3.3	–	7.1	26.9	10.0	5.5	2.0	–	7.6	25.2
秘鲁	7.0	0.3	0.4	–	4.0	11.7	7.0	0.4	0.4	–	4.1	11.8
委内瑞拉	22.2	26.2	^	–	13.7	62.1	22.9	24.6	^	–	14.0	61.5
智利	10.6	5.7	2.1	–	4.9	23.3	10.8	5.9	2.0	–	5.2	23.9
其他	55.5	11.6	0.8	–	16.8	84.7	56.0	12.2	0.8	–	18.1	87.1
拉丁美洲	218.8	88.0	19.5	5.1	117.2	448.7	214.8	88.2	17.8	4.7	122.7	448.2
阿塞拜疆	3.7	7.0	^	–	0.3	11.0	3.6	7.1	^	–	0.5	11.2
爱尔兰	9.0	3.6	1.9	–	0.2	14.6	8.7	3.7	1.8	–	0.3	14.4
奥地利	12.8	7.0	2.9	–	9.5	32.2	13.0	7.3	3.5	–	8.9	32.7
白俄罗斯	5.9	14.5	0.3	–	^	20.6	5.8	14.9	0.3	–	^	21.0
保加利亚	4.0	2.7	6.9	4.1	0.4	18.1	4.2	2.6	6.8	4.6	0.5	18.7
比利时与卢森堡公国	32.2	13.2	7.6	10.5	0.6	64.0	32.9	13.4	7.3	9.7	0.5	63.8
冰岛	0.9	–	0.1	–	1.5	2.5	0.9	–	0.1	–	1.6	2.6
波兰	19.2	10.4	58.0	–	1.0	88.6	19.7	10.1	56.4	–	0.9	87.1
丹麦	9.8	4.6	4.2	–	^	18.6	9.8	4.6	4.2	–	^	18.6
德国	131.6	74.6	85.0	38.7	5.8	335.7	127.2	74.3	84.6	37.3	5.9	329.4
俄罗斯	122.3	335.4	110.2	31.0	39.8	638.7	122.9	349.6	98.5	32.0	37.2	640.2
法国	95.5	37.7	11.6	95.5	17.9	258.2	92.8	38.5	12.7	98.9	15.0	258.0
芬兰	10.5	3.7	4.0	5.2	3.1	26.4	10.9	3.7	4.5	5.1	2.5	26.6
哈萨克斯坦	6.8	9.1	22.5	–	1.8	40.2	6.5	8.7	21.7	–	2.0	38.9
荷兰	43.9	35.2	8.5	0.9	^	88.5	43.8	35.4	8.9	0.9	^	89.0
捷克	8.3	8.0	21.4	3.3	0.6	41.7	8.2	8.0	20.4	4.2	0.6	41.5
立陶宛	2.7	2.5	0.1	2.6	0.2	8.1	2.7	2.6	0.1	3.2	0.2	8.7
罗马尼亚	10.6	14.9	7.2	1.2	3.4	37.3	10.9	15.6	6.9	1.3	3.6	38.3
挪威	9.7	3.4	0.6	–	27.4	41.0	9.4	3.5	0.5	–	29.4	42.9
葡萄牙	14.6	2.3	4.9	–	3.3	25.0	14.9	2.7	5.0	–	1.5	24.1
瑞典	15.2	0.6	2.0	16.3	17.9	52.1	15.0	0.7	2.2	15.6	15.1	48.5
瑞士	13.1	2.5	0.1	6.1	9.7	31.5	12.4	2.5	0.1	6.2	8.3	29.6
斯洛伐克	3.2	6.2	4.1	3.9	1.2	18.6	3.3	6.9	3.9	4.1	1.2	19.4
土耳其	30.5	14.4	20.4	–	5.4	70.8	29.9	15.6	18.1	–	5.0	68.6
土库曼斯坦	2.4	11.6	–	–	–	14.0	2.6	11.9	–	–	–	14.5
乌克兰	12.7	63.8	39.4	17.2	2.7	135.9	12.9	62.8	38.3	17.7	2.2	133.8

续表

国家或地区	2001年						2002年					
	石油	天然气	煤炭	核能	水电	总计	石油	天然气	煤炭	核能	水电	总计
乌兹别克斯坦	6.5	46.0	1.1	–	1.2	54.8	6.6	47.2	1.0	–	1.6	56.5
希　腊	21.7	1.7	9.3	–	0.6	33.4	21.8	1.8	9.9	–	0.8	34.2
匈牙利	6.7	10.7	3.4	3.2	^	24.0	6.4	10.7	3.3	3.2	^	23.6
意大利	92.8	57.3	13.7	–	12.2	176.0	92.9	57.2	13.8	–	10.9	174.8
英　国	77.3	86.7	40.3	20.4	1.5	226.0	77.2	85.1	36.5	19.9	1.7	220.3
其　他	21.7	13.0	12.1	1.6	15.8	64.2	21.9	12.0	12.9	1.8	14.9	63.5
欧洲与独联体	930.5	920.7	523.3	276.1	194.9	2845.3	925.2	939.5	506.1	280.0	178.9	2829.5
阿拉伯联合酋长国	12.3	34.3	–	–	–	46.6	12.4	35.4	–	–	–	47.8
卡塔尔	1.4	10.2	–	–	–	11.6	2.0	9.6	–	–	–	11.7
科威特	10.5	8.6	–	–	–	19.1	10.7	7.8	–	–	–	18.6
沙特阿拉伯	62.7	48.3	–	–	–	111.0	63.4	50.8	–	–	–	114.2
伊　朗	54.0	58.5	0.8	–	0.8	114.1	53.2	61.1	0.8	–	1.1	116.2
其　他	65.5	20.7	7.2	–	0.7	94.1	65.7	20.4	7.6	–	0.8	94.6
中　东	206.4	180.6	8.0	–	1.5	396.5	207.4	185.1	8.4	–	1.9	403.1
阿尔及利亚	9.1	23.3	0.5	–	^	32.9	9.9	23.7	0.5	–	^	34.0
埃　及	26.1	19.3	0.8	–	3.0	49.2	26.1	20.4	0.8	–	3.1	50.3
南　非	23.0	–	80.7	2.6	0.8	107.0	23.6	–	81.8	2.9	0.9	109.2
其　他	58.3	16.1	7.2	–	14.1	95.6	59.0	16.6	7.5	–	14.5	97.5
非　洲	116.5	58.7	89.2	2.6	17.9	284.7	118.6	60.7	90.6	2.9	18.5	291.0
澳大利亚	38.1	21.4	49.3	–	3.8	112.6	38.0	21.6	49.5	–	3.8	112.9
巴基斯坦	18.4	17.9	2.1	0.2	4.1	42.7	17.9	18.8	2.1	0.4	4.6	43.8
菲律宾	16.5	0.1	4.5	–	1.6	22.7	15.6	1.6	3.5	–	1.6	22.3
韩　国	103.1	20.8	45.7	25.4	0.9	195.9	105.0	23.6	49.1	27.0	1.2	205.8
马来西亚	20.6	23.2	2.6	–	1.7	48.1	22.5	24.3	3.3	–	1.7	51.8
孟加拉国	3.3	9.7	0.4	–	0.2	13.6	3.4	10.1	0.4	–	0.2	14.1
日　本	247.5	71.1	103.0	72.7	20.4	514.8	242.6	69.7	105.3	71.3	20.5	509.4
泰　国	33.1	20.3	8.8	–	1.4	63.6	35.3	23.3	8.6	–	1.6	68.9
新加坡	36.4	1.1	–	–	–	37.6	35.5	1.6	–	–	–	37.1
新西兰	6.4	5.2	1.3	–	4.8	17.8	6.8	5.0	1.3	–	5.4	18.4
印　度	96.7	24.5	172.5	4.3	16.3	314.2	97.7	25.4	180.8	4.4	16.9	325.1
印度尼西亚	52.1	30.1	16.7	–	2.1	101.0	51.2	31.3	17.8	–	2.1	102.4
中　国	232.2	25.0	518.7	4.0	53.7	833.6	245.7	27.0	663.4	5.9	55.8	997.8
中国台湾	39.2	6.7	30.8	8.0	2.1	86.8	38.8	7.7	32.5	9.0	1.4	89.3
中国香港	11.7	2.2	4.9	–	–	18.9	13.1	2.1	5.4	–	–	20.6
其　他	21.4	4.4	58.8	–	11.1	95.7	22.5	4.2	60.5	–	10.9	98.1
亚　太	976.7	283.7	1020.1	114.6	124.2	2519.6	991.6	297.3	1183.5	118.0	127.7	2717.8
世界总计	3517.1	2219.5	2243.1	601.0	584.7	9165.3	3522.5	2282.0	2397.9	610.6	592.1	9405.0
其中：欧盟	639.6	344.6	215.4	201.9	82.5	1483.7	634.4	347.2	216.8	201.7	69.2	1468.9
OECD	2194.5	1206.5	1105.8	519.1	288.2	5314.0	2181.9	1235.6	1116.3	522.7	289.5	5346.1
前苏联	167.4	497.8	174.1	51.2	54.1	944.6	168.3	511.9	160.5	53.4	52.0	946.1

注：^小于0.05百万吨油当量。
资料来源：2003年BP能源统计

2002 年世界各国油气储量及产量

国家或地区	剩余探明可采储量				产　　量				2001 年 12 月 31 日在产油井数（口）
	2003 年 1 月 1 日		2002 年 1 月 1 日		2001 年		2002 年		
	石油（万吨）	天然气（亿米 ^{3}）	石油（万吨）	天然气（亿米 ^{3}）	石油（万吨）	天然气（亿米 ^{3}）	石油（万吨）	天然气（亿米 ^{3}）	
阿富汗	–	999	–	999	–		–		–
澳大利亚	47945	25470	47945	25470	3163	325.26	3165	338.14	1417
巴布亚新几内亚	3288	3461	3265	3461	285	1.43	230	1.17	39
巴基斯坦	4253	7461	4085	7097	299	255.29	300	262.49	250
菲律宾	2082	1067	2439	1045	36		70		8
马来西亚	41096	21225	41096	21225	3721	409.78	3800	416.01	788
孟加拉国	779	3004	779	3004	17		25		41
缅　甸	685	2830	685	2830	40		50		450
日　本	801	396	802	400	66	24.38	60	24.02	157
泰　国	7991	3776	7064	3596	566	185.24	650	210.97	749
文　莱	18493	3905	18493	3905	903	109.23	925	111.35	779
新西兰	2599	873	1226	589	170	53.29	170	53.63	73
印　度	73523	7625	66303	6471	3219	280.77	3315	272.51	3300
印度尼西亚	68493	26178	68493	26178	6071	644.39	5600	590.34	8373
越　南	8219	1924	8219	1924	1524	10.98	1520	20.38	28
中　国	250000	15091	328767	13669	16484	303.02	17000	328.14	72255
中国台湾	55	764	55	764	4		4		73
亚太其他						128.29		141.53	
亚　太	530302	126050	599719	122627	36564	2731.36	36884	2770.67	88780
爱尔兰	–	198	–	198	–		–		–
奥地利	1174	239	1174	259	95	19.39	92	19.40	950
丹　麦	18452	842	15251	769	1742	77.07	1825	76.92	213
德　国	4689	3196	4990	3421	345	196.63	358.5	202.27	991
法　国	2034	143	1918	114	139	18.19	131	17.49	463
荷　兰	1452	17546	1465	17699	135	710.33	210	710.61	203
挪　威	140616	21876	129415	12462	16223	535.37	15750	650.22	833
土耳其	4110	85	4052	88	242	2.57	235	3.25	846
西班牙	2159	27	288	5	35		32.5		21
希　腊	123	5	123	5	20		16		10
意大利	8516	2264	8517	2284	326	154.39	435	146.74	208
英　国	64589	6962	67534	7346	11654	1126.81	11250	1081.12	1387
西欧其他						15.18		20.23	
西　欧	247915	53383	234727	44651	30955	2855.93	30335	2928.25	6125
阿尔巴尼亚	2260	28	2260	28	30	0.20	31		2275
阿塞拜疆	95890	8490	16137	1245	1493		1500	101.88	2102
白俄罗斯	2712	28	2712	28	175		175		–
保加利亚	205	59	205	59	5		5		100
波　兰	1320	1650	1574	1449	87		82.5		1404
俄罗斯	821918	475440	665384	475440	33904	5687.73	36925	5957.15	41192
格鲁吉亚	479	85	479	85	10		10		281
哈萨克斯坦	123288	18395	74205	18395	3538		4000	136.69	11676

续表

国家或地区	剩余探明可采储量				产　量				2001 年 12 月 31 日在产油井数（口）
	2003 年 1 月 1 日		2002 年 1 月 1 日		2001 年		2002 年		
	石油（万吨）	天然气（亿米^3）	石油（万吨）	天然气（亿米^3）	石油（万吨）	天然气（亿米^3）	石油（万吨）	天然气（亿米^3）	
吉尔吉斯斯坦	548	57	548	57	10		10		–
捷　克	205	40	205	40	17		25		–
克罗地亚	1263	350	1263	350	109	15.65	105	15.33	723
立陶宛	164	–	164	–	–		–		–
罗马尼亚	13091	1006	13091	1006	600	47.37	590	50.41	6000
塞尔维亚	1062	481	1062	481	85	6.53	80		646
斯洛伐克	123	150	123	150	6		5		–
塔吉克斯坦	164	57	164	57	–		–		–
土库曼斯坦	7479	20093	7479	28583	800		900		2460
乌克兰	5411	11207	5411	11207	400		390		1353
乌兹别克斯坦	8137	18735	8137	18735	725		750		2190
匈牙利	1404	342	1519	363	118	32.23	108.5	30.94	944
独联体其他						1214.71		810.80	
东欧其他						50.35		56.88	
东欧和前苏联	1087126	556693	802125	557758	42110	7054.75	45692	7160.08	73346
阿布扎比	1263014	55496	1263014	55496	9175		8450		1200
阿联酋						236.36		375.40	
阿　曼	75425	8286	75425	8286	4821	64.18	4475	67.01	2298
巴　林	1706	920	1706	919	868	66.33	870	69.94	496
迪　拜	54795	1160	54795	1160	1350		1250		200
哈伊马角	1370	340	1370	340	3		2.5		7
卡塔尔	208315	143917	208315	143917	3359	237.07	3200	221.79	417
科威特	1287671	14773	1287671	14773	8575	70.58	8000	65.51	790
沙	20548	3028	20548	3028	240		220		49
沙特阿拉伯	3552055	63449	3551370	61977	38475	442.05	36900	423.37	1560
叙利亚	34247	2406	34247	2406	2592	59.88	2450	56.63	132
也　门	54795	4783	54795	4783	1750	–	1750	–	302
伊拉克	1541096	31073	1541096	31073	11775	29.13	10150	19.92	1685
伊　朗	1228767	229881	1228767	229881	18479	502.75	17250	441.82	1120
以色列	52	389	53	416	0.5		0.5		7
约　旦	12	65	12	65	–		–		4
中立区	68493	283	68493	283	2825		2675		578
中东其他						2.85		2.63	
中　东	9392360	560248	9391675	558803	104286	1711.18	97643	1744.03	10845
阿尔及利亚	126027	45195	126027	45195	4179	820.42	4250	750.80	1312
埃　及	50685	16556	40378	9956	3800	154.80	3750	149.02	1258
埃塞俄比亚	6	249	6	249	–		–		–
安哥拉	74137	458	74137	458	3480	5.33	4500	6.23	561
贝　宁	112	12	112	12	5		–		8
赤道几内亚	164	368	164	368	918		675	0.20	38
刚果共和国	20629	906	20629	906	1325	–	1250	–	445
刚果民主共和国	2562	10	2562	10	120	–	115	–	150

续表

国家或地区	剩余探明可采储量				产量				2001年12月31日在产油井数（口）
	2003年1月1日		2002年1月1日		2001年		2002年		
	石油（万吨）	天然气（亿米^3）	石油（万吨）	天然气（亿米^3）	石油（万吨）	天然气（亿米^3）	石油（万吨）	天然气（亿米^3）	
加纳	226	238	226	238	30		30		3
加蓬	34233	340	34233	340	1504	1.00	1470	1.02	375
喀麦隆	5479	1104	5479	1104	400	–	345	–	255
科特迪瓦	1370	297	1370	297	26		25		9
利比亚	404110	13131	404110	13131	6825	59.68	6500	69.79	1470
卢旺达	–	566	–	566	–		–		–
马达加斯加	–	–	–	–	–		–		–
摩洛哥	22	12	25	13	15		15		8
莫桑比克	–	1274	–	1274	–		–		–
纳米比亚	–	623	–	623	–		–		–
南非	215	0	215	0	115		108		22
尼日利亚	328767	35092	328767	35092	10417	69.05	9650	85.52	2586
苏丹	7712	849	7712	849	1000	–	1050	–	9
索马里	–	57	–	57	–		–		–
坦桑尼亚	–	226	–	226	–		–	–	–
突尼斯	4213	778	4213	778	348	23.92	355	22.67	211
非洲其他						31.86		27.41	
非洲总计	1060670	118340	1050365	111741	34506	1166.07	34088	1112.66	8720
阿根廷	39434	7630	40736	7771	3815	367.56	3750	382.15	15094
巴巴多斯	34	1	34	1	7		5.5		117
巴西	113996	2290	115955	2209	6513	70.58	7440	79.76	11983
玻利维亚	6034	6792	6034	6792	157	48.39	155	59.92	328
厄瓜多尔	63419	98	28973	1039	2036	1.11	1990	0.34	1044
哥伦比亚	25237	1275	23973	1223	3022	61.67	2915	62.25	7641
古巴	10274	708	10274	708	202		200		245
加拿大	2466041	17013	66548	16904	10262	2057.72	10975	2074.20	54061
美国	307479	51919	301986	50212	29006	5758.48	28850	5703.87	521070
秘鲁	4430	2449	4430	2449	466	3.50	465	4.41	4915
墨西哥	172904	2484	369055	8350	15635	465.93	15900	456.91	2991
苏里南	2329	–	1014	–	65		64		523
特立尼达和多巴哥	9808	6636	9808	6636	567	140.15	635	171.16	3911
危地马拉	7205	31	7205	31	106		117.5		20
委内瑞拉	1065753	41884	1064178	41767	13425	279.60	12075	245.64	15395
智利	2055	979	2055	979	35	19.54	35		315
西半球其他						5.36		24.83	
西半球总计	4296434	142190	2052258	147071	85315	9279.60	85572	9265.46	639653
世界总计	16614806	1556903	14130870	1542651	333734	24798.89	330214	24981.14	827469
欧佩克总计	11219274	704879	11217014	703290	135172	3323.04	126173	3205.40	

注：(1)在产油井数不包括关闭井、注入井或服务井；

(2)科威特和沙特阿拉伯的天然气产量各含中立区产量的一半。

资料来源：《油气杂志》2002年12月23日、2003年3月10日

2002 年世界各国钻井工作量

地区或国家	2002 年							2001 年	
	油井（口）	气井（口）	干井（口）	闲置井（口）	服务井（口）	总钻井数[1]（口）	总进尺（米）	总钻井数[2]（口）	总进尺[2]（米）
北美地区	11557	26796	4494	1445	2312	46604	217288073	51352	240409537
古　巴	24	0	4	0	0	28	240660	25	214845
加拿大	4319	9061	857	1443	1502	17182	58296629	18017	62800000
美　国	7175	17360	3595	0	810	28940[3]	154944760	32850[3]	173743650
墨西哥	39	375	38	1	0	453	3802717	454	3609147
其　他	0	0	0	1	0	1	3307	6	41895
南美地区	2256	89	172	101	370	2988	18201656	3764	23939461
阿根廷	937	51	47	0	97	1132	6380079	1407	8647621
巴　西	275	15	90	64	69	513	3049785	589	3501605
玻利维亚	13	4	5	4	2	28	315916	52	425519
厄瓜多尔	96	0	0	4	2	102	941011	105	1017250
哥伦比亚	67	0	4	1	0	72	460113	110	947169
秘　鲁	9	3	5	0	0	17	123881	36	334458
特立尼达和多巴哥	36	9	9	0	20	74	510370	130	606329
委内瑞拉	742	3	5	28	180	958	6259601	1278	8346134
智　利	1	1	2	0	0	4	27760	5	34700
其　他	80	3	5	0	0	88	133140	52	78676
西　欧	161	58	40	6	57	687	7232869	819	8186520
奥地利	15	11	8	0	0	34	208120	31	191692
丹　麦	30	2	1	0	2	35	272633	43	331187
德　国	9	5	5	3	3	25	186384	12	177272
法　国	5	0	0	0	0	5	34280	25	148288
荷　兰	0	27	15	0	0	42	481949	40	502479
挪　威	102	13	10	2	52	179	2558894	214	2745072
意大利	缺数据					40	232041	55	312800
英　国	缺数据					325	3240500	385	3691100
其　他	0	0	1	1	0	2	18068	14	86630
东欧和前苏联	317	77	54	25	22	5500	36007887	6339	43175739
波　兰	6	16	17	3	9	51	324583	54	417988
捷　克	7	4	3	2	0	16	87300	19	88711
克罗地亚	7	10	4	3	1	25	95100	21	79800
罗马尼亚	238	15	9	8	5	275	1120630	297	1210906
前苏联国家 －俄罗斯	缺数据					4260	29815617	5160	36896326
前苏联国家 －其他	缺数据					745	4212300	723	4225990
匈牙利	8	6	11	5	0	30	114790	34	135171
其　他	51	26	10	4	7	98	237567	31	120847
非　洲	624	108	122	77	27	958	8020567	825	7003023
阿尔及利亚	100	40	22	9	1	172	1918500	148	1650890
埃　及	141	16	19	30	13	219	1830661	192	1666112
安哥拉	57	0	12	6	10	85	766000	75	675000
赤道几内亚	9	9	4	5	0	27	188900	22	153928

续表

地区或国家	2002年							2001年	
	油井(口)	气井(口)	干井(口)	闲置井(口)	服务井(口)	总钻井数①(口)	总进尺(米)	总钻井数②(口)	总进尺②(米)
刚 果	14	1	4	0	1	20	1245100	12	71000
加 蓬	30	0	8	0	0	38	219640	22	127100
利比亚	84	31	11	3	2	131	877301	110	737200
尼日利亚	83	5	15	16	0	119	1071000	110	990000
苏 丹	25	0	10	7	0	42	628575	48	305584
突尼斯	14	0	4	0	0	18	128500	14	105980
其 他	67	6	13	1	0	87	628160	72	520229
中东地区	903	126	39	29	180	1367	10535494	1308	9606485
阿联酋—阿布扎比	45	32	2	4	7	90	802000	84	767700
阿联酋—迪拜	8	0	0	1	2	11	100000	8	74000
阿 曼	325	15	6	5	49	400	2872000	345	2484000
卡塔尔	57	7	1	1	30	96	1186876	87	797301
科威特	72	0	0	1	4	77	628705	100	758000
沙特阿拉伯	162	45	9	0	34	250	2037500	265	2146500
土耳其	4	6	10	9	0	29	150800	31	168253
叙利亚	缺数据			90			967500	80	840000
也 门	97	1	9	0	3	110	440000	84	302374
伊拉克	缺数据								
伊 朗	73	13	0	4	45	135	969898	142	792050
中立地区	31	0	1	0	3	35	227500	50	325000
其 他	29	7	1	4	3	44	152715	32	151307
远东地区	1110	324	142	18	180	11757	63679706	11666	62720115
巴基斯坦	11	15	7	12	0	45	338374	41	308297
菲律宾	2	2	0	0	0	4	29452	3	22089
马来西亚	143	36	13	0	0	192	1550400	179	1593100
缅 甸	33	13	9	0	0	55	237070	39	156412
泰 国	82	150	5	0	4	241	2513411	203	2117106
文 莱	16	5	0	0	0	21	203825	30	248500
印 度	219	42	95	0	6	362	2720520	355	2667915
印度尼西亚	536	39	3	5	170	753	2067920	915	2570411
越 南	57	0	4	1	0	62	597113	50	519950
中 国	缺数据			9983			53112000	9813	52207555
其 他	11	22	6	0	0	39	309621	38	308780
南太平洋地区	69	63	41	19	0	192	1559757	237	1959734
澳大利亚	56	61	40	15	0	172	1358612	214	1749478
巴布亚新几内亚	5	0	0	0	0	5	63920	4	51136
新西兰	8	2	1	4	0	15	137225	19	159120
世界合计	16997	27641	5104	1720	3148	70053	362526009	76310	397000614

①2002年总钻井数不等于各个分项之和，因为部分国家无资料；
②2001年的修正数据；
③美国的数据是《世界石油》估计值，API的实际钻井统计总计为25266口，在其之后。
资料来源：《世界石油》2003年8月

2003年1月1日世界各地区炼油能力

国家或地区	炼厂数	以进料量计（桶/日）								以产量计（桶/日）									
		原油	减压蒸馏	焦化	热加工	催化裂化	催化重整	加氢裂化	加氢精制	烷基化	Pol/Dim	芳烃	异构化	润滑油	含氧化合物	制氢	石油焦	硫磺	沥青
阿尔巴尼亚	2	26300	10500	12000			3500		17400			600		700		6.5	700	60	
阿尔及利亚	4	450000	10894				88900		81950										
阿根廷	10	639075	248775	110500	38320	168610	58800	21000	152420	4850	500		15200	7900	1000	18.0	4050	60	13100
阿联酋	5	514250	92870			34350	25875	31050	158627	1140	1900					59.0		57	700
阿鲁巴岛	1	280000	160000	64000	48000			60000	195000							95.0	4000	300	1000
阿　曼	1	85000					16000		21000										
阿塞拜疆	2	441808	137200	38529		57750	24466		67492	930				16200			1400		4151
埃　及	9	726250	47000	16470			40540		146802	9000		1584		4441		8.5	541		4623
爱尔兰	1	71250					10800		29700				5400					4	
安哥拉	1	39000	2500				1900		6600										950
奥地利	1	208600	65000		16875	26250	32725		139400				14400		1600			180	1470
澳大利亚	9	848250	198220			234060	198660		376560	19735	8500		41200	18179		83.2	400	167	20945
巴基斯坦	4	233850	63260		14004		26215	20205	44985					3400				115	3600
巴拉圭	1	7500																	
巴　林	1	248900	189810		19800	41400	14175	48600	39600		3330					34.0		190	6570
巴拿马	1	60000	6500		27000		11000		39200										
巴　西	13	1865140	791508	86130	12000	483953	24386		236189	3145				20009	6020	88.0	2627	457	29400
白俄罗斯	2	493323	105800				92000	30000	262100			2785		3760		15.2		85	9630
保加利亚	1	115240	49900		20600	23300	4060		64200	2600		2000			790	10.3		63	1500
比利时	5	791013	295625		63300	113500	98300		603840	14200			2250		4500	44.0		1132	28400
波多黎各	1	73000	35000				20000	18000	20000							20.0		68	
波　兰	5	350000	155000			46000	39000	49500	115200	3000		4270		4500	1600			24	17600
玻利维亚	3	63000	1800				14560		14560					750					232
朝　鲜	2	71000					7300		7400			1000			1000				
丹　麦	2	176400	22000		53000		21500		42500				6000						8000
德　国	17	2267100	924143	106276	243083	343865	397227	176195	1676163	27000	9000	77650	82000	14600	8630	1437.8	3690	2582	76450
多米尼加	2	48300					7560		20883							0.6			
俄罗斯	42	5435480	1924675	84999	346593	330817	775201	38356	2113966	10006	1729	56724	16869	82842	7175	75.3	3720	676	192545
厄瓜多尔	3	176000	45300		31500	18000	12800		24500										
厄立特里亚	1	14564	2219				1465		2742										
法　国	13	1903493	776711		154351	372510	270850	15300	965327	18700	6118	5240	69427	39846	4151	47.9	701	860	49337

续表

国家或地区	炼厂数	以进料量计（桶/日）								以产量计（桶/日）									
		原油	减压蒸馏	焦化	热加工	催化裂化	催化重整	加氢裂化	加氢精制	烷基化	Pol/Dim	芳烃	异构化	润滑油	含氧化合物	制氢	石油焦	硫磺	沥青
菲律宾	4	419500	73500		22000	24500	61900		193400					3700		10.0		111	1200
芬　兰	2	251800	98200		30780	51000	44430	19400	202950	6980	540			4000	5150	20.0		420	5700
刚果共和国	1	21000	8000				2000	2000	3500										
刚果民主共和国	1	15000					3500		5000										
哥伦比亚	5	285850	141000		52000	90000			19800	2100	2100	2200		1400		18.0			
哥斯达黎加	1	15000	600		6500		1200		2000										
格鲁吉亚	1	106436	24809				10276		10800										3819
古　巴	4	301400	75700			14700	20000		55850							5.0			1080
哈萨克斯坦	3	427093	121037	24997	30071	38356	59452		207353							21.5	1000	124	8550
韩　国	6	2560100	314100	19000		168000	230970	120000	1018310	5400		108555		14600	8620	653.4	1200	2731	24197
荷　兰	6	1206842	415210	39000	97700	113600	150223	165653	773640	15600		60318	6500	11600	4950	162.9		979	14620
荷属安的列斯	1	320000	195000		80000	50000	20000		107000	6500	2900			12000				160	22000
吉尔吉斯斯坦	1	10000																	
加拿大	21	1983450	664850	39800	138550	494455	348900	261650	774900	73175	15900	48120	82600	22360		464.0	1606	1331	104700
加　纳	1	45000					5850												
加　蓬	1	17300			7200		1400		5000										
捷　克	4	198000	70700		15700	53740	28140	32300	106600			670	6600	2800	2300	31.5		209	11800
喀麦隆	1	42000					7000		20000										
卡塔尔	1	200000				60000	29400	20000	39350				25000						
科罗地亚	3	260337	87544	4800	23525	51000	49514	11200	77580			9438		470			170	123	
科威特	3	889200	327750	68400		41400	13500	163800	500310	5616					6561	646.5	2600	3144	
肯尼亚	1	90000					9300		36000										1100
黎巴嫩	2	37500	12730			7250	7442		10442										409
立陶宛	1	263420	83223		29525	43692	25741		105930		6800		18000		125	62.5		198	
利比里亚	1	15000	1000				2000		3300										200
利比亚	3	343400	3775				20250		43330					635					3432
罗马尼亚	10	501182	203225	66395	32147	103478	63063	1534	204725	2300		7801	995	10366	1330	14.0	2513	132	13761
马达加斯加	1	15000	1500		6000		2000		8100										
马来西亚	6	516000	65900	18900			77400	28500	146400				8100			147.2	975	200	4000
马其顿	1	56730					10860		22050				4390						
马提尼克	1	17000					3019		14153									15	
美　国	133	16623301	7347704	2243947	43500	5677355	3512237	1474710	11247745	1170019	64000	383255	644270	167450	122899	3631	114387	27051	471580

续表

国家或地区	炼厂数	以进料量计（桶/日）								以产量计（桶/日）									
		原油	减压蒸馏	焦化	热加工	催化裂化	催化重整	加氢裂化	加氢精制	烷基化	Pol/Dim	芳烃	异构化	润滑油	含氧化合物	制氢	石油焦	硫磺	沥青
孟加拉	1	33000	4000		10000		1800	1200	2000							2.0			
秘　鲁	6	190950	53000			24700													
缅　甸	2	57000	4000	5200										500			120		
摩洛哥	2	154901	24921			5040	24359		35539					2460					5630
墨西哥	6	1684000	845000	141000		375000	284300	18000	984100	118111		17000		17000	10480	162.0			38000
南　非	4	489547	228775		61800	107260	78892	11774	271712	9225	4600	1500	14913	5939		47.9	240	472	6290
尼加拉瓜	1	20000	1500				2900		15000										
尼日利亚	4	438750	124490			82700	70070		109231	9870	2274	291	3610	3878					14850
挪　威	2	310000		25000	32000	54000	37600		139000		11500		4000				610	23	
葡萄牙	2	304172	78237		23400	31500	50182	9180	174987	5400		17276						252	
日　本	34	4766940	1642275	90400		867550	733950	169840	4405090	48390	7140	171778	20900	43063	4662	1314.3	1823	8761	105000
瑞　典	5	423500	135600		59800	29700	69900	48600	268400		3420		28400			53.8		334	27460
瑞　士	2	132000	24000		20000		28000	6400	100900				10000						5200
萨尔瓦多	1	22000	2000				3200		15000										
塞尔维亚	2	158250	70100		20340	18950	20220		50910	3070		200		300		0.5		59	2400
塞拉利昂	1	10000																	
塞内加尔	1	27000	8000				2000		2000										
塞浦路斯	1	27000	2600				5100		11000										1400
沙特阿拉伯	8	1745000	447750		138100	103600	193360	131820	553060	23500		12800	33000		2200	189.7			
斯里兰卡	1	47500	2280		11250		4770		17951										900
斯洛伐克	1	115000	55000			18000	21000	42000	91000	4500		9250	6000	2000		90.0		270	2600
斯洛文尼亚	1	13500																	
苏　丹	3	121700					1900		8100										
苏里南	1	7000	7000		2800														
泰　国	4	703100	193935		16983	77530	91911	43073	458540			9000	19596			34.0		160	6000
坦桑尼亚	1	14900			2500		2500		4400										
特立尼达和多巴哥	1	160000	120000		28000	28000	19000	47000	37000	1000	5000				750	30.0		60	
突尼斯	1	34000					3300												
土耳其	6	719275	201767		23590	28935	64762	53820	261405				14055	5870		217.5	180	315	20216
土库曼斯坦	2	236970	91645	28568		15151	52540		63500	1028	1223			2000			1040		415
危地马拉	1	16000					3000		5000										
维尔京群岛	1	525000	215000	58000	80000	130000	125000		420000	14000	6000	30000	15000		8000				

续表

国家或地区	炼厂数	以进料量计（桶/日）								以产量计（桶/日）									
		原油	减压蒸馏	焦化	热加工	催化裂化	催化重整	加氢裂化	加氢精制	烷基化	Pol/Dim	芳烃	异构化	润滑油	含氧化合物	制氢	石油焦	硫磺	沥青
委内瑞拉	5	1282100	585780	144900		231800	49500		389700	65800		2000	20700	12020	12830	147.8	5200	1471	36000
文　莱	1	8600					5700												
乌克兰	6	1024759	336297	22149	17291	70100	144711	7200	315013			3464			125	21.5	705	176	12785
乌拉圭	1	37000	18000		7000	9000	3000		8000										1800
乌兹别克斯坦	3	222271	45671	17667	9585		23487		30804					9397			650		4151
西班牙	9	1321500	404950	29500	151120	184150	194660	47100	574463	16820		27600	15400	10700	6140	130.3	1250	652	25500
希　腊	4	406500	137100		49000	72300	54700	42300	234100	2400	8950	9500	22620	3500	2450	21.1		391	14850
象牙海岸	1	65200	26490				12827	14934	33593							89.0			
新加坡	3	1258500	309550		205900	65000	144500	93800	592100	7200	4100	44500		35500	1400	193.8		400	32300
新西兰	1	106000	46100				27672	29235	61580							58.0		159	4850
匈牙利	2	161000	77500	16900	14000	24000	29600		134700	3300		12000	3500	6100	1900	76.2	600	247	6300
叙利亚	2	239865	63135	18200	22689		31242	26410	80886				11493			27.0	500	150	2223
牙买加	1	34200	1283				3240		19600										1350
也　门	2	130000	10500				14500												3000
伊拉克	8	417500	82650				43500	38000	113000					10168		64.0			6715
伊　朗	9	1474000	504400		236800	30000	167555	139780	212635					31900		286.0		470	43500
以色列	2	220000	118000		66000	49500	26500		96000		2200				750				2700
意大利	17	2300800	810090	45000	439950	307100	284150	275700	1176400	37200	1600	21700	97250	27800	11270	305.1	2000	1698	21620
印　度	17	2134625	506986	44925	93180	167305	41673	54600	228017			9742		15730	1396	133.4	985	525	37768
印度尼西亚	8	992745	265980	32580	58860	101450	92970	99720	23430	16200									
英　国	11	1788500	776050	65000	94700	438050	329200	31500	1143750	93100	16700	16000	89900	22450	3700	97.0	2300	731	23030
约　旦	1	90400	21500			4000	10900	4350	17300							16.0			4250
赞比亚	1	23750	2280				5320		8550										5527
智　利	3	204849	93320		20810	52257	16497	19000	16497	1100			5400					30	10000
中　国	95	4528100	40000	306000		892000	157000	122000	355400	26500				49000	900		4585	300	
中国台湾	4	920000	111500	15000		123000	115000		313000			14000	26000	5300	8116	142.0	2722	1745	12120
总　计	722	81877646	26677254	4150132	3721072	14195514	11185852	4437289	38335167	1909710	198024	1201811	1510938	791083	265470	11880	171790	63859	1711051

资料来源：《油气杂志》2002年12月23日。

《世界石油年鉴》反馈表

《世界石油年鉴》(2003) 分为国家地区篇、专题综述篇、统计数据篇和企业概览篇四部分，涉及84个国家和地区，介绍了这些国家和地区的油气资源状况、石油勘探开发现状和石化工业现状，以及能源工业发展战略和国际合作态势。

《世界石油年鉴》(2003) 由中国石油集团经济技术研究中心组织三大石油公司的专家和学者编写。希望本书能为我国石油石化工业在吸引外资，扩大国际合作，实施走出去战略以及进行能源工业结构调整等多方面提供启示，能对我国石油石化行业的从业人员及其他读者有所裨益。

由于资料和编者水平所限，恳请专家和广大读者批评指正。我们将认真吸取您的建议，在下一年的《世界石油年鉴》中，进一步提高编写水平与出版质量。

同时，为感谢你对本书的支持，我们将向您赠送下一年度的《世界石油年鉴》。

反馈表

姓名：	职称：	职务：
单位：		
地址：		邮编：
建议与意见：		

《世界石油年鉴》编写组

单　位：中国石油集团经济技术研究中心

地　址：北京朝阳区安外安华里二区3号楼，100011

电　话：010－64266309

E-mail：xujsh@cpii.cnpc.com.cn